방송영상미디어

새로 읽기

나남신서 2039

방송영상미디어
새로 읽기

2020년 3월 5일 발행
2020년 3월 5일 1쇄

지은이   강형철 · 심미선 · 윤석암 · 최선영
         김문연 · 강신규 · 홍종윤 · 오하영
발행자   趙相浩
발행처   (주) 나남
주소   10881 경기도 파주시 회동길 193
전화   (031) 955-4601 (代)
FAX   (031) 955-4555
등록   제 1-71호 (1979. 5. 12.)
홈페이지   http://www.nanam.net
전자우편   post@nanam.net

ISBN 978-89-300-4039-6
ISBN 978-89-300-8001-9 (세트)

책값은 뒤표지에 있습니다.

나남신서 2039

방송영상미디어
새로 읽기

강형철
심미선
윤석암
최선영

김문연
강신규
홍종윤
오하영 지음

나남
nanam

Reading Digital Media

Content, Users, and Production

by

Hyung Cheol Kang · Miseon Shim · Seogam Youn · Sun Young Choi
Munyeon Kim · Shin-kyu Kang · Jong-Yoon Hong · Hayoung Oh

nanam

이 책은 방송영상산업 현장의 직업인과 방송영상 분야에서 일하길 원하거나
이 영역을 연구하려는 전공학생들을 위해 쓰였다. 이들이 일하고 있는 곳,
공부하고 있는 분야가 어떻게 생겼고, 어떤 방식으로 돌아가는지, 그리고 어
떻게 변화하는지 분석하고 설명해 보려 한다. 저자들의 개인적 관점과 전문
성이 많이 녹아 있어 교과서라기보다 전문서라 할 수 있다. 하지만 저자들은
되도록 쉽게 독자들과 생각을 나누기 위해 노력했다.

이론과 실천의 융합이 이 책의 지향점이다. 이를 위해 학계와 현업 전문가
들이 힘을 모았다. 학자들은 현장과 거리를 둠으로써 그 안에 있는 사람들은
오히려 알기 어려운 현상의 패턴을 찾아낸다. 현업 전문가들은 학자들이 미
처 파악하지 못한 현실 논리를 잘 알고 있다. 눈부시게 변화하는 현시대에
방송영상미디어를 제대로 알기 위해서는 학자와 현업 전문가의 협력이 반드
시 필요하다.

저자로 참여한 김문연 한국방송채널진흥협회 회장과 윤석암 SK스토아
대표이사 사장은 대표적 현업 전문가다. 한국 뉴미디어 발전사를 만들어온
이들 장인의 경험과 지혜를 담은 것은 이 책의 특성이자 큰 장점이라고 자부
한다. 학자들도 집필 분야에 대한 학문적 전문성과 함께 현장 경험을 갖추었
다. 이들은 기자로, PD로, 미디어이용자 분석가로, 그리고 방송영상산업

진흥을 위한 국가기구 전문가로 일한 경험이 있거나 현재 일하는 중이다.

심미선 순천향대 교수는 MBC와 조사회사 닐슨에서 이용자 분석 전문가로 일했으며, 방송편성과 미디어이용자 분석의 권위자다. 최선영 연세대 객원교수는 PD 출신으로 독립프로덕션 나노비전 대표로 다수의 지상파 프로그램을 기획·연출하였고, 데이터 기반 미디어 모바일 이용 연구로 언론학회 학술상을 받은 우수 연구자다. 홍종윤 서울대 연구원은 팬덤 등 현시대 대중문화 현상에 대한 저서를 출간한 바 있는 문화 분석가다. 강신규 한국방송광고진흥공사 연구위원은 새로운 방송·게임 문화 현상을 연구한다. 오하영 한국콘텐츠진흥원 책임연구원은 콘텐츠 진흥정책 연구와 실천에 참여하고 있다. 강형철 숙명여대 교수는 YTN과 연합뉴스 기자 출신으로 공영방송과 방송정책 관련 연구에 정진해왔다.

방송영상미디어를 사용하는 사람을 '이용자'라고 정의하고 논의의 중심에 둔 것도 이 책의 또 하나의 특징이다. 그간 관련 학문 세계에서 커뮤니케이션 내용 전달자의 대척점에 있는 존재를 수용자라고 불러왔다. 그러나 사람들이 미디어 내용을 소극적으로 '수용'하던 시절은 이미 지나간 지 오래다. 송신자(sender)가 메시지(message)를 만들어 채널(channel)을 통해 수신자(receiver)에게 전달하면 효과(effect)를 낸다는 이른바 SMCRE 모델은 제한된 수의 신문과 라디오가 주요 매체이던 1940년대에 유용한 설명체계였다. 이런 일방적 전달과 수용의 개념이 80여 년이 흐른 오늘날에도 통용된다는 사실이 놀라울 따름이다.

아직도 한국의 많은 미디어는, 특히 전통 미디어는 자신들이 원하는 내용으로 메시지 구성해 '수용자'를 가르치고, 원하는 방향으로 계몽하려는 경향이 강하다. 그러나 오늘날 사람들은 치열하게 서로 경쟁하는 미디어나 플랫폼, 콘텐츠 등의 선택지에서 자신들이 원하는 것을 골라 '이용'할 뿐만 아니라 때로는 전달자의 위치에 서기도 한다. 주도권은 명백히 이용자에게 넘어왔다. 이들에게 서비스하는 기술과 산업과 사업이 어떤 모습을 지니며 어떻게 변화하고 사회와 상호작용하는지에 대해 설명하는 것, 즉 이용자 중심 패러다임을 밝히는 것이 이 책의 핵심이다.

과거와 비교할 수 없을 정도로 비약적으로 발전하는 현재의 방송영상미디어 상황을 총망라한 책을 찾기란 쉽지 않다. 교수가 학생을 가르칠 때는 물론이고, 현업에 첫발을 내디딘 사람이 자신의 업무를 개관해 알고 싶을 때, 그리고 이 분야에서 오랫동안 일한 사람이 자신의 위치를 확인하고 싶을 때도 참고할 만한 책이 흔치 않다. 변화의 속도와 폭이 큰 방송영상미디어를 논한다는 것은 순간을 정지시키고 특정 단면만 잘라내는 일이 될 수 있기에 쉽게 엄두 내는 사람이 적기 때문이다. 글을 쓰는 순간 현실은 이미 달라져 있기 십상이다.

저자들은 이런 위험을 무릅쓰고 빈자리의 아쉬움을 채우기 위한 도전을 시도하였다. 출간과 동시에 개정판을 기약해야 할지도 모른다고 함께 이야기를 나눈 적도 있다. 우리는 현실의 지속적·획기적 발전을 기대하면서도, 이 책이 방송영상 현업인과 관련전공 대학생 및 대학원생에게 유용한 입문서로서 되도록 오래 쓰이길 바라는 두 갈래의 마음을 갖고 있다.

책의 기획에 적극적으로 동의해 주신 나남 조상호 회장님과 다른 출판사들과 확연히 구별되는 전문성으로 난삽한 원고를 잘 고치고 꾸며 준 편집진께 감사한다.

2020년 2월
저자들을 대신하여
강형철 씀

머리말 5

1

**방송영상미디어의 과거,
현재 그리고 미래**

/ 심미선

1 들어가며	15
2 인간과 사회 그리고 방송영상미디어	16
3 방송미디어의 발전과정	18
4 텔레비전 너머의 미디어, 인터넷	32

2

**방송영상미디어 이용자의
이해**

/ 홍종윤

1 들어가며	43
2 미디어수용자에서 미디어이용자로	44
3 아날로그방송 시대의 수용자	48
4 디지털미디어 시대의 이용자	59
5 미디어이용자의 미래	64

3

방송영상과 테크놀로지

/ 최선영

1 들어가며   67

2 커뮤니케이션 형식으로서의
  방송영상 테크놀로지   68

3 제작·유통·이용에서의
  방송영상 테크놀로지 확장   80

4 나가며   99

4

방송영상미디어산업의 진화

/ 윤석암

1 들어가며   103

2 전송수단과 미디어사업자   105

3 콘텐츠 제작 및 유통의 변화   125

5

방송영상미디어사업의 변화

/ 윤석암

1 미디어기업의 비즈니스 모델 변화   141

2 방송미디어의 새로운 핵심역량   155

3 ICT 미디어사업자   161

4 향후 미디어사업의 전망   176

6

한국 방송영상미디어산업

/ 오하영

1 들어가며   179

2 방송영상미디어산업 주체   180

3 방송영상미디어산업 규모 및 매출 현황   190

4 한국 방송영상미디어산업의 변화   200

5 나가며   208

7

**방송영상콘텐츠의
글로벌 유통 전략**

/ 김문연

1　글로벌 콘텐츠 유통의 의미와 중요성　　211

2　글로벌 콘텐츠 유통구조의 진화　　213

3　글로벌 콘텐츠 마켓 현황　　219

4　글로벌 콘텐츠 유통 현장의 실제　　224

5　한국 콘텐츠의 글로벌 유통 사례　　229

6　글로벌 콘텐츠 유통의 현주소와 과제　　232

8

방송영상미디어와 문화

/ 강신규

1　들어가며　　235

2　방송영상미디어 문화에 대한 논의　　236

3　방송영상미디어와 재현　　240

4　의미의 생산과 해독　　247

5　포스트모더니즘과 방송영상미디어 문화　　254

9

모바일과 방송영상

/ 최선영

1　들어가며　　273

2　모바일방송영상 환경의 이해　　274

3　모바일플랫폼　　286

4　모바일 방송영상콘텐츠　　294

5　나가며　　303

10

**방송영상 뉴스 생산의
변화와 과제**

/ 강형철

1 들어가며 307
2 방송영상 뉴스의 정의 308
3 방송영상 뉴스의 구성 318
4 한국 방송뉴스의 특성 322
5 파편화 시대의 과제 337
6 나가며 341

11

방송영상미디어 광고

/ 강신규

1 들어가며 345
2 방송영상미디어 광고의 정의와 가치 346
3 플랫폼별 방송영상미디어 광고 352
4 방송영상미디어 광고의 유형 357
5 방송영상미디어 광고의 집행 361
6 방송영상미디어 광고의 변화와 미래 365

12

이용자의 측정과 활용

/ 심미선

1 들어가며 375
2 텔레비전 시청률조사 376
3 프로그램 품질에 대한 질적 평가, KI 383
4 미디어 이용과 빅데이터 활용 386

13

**무한 미디어 경쟁시대의
공영방송, 공영미디어**

/ 강형철

1 들어가며   403
2 공영방송의 의미   404
3 공영방송의 의무와 역할   416
4 융합미디어 시대의 공영방송:
   딜레마와 출구   423
5 나가며   430

14

**다미디어/다플랫폼 시대
방송영상 규제의 변화와 과제**

/ 강형철

1 들어가며   433
2 방송영상 규제의 논리   434
3 새로운 규제논리   456
4 새로운 환경에서의 방송영상 (재)규제 이슈   468
5 나가며   481

찾아보기 485
지은이 소개 491

심미선

1. 들어가며

이 장에서는 우리가 일상적으로 말하는 방송영상미디어가 기술적으로 어떻게
변화·발전해왔고, 사회와 인간을 어떻게 변화시켰는지 살펴보겠다. 방송의
역사는 그리 길지 않다. 그러나 그 길지 않은 기간 동안 방송은 엄청나게 변화
했다. 그리고 그 변화는 맥루한(Marshall Mcluhan)이 예견한 대로 인간의 커
뮤니케이션 능력을 확장시키는 방향으로 발전하고 있다. 미래 방송영상미디
어가 사회에서, 인간의 삶에서 어떻게 자리 잡을지 생각해 보자.

여기서는 그동안 방송이 인간과 사회를 어떻게 변화시켜왔는지 방송미디
어의 진화과정을 매체별로 살펴본다. 특히 국내 방송지형 변화에 초점을 두
었다. 라디오매체가 우리 사회에 미친 영향은 무엇인지, 지상파방송에서부
터 케이블TV, 그리고 최근 종합편성채널에 이르기까지 새로운 매체의 등
장은 방송생태계에 어떤 변화를 가져왔는지 집중적으로 다루었다. 또 텔레

비전 너머의 미디어 인터넷이 기존 매체와 어떻게 융합하여 사회변화를 이끌었는지에 주목했다.

2. 인간과 사회 그리고 방송영상미디어

국내외적으로 방송 발전의 역사는 길지 않다. 대중매체인 라디오(*radio*)를 방송역사의 시작으로 본다면 100년 정도의 역사를 가졌다. 초기 방송은 단순히 정지영상과 동영상을 미디어수용자에게 일방적으로 보내는 매체였다. 따라서 방송으로 포괄할 수 있는 매체 및 서비스는 단순했다. 그런데 요즈음 방송기술이 발전하고 다양한 형태의 방송서비스가 이루어지면서 방송으로 포괄할 수 있는 범위가 매우 넓어졌다. 100여 년간 방송이 어떻게 진화·발전해왔는가는 어디에 초점을 두느냐에 따라 다르게 볼 수 있다.

마크 포랫(Mark Porat)은 방송을 변화시키는 세 가지 요소로 기술(*technology*), 산업(*industry*), 제도(*institution*)를 꼽았다(Porat, 1980). 이 세 요소는 서로 영향을 주고받으며 방송의 변화를 이끌고 있다는 것이다. 기술은 어떤 형태의 방송서비스가 가능한지 그 범위를 정하는 기본적 토대를 제공한다. 산업은 방송이 시장으로부터 필요한 자원을 어떻게 공급받고, 그 영향력은 어느 정도 되는지 가늠하는 경제·문화적 요소이다. 제도는 방송이 사회에서 어떤 형태로 운영되어야 하는지 정하는 규범적·정치적 요소이다(홍기선 외, 2007: 12~14 재인용). 마크 포랫은 이 중에서도 방송의 변화를 주도하는 가장 큰 요인을 기술로 보았다. 새로운 기술이 구체적 방송형태로 사회에 정착하는 과정에서 정치적·경제적 이해관계에 따라 방송의 운용형태나 프로그램 내용이 달라진다는 것이다.

인간과 사회의 관계에서 방송기술이 가져온 방송생태계의 가장 큰 변화는 방송과 통신의 경계가 모호해지면서 방송은 일방적으로 정보를 내보내는 매체에서 미디어이용자와 상호 커뮤니케이션을 할 수 있는 매체로 변화하고 있다는 것이다. 방송의 영어식 표현, 브로드캐스팅(*broadcasting*)은 널리 전파를 보낸다는 의미로 일방적 매체의 특성을 그대로 보여준다. 그러나 방송매체별로 상호 커뮤니케이션 방식에 차이는 있지만 쌍방향 매체로 진화해가고 있다. 이제 미디어를 통한 소통은 일상이 되었다.

기술의 발전이 가져온 두 번째 변화는 방송이 시간과 공간의 제약에서 자유로워졌다는 것이다. 과거 방송미디어는 시간과 공간에 제약을 받았다. 방송이 나가는 시간에만 시청이 가능했고, TV 단말기가 놓여 있는 공간에서만 이용이 가능했다. 1995년에 인기를 끌었던 SBS 드라마 〈모래시계〉는 '귀가시계'라는 별칭을 얻었는데, 이는 당시 많은 사람들이 〈모래시계〉를 시청하기 위해 귀가를 서둘렀다는 의미에서 붙여진 이름이다. 요즈음은 이런 모습을 찾아보기 어렵다. 이제 사람들은 시간에 구애 없이 방송을 이용할 수 있게 되었기 때문이다. 정해진 시간에 맞춰 프로그램을 시청하던 패턴에서 벗어나 자신이 편한 시간에 프로그램을 찾아보는 이용패턴이 보편화되고 있다.

그럼에도 불구하고 실시간 방송, 즉 스트리밍서비스(*streaming service*) 제공 여부는 방송의 범위를 정하는 데 중요한 기준이 된다. 한국의 경우에는 실시간 스트리밍서비스를 하면 방송으로 보나 실시간 스트리밍서비스를 하지 않으면 방송으로 보지 않는다. 그래서 오버더톱(OTT: *Over-The-Top*) 서비스는 방송으로 분류되지 않는다. 그러나 미디어이용자의 입장에서 보면 프로그램을 스트리밍서비스로 보든 OTT로 보든 차이가 없다. 오히려 미디어 이용은 실시간 스트리밍보다 OTT를 더 많이 이용하는 패턴으로 바뀌고 있다. 이러한 현실은 과거 방송에서 시간적 요인이 얼마나 중요했는지를 시사하는 대목이다. 시간적 제약과 함께 공간적 제약도 사라졌다. 이동형멀티미디어 방송, DMB가 나오면서 이동 중에도 방송을 시청할 수 있게 되었고, 스마트폰이 등장하면서 어느 공간에서나 방송프로그램을 더 편안하게 시청할 수 있게 되었다.

이러한 방송기술이 적용되면서 방송산업도 변화했다. 첫째 방송채널의 수가 늘어나고 그 종류도 다양해지면서 방송은 소수의 특혜를 받은 사업자만이 운영할 수 있는 독과점사업에서 다수의 사업자가 경쟁하는 시장산업으로 바뀌었다. 둘째, 영상기기의 가격이 저렴해지고 사용방법도 간편해지면서 방송의 대중화가 시작되었다. 전문가의 전유물이었던 방송 프로그램을 일반인도 활발히 제작할 수 있게 되었다. 1인 방송은 방송 대중화의 산물이라고 할 수 있다. 셋째, 방송산업은 초기 제작 위주에서 점차 편성과 유통이 강조되는 마케팅 산업으로 변해가고 있다(홍기선 외, 2007: 13~14). 넷째, 방송, 영화, 애니메이션, 게임 등 영상산업 간 구분이 모호해지면서 방송을 중심으로 서로 연결되고 수렴되는 경향을 보인다. 가상현실과 증강현실을 차용한 드라마와 영화가 나오고, 영화 같은 드라마를 선보이는 경우도 있다. 융합이라는 시대적 트렌드가 방송생태계에서 구현되는 것이다.

이상으로 방송기술이 가져온 방송생태계 변화를 인간과의 관계 속에서 살펴보았다. 방송기술 발달로 새로운 서비스가 등장하였다. 그러나 이들 중 일부만 채택되어 발전하였다. 아무리 좋은 서비스라 할지라도 그 사회에서 채택되지 않으면 역사의 뒤안길로 사라졌다. 현재 우리가 사용하는 방송서비스들은 모두 수용자의 선택을 받은 것들이다. 여기서는 방송역사의 흐름을 방송기술 및 서비스가 시작된 시기, 또 이런 기술 및 서비스가 어떻게 수용자에 의해 채택 또는 배제되었는지를 제도적 측면, 산업적 측면과 함께 살펴본다.

3. 방송미디어의 발전과정

방송이 역사적으로 걸어온 길은 세 단계로 나누어 살펴볼 수 있다. 첫 단계는 소수의 '지상파방송사'가 방송을 전담하던 시기로 KBS나 MBC 또는 SBS와 같은 방송사가 전체 방송계를 대표했다. 두 번째 단계는 '다매체 다채널'로 표현되는 방송의 다양화 시대로 케이블 TV나 위성 TV와 같이 수십 개의 채널을 내보내는 새로운 형태의 방송이 나타나서 기존의 지상파와 보완, 또는 경쟁적 관계를 형성하는 시기이다. 세 번째 단계는 디지털기술에 힘입어 방송과 통신이 섞이는 멀티미디어 시대이다(홍기선 외, 2007: 12). 이 절에서는 방송매체가 우리 사회에 진입한 순서에 따라 라디오에서부터 텔레비전, 인터넷에 이르기까지 방송생태계의 변화를 시간적 흐름에 따라 살펴보기로 하겠다.

1) 라디오 시대

(1) 라디오기술과 무선통신

라디오방송 기술은 1888년 헤르츠(H. R. Hertz)가 전파를 발명한 것을 시작으로 발전하였다. 헤르츠는 라디오에서 음성신호를 싣고 가는 기능을 하는 전자파라는 실체가 존재한다는 사실을 과학적으로 입증했다. 그런데 그가 발명한 전파는 그 신호가 미약하여 정보를 원활하게 내보낼 수 없었다. 신호의 증폭이 필요했는데, 1906년 드 포레스트(De Forest)는 전기신호를 크게 증폭할 수 있는 3극 진공관을 개발하기에 이른다. 이 무선통신기술은 라디오방송을 할 수 있는 기술적 기초를 제공해 주었다. 당시 무선통신기술은 특정 대상에게 특정 정보를 전달할 목적으로 사용되었다. 가령 제 1, 2차 세계대전 중에는 군사적 목적으로만 사용되었다.

특정 대상에게 정보를 전달할 목적으로 사용되었던 무선통신기술이 라디오방송에 활용될 수 있는 기회는 아주 우연하게 찾아온다. 제 1차 세계대전이 끝나고 곧이어 제 2차 세계대전이 발발하자 전쟁에 지친 사람들은 군입대를 기피했다. 어떻게 군입대 지원자를 원활하게 모집할 것인지가 중요한 문제로 떠올랐는데 바로 이때 무선통신을 활용하는 방안을 생각해낸 것이다. 즉, 기존의 무선통신은 특정 대상에게 정보를 전달하는 일종의 통신이었지만, 대상을 가리지 않고 여러 사람에게 정보를 보낼 수 있는 방법을 고안해냈다. 대상을 가리지 않고 정보를 전달할 수 있는 매체, 그것이 바로 대중매체, 라디오의 시작이었다.

(2) 대중매체로서의 라디오의 등장

라디오를 이용해 군입대 지원을 독려하는 메시지 전달이 성공하면서 라디오 매체의 위상은 한층 높아졌다. 그리고 1920년부터 라디오방송국이 개국하면서 본격적으로 라디오 시대가 열렸다. 초기 라디오방송사는 라디오단말기를 판매하여 운영했다. 그런데 단말기 판매수입은 안정적 재원이 될 수는 없었다. 단말기 판매의 한계점이 오면, 수입은 감소하기 때문이다. 라디오방송국을 운영하기 위해서는 좀더 안정적인 재원이 필요했는데, 그래서 고안해낸 것이 바로 광고였다. 지금과 같은 광고형태는 아니었지만, 라디오매체가 제2차 세계대전 중 선전전에서 상당한 효과가 있었음이 입증된 만큼 당시 사람들은 라디오매체에서 무언가를 광고하면 어느 정도 효과가 있을 것으로 생각했다. 무엇보다 광고비용은 안정적 수입원이 될 수 있다고 보았다.

그리하여 라디오매체는 광고를 시작했고, 예상대로 광고효과도 컸다. 라디오매체의 광고효과가 크다는 사실이 알려지면서 광고하기를 희망하는 사람들도 늘어났다. 그러나 라디오매체에서 광고할 수 있는 시간은 제한적이었다. 광고하기를 희망하는 사람들은 많은데, 광고시간은 제한적이다 보니, 광고비는 오를 수밖에 없었다. 문제는 광고비가 저렴할 때는 광고효과에 의문을 제기하는 경우가 적었지만, 광고비가 오르자 광고효과에 의문을 제기하는 경우가 많아졌다는 것이다. 비싼 비용을 들여 한 라디오광고가 얼마만큼의 효과가 있는지 알고 싶어하는 광고주가 증가한 것이다. 결국 라디오방송사는 이런 광고주들의 욕구를 만족시켜 주어야 했다. 그래야 광고비가 안정적 운영재원이 될 수 있기 때문이다.

라디오매체 광고효과를 입증해 달라는 광고주들의 요구로 라디오 청취율조사가 시작되었고, 이후 텔레비전 시청률조사로 발전하기에 이른다. 결국 라디오는 대중매체의 첫출발인 동시에 본격적인 대중매체 광고시장을 연 계기가 되었다. 라디오매체가 방송역사에서 갖는 의미이다.

(3) 한국의 라디오방송

그러면 한국 라디오방송의 역사에 대해 살펴보기로 하자. 한국 최초의 라디오방송은 1926년 일본 조선총독부가 허가한 경성방송국이라는 주장이 지배적이다(김민환, 2002: 271~272). 경성방송국은 1927년에 정식 방송서비스를 시작했는데, 초기에는 한국어와 일본어 혼합방송을 하였다. 당시 경성방송국의 운영재원은 청취료 수입이었는데, 수신기 보급률이 저조하여 청취료 수입이 미미하자 심한 경영난에 직면하게 되었다. 이를 타개하기 위해 1933년부터는 일본어로 하는 방송을 제 1방송으로, 한국어로 하는 방송을 제 2방송으로 구분하여 서비스하였다.

1945년 해방되면서 경성방송국은 미군정청의 감독을 받게 된다. 명칭도 서울중앙방송, 영문명칭 KBS(Korea Broadcasting System)를 사용하기 시작했다. 라디오가 다시 활성화된 시기는 1950년 일어난 한국전쟁이 끝나고 어느 정도 국가적 기반이 마련된 이후부터다. 1954년 최초의 민간방송을 기독교방송이 시작했고, 1959년 최초의 상업 라디오방송인 부산 MBC가 개국했다. 1962년에는 현재 서울 MBC와 KBS 제 2 라디오의 전신인 TBC 라디오가 개국했고, 1960년대 후반부터 1970년대까지는 MBC를 중심으로 지방국을 개소하기 시작했다. 당시의 라디오는 오늘날의 텔레비전과 많이 닮아 있었다. 정보매체나 음악매체라기보다 오락매체에 가까웠다. 라디오에서 가장 인기 있는 장르는 단연 드라마였다. 드라마 형태도 멜로드라마, 홈드라마, 역사드라마, 국책홍보드라마 등으로 다양했는데, 이 중에서도 멜로드라마가 가장 인기였다(문선영, 2012).

1960년대 텔레비전방송국이 개국하면서 사람들은 점차 라디오보다 매체적 특성이 뛰어난 텔레비전으로 옮겨갔다. 그리고 보면 텔레비전이 보편화

<그림 1-1> 영화 <라듸오 데이즈> 포스터

2008년 개봉한 이 영화는 1930년대의
경성방송국을 배경으로 라디오 프로그램을
제작하는 사람들의 이야기를 코믹하게 담아냈다.

되기까지 약 10년간은 라디오 전성시대라고 할 수 있다. 텔레비전이 등장하
면서 많은 사람들은 청각에만 의존하는 라디오매체는 곧 사라질 것으로 예상
했다. 시청각에 모두 소구할 수 있는 텔레비전이 있는데, 굳이 라디오를 청
취할 이유가 없다는 것이었다. 또 방송기술의 발달로 라디오전용 단말기도
사라졌다.

그러나 예상과 달리 라디오매체는 사라지지 않았고, 나름대로의 안정적
입지를 확보하고 있다. 특히 1969년 3월 시작되어 2000년대까지 이어져온
장수 라디오 프로그램 <별이 빛나는 밤에>는 사춘기 중고생이라면 누구나 한
번쯤은 들어보았을 만큼 큰 인기를 누렸다. 이후 라디오는 새로운 틈새를 찾
아 노력하고 있다. SBS의 <컬투쇼>는 토크프로그램의 가능성을 제시했고,
<시선집중>, <김현정의 뉴스쇼> 등은 지상파 프로그램보다 더 큰 사회적 영
향력을 갖는 시사프로그램으로 자리매김하면서 시사매체로서의 라디오의
가능성을 보여주었다. 미디어 기술이 발전하면서 사람들이 언제까지 라디오
매체와 함께 해나갈지 관심이 주목된다.

2) 텔레비전 시대

(1) 텔레비전 기술의 발전

세계 최초의 텔레비전(TV: television) 방송은 독일과 미국에서 시작됐다. 독일은 1935년, 영국은 1936년부터 정기적 텔레비전방송을 실시했고, 미국은 1939년 세계박람회에서 RCA가 자체 개발한 TV 수상기를 일반 대중에게 선보였다. 그리고 FCC는 1941년 텔레비전 상업방송을 정식으로 허용했다(김규, 1993: 19~20). 당시 독일을 비롯한 유럽국가들은 텔레비전 기술표준으로 PAL(Phase Alternating Line) 방식을 채택했으나 미국은 NTSC(National Television System Committee) 방식을 채택했고, 한국도 미국 기술표준을 따랐다. 텔레비전 기술표준이 다르다는 것은 상호 호환되지 않음을 의미한다.

컬러 TV가 흑백 TV를 대체하기까지는 그리 오랜 시간이 걸리지 않았다. 흑백 TV에서는 독일, 영국 등 유럽 나라들이 미국보다 다소 앞섰지만, 컬러 TV를 개발하고 상용화하는 데는 미국이 앞섰다. 미국은 1954년 최초로 컬러 TV 방송을 시작했고, 영국, 프랑스, 서독 등 유럽 나라들은 1967년에 이르러서야 본격적인 컬러 TV 방송을 시작하였다. 여기서 흥미로운 점은 한국의 흑백 TV 방송 시대의 시작이 미국의 컬러 TV 방송 시작 시기와 맞아떨어진다는 것이다.

한국 최초 텔레비전방송은 1956년에 KORCAD TV라는 이름으로 시작하였다. 초기엔 격일로 2시간씩 방송했으나 경영난을 이기지 못해 〈한국일보〉에 넘어가면서 명칭이 DBC TV로 바뀐다. 이후 1961년 5·16 군사정부는 DBC TV의 주파수를 회수해 KBS TV로 개국시키는데, 이 방송국이 오늘날의 KBS 1TV 전신이다. 한국에 흑백 TV가 보급될 당시 이미 미국은 컬러 TV가 상용화되었다. 이런 우연의 일치 때문인지 한국에서의 흑백 TV 도입은 미국이 컬러 TV 시대를 맞아 남아도는 흑백 TV 재고를 처분하기 위한 목적이 컸다는 주장도 있다.

여기서는 텔레비전 매체의 역사적 흐름을 미디어이용자의 입장에서 간략하게 짚어 보기로 한다.

(2) 지상파방송의 독과점 시기

방송은 전파라는 매체 위에 소리나 영상신호를 담아 전달하면서 출발하였다. 초기 방송은 전파를 전달수단으로 사용했는데, 전파의 주파수 대역이 제한되어 있어 특정 개인이나 집단이 아닌 공공의 이익을 위해 사용해야 한다는 공적 규범이 자연스럽게 자리 잡았다. 방송의 공적 규범은 방송이 비용을 지불하고 시청하는 상품이 아니라 누구나 최소 비용으로 쉽게 이용할 수 있는 보편적 복지여야 한다는 내용을 담고 있다. 적어도 공영방송을 지향하는 한국에서는 방송의 보편적 복지를 우선시하였다.

그리하여 방송은 별도의 비용을 지불해야 이용할 수 있는 신문이나 영화에 비해 많은 사람들이 이용하는 매체가 되었다. 많은 사람들이 이용하다 보니 사회적 영향력도 커졌다. 또 사회의 절대다수가 시청하는 매체이다 보니 어느 특정 집단이나 계층의 취향을 맞추기보다 전체 시청자의 공통분모를 찾아 프로그램을 제작해야 했다. 지상파 TV의 주요 편성원칙인 LOP(*Least Objectionable Programming*) 전략은 바로 이런 배경에 기인한다.

이렇게 많은 사람들이 이용하는 텔레비전 매체는 사회적 영향력을 가질 수밖에 없다. 텔레비전 매체의 기술적 제약이었던 전파의 희소성은 결국 매체의 사회적 영향력을 확대시키는 요인이 되었다. 당시 방송은 정치적으로나 경제적으로 대중의 지지를 얻으려는 사람들에게는 가장 효율적이고 매력적인 홍보수단이었다. 따라서 방송은 정치의 중심에 놓이게 되었고 방송의 공정성은 늘 문제가 되었다. "텔레비전에 내가 나오면, 정말 좋겠네, 정말 좋겠네"라는 동요는 당시의 이러한 정서를 잘 나타낸다.

텔레비전 매체가 막강한 사회적 영향력을 행사할 수 있었던 이유는 전파자원의 희소성으로 만들어진 독과점 시장이 있었기 때문이다. 프로그램을 잘 만들어서 사회적 영향력이 생긴 것이 아니라는 것이다. 오늘날 지상파방송이라고 부르는 시장이 바로 텔레비전 매체의 시작이었다. 텔레비전 시대는 국영방송 KBS와 민영방송 TBC 그리고 채널정체성이 모호한 MBC 3개 방송사로 개막되었다. 그러다 1980년대에 전두환 군사정부가 언론통폐합을 단행하면서 민영방송 TBC를 KBS에 통합시키고, 대신 KBS의 교육방송 기능을 분리해 EBS로 독립시켰다. 이로써 KBS는 KBS 1과 KBS 2를 거느린 공영방송으로 탈바꿈하였고, MBC도 정수장학회를 소유주로 한 공영방송으로서의 위상을 정립하게 되었다.

1991년에는 민영상업방송 SBS가 개국한다. 민영상업방송으로 출범한 SBS는 기존의 KBS나 MBC와 같은 공영방송과는 달랐다. 시장의 가치를 중시했고, 시청률조사 결과를 프로그램의 기획 및 편성에 반영했다. 새로운 방송사의 시장진입은 기존 방송사들을 자극했고, 이때부터 방송사 간 시청률 경쟁도 치열해졌다. 시청률 경쟁이 치열해지면서 프로그램의 품질 저하를 우려하는 목소리도 나왔으나, 시청률지상주의가 쉽게 사그라들지는 않았다. 텔레비전 독과점 환경에서는 시청률이 프로그램의 성과를 나타내는 가장 중요한 지표가 되었다.

3) 지상파와 케이블방송의 공존

(1) 케이블방송 기술의 도입

라디오와 텔레비전은 방송용 주파수를 할당받아 서비스를 제공한다. 방송용 주파수는 무선이 갖는 한계가 있었는데, 가령 정보를 전달할 때 장애물이 있거나 멀리 떨어져 있거나 혹은 기상상황이 좋지 않을 경우 정보전달에 어려움이 있었다. 따라서 산간오지나 섬지방은 양질의 방송서비스를 제공받기 어려웠다. 이런 기술적 한계를 해소하기 위해 케이블이 도입된다. 즉, 미국에서 처음 케이블TV를 도입한 가장 큰 목적은 바로 난시청 해소였던 것이다.

1948년 미국 펜실베이니아 마하노이시티에서 텔레비전방송을 공시청안테나(community antenna)로 수신하여 유선으로 배급한 것이 케이블TV의 시초였다. 초기의 케이블TV는 미국이나 한국 모두 지상파 텔레비전방송을 중계하는 것으로 시작했으나, 점차 케이블 전문 프로그램을 제작하면서 지상파방송과 차별화를 꾀하였다. 미국에서 케이블TV를 이용하여 최초로 유료방송을 시도한 회사는 영화배급사였던 HBO(Home Box Office)였다. HBO는 자사에서 저작권을 소유하고 있던 영화를 케이블TV망으로 서비스하기 시작했다. 이후 케이블TV망을 이용해 뉴스, 드라마, 다큐멘터리와 같은 전문채널을 내보내는 서비스가 증가하면서 FCC는 1974년에 유료 케이블TV를 정식으로 허가하기에 이른다.

(2) 한국 케이블방송의 시작

한국도 미국과 사정이 크게 다르지 않다. 한국의 케이블방송은 중계유선방송에서 출발했다. 텔레비전방송을 시작한 1960년대에는 방송기술이 발달하지 않아 산간오지나 고층빌딩이 있는 곳에서는 텔레비전방송이 원활하게 수신되지 않았다. 이를 해결하기 위해 높은 곳에 마스터안테나(master antenna)를 세우고 각 가정에 방송을 재송신하는 서비스가 등장했는데, 이 서비스가 바로 중계유선방송의 시작이다.

중계유선방송은 말 그대로 난시청지역에서도 지상파를 수신할 수 있도록 하기 위한 것이었기 때문에 자체편성이나 자체제작은 법적으로 금지되었다. 따라서 중계유선방송도 케이블TV의 일종이지만, 케이블TV의 매체적 특성인 쌍방향성 및 다채널서비스의 제공과는 거리가 멀었다. 그럼에도 종합유선방송이 도입된 1990년대 중반에 중계유선방송 가입자는 놀랍게도 한국 전체 가구의 약 60%, 800만여 가구에 이르는 것으로 추정됐다(이인찬 · 김도연 · 고동희, 1998).

위성방송 이야기

다채널방송의 시작은 케이블방송과 위성방송에서부터 시작되었다. 한국의 경우 케이블 TV가 위성방송보다 먼저 도입되었고, 따라서 다채널방송이 케이블방송 중심으로 발전한 것이 사실이다. 한국처럼 케이블방송과 위성방송을 모두 도입한 나라는 많지 않다. 그 이유는 케이블방송과 위성방송은 기술적 측면에서는 상호보완적일 수 있으나 이용자 측면에서 보면 대체제가 되기 때문이다. 스카이라이프 브랜드로 제공되는 위성방송의 방송프로그램 구성은 오디오 채널을 제외하면 케이블 TV와 장르적 편성에서 상당히 유사하다. 다만 다른 점이 있다면 케이블방송에서는 지상파 재전송이 허용되었으나 위성방송에서는 지상파 재전송이 불허되어 위성방송은 케이블방송과의 경쟁에서 밀릴 수밖에 없는 구조적 한계가 있다는 점이다. 시청자 입장에서 볼 때, 케이블 대신 위성방송을 선택할 이유가 없고, 또 케이블방송에 가입한 가구의 경우 굳이 위성방송에 가입할 이유도 크지 않다. 그렇기 때문에 위성방송은 스카이라이프 독점체제로 운영되고 있음에도 불구하고 시장점유율을 10% 내외에서 성장이 멈췄다. 2019년 IPTV와 케이블 TV 간의 합병이 허용되면서 미래 케이블방송시장은 IPTV 중심으로 재편될 것으로 보인다. 이런 상황에서 위성방송은 어떤 입지를 갖게 될지 지켜볼 일이다.

중계유선방송 가구가 60%에 이른다는 것은 그만큼 통계로 잡히지 않는 난시청가구가 많음을 의미한다. 이에 정부는 난시청의 문제와 다채널 서비스를 통한 수용자 복지 향상을 위해 종합유선방송인 케이블 방송정책을 추진했다. 1990년부터 시범서비스를 통해 1995년에는 전국을 77개 지역으로 구분해 25개 케이블 프로그램 채널을 방송하는 종합유선방송을 도입하기에 이른다. 이후 1999년 12월부터 통합방송법 제정을 통해 중계유선과 종합유선이 단일법의 규제를 받으면서 2001년과 2002년 두 차례에 걸쳐 중계유선방송은 종합유선방송으로 전환하게 된다.

(3) 케이블방송의 위기 그리고 재도약

지상파방송과 케이블방송의 공존은 1995년 케이블TV가 개국하면서 시작된다. 1995년 케이블TV의 개국은 다매체 다채널방송의 시작을 알린다는 측면에서 역사적으로 중요한 의미를 갖는다. 케이블방송이 출범하기 전에는 집안 거실에 놓인 텔레비전에서 시청자가 볼 수 있는 채널이 KBS, MBC, SBS 등 3개 채널에 불과했다. 그런데 케이블방송의 개국으로 시청자는 수십 개의 채널을 시청할 수 있게 되었다. TV 단말기 내에서 다채널방송이 시작된 것이다.

그러나 시청자들은 케이블 다채널방송에 그리 매력을 느끼지 못했다. 우선 지상파 중심 제작시스템이 고착화된 환경에서 케이블TV가 양질의 콘텐츠를 제작하기 쉽지 않았다. 지상파 프로그램 재전송으로 대부분의 시간을 메웠다. 그러다 보니 케이블은 지상파 프로그램의 재전송채널이라는 인식이 강했다. 케이블방송에서 딱히 볼 만한 프로그램이 없는데 굳이 비용을 지불하면서까지 케이블방송에 가입할 이유는 없었다.

여기에 케이블 방송정책도 케이블TV의 성장을 제약하는 요인으로 작용했다. 초기 케이블 방송정책에서 정부는 사업자를 지정하고, 채널의 종류나 수를 제한하는 규제정책을 폈다(진입규제). 각 지역마다 종합유선방송사업자(SO: *System Operator*)에게 독점권을 주고 한 사업자가 여러 SO나 방송채널사용사업자(PP: *Program Provider*)를 지배할 수 없게 사업의 범위도 제한하였다(소유규제). 그 와중에 1997년 한국사회는 IMF 경제위기를 맞는다. 경제전반이 침체되면서 케이블채널들도 대부분 도산했다.

2000년 한국경제가 IMF에서 벗어나 회복세를 보이면서 미디어 시장에도 훈풍이 불기 시작했다. 인터넷 보급이 확산되었고 케이블TV 가입률도 조금씩 늘어나기 시작했다. 정부도 케이블 방송산업을 살리기 위한 특단의 조치를 취했다. 바로 케이블채널 간 M&A 허용이었다. 규모의 경제[1]라는 기업적

---

1 규모의 경제란 같은 상품이라도 대량으로 생산하면 생산원가가 내려간다는 개념이다.

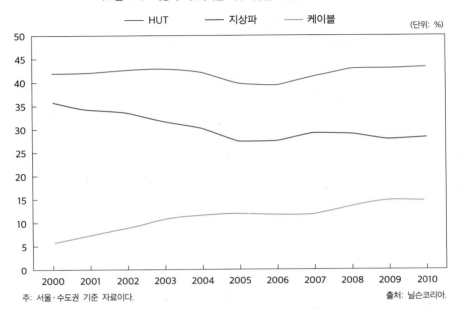

〈그림 1-2〉 지상파 대 케이블 가구시청률 추이(2000~2010)

주: 서울·수도권 기준 자료이다.　　　　　　　　　　　　　　출처: 닐슨코리아.

요구에 따라 한 사업자가 복수의 SO(MSO: *Multiple System Operator*)나 PP (MPP: *Multiple Program Provider*)를 소유할 수 있도록 제도가 수정되었고 SO와 PP의 겸업(MSP: *Multiple System Program Operator*)도 가능하게 했다. 또 PP도 허가제가 아닌 신고제로 바꾸어 영상제작의 진출입을 자유롭게 했다. 이러한 케이블 정책 방향은 몸집을 불려 케이블 산업을 육성해 보자는 의도가 컸다.

2000년 들어 경제상황이 호전되고 제도적 지원에 힘입어 케이블TV는 다시 재도약을 시작한다. 여기서 2006년 개국한 tvN의 역할을 이야기하지 않을 수 없다. tvN은 자체제작 프로그램으로만 채널을 운영했다. 당시 케이블채널들은 지상파 재방송프로그램에 대부분 의존했는데, tvN은 오리지널프로그램 제작이라는 전략을 선택했다. 자체 오리지널프로그램으로만 채널을 운영한다는 것이 당시로서는 무모한 시도라는 평가가 많았다. 케이블에서 제작한 프로그램이 지상파 프로그램에 비해 경쟁력을 갖기 어렵다는 이유였다.

그러나 새로운 시도를 거듭하면서 tvN의 자체제작 프로그램은 시청자의 호응을 얻기 시작했고, 방송시장에서 주도권을 잡는 데 성공했다.

케이블TV 가입률 추세를 살펴보면, 2000년을 시작으로 케이블TV 가입률 80%까지 도달하는 데 단 3년밖에 걸리지 않았다. 2003년 당시 한국 총가구수는 1,500만 가구였는데, 이 중 케이블 가입가구는 1,200만 가구로 80%에 근접했고, 2004년엔 1,500만 가구 가까이 늘어 케이블TV 가입률은 95%를 넘어섰다. 물론 이후 위성방송과 IPTV의 등장으로 케이블TV 보급률은 떨어지고 대신 IPTV 및 위성방송가입률이 늘어났지만, 한국 유료방송 가입가구가 90%를 넘어 지상파와 비지상파방송의 시청여건이 동일해진 것이다.

4) 지상파방송과 케이블TV 그리고 종합편성채널의 공존

케이블TV가 방송시장에서 나름대로 입지를 굳히면서, 한국의 미디어 시장은 명실상부한 다채널방송시장의 면모를 갖추었다. 그러나 케이블TV에 비해 지상파방송의 영향력은 여전히 컸다. 이런 상황에서 2009년 새로운 미디어법이 통과된다. 이 법의 골자는 기존 방송법에서 금지해왔던 신문과 대기업의 방송시장 진출을 허용한다는 것이었다. [2]

그리하여 2010년 12월 방송통신위원회는 4개 종합편성채널을 승인했고, 2011년 12월 1일 4개의 종합편성채널이 개국한다. 〈조선일보〉 계열의 TV조선, 〈동아일보〉 계열의 채널A, 〈중앙일보〉 계열의 JTBC, 〈매일경제신문〉의 MBN이 그것이다. 이들 종합편성채널은 지상파방송과 기술적 특성은 다르지만 채널에 담은 콘텐츠에서는 차이가 없다. 그야말로 보도에서부터 오

---

[2] 2009년 개정된 방송법에 의하면, 신문과 대기업은 지상파에는 10%, 종합편성 PP와 보도전문 PP에는 30%까지 자본금을 출자할 수 있다.

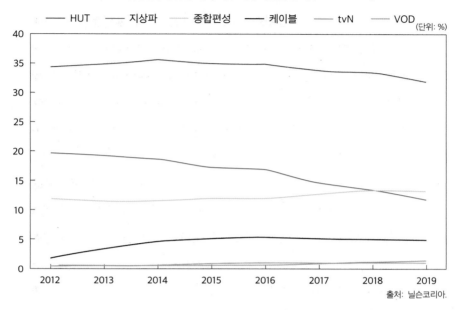

〈그림 1-3〉 종합편성채널 개국 이후 가구시청률 추이 (2012~2019)

— HUT — 지상파 ····· 종합편성 ━ 케이블 — tvN — VOD

(단위: %)

출처: 닐슨코리아.

락에 이르기까지 모든 장르의 프로그램을 편성했기 때문에 시청자 입장에서는 지상파방송과 동일한 형태의 방송이 4개 더 생긴 셈이었다.

〈그림 1-3〉에서 보듯이 종합편성채널은 비교적 단기간에 방송시장에서 확고한 위치를 잡았다. 케이블채널인 tvN이 평균시청률 1%에 도달하기까지 10여 년이 걸린 것과 비교하면 빠른 성공이라고 할 수 있다. 이렇게 종합편성채널이 방송시장에서 빨리 정착할 수 있었던 배경에는 제도적 뒷받침이 있었다. 우선 모든 SO는 의무적으로 종합편성채널을 편성해야 했다. 또 채널번호를 지정하는 것은 SO의 재량이지만 종합편성채널은 19번 이내에 편성해야 한다는 황금채널 배정 특혜까지 받았다. 이에 TV조선은 모든 SO에서 동일한 번호를 갖기 위해 19번을 지정받아 사용하고 있다.

종합편성채널이 가세하면서 텔레비전은 수많은 채널들의 각축장이 되었다. 지상파 4개 채널에 종합편성 4개 채널 그리고 홈쇼핑채널들과 T-커머스에 이르기까지 다양한 채널이 공존한다. 이런 상황에서 지상파 채널들의 경영적

자는 매년 늘어났는데, 적자폭이 커진다는 것은 광고수입의 감소를 의미했다. 많은 특혜를 받고 출범한 종합편성채널도 경영적자에서는 자유롭지 못했다.

그러면 종합편성채널의 출범이 방송생태계에 미친 영향은 무엇일까? 방송의 역사가 10년도 되지 않았는데 공과를 논한다는 것은 시기상조일 수 있지만 겉으로 드러난 결과를 중심으로 살펴보겠다. 우선 뉴스보도프로그램의 대중화에 기여한 점은 긍정적으로 평가할 수 있다. 개국 초기 종합편성채널들의 뉴스보도프로그램 편성비율은 50%가 넘었다. 즉, 뉴스보도프로그램을 많이 편성했고, 시청자들도 많이 봤다. 시청자에게 뉴스보도프로그램은 드라마보다 더 재미있는 장르가 되었다. 그러나 부정적 시각에서 보면, 재미있는 뉴스는 우리 사회에 이롭지 않았다. 한쪽으로 기울어진 정파적 뉴스가 뿌리를 내리고, 뉴스의 공정성, 객관성, 균형성은 이야기할 수조차 없는 상황이 되었다. 뉴스 품질의 하락이 생각보다 심각하다. 결국 방송통신위원회는 뉴스보도프로그램 편성비율이 33%를 넘지 않도록 규제하기 시작했다.

4. 텔레비전 너머의 미디어, 인터넷

이제 미디어 시장은 텔레비전 너머로 확장되고 있다. 과거에는 텔레비전의 틀 내에서 소비되었다면 이제는 텔레비전 너머로 그 범위가 넓어지고 있다. 시장이 넓어지면 전체 수익은 늘어나지만 그만큼 수익을 나눌 사업자도 많아지기 때문에 한 사업자가 벌어들일 수 있는 수익의 규모는 작아지게 마련이다. 텔레비전을 중심으로 한 전통매체들은 이런 위기를 어떻게 극복할 수 있을지 관심이 주목된다.

1) 새로운 미디어, 인터넷의 등장

1990년대부터 멀티미디어(*multi-media*)라는 용어가 유행하기 시작했다. 멀티미디어란 컴퓨터를 매개로 하여 영상, 음성, 문자 등과 같은 다양한 정보매체를 복합시킨 다중매체, 복합매체를 말한다(〈위키백과〉 참조). 이 정의에 따르면, 멀티미디어란 어떤 프로그램이나 영상물이든 특정 매체에 구속되지 않고 자유스럽게 넘나들면서 전달될 뿐 아니라 쌍방향으로 교환될 수 있는 매체 환경으로 정의할 수 있다.

그런데 요즈음에는 멀티미디어라는 용어 대신 통합플랫폼이라는 용어를 사용한다. 통합플랫폼 환경이란 다양한 기기들이 하나의 플랫폼으로 통합되는 현상을 말한다. 멀티미디어 개념과 크게 다르지 않다. 예를 들면 텔레비전을 시청하기 위해 TV 단말기를 사고, 인터넷을 하기 위해 PC를 사고, 라디오를 청취하기 위해 라디오단말기를 구매하지 않아도 하나의 단말기에서 이 모든 기능을 이용할 수 있는 환경을 말한다. 그리고 그런 통합기능을 우리는 작은 모바일 안에서 해결한다. 오늘날 '모바일 온리'(*mobile only*), '모바일 퍼스트'(*mobile first*)라고 말하는 이유이다.

우리 일상에서 기기들이 통합되어 하나의 매체로 통합되어간 사례들을 생각해 보자. 우선 음악을 듣기 위해 구입했던 MP 3는 스마트폰이 나오면서 자취를 감췄다. 라디오도, 카메라도 작은 스마트폰 안으로 들어갔다. 전문 카메라맨에게는 스마트폰의 카메라 기능이 만족스럽지 않을지 몰라도 일반 사람들에게 스마트폰의 카메라 기능은 모자람이 없다. 컴퓨터 기능도, 미디어 기능도 작은 스마트폰 속으로 들어갔다. 이제 사람들은 언제든 원하는 동영상을 볼 수 있다. 금융도 스마트폰 안으로 들어갔다. 앱카드에서부터 페이까지 스마트폰은 사람들의 일상을 바꾸고 있다. 스마트폰으로 할 수 없는 것은 많지 않으며, 앞으로 더 많은 기능이 스마트폰 안으로 들어갈 것이다. 손바닥만 한 크기의 폰은 내가 원하는 모든 것을 해결해 준다.

앞서 멀티미디어의 가능성을 보았던 사람들도 하나의 미디어가 이렇게 많은 기능을 할 수 있으리라고 기대하지 않았을 것이다. 그렇게 우리 사회는 하나의 매체로 모든 것을 통제할 수 있는 사회로 나아가고 있다. 멀티미디어, 통합플랫폼의 근간을 이루는 기술은 바로 인터넷에서 시작되었다. 잠시 인터넷에 대해 살펴보자.

2) 인터넷 정신, 무소유와 공유

에릭 슈미트(Eric Schmidt) 전 구글 회장은 "인터넷은 인간이 발명해 놓고도 이해하지 못하는 최초의 발명품이며, 역사상 최대 규모의 무정부주의에 대한 실험"이라고 했다. 오늘날 인터넷의 진화를 보고 있노라면 10년 전 인터넷에 대한 에릭 슈미트의 주장이 전혀 과장되지 않았다는 생각이 든다.

인터넷의 개념을 살펴보면, 전 세계 어디서나 누구라도 자유롭게 사용할 수 있도록 개방성(OSI: *Open System Interface*) 및 상호작용성을 보장하는 네트워크로서 전 세계 컴퓨터 '네트워크를 연결하고 있는 네트워크들 간의 네트워크'로 정의된다(성동규 외, 2000: 39). 이 정의에서 알 수 있듯이 인터넷에서 가장 중요한 가치는 바로 연결이다. 연결을 중시하는 인터넷에서는 정보가 독점되기보다 공유되고, 생산과 소비가 동시에 이루어진다. 이런 특징이 바로 인터넷의 기본정신이다.

인터넷 개발의 기본철학은 공유정신에서 비롯됐다. 초기 인터넷에서 제공하는 정보는 모두 무료라는 인식이 강했는데, 이는 바로 '히피'(*hippie*) 정신에 뿌리를 둔 것이다. 즉, '무소유'를 지향하고, 무소유의 방법으로 공유를 추구하는 히피정신은 인터넷의 기본정신인 공유정신을 확립했고, 인터넷이 세계적으로 확산되는 데 엄청난 기여를 한다. 자유로운 접속이 가능한 컴퓨터 네트워크를 통해 많은 정보를 정확하고 신속하게 전달하고 공유한다는 것이 인터넷의 기본철학으로 자리 잡으면서 인터넷은 폭발적 성장을 이룬 것이다.

인터넷에서 성공한 기업, 실패한 기업을 떠올려 보면, 인터넷의 공유정신, 무소유의 철학이 기업 성공에 어떤 영향을 미쳤는지 알 수 있다. 글로벌 인터넷 기업인 구글, 페이스북, 트위터 등은 철저히 공유와 무소유의 철학을 지켜 성공한 경우이다. 특히 구글에서 제공하는 구글맵, 구글번역, 구글검색은 구글에서 제공하지 않았다면 비용을 들여야만 사용할 수 있는 서비스들이다. 그런데 구글은 이 모든 것을 무료로 제공한다. 오늘날 구글은 국가 간 경계를 뛰어넘어 전 세계의 미디어로 자리 잡았다. 구글 서비스가 무료라는 주장에 반론이 있을 수 있다. 구글이 서비스를 무료로 제공하는 대신 이용자의 개인 데이터를 얻기 때문이다. 빅데이터 시대에 전 세계적으로 이렇게 쌓이는 데이터는 현재, 또 미래에 엄청난 가치를 지닐 수 있다. 그런데 중요한 것은 구글 이용자들은 구글 서비스가 무료라고 생각한다는 것이다.

한국에서도 공유의 가치를 담아 성공한 인터넷 기업으로 카카오가 있다.

스마트폰에서 시작한 카카오의 첫 번째 서비스는 무료문자 서비스 카카오톡이었다. 당시 휴대폰에서 문자를 보내면 한 건당 30원씩 과금되었는데, 카카오톡 문자는 무료였다. 카카오톡에서 무료문자에 이어 무료통화 서비스를 제공하자 통신사들은 당황하며 카카오톡의 무료문자와 무료통화 서비스를 규제해 달라고 정부에 요청하기도 했다. 문자와 통화 요금은 통신사의 주 수입원인데, 카카오톡 때문에 문자나 통화 요금 수입이 급감할 수 있기 때문이었다. 이를 이른바 '카카오톡의 저주'라고 한다(오마이뉴스, 2012. 6. 8). 그리고 10년도 지나지 않아 카카오톡의 저주는 현실이 되었다. 오늘날 카카오톡은 '국민톡'이 되었다. 혹자는 카카오톡을 하려면 데이터 비용이 들기 때문에 엄밀한 의미에서는 무료가 아니라고 주장한다. 하지만 이용자들은 카카오톡 때문에 데이터 비용을 지불하는 것은 아니므로 카카오톡을 무료라고 생각한다.

국내외를 막론하고 성공한 인터넷 기업의 공통점은 차별화된 서비스를 제공하고, 가능한 한 많은 사람들이 이를 공유한다는 것이다.

3) 인터넷과 텔레비전의 만남, IPTV

텔레비전이 인터넷과 결합해 탄생한 것이 IPTV(*internet protocol television*)이다. IPTV는 전파나 케이블을 통해 방송프로그램을 전송하던 기존의 TV와 달리 인터넷을 통해 스트리밍 방식으로 방송프로그램을 시청하는 TV이다. IPTV는 단순히 인터넷회선을 통해 TV를 시청한다는 개념이 아니라 기존 방송의 일방향적 성격을 넘어 시청자와 프로그램 제공자 간의 상호작용이 가능한 양방향(*interactive*) 방송서비스를 의미한다.

케이블TV에 비해 IPTV가 경쟁력 우위를 보이는 부분은 단연 기술적 측면이다. 무엇보다 인터넷망을 이용하는 IPTV는 케이블TV보다 서비스 범위가 넓고 다양하다. IPTV를 얼마나 폭넓게 이용하는지는 가정마다 다르지만, 이론적으로 보면 IPTV에서는 웹브라우징이 가능하고 프로그램 다시보기 기능도 편리하다. 태생적으로 IPTV의 핵심기능은 주문형비디오(VOD: *Video on Demand*) 서비스에 있는데, 케이블TV에 비해서 다양하고 풍부한 VOD 서비스가 가능하다. OTT 서비스 역시 VOD 서비스의 일종이라고 본다면, IPTV는 글로벌 OTT와도 경쟁을 해볼 만한 기술적 여건을 가졌다고 할 수 있다.

이외에도 전자상거래 기능, 은행업무 기능, 게임, 메신저, 영상전화 등을 이용할 수 있다. 쉽게 말하면 인터넷에서 할 수 있는 모든 기능을 IPTV에서 할 수 있다. 최근 인공지능을 활용한 프로그램 검색서비스, 추천서비스의 도입은 IPTV가 다른 미디어에 비해서 경쟁력 우위를 점하는 부분이기도 하다. 여기에 IPTV는 경제적 혜택까지 있는데, 인터넷이나 휴대폰과 결합하면 비용이 저렴하다.

이러한 장점 덕분에 IPTV는 빠른 속도로 가입자를 늘려나갔다. IPTV의 성장세는 이미 2017년 하반기부터 케이블TV를 앞지르기 시작했고, 2019년에도 IPTV 가입가구는 1,800만으로 2018년 1,672만 가구에 비해 7.6%의 성장률을 보였다(나스미디어, 2019). 상황에 여기에 이르자 정부는 2019년 11월 SK브로드밴드와 티브로드, LG유플러스와 CJ헬로비전의 IPTV 주도 합병을 허가했다. 이 합병은 방송생태계에서 케이블TV의 퇴장을 의미한다. 물론 합병이 이루어진 후 얼마 동안은 IPTV와 케이블이 공존하겠지만 이 공존이 지속될 수는 없다.

IPTV와 케이블 간의 합병을 반대하는 사람들은 케이블TV의 퇴장이 지역성의 가치를 훼손할 것으로 내다본다. 케이블TV의 지역채널 운영은 공영방송을 추구하는 한국에서는 상당히 중요한 가치를 지니기 때문이다. 그러나 방송환경이 변화하면 공익성의 구현방식도 달라질 수 있고 달라야 한다. IPTV가 주도하는 미디어생태계에서 구현될 수 있는 지역성 가치가 무엇인지를 생각해야 한다. 그런 후속장치를 마련한다 해도 지역성의 가치를 내세우면서 진입했던 케이블TV의 퇴장은 방송기술이 갖는 영향력을 그대로 보여주는 사례라 할 수 있다.

　방송기술이 진화를 멈추지 않는 한 새로운 매체는 계속 등장할 것이다. 그리고 이 매체가 기존의 매체에 비해 수용자에게 어느 정도의 편리함과 유용성을 줄 수 있는지에 따라 살아남을 수도 있고, 역사의 뒤안길로 사라질 수도 있을 것이다. 그러나 분명한 사실은 미디어의 미래는 계속 변화한다는 것이며, 미디어의 변화에 따라 인간의 일상도 함께 변화할 것이다.

4) 인터넷미디어가 한국사회에 미친 영향

(1) 인터넷미디어가 이끄는 변화들

한국에서 인터넷이 미디어로서의 역할을 담당한 지는 그리 오래되지 않았다. 인터넷이 일반 기업 및 개인을 대상으로 서비스를 시작한 것은 1995년 누리넷과 같은 PC통신이 등장하면서부터였다. 그러나 당시 PC통신은 전문가가 아니면 사용하기 쉽지 않았고, 비용도 비싼 편이었다. 또 비용에 비해 성능도 좋지 않았다. 이러한 인터넷의 한계는 1999년 ADSL(*Asymmetric Digital Subscriber Line*)이 보급되면서 해결된다. 통신속도가 빨라졌고, 무엇보다 정액요금제로 비용부담이 줄어들었다.

　이후 인터넷은 2000년을 기점으로 폭발적 성장을 한다. 당시 인터넷은 PC기반이 주를 이뤘다. 따라서 인터넷을 하려면 랜선으로 연결된 PC가 있어야 해서 공간적 제약은 여전히 남아 있었다. 대신 인터넷미디어에서는 시간적 제약이 없었다. 인터넷이 가진 공간적 제약은 2010년 스마트폰이 등장하면서 해결된다. PC기반의 인터넷이 모바일 기반으로 넘어온 것이다. 비로소 언제 어디서든 인터넷 접속이 가능한 유비쿼터스 세상이 펼쳐졌으며, 이론적으로만 이야기해왔던 멀티미디어 세상이 실현된 것이다. 그리고 스마트미디어는 미디어생태계를 바꿔놓고, 사람들의 일상도 변화시켰다.

　반덴 댐은 인터넷의 등장으로 인한 미디어 환경의 변화를 두 가지로 이야기했다. 하나는 미디어통제력의 이동이고 다른 하나는 커뮤니케이션 패턴의 변화이다(Van Den Dam, 2010). 그는 미디어통제력이 배타적 소유권을 가진 소수 공급자에서 다주체로 구성된 개방적 영역으로 이동하고 있다고 했다. 그리고 커뮤니케이션 패턴도 '일대일'·'일대다' 커뮤니케이션에서 '다대다' 협력커뮤니케이션으로 이동하면서 사용자의 경험을 강화시켜 주는 미디어콘텐츠 공유방식에 의존하게 된다고 주장했다. 오늘날은 2010년에 반덴 댐이 주장했던 미디어 환경의 변화, 즉 미디어통제력의 변화와 커뮤니케이션 패턴의 변화가 함께 나타나고 있다.

(2) 미디어통제력의 이동

인터넷의 등장으로 인한 미디어통제력의 이동을 나타내는 사례는 많다. 첫 번째로 우편시스템의 변화를 들 수 있다. 인터넷의 메일 기능은 개인 간의 정보전달 체계를 바꿔 놓았다. 우체국에 가지 않아도 우표를 붙이지 않아도 인터넷에서 편지를 보낼 수 있고, 파일도 보낼 수 있다. 이제 빨간 우체통이 동네에서 자취를 감추었다.

두 번째로 주류 신문사의 통제력 감소를 들 수 있다. 온라인 공간에서는 '조중동'이라는 한국 3대 신문사의 영향력이 그리 크지 않다. 온라인 포털사이트에서 제공하는 뉴스들은 신문사의 규모와 관계없이 모두 평등하다. 더욱이 인터넷상에서 뉴스를 볼 수 있게 되면서 종이신문 구독자는 매년 급격히 줄어들고 있다. 지상파방송의 영향력 감소도 신문의 경우와 크게 다르지 않다. 인터넷에서는 누구나 방송사의 주인이 될 수 있다. 1인 미디어가 늘어나는 이유다. 이런 1인 미디어와 레거시미디어는 경쟁 자체가 되지 않는다. 그런데 1인 미디어들을 모두 합하면, 지상파방송과 경쟁이 된다. 인터넷 중심 사회에서 주류 언론매체들이 영향력을 잃어가는 이유다. 미디어통제력이 거대 미디어에서 개인에게로 넘어온 것이다.

(3) 사회관계의 변화

이외에도 인터넷은 사람 간의 관계에도 변화를 가져왔다. 온라인에서는 생면부지의 사람과도 관심사가 같다는 이유로 친구가 된다. 오랜 시간 치열하게 토론도 한다. 한국사회, 온라인 밖의 세상에서는 상상하기 힘든 일들이다. 온라인 공간에서는 관심사가 비슷한 사람들끼리 정보를 교환하는 카페와 커뮤니티가 만들어졌다. 또 정치사회적 시사이슈에 대해 함께 논의하는 문화가 생겼다. 다음(Daum)의 아고라 광장은 정치사회적 이슈의 공론장이 되었다.

1999년 초등학교 동창생 찾기 사이트인 아이러브스쿨이 인터넷에서 화제가 되었다. 아이러브스쿨은 오랫동안 연락이 끊긴 친구들을 만나게 해주었다. 인터넷의 힘을 잘 모르던 사람들에게 상상할 수 없는 일이 일어난 것이다. 2002년엔 미군 장갑차에 깔려 사망한 여중생 미선이와 효순이 사건이 다음 아고라 광장에서 올라와 많은 사람들이 두 여중생의 억울한 죽음을 애도하기 위해 광화문 광장에 모였다. 전혀 알지 못하는 평범한 여중생의 죽음을 애도하기 위해 그렇게 많은 사람들이 모일 것이라고 아무도 생각하지 못했다. 인터넷이 사람들의 생각을 바꾼 것이다. 2004년 대통령 탄핵 반대운동, 2008년 미국 소고기 수입 반대운동, 최근엔 박근혜 대통령 탄핵과 일본제품 불매운동이 인터넷에서 공론화되어 시민사회로 번져갔다.

인터넷에서는 평범한 시민의 작은 의견이 다른 시민의 동의를 얻어 큰 힘이 되었고, 결국 사회변화를 이끄는 원동력이 되었다. 인터넷에서 시작된 사회변화 양상을 살펴보면, 인터넷은 늘 기존의 권위와 권력에 도전하는 시민들의 목소리를 모으는 공론장 역할을 했다. 그래서 사회적 이슈가 있을 때마다 인터넷은 뜨거웠고, 사회변화가 필요하다고 생각하는 네티즌들은 인터넷에서 의견을 모으고 인터넷 밖으로 나와 결집된 시민들의 힘을 보여주었다. 2019년 시작된 일본제품 불매운동이 예상과 달리 비교적 오랫동안 계속될 수 있었던 이유는 인터넷을 통해 계속 결집력을 보여주었기 때문이다.

이렇듯 인터넷은 사회변화에 긍정적 역할을 많이 해왔다. 도저히 바뀌지 않을 것 같은 변화들을 이끌었다. 물론 인터넷이 사회를 변화시켰다는 의견에는 반대의 목소리도 있다. 사회가 정말 변화되었는가 생각해 보면 그렇지는 않다는 것이다. 그럼에도 분명한 사실은 사회적으로 중요한 이슈가 생기면 인터넷이 가장 먼저 반응한다는 것이다.

오랫동안 한국사회에서 "침묵은 금"이었다. 어쩌면 한국사회는 침묵을 강요하는 사회는 아니었을까. 침묵하는 사람이 많으면 소수가 권력을 독점하기 편하다. 이런 관점에서 보면 "침묵은 금"이라는 속담은 소수 집권세력의 권력을 유지하기 위한 이데올로기를 내포하고 있다고 할 수 있다. 인터넷은 이런 이데올로기를 깨뜨릴 수 있다. 인터넷에서 침묵은 더 이상 금이 아니기 때문이다. 오프라인에서 침묵하면 신중한 사람, 입이 무거운 사람이라는 평가를 받지만 온라인에서 침묵하면 존재감이 없다.

그래서 오프라인에서는 침묵했던 사람들이 온라인에서는 자신의 의견을 표명하기 시작했다. 이런 사람들의 의견이 모여 결집된 힘을 만들어냈고, 사회변화를 이끌어냈다. 물론 그 과정에서 이념갈등이나 세대갈등이 일어나기도 했지만, 사람들은 온라인 공간에서 자신의 생각을 표현하면서 변하기 시작했다. 자신들이 사회를 이끌어가는 주인이라는 의식이 생긴 것이다. 인터넷이 만들어낸 사회적 관계의 변화다. 앞으로도 인터넷미디어는 더 많은 사회변화를 주도해갈 것이다.

인터넷이 사회를 변화시킨다는 말은 오늘날 그만큼 인터넷의 영향력이 크다는 것을 의미한다. 과거 지상파방송의 전성기에는 방송이 정치의 중심이었고 이를 이용하려는 사람들이 많았다. 마찬가지로 인터넷의 영향력이 막강해지다 보니 이를 통해 힘을 가지려는 사람들 간의 경쟁이 치열해졌다. 이것이 사회통합을 저해한다는 우려도 있다. 그러나 건강한 민주주의는 다양한 의견이 대립하고 새로운 대안을 찾으며 발전해간다는 점을 생각해 볼 때, 인터넷으로 촉발된 이런 변화가 궁극적으로는 사회발전에 도움을 줄 것이다. 인터넷이 앞으로 우리 사회를 어떻게 바꿔나갈지 관심을 갖고 지켜볼 일이다.

김 규(1993).《방송매체론》. 파주: 법문사.

문선영(2012). 한국 라디오드라마의 형성과 장르 특성. 고려대 일반대학원 박사학위 논문.

성동규 외(2000).《인터넷과 커뮤니케이션》. 서울: 한울.

오마이뉴스(2012. 6. 8). 카카오톡의 저주, 이러다 망할 수 있습니다. 서울: 오마이뉴스.

이인찬·고동희·김도연(1999).〈케이블 TV 산업연구〉. 연구보고 99-05.
    진천: 정보통신정책연구원.

한국경제(2018. 11. 26). IPTV '성장드라마' … 10년 만에 케이블 TV를 꺾다.
    서울: 한국경제.

홍기선 외(2007).《방송영상미디어의 이해》. 파주: 나남.

홍종윤

1. 들어가며

2019년 지상파방송 MBC 예능프로그램 〈놀면 뭐하니〉는 신인 트로트 가수 유산슬의 데뷔 전 과정을 보여주는 '뽕포유' 콘텐츠를 기획·제작해 방송했다. TV, 포털, 유튜브, 소셜미디어(Social Media) 등을 통해 〈놀면 뭐하니〉 프로그램을 접한 사람들, 우리는 이들을 일반적으로 'TV 방송시청자'로 통칭해 불러왔다. 그런데, 'TV'와 '방송'과 '시청자'라는 단어들은 현실 공간 속에서 유산슬 콘텐츠를 만나는 다양한 사람들과 그들의 행위를 담기에는 뭔가 많이 부족해 보인다. 마치 집안 거실에 놓인 TV 수상기를 통해 실시간으로 방송된 〈놀면 뭐하니〉 프로그램을 시청한 사람들, 즉 이른바 '본방사수'를 한 시청자들만 지칭하는 것처럼 보이기 때문이다.

유산슬 콘텐츠를 접한 사람들 중 일부는 일터에서 노트북 컴퓨터를 통해 포털사이트에 노출된 하이라이트 영상클립을 클릭해 봤고, 다른 누구는 퇴근길에 휴대폰을 통해 유튜브에 올라온 유산슬의 데뷔곡〈합정역 5번 출구〉,〈사랑의 재개발〉뮤직비디오를 감상했으며, 또 다른 누구는 침실에서 태블릿 PC를 통해 소셜미디어 서비스 인스타그램에 담당 PD가 올린 '직캠'(직접 찍은) 동영상을 시청했다. 한편 이들 중 일부는 관련 영상에 '좋아요' 아이콘을 누르고, 댓글을 달고, 해시태그와 함께 다른 사이트나 소셜미디어 서비스들로 해당 콘텐츠를 퍼 날랐다.

TV 방송시청자라는 개념은 이처럼 현대사회에 존재하는 다양한 유형의 시청 방식들과 행위들을 드러내기에는 한계가 명확해 보인다. 다양한 유형의 콘텐츠를, 다양한 플랫폼에서, 다양한 네트워크를 통해, 다양한 기기장치로 시청하는 사람들을 포괄하기 위해 '방송영상미디어 이용자'라는 용어를 사용하는 것이 더 적절한 이유이다. 이 장은 일상생활에서 방송영상미디어 콘텐츠를 접하고 이용하는 사람들에 대해 다룬다.

2. 미디어수용자에서 미디어이용자로

2000년대 초반만 해도 TV 프로그램을 보는 특정 사람들을 방송시청자로 지칭하는 데 큰 무리가 없었다. 대부분의 사람들은 지상파나 유료방송 플랫폼(케이블·위성) 채널들에서 제공하는, 단어 그대로의 방송프로그램을 시청했기 때문이다. TV뿐만 아니라 라디오, 신문, 영화 등 다른 매스미디어콘텐츠 소비 상황들도 비슷했다. 라디오청취자, 신문독자, 영화관객 등 특정 미디어를 보고 듣는 사람들을 명확히 구별하고 별개의 집단으로 지칭할 수 있었다. 흔히 이들을 통칭하여 매스미디어수용자(*mass media audience*)[1]라고 불렸다.

---

1 수용자는 과거 연극이나 음악 공연의 관객이나 청중을 의미하다가 매스미디어 등장 이후에는 이 미디어들이 콘텐츠를 전달하는 익명의 개인이나 집단을 지칭하는 용어로 진화했다.

〈그림 2-1〉 디지털 시대 다양한 TV 시청행위를 묘사한 만평

출처: The Wall Street Journal, 2013. 10. 8.

시청자(viewer), 청취자(listener), 독자(reader) 등 미디어수용자들의 명칭 구분은 해당 미디어콘텐츠가 어떤 감각기관(시각·청각·시청각)을 통해 전달되는지가 주된 기준이었음을 쉽게 알 수 있다. 다른 기준으로 미디어수용자들을 명명할 수도 있다. 신문구독자, 유료방송 가입자라는 명칭은 모두 신청을 통해 해당 구독·시청 서비스에 가입하고 정기적으로 구독료 또는 이용료를 지불하는 행위(subscription)에 중점을 둔 이름이다. 이처럼 콘텐츠 전달 감각기관이나 무료·유료라는 미디어기업의 사업모델은 전통적 미디어수용자 분류기준들 중 하나였다.

그러나 디지털미디어 시대에 접어들면서 미디어수용자를 분류하고 특정하는 작업은 쉽지 않게 됐다. 문자, 소리, 영상 등 미디어콘텐츠 요소들을 숫자 기반의 단일한 정보 생산·가공·전달방식으로 처리하고 온라인상으로 전달하게 되면서, 미디어수용자들을 특정 미디어콘텐츠와 연결하여 감각기관 사용이나 요금지불과 같은 단일 기준으로 분류하기가 힘들어졌기 때문이다.

2013년 미국의 〈월스트리트 저널〉은 "디지털 시대에 TV 시청이란 무슨 의미인가?"라는 기사를 게재했다. 전통적 TV 프로그램들이 넷플릭스(Netflix)와

같은 온라인 스트리밍서비스들을 통해 제공되고 점점 더 많은 사람들이 휴대폰이나 컴퓨터, 태블릿 등으로 이를 시청하면서, TV 시청행위 자체를 규정하기 힘들어졌다는 주제의 내용이었다(*The Wall Street Journal*, 2013. 10. 8). 기사는 전통적 TV 산업구조의 변화가 시청자들의 시청행위 변화와 맞물리는 상황과 관련하여, 다양한 기기들로 서로 다른 콘텐츠를 소비하는 한 가정의 거실 풍경을 묘사한 만평을 실었다. 만평에서 거실에 놓인 대형 TV 수상기는 반려동물의 차지가 되었다(〈그림 2-1〉 참조). [2]

우리가 현대사회의 방송시청자를 이해하기 위해서는 이처럼 변화된 상황들과 맥락들에서 존재하는 다양한 사람들의 현실을 좀더 자세히 짚어 봐야 한다. 방송미디어 환경의 변화는 이를 시청하는 수용자들의 행태변화를 동반하고, 이로 인해 수용자를 파악하는 인식의 틀 역시 변화할 수밖에 없기 때문이다.

방송환경은 20세기 초 라디오가 인류사회에 등장한 이후 지속적 진화과정을 거쳐 왔다. 방송환경의 진화는 크게 4단계로 나눌 수 있다. 첫째는 방송(*broadcast*)의 시대이다. '넓게'(*broad*) '던지다'(*cast*)라는 어원에서 유추할 수 있듯이, 방송 전파가 넓은 지역에 산재해 있는 불특정 다수의 사람들에게 전달되던 시기다. 이 시기에는 전통적 광고수익에 기반한 지상파 중심의 방송 산업구조가 형성됐다. 이들 소수의 지상파방송이 제공하는 방송프로그램들이 불특정 다수의 시청자들에게 전달됐고, 시청자들은 거의 동일한 내용의 프로그램을 시청했다.

둘째는 협송(*narrowcast*)의 시대이다. 지상파방송 외에도 케이블TV나 위성방송 같은 유료방송사업자들이 등장하면서, 특정 시청자의 지역·취향·선호에 특화된 채널들이 등장한 시기이다. 월구독료 방식의 유료방송 산업구조가 형성되고, 다채널 환경에서 시청자들이 자신의 취향에 맞는 채널들

---

2 반려동물의 TV 시청은 단지 가벼운 농담이나 풍자가 아니다. 이미 국내 유료방송 방송채널사용사업자 중에는 반려동물 전용채널을 운영하는 사업자도 존재한다.

을 선택적으로 시청할 수 있게 되면서 수용자 시청 분화가 발생했다.

셋째는 점송(*pointcast*)의 시대이다. 인터넷 시대로 이행하면서 전통적 방송사업자들뿐만 아니라 IPTV 같은 통신사업자들이 방송영역에 진출했고, 미디어기업들 간의 다자 간 경쟁구도가 형성된 시기이다. 이 시기 시청자들은 실시간으로 전달되는 방송채널 외에도 자신의 선택에 따라 주문형(VOD) 방식으로 프로그램을 시청할 수 있게 됐다. 이로써 쌍방향 커뮤니케이션이 가능해지고 원하는 시간에 원하는 프로그램을 시청하는 TV 시청의 개인화가 촉진됐다.

넷째는 편송(*anycast*)의 시대이다. 온라인동영상서비스(OTT)가 활성화되고, 이용자제작콘텐츠(UGC: *User-Generated Content*)와 인터넷 개인방송이 등장하면서, 전통적 미디어산업구조를 넘어서는 더욱 복잡다단한 미디어생태계가 형성된 시기이다. 미디어기업들뿐만 아니라 개인들까지 언제(*anytime*), 어디서나(*anywhere*), 누구든지(*anyone*) 방송콘텐츠를 제작하고

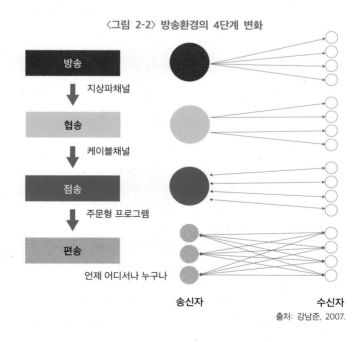

〈그림 2-2〉 방송환경의 4단계 변화

출처: 강남준, 2007.

전송하고 시청할 수 있는 시대가 되면서, 더 이상 전통적 방송 개념만으로는 포괄하기 힘든 상황이 되었다.

이와 같은 방송환경의 단계적 변화과정에서 미디어수용자의 역할 및 인식 역시 변해갔다. 초기에 일방적으로 미디어콘텐츠를 전달받아 소비하던 수용자들이 점차 쌍방향 커뮤니케이션이 가능한 능동적 수용자의 모습으로 전환된 것이다. 특히 인터넷미디어의 등장 이후 수용자들의 능동성은 더욱 강화되었다. 수용자들은 더 이상 미디어콘텐츠 소비 자체에 머무르지 않고, 생산 및 유통과정에서 적극적 참여와 활동상을 보여준다. 미디어수용자라는 용어는 이러한 능동적 참여와 활동양상을 포괄하지 못하는 한계를 지니기 때문에, 최근에는 미디어이용자라는 수용자의 능동적 측면을 강조한 용어를 더 많이 사용한다. 방송미디어이용자들은 초기의 단순 시청행위에서 출발하여 자신의 선호나 기호에 따라 능동적으로 콘텐츠를 선택하고 이용하는 단계로 진화했다.

이 장에서는 이러한 진화과정을 대중, 수용자 상품, 공중, 생산소비자, 생산이용자, 자유무료노동자라는 6개의 핵심단어를 통해 살펴본다.

3. 아날로그방송 시대의 수용자

20세기는 라디오, 영화, TV 등 이른바 매스미디어 (mass media) 가 연달아 등장하고 보편화된 시기이다. 매스(mass) 라는 단어에서 유추할 수 있듯이, 많은 사람들에게 대량의 정보와 오락물을 전달한다는 특징을 지닌, 이 새로운 미디어들이 현대사회를 구성하는 핵심요소로 자리 잡아 가면서 인간의 삶의 방식에는 큰 변화가 발생했다. 매스미디어는 정치, 경제, 문화 등 다양한 영역에서 인간사회의 작동방식과 변화에 강력한 영향력을 행사하기 시작했다.

1) 수동적 수용자

(1) 대중

20세기 초중반 매스미디어의 등장은 미디어 메시지를 기계적으로 수용하고 쉽게 영향을 받는 수동적 수용자(passive audience) 개념을 생산해냈다. 대중사회론(mass society theory)의 '대중'(mass) 개념이 대표적이다. 서구사회의 급격한 사회변동을 설명하기 위해 태동한 대중사회론은 현대 산업사회의 대중을 이질성, 익명성, 고립성을 지니는 '원자화된 개인'이자 '고독한 군중'(The Lonely Crowd)으로 파악했다(Riesman, 1950). 사회적으로 고립된 개인들의 집합체로서 대중은 외부의 영향력으로부터 취약성을 지니는 수동적 존재로 인식되었고, 매스미디어콘텐츠가 대중들에게 전달되면 무차별적으로 큰 영향을 받는 것으로 생각되었다.

이러한 수동적 수용자상의 등장은 파시즘(fascism)과 나치즘(nazism) 같은 극단적 전체주의 국가의 발흥 및 두 차례에 걸친 세계대전을 겪었던 당시의 시대적 맥락과 궤를 같이한다. 이 시기 매스미디어가 정치적 선동과 대중 동원에 적극 활용되고 실제로 영향력을 발휘하면서, 매스미디어에 의해 쉽게 조작되고 조종되는 존재로서의 수용자 인식이 자연스럽게 대두되었다. 수용자는 영화, 라디오, TV 등 미디어에 쉽게 영향을 받는 고립된 개인들이 모인 대중집단(mass)으로 여겨지게 된 것이다.

당시 매스미디어의 대중파급력은 1938년 미국 CBS 방송의 라디오드라마인 〈우주전쟁〉(The War of the Worlds) 사건에서도 확인된다. 훗날 영화감독으로 명성을 날린 오손 웰즈(Orson Welles)가 제작한 이 라디오드라마가 '화성으로부터 외계인 침공'을 소재로 다루자, 실제로 우주전쟁이 발발한 것으로 오인한 청취자들이 패닉에 빠지는 상황이 발생한 것이다.

이처럼 신문, 영화, 라디오 같은 매스미디어의 대중 영향력 확대는 한편으로는 선전·선동 등 정치커뮤니케이션의 수단으로서, 다른 한편으로는 광

〈그림 2-3〉 라디오드라마 〈우주전쟁〉 패닉 기사를 다룬 당시 신문들

고·설득 수단으로서 매스미디어 효과에 대한 학문적 연구들을 생산했다. 매스미디어가 수용자들의 인지·태도·행동 변화에 미치는 효과를 탐구하는 미디어 효과이론(media effect theory)이 대표적이다. 미디어 효과이론의 태동은 '수동적 수용자'와 '강력한 미디어 효과'라는 신념의 결합에서 등장했다. 대표적인 초기 강력효과 연구인 '탄환이론'(bullet theory)은 사회학의 대중사회론과 심리학의 자극-반응(stimulus-response) 모델에 기초하여, 총구를 떠난 탄환이라는 은유에서 알 수 있듯이, 미디어콘텐츠의 효과가 총 맞은 것처럼 즉각적이고 강력한 것으로 보았다.[3]

이렇듯 대중으로서의 수용자상은 20세기 초반 새로운 매스미디어 출현 시기의 사회적 혼돈, 그리고 매스미디어의 영향력에 대한 시대적 불안과 두려움을 배경으로 등장했다. 점차로 사회가 안정화되고 사람들이 매스미디어에 익숙해지면서 초기의 강력효과 이론 같은 일방적으로 미디어콘텐츠의 영향을 받는 수용자라는 인식은 수그러들었다. 그러나, 미디어에 의해 영향을

---

[3] 이후 미디어 효과이론은 효과의 크기 차원에서 소효과 이론, 중효과 이론, 강력효과 이론 등으로 분화해 나간다. 각각의 이론들은 효과 크기와 수용자 능동성 정도에 대한 서로 다른 인식과 판단을 보여준다.

받는 대중으로서의 수용자상은 현대사회에서도 여전히 자주 등장하고 있다. 어린이, 청소년 등 사회적 약자에 대한 매스미디어의 부정적 효과를 주장하는 담론들이 대표적이다.

(2) 수용자 상품

대중사회론의 대중 개념이 정치사회적 관점에서 수동적 미디어수용자를 상정한다면, 수용자상품론(audience commodity)은 산업적 관점에서 이와 유사한 시각을 보여주는 수용자 개념이다.

댈러스 스마이드(Dallas Smythe)는 미디어산업을 움직이는 핵심동인이 광고주들에게 수용자를 상품화하여 판매하는 것으로 파악하고, 이를 '수용자 상품'으로 개념화한다(Smythe, 1977). 수용자들에게 무료로 콘텐츠를 공급하는 대신 특정 광고주의 소비재 상품에 대한 광고를 시청하게 함으로써 해당 상품의 구매행위로 연결하는 미디어산업 구조에서, 결국 수용자들의 미디어 소비 행위는 광고주들을 위한 수용자 상품 판매행위와 동등하다고 본 것이다. [4]

상품으로서 수용자 개념은 미디어산업의 고유한 특징인 이중 상품시장(dual-product marketplace) 구조에서 유래한다. 미디어산업은 콘텐츠가 수용자들에게 팔리는 (또는 제공되는) 시장과 함께, 수용자들이 광고주들에게 팔리는 시장이 결합된 구조를 이룬다. 예를 들어 TV 시청자들은 무료 또는 유료로 방송프로그램을 시청하면서, 동시에 프로그램 전후와 중간에 등장하는 광고 역시 시청하게 되는데, 전자의 방송프로그램 시청행위는 프로그램 거래시장 형성의 핵심요소이며, 후자의 광고시청 행위는 광고주들에 대한

---

[4] 잘리와 리반트는 스마이드의 시각을 확장하여, 수용자 광고시청을 미디어 생산자들을 위한 수용자 노동으로 파악한다(Jhally & Livant, 1986). 무료시청이라는 일종의 임금을 받은 수용자들이 생산자들을 위해 광고시청이라는 노동을 수행하고, 미디어 생산자들이 잉여 광고 시청시간을 광고매출로 전환시킴으로써 이윤을 획득한다는 것이다. 노동 관점에서 바라본 수용자상은 아래에 다루는 '자유무료노동자' 개념에서도 등장한다.

시청자 접근권이 판매되는 광고시장의 핵심요소가 된다. 미디어산업 구성요소로서 수용자들의 지위는 한 시장에서는 소비자이면서, 또 다른 시장에서는 상품인 이중적 위상을 차지하는 것이다.

상품으로서 수용자 개념은 시청률, 청취율, 구독률과 같은 광고효과를 측정하는 양적 집단으로서 수용자와도 연결된다. 집단으로서 수용자의 크기를 나타내는 양적 지표들은 곧 수용자 상품의 가치를 나타내며, 이는 곧 광고단가의 차이로 전환된다. 시청률 같은 양적 크기 측정은 일반적으로 전체 수용자 데이터로부터 추출된 표본집단을 대상으로 측정되는데, 크기가 클수록 구매행위로 이어지는 광고효과가 클 것이라고 전제된다. 대중 수용자 개념이 수용자를 단일한 속성(고립성, 이질성)으로 파악하듯이, 수용자 상품 개념이나 양적 집단 수용자 측정방식들은 수용자를 광고노출에 따른 상품구매라는 단일한 속성으로 바라보는 것이다.

한편, 수용자상품론과 유사하게 프랑크푸르트학파[5]의 '문화산업론'(culture industry)은 현대 자본주의 문화산업의 소비자 측면에서 대중들의 수동성을 조명했다. 이들은 자본주의 문화산업이 문화상품의 대량생산과 대량소비 체제를 통해 대중들의 대항적이고 비판적인 의식을 억제함으로써 지배계급인 자본가들을 위해 복무한다고 주장했다. '대중소비를 위해 대량생산된 획일화된 문화상품'과 '수동적 대중소비자'와의 결합이 자본주의 국가에서 피지배계급의 계급의식 발달을 저해하고, 그 결과 문화산업이 자본주의 체제의 지배를 정당화하고 유지하는 강력한 사회통제 도구가 된다는 것이다.

대중, 수용자 상품, 문화산업론은 모두 유사한 수용자 관점을 공유한다. 매스미디어콘텐츠 소비행위와 관련하여 수용자들이 수동적 역할을 한다는

---

5 1923년 설립된 프랑크푸르트 사회조사연구소에서 유래한 학문적 경향으로, 비판이론으로 잘 알려진 서구 마르크스주의 분파이다. 막스 호르크하이머(Max Horkheimer), 테오도르 아도르노(Theodor Adorno), 허버트 마르쿠제(Herbert Marcuse), 에리히 프롬(Erich Fromm), 발터 벤야민(Walter Benjamin) 등이 대표적 학자들이다.

것이다. 즉, 수용자들은 정치선전이나 광고의 영향을 쉽게 받으며, 무비판적 소비행위를 하는 주체들이라고 인식한다.

2) 능동적 수용자

대중과 수용자 상품 개념은 수용자들의 미디어 소비행위를 공급자 또는 제작자 중심 관점에서 수동적으로 대상화하여 파악하는 대표적 시각이다. 그러나 이는 수용자를 바라보는 다양한 시각 중 하나일 뿐이며, 정반대로 수용자의 능동성에 중점을 두는 시각들도 존재한다. 공중과 생산소비자는 능동적 수용자(*active audience*) 상을 지칭하는 대표적 개념들이다.

(1) 공중: 능동적 의미해독자

공중(*public*) 수용자는 대중 수용자의 대척점에 있는 대표적 수용자 개념이다. 공중은 자발적·자율적 상호작용을 하는 능동적 성격의 시민으로서, 현대사회의 여론 형성의 주체로 파악된다. 공중은 이성적 능력과 대화 의지를 지니고 있고, 선별적 미디어 접촉행위를 하고, 미디어 내용에 대한 비판능력을 갖춘 존재다. 정치사회적 삶에 있어 능동적이고 전문적이며, 다양한 정보원을 바탕으로 여론을 형성하는 수용자 집단, 즉 이른바 지식공중(*informed public*)인 것이다(McQuail, 1997). 공중으로서의 수용자는 현대사회의 정치를 합리적·이성적 시민들의 참여, 토론 및 합의 과정으로 파악하는 공론장(*public sphere*) 이론과도 일맥상통한다.

　대중 수용자 개념이 20세기 매스미디어 확산으로 개인, 사회, 정치 과정에 끼칠 악영향을 우려했다면, 공중 수용자 개념은 매스미디어가 개인, 사회, 정치 과정에 미칠 긍정적 영향을 이상화한 것으로 볼 수 있다. 민주주의는 공공 정책이나 이슈들에 대한 국민들의 능동적이고 자발적인 토론 참여를 기반으로 유지되는데, 현대사회에서는 매스미디어가 그러한 공적 토론

〈그림 2-4〉 공론장 기능을 하는 방송의 예: MBC 〈100분 토론〉

이 이뤄지는 공간을 제공하거나 역할을 수행해야 한다고 본 것이다.

20세기 초 등장한 라디오방송은 이처럼 사회적 공론장의 제도적 장치로서 정치사회적 역할을 명시적으로 부여받았다. 영국의 BBC로 대표되는 유럽의 공영방송(public broadcasting)은 일반적으로 민주적 시민 양성의 책무를 부여받았고, 미국의 상업방송(commercial broadcasting) 역시 공익(public interest) 실현 차원에서 시민들의 공적 토론을 위한 뉴스·정보제공 의무를 부여받았다. 이러한 책무와 의무들은 TV 방송 시대에도 이어졌다.

우리는 뉴스나 시사 프로그램을 평가할 때 명시적으로든 암묵적으로든 시민으로서 역할 수행이나 공론장 형성에의 기여 관점에서 사고하는 경향이 있다. 예를 들어 전통적 뉴스 공정성 논란이나 소셜미디어 시대 부각되고 있는 이른바 가짜뉴스 규제논란 등은 뉴스 콘텐츠의 가치나 역할을 이상적 공론장 모델에 비추어 판단하는 것이다.

공중 수용자 개념은 수용자들이 미디어 내용에 대해 일방적으로 수용하는 것이 아니라 스스로가 비판적 수용 능력을 지닌다는 점을 전제로 한다. 미디어 내용의 의미를 주체적으로 해석하고 판단한다는 것이다. 이처럼 수용자들의 주체적 능력에 초점을 두고 미디어 수용과정을 파악하는 학문적 시각은 문화연구(*culture studies*)가 대표적이다. 문화연구는 수용자의 수용과정을 의미 생산(*meaning making*) 과정으로 파악하고, 이 과정에서 수용자들의 능동성을 강조하는 경향을 지닌다.

문화연구 태동은 스튜어트 홀(Stuart Hall)의 부호화-해독(*encoding/decoding*) 모델로부터 시작됐다. 홀은 텔레비전 프로그램과 같은 미디어 텍스트들이 특정한 '의미', 즉 그 사회의 지배적 이데올로기 담론들을 포함하는 방식으로 '부호화'되어 있다고 보고, 수용자들의 텔레비전 프로그램 시청을 이러한 의미를 해독하는 과정으로 파악한다(Hall, 2001). 프로그램 제작자들은 특정 약호(*code*)와 관습들을 통해 특정 '선호된 의미'(*preferred meaning*)들을 프로그램에 담고, 수용자들이 그 의미를 자연스럽게 수용하기 위해 노력한다. 그러나, 약호의 형식으로 이뤄지는 커뮤니케이션은 본질적으로 다의적(*polysemic*)이기 때문에, 수용자들의 해독이 반드시 제작자들이 부호화한 의미와 일치하리라고 보증할 수는 없다.

홀은 수용자들의 해독이 크게 세 가지 방식으로 이뤄질 수 있다고 주장한다. 첫째는 '지배적 헤게모니적 위치'(*the dominant hegemonic position*)에서 해독하는 것으로 수용자가 텍스트에 의해 제공된 선호된 의미를 완전히 받아들이는 경우이다. 둘째는 '교섭적 위치'(*the negotiated position*)에서 해독하는 것으로 선호된 의미에 대한 채택과 반대의 혼합이 발생할 때 성립한다. 셋째는 '대항적 위치'(*the oppositional position*)에서 해독하는 것으로 수용자들이 선호된 의미를 이해했지만, 자신들의 대안적 가치들과 태도들을 끌어들여 완전히 반대로 해독할 때 성립한다. 홀의 부호화-해독 모델은 간단하고 단순한 이론적 개념이었지만, 이후 문화연구 계열의 후속 연구들에서 수용자들이 미디어 텍스트를 해독하는 다양한 방식들을 탐구하는 출발점이 되었다.

(2) 생산소비자: 팬수용자

홀의 부호화-해독 모델은 문화연구 계열의 후속 수용자 연구들이 이어지면서 미디어수용자들이 미디어를 사용하고 해석할 때 능동적 역할을 수행하는 다양한 상황과 실천들이 조망되었다. 수용자 능동성이 단순히 미디어 텍스트의 의미를 해석하는 것을 넘어 수용자 자신의 의미와 행동들을 생산하는 것으로 확장된 것이다. 생산하는 소비자(*consumer as a producer*)로서 생산소비자(*prosumer*)라는 용어는 이러한 능동적 수용자들을 지칭하는 대표적 용어다.

흔히 현대 대중문화 수용자의 변화된 위상과 특성을 지칭하기 위해 사용되는 생산소비자라는 용어는 앨빈 토플러(Alvin Toffler)가 문화의 단순 소비자를 넘어서 생산과 유통에 관여하는 소비자들을 지칭하기 위해 사용하기 시작한 용어다(Toffler, 1980). 문화연구 계열의 팬덤연구자들은 팬덤문화의 팬 생산성이 단순한 관여 차원을 넘어 소비자 스스로가 실제로 생산작업을 수행한다는 관점에서 좀더 확장된 의미에서 생산소비자라는 용어를 사용했다.

현대사회에서 생산소비자적 특성을 잘 드러내는 수용자들은 팬(*fan*)이다. 일반적으로 팬은 특정 미디어 텍스트에 대한 남다른 충성심(*loyalty*)과 애호(*affinity*)를 공유하는 수용자들을 일컫는다. 이들은 흔히 팬덤(*fandom*)으로 불리는 조직화된 팬공동체 또는 하위문화를 형성하는 주체들이다. 팬들은 단순한 텍스트 수용을 넘어서 팬공동체의 즐거움과 만족감을 배가시키는 생산적이며 참여적인 활동을 일상적으로 실천한다. 피스크(John Fiske), 젠킨스(Henry Jenkins) 같은 문화연구 계열 학자들은 팬수용자를 수용자들 중에서 가장 능동적인 수용자 분파로 파악한다. 팬들은 단순한 텍스트 수용을 넘어서 팬공동체의 즐거움을 배가시키는 생산적이고 참여적인 활동을 일상적으로 실천하는 존재들인 것이다.

피스크는 팬수용자들이 지니는 생산성을 세 가지로 설명한다(Fiske, 1992). 첫째는 기호학적 생산성(*semiotic productivity*)으로, 문화상품들에서 팬활동과 정체성 구성의 토대가 되는 의미를 생산하는 것이다. 둘째는 언술적 생산성

출처: Cosmic Book News, 2015. 4. 19.

(*enunciative productivity*) 으로, 생산한 의미를 팬공동체 내에 확산시키고 전달하는 언술행위를 말한다. 셋째는 텍스트 생산성 (*textual productivity*) 으로, 팬 스스로가 특정 문화작품들을 생산하고 공동체 내에 유통시키는 활동을 가리킨다. 피스크 관점에서 팬들은 문화상품의 소비자인 동시에 의미, 소통, 작품 등을 만들어내는 문화생산자인 것이다.

한편, 젠킨스는 텔레비전 시리즈 팬덤에 대한 분석을 통해, 좀더 구체적으로 팬공동체의 생산적·참여적 특성을 다섯 가지로 제시한다 (Jenkins, 1992). 첫째, 팬덤은 다른 수용자들과 달리 특정한 수용방식을 지닌다. 텔레비전 수용자를 예로 들면 일반 시청자들에 비해 세밀하고 집중적인 시청, 감정적 몰입과 비판적 관점을 혼합한 시청, 중복 시청 등의 특성을 보인다. 또한, 더 근본적으로 팬덤은 시청행위를 다른 팬들과의 사회적 상호작용으로 연결시킨다. 이러한 사회문화적 특성이 일반적 미디어 소비에 머무르는 일반 시청자들과 차별성을 부여한다.

둘째, 팬덤은 고유한 비판적 해석공동체를 지닌다. 팬공동체에 입문하기 위해서는 팬공동체만의 선호된 해독방식들에 대한 선행학습이 필요하다. 대체로 이러한 해독방식들은 원작 텍스트들에서 구현되지 못한 잠재적 의미들과 세부사항들을 포함하며, 더욱 풍부하고 흥미진진한 메타텍스트를 구축하는 요소들이다.

셋째, 팬덤은 소비자 행동주의의 토대가 된다. 팬들은 방송사 및 제작자들에게 피드백하는 시청자들이고, 프로그램들의 전개과정에 대해 판단하고 의견을 표현할 권리를 주장하는 시청자들이다.

넷째, 팬덤은 특정한 형식의 문화적 생산, 미학적 전통 및 실천들을 소유한다. 공동체 내부의 팬, 아티스트, 작가, 비디오제작자, 음악가들이 팬공동체의 특수한 관심에 소구하는 작품들을 만들어내는 것이다.

다섯째, 팬덤은 대안적인 사회적 공동체로서 기능한다. 팬덤은 전통적 공동체 구성기준인 인종, 성, 지역, 정치성향, 직업 등이 아닌 특정 미디어 텍스트들에 대한 애호를 공유하는 소비자 공동체이다. 따라서 팬 개별적 차이를 인정하고, 팬공동체의 이익을 위해 민주적 공동체 문화를 형성하기 위해 노력한다.

팬덤연구 또는 생산소비자로서 수용자 개념은 미디어수용자들이 지니는 생산적이고 참여적인 문화를 강조함으로써, 미디어수용자들의 의미해독뿐만 아니라 문화적 실천으로 관심사가 이동했음을 보여준다. 즉, 팬수용자들은 미디어콘텐츠를 재료로 삼아 의미와 해석들을 생산하고, 작품들을 생산하고, 공동체를 생산하고, 대안적 정체성을 생산하는 등 창조적 활동을 수행하는 존재로 파악되는 것이다. 팬과 일반 수용자의 차이는 문화적 생산활동에 참여하는 정도의 차이로 이해된다.

4. 디지털미디어 시대의 이용자

인터넷과 모바일기기에 기반한 디지털미디어 시대로의 이행은 미디어 수용 환경의 총체적 변화를 가져왔다. 특히 개방, 참여, 공유를 키워드로 하는 이른바 웹 2.0[6] 환경 구축은 미디어이용자 행위 자체를 근원적으로 변화시켰다. 무엇보다 수용자들의 능동적 선택과 활용 가능성이 증대되었고, 수용자들은 단순히 미디어콘텐츠의 검색과 수용 단계를 넘어서 스스로 적극적 콘텐츠 생산자로서의 성격을 강화시켜 나갔다. 특정 팬수용자 분파의 특성으로 생각되던 생산적·참여적 활동이 온라인 모바일 환경을 매개로 거의 모든 수용자들에게 확산되었다. 아날로그 시대 미디어수용자들은 디지털 시대 미디어이용자로 본격적 진화를 시작했다.

1) 생산이용자

새로운 인터넷 환경 속에서 미디어이용자들은 미디어생태계 내 주요 생산자의 지위와 역할을 수행한다. 온라인상에서 콘텐츠를 직접 제작하여 올리고, 태그를 달고, 공유하는 것이다. 생산이용자(*produser*) 개념의 등장은 미디어콘텐츠의 제작 및 유통이 전통적 미디어산업의 패러다임을 넘어서고 있는 미디어 환경 변화를 반영한다.

생산자(*producer*)와 이용자(*user*)의 합성어인 생산이용자는 새로운 정보미디어 환경 속에서 미디어콘텐츠 생산활동에 참여하는 개인이나 집단들을 지칭하는 용어로 등장했다(Bruns, 2007). 기존의 생산소비자 개념이 주로 수용자들의 미디어콘텐츠 소비과정에서 나타나는 생산적 성격을 가리키는 반면, 생산이용자는 단순히 소비과정뿐만 아니라 생산, 유통, 소비 전 과정

---

6 웹 2.0은 이용자들이 직접 정보의 생산과 소비를 쌍방향으로 수행할 수 있는 인터넷 통합 환경을 지칭한다(O'Reilly, 2005).

출처: 구글 홈페이지.

에 걸친 이용자 활동의 특징을 드러내는 개념이다.

이용자들이 직접 제작하여 인터넷상에 올린 동영상, 사진, 글 등을 일컫는 손수제작물(*user generated content*)의 폭발적 증가는 생산이용자로서 미디어이용자의 성격을 잘 드러낸다. 생산이용자들은 소셜미디어와 웹 2.0으로 불리는 이용자 주도의 협력적 콘텐츠 생산을 담당하는 주체들로서 블로그, 시민저널리즘, 위키피디아, 유튜브 등이 대표적 활동영역이다. 위키피디아에서 잘 드러나듯이, 이들 공간에서 이용자들은 집단 협력을 통해 지식을 생산하고 실시간으로 업데이트한다. 이용자들의 자발적 참여와 상호작용을 통해 사이트가 구축되고, 유지되고, 확장되는 것이다.

한편, 전 세계 최대 동영상 공유 사이트인 유튜브(YouTube)는 생산이용자들의 주 서식지가 되고 있다. 유튜브와 함께 살아가는 사람들을 가리켜 유튜브세대(*YouTube Generation*) 또는 C세대(*Generation C*)라고 부른다. 2006년 구글이 유튜브를 인수하면서 유튜브의 주고객을 C세대로 지칭하면서 사용되기 시작한 명칭이다. 구글은 C세대가 특정 연령층을 지칭하는 것이 아니라 특정 태도나 사고방식을 가리킨다고 말하면서 생산(*creation*), 큐레이션(*curation*), 연결(*connection*), 공동체(*community*)에 관심을 가진 사람들로 설명한다. C세대는 사진, 동영상, 밈,[7] 매시업[8] 등을 올리며 자신을 표현하기를 좋아하며, 취향저격 트렌드세터로 유행을 선도하며, 소셜네트워크상에서의 상호작용(공유하기, 좋아요 누르기, 댓글 달기, 리트윗)을 하며, 자신의 관심사나 독창성에 가치를 부여하는 특징(자신과 관심사와 일치하면 광고에 대한 반감도 없음)을 지녔다는 것이다.

생산이용자들의 등장은 기존 미디어기업들에게 위기 요인이자 기회 요인이 되고 있다. 우선 위기 측면에서 생산이용자들은 생산, 유통, 소비로 이어지는 전통적 미디어산업의 가치사슬(Value Chain)을 붕괴시키면서, 기존 주류 미디어사업자들의 지배적 지위를 위태롭게 만들고 있다. 전통적 미디어기업 콘텐츠와 함께 생산이용자들의 생산한 콘텐츠들이 이용자·소비자들의 소비시간을 두고 경쟁하고, 일부는 광고시장에서 직접 경쟁관계를 형성하기도 한다.[9] 반면, 기회 측면에서는 생산이용자들의 활동이 전통적 미디어콘텐츠의 수명을 연장하고 가치를 증식시키는 원동력이 되기도 한다. 생산이용자들은 자발적으로 기본 미디어콘텐츠를 평가하고, 유통하는 작업을 일상적으로 수행하는데, 전통적 미디어기업들은 이들의 행위에 맞춰 기존 콘텐츠를 활용한 재가공 콘텐츠, 부가 콘텐츠, 스핀오프 콘텐츠 등 추가적 수익원을 개발할 수 있다. 또한 생산이용자들의 댓글, 추천, 전달행위는 미디어기업의 콘텐츠 개발 및 광고집행에 활용 가능한 데이터 자산이 되고 있다.

---

7 인터넷 밈(internet meme)의 줄임말이다. 인터넷에서 유행하는 특정한 문화요소나 콘텐츠를 가리킨다. 한국 인터넷 문화에서 '필수요소'와 유사한 개념이다.

8 매시업(mashup)은 원래는 서로 다른 두 곡을 조합하여 하나의 곡을 만드는 방식을 나타내는 음악용어다. 여기서는 웹 2.0 시대 이용자들이 별개의 콘텐츠를 조합해 새로운 콘텐츠를 만드는 행위를 가리킨다. 웹상에 제공되는 정보나 서비스들을 연결해 새로운 소프트웨어나 서비스를 개발하는 것을 의미하기도 한다.

9 신문과 방송 산업의 위기는 대표적 사례이다. 뉴스와 저널리즘이 주 종목인 언론사들은 오늘날 유튜브 개인방송 크리에이터들과 경쟁하고 있다. 2019년 〈시사인〉이 실시한 언론매체 신뢰도 조사에서 유튜브는 JTBC에 이어 2위를 차지했다. 3위를 차지한 KBS보다 한 단계 높은 순위다. 방송의 상황도 비슷하다. 지상파방송사들은 유튜브가 일상인 젊은 세대에서 새로운 시청자들을 확보하는 데 어려움을 겪으면서 지속적 시청률 하락에 직면하고 있다.

2) 자유무료노동자

디지털미디어 시대 이용자들의 생산이용자적 특성은 다른 한편으로 노동 관점에서 새로운 이용자 정체성을 부여한다. 이른바 자유무료노동(*free labor*) 개념은 이러한 새로운 이용자 정체성 논의를 관통하는 핵심단어이다. 테라노바는 인터넷 기반의 디지털경제 시대에서 이용자들의 자발적 참여노동이 상품의 가치를 증식시키는 새로운 원천이 되고 있다고 설명하고, 이를 자유무료노동으로 설명한다(Terranova, 2004). 이러한 노동행위들이 자본주의적 임노동 관계를 기반으로 하지 않기 때문에 자본으로부터 '자유'로우면서 동시에 노동의 대가를 받지 않는 '무료'노동이라는 점에서 중의적 의미로 프리(*free*)라는 단어를 사용한다.

현대 미디어이용자들의 자유무료노동자 속성은 특히 팬덤 행위에서 두드러지게 나타난다. 우선 팬들은 스스로의 시간, 노력, 상상력을 투여해 팬대상물을 의미 있는 무엇인가로 전환시킨다. 이들 자발적 팬노동자들의 활동이 활발할수록 팬대상물의 시장가치가 증가하고 관련 기업의 이익이 확대된다. 한편 팬덤은 미디어기업이 담당해야 할 홍보와 광고의 역할을 대행하기도 한다.

아이돌 팬덤이 음원차트 순위를 올리기 위해 '총공'[10]을 하고, 카페를 통째로 빌려 아이돌 가수의 생일이나 기념일을 축하하는 팝업스토어 이벤트를 벌이고, 신문, 라디오, 버스, 지하철, 전광판에 팬클럽 광고를 게재하는 것이 대표적인 예다. 이 모든 행위들은 전통적으로 미디어콘텐츠제작자나 이들을 지원하던 광고주, 마케터들의 역할이었던 것이다.

자유무료노동은 트위터, 페이스북, 인스타그램 같은 소셜네트워크서비스(SNS: *Social Network Service*) 이용자들의 행위들에서도 쉽게 확인된다. 이 서비스들은 기본적으로 사람과 사람 간의 관계 맺기를 기반으로 개인의 일상사

---

10 총공격의 줄임말로, 팬들이 특정 시간대 특정 기점을 설정하고 동시다발적으로 음원 다운로드, 스트리밍, 온라인 투표 등을 실시함으로써 음원차트 순위나 음악프로그램 순위를 올리는 전략적 행위를 말한다.

<그림 2-7> 디지털 노동을 묘사한 마일스 하이먼(Miles Hyman)의 일러스트

출처: Libération, 2015. 9. 11.

및 관심사를 공유·소통시킨다. 서비스 이용자들은 스스로 자신들의 공개적 인적 사항(profile)을 구축하고, 다른 사용자들과 연결하며(link), 전체적으로 개인 및 집단 간의 인맥망(network)을 구축한다. 친구, 1촌, 팔로워, 팬 등 그 인맥관계의 이름이 무엇이든지 상관없이, 이용자들 스스로가 글과 사진, 동영상 등 콘텐츠를 생산하고 공유하면서 거대한 사회적 커뮤니케이션 공간을 만들어내는 것이다. 이처럼 생산·유통·소비영역을 아우르는 이용자들의 자발적 창의노동이 미디어기업들의 중요한 경제적 가치를 증식시키는 핵심노동이다. 그러나 그러한 노동의 대가는 지불되지 않는다. [11]

자유무료노동의 등장과 일상화는 디지털경제 시대의 정착과 맞물려 있다. 상품기반 경제시스템에서 디지털정보기반 경제시스템으로 이행하면서, 기존 산업사회의 공장노동을 디지털이용자들의 일상노동이 대체하고 있다. 디지털경제시스템에서 노동은 공장 밖의 온라인 공간에서 다수의 이용자들에 의해 이뤄진다. 문제는 이러한 디지털 노동이, 아직까지는 노동이 아닌 놀이의 관점에서 인식된다는 점이다. 이용자들의 온라인 활동은 일종의 유희적 노동(playful labor)으로 간주된다. 이러한 놀이와 노동의 모호한 경계 속에서

---

11 넷플릭스, 왓챠와 같은 유료 OTT 서비스들도 마찬가지다. 이 서비스들의 핵심자원이자 중요한 부가가치원은 이용자들의 논평, 평점, 비평 같은 UGC이다.

미디어기업들은 이용자들이 생산한 콘텐츠, 사회연결망, 위치, 검색, 선호도 등을 결합하여 데이터 상품(data commodity)을 생산하고, 이를 광고주들에게 판매한다. 광고주들은 실제 이용자들의 데이터에 기반해 더욱 정밀하고 적확한 광고집행의 가능성을 획득한다.

디지털경제 시대 모든 산업분야의 자본축적 모델이 이용자들의 부불(不拂)노동을 핵심기반으로 하는지는 논쟁의 여지가 있다. 그러나 적어도 미디어산업 영역에서는 이용자들의 활동이 이윤창출의 핵심인 새로운 고객가치 창조에 기여하는 것이 확실하다. 이용자들은 자신의 즐거움을 위해 블로그, SNS, 콘텐츠 공유 사이트 등을 넘나들면서 콘텐츠를 생산하고 유통시킨다. 이용자들이 정보소통 및 공유행위에 들이는 노동시간들은 고스란히 미디어기업의 이윤창출로 연결된다. 고객 스스로가 고객가치 증식에 기여하는 것이다.

아날로그미디어수용자의 단순한 역할(소비 · 시청 · 구독)이 디지털미디어 이용자의 복합적 역할(제작 · 유통 · 마케팅 · 소비)로 진화하면서, 자유무료노동자로서 이용자 정체성은 생산적 이용자 정체성과 함께 현대사회 미디어이용자를 표상하는 또 다른 축이 되었다. 이러한 자유무료노동자 개념은 미디어기업과 이용자 사이의 권력관계 문제를 내포한다. 미디어기업들에게 이용자들의 개인정보나 행위데이터 수집 및 활용을 어느 선까지 허용할 것인지, 이용자에게 자신이 생산한 콘텐츠나 정보에 대한 보상이나 법적 권리를 어떻게 부여할 것인지 등 양자 간의 관계정립이 중요한 이슈로 부상하고 있다.

5. 미디어이용자의 미래

미디어수용자 · 이용자는 역사적으로 다양한 개념들로 불려왔다. 이러한 다양한 개념들은 한편으로는 미디어의 발전에 따라 미디어수용자 · 이용자들의 현실적 존재양태도 함께 진화해왔다는 것을, 다른 한편으로는 시대 및 사회적 맥락에 따라 미디어수용자·이용자를 바라보는 관점 역시 변해왔다는 것을 보여준다.

미디어이용자들은 매스미디어 등장 초기의 수동적 콘텐츠 소비자에서 벗어나 점차 미디어콘텐츠 제작, 평가, 비평, 해설, 유통, 연결, 홍보, 마케팅 등의 복합적이고 다양한 역할을 담당하는 능동적이고 참여적인 행위자로 진화해왔다. 미디어수용자·이용자 개념의 발전은 이러한 수용자 역할 및 기능의 확장과 궤를 같이한다. 이것은 단순히 생산자와 소비자의 경계가 허물어지는 것 이상의 함의를 지닌다. 디지털미디어 시대 이용자들은 핵심적 정치주체이자, 경제주체이자, 문화주체로서 더욱 중추적인 역할을 수행하고 있는 것이다.

미디어 환경의 변화는 계속 진행 중이다. 최근에는 4차 산업혁명이라는 더욱 큰 시대 변동이 화두다. 4차 산업혁명을 주도하고 있는 거대 기술기업들이 이용자 행위데이터를 축적하고, 점점 더 많이 이용자를 이해하게 되면서, 데이터에 기반한 이용자 통제 가능성이 높아지고 있다. 반면, 미디어이용자들은 자신의 데이터 정보를 내준 대신에 온라인 공간에서의 활동반경을 넓히면서, 기존 미디어 체계 내로의 포섭과 이탈의 경계를 넘나들고 있다.

우리는 3차 산업혁명인 디지털혁명이 인간의 정치·경제·사회·문화적 삶에 거대한 변화를 가져오는 것을 목도해왔다. 그리고 우리는 4차 산업혁명이라는 또 다른 변동의 시대, 불확정의 시대, 경계의 시대를 지나가고 있는 중이다. 새로운 이행의 핵심영역에 미디어가 한자리를 차지하고 있고, 그 미디어를 이용하는 사람들의 행위 및 역할들도 또다시 변하고 있다. 미디어이용자를 파악하는 개념 역시 더 복잡하고 다양하게 확장될 것이라고 예상할 수 있다. 서 있는 곳이 다르면 풍경이 달라지기 때문이다. 미디어수용자·이용자 개념은 그 자체로 복잡성, 불확정성, 확장성, 다중성을 지니면서 앞으로도 계속 진화해 나갈 것이다.

참고문헌

Bruns, A. (2007). Produsage: Towards a broader framework for user-led content creation. In Proceedings Creativity & Cognition. Washington, DC. 6.

Fiske, J. (1992). The cultural economy of fandom. In Lisa A. Lewis(Eds.), *Adoring Audience*. New York: Routledge.

Googel(2013). Introducing Gen C: The YouTube Generation. Available at: https://www.thinkwithgoogle.com.

Hall, S. (2001). Encoding/decoding. *Media and Cultural Studies: Keyworks*, 2.

Jenkins, H. (1992). *Textual Poachers: Television Fans & Participatory Culture*. New York: Routledge.

Libération(2015. 9). Antonio Casilli: Poster sur Facebook, c'est travailler. Comment nous rémunérer?. *Libération*, 11 Septembre, 2015.

McQuail, D. (1997). *Audience Analysis*. Sage Publications.

Riesman, D., N. Glazer, & R. Denney(2001). *The Lonely Crowd*. Yale University Press.

Smythe, D. W. (1977). Communications: Blind spot of Western Marxism. *Canadian Journal of Political and Society Theory*, 1(3), 1~28.

Terranova, T. (2004). *Network Culture: Politics for the Information Age*. New York: Pluto Press.

The Wall Street Journal(2013. 10). In Digital Era, what does 'watching TV' even mean?. *The Wall Street Journal*, 9 October, 2013.

최선영

1. 들어가며

방송영상 테크놀로지(*technology*)가 정보통신기술과 접목하면서 새로운 커
뮤니케이션 형식으로 진화하고 있다. 과거 송수신 기술을 근간으로 하던
방송의 개념도, 방송영상의 사회문화적 영향력도 변화하는 중이다. 이 장
에서는 새로운 방송테크놀로지가 사회적 수용을 이루게 되는 조건과 원인
을 살펴보고 방송환경 전반에 걸쳐 발생하는 변화의 특징을 설명할 것이다.
구체적으로 디지털과 인터넷으로 인해 방송영상 제작, 유통, 이용자 차원
에서 어떠한 변화가 있었는지, 테크놀로지의 적응과 진화는 어떻게 나타나
고 있는지, 방송서비스가 동영상생태계와 어떤 방식으로 관계 맺는지 알아
본다. 그리고 현재와 미래의 방송융합서비스를 전망해 볼 수 있는 인공지
능과 실감미디어, 5G 콘텐츠, 사물인터넷, 블록체인 등 방송영상 형식과
포맷, 유통의 변화에 대해 사례를 들어 설명하고자 한다. 이 장을 통해 방

송영상이 앞으로 어떠한 사회적 커뮤니케이션 형식으로 우리 삶과 연결될지 생각해 보자.

2. 커뮤니케이션 형식으로서의 방송영상 테크놀로지

1) 방송영상 테크놀로지의 사회적 수용

사회문화적으로 광범위하게 받아들여지는 커뮤니케이션 형식은 어떤 이유로 수용되는 것일까? 흔히 새로운 미디어 테크놀로지가 세상을 변화시켰다고들 한다. 예컨대 디지털, 모바일, SNS 등이 새로운 사회, 새로운 문화, 새로운 방송을 발생시켰다는 것은 무엇을 의미할까?

새로운 테크놀로지가 사회구성원 간 새로운 커뮤니케이션 방식과 행태를 야기하는 것은 분명하다. 우리는 어떤 과학기술 연구가 미디어 각 분야와 영역에 영향을 미쳐 만들어진 제도, 관습, 행동, 문화 등 현상과 결과에 대해서는 주목한다. 하지만 막상 어떤 테크놀로지가 원인이고, 무슨 종류의 원인이며, 원인과 원인 간의 관계는 어떠한지는 잘 살피지 않는 경향이 있다. 가령 OTT 서비스로 인해 전통적 방송이 위기에 처했다든지, 개인 영상창작자로 인해 미디어 지형이 바뀌었다든지 하는 이야기는 인과적으로는 맞다. 그러나 테크놀로지 그 자체에 의한 것인지, 그것의 사용 때문인지, 사회적 요구에 의한 것인지는 모호하다.

어떤 테크놀로지가 사회적으로 광범위하게 수용되는지 이해하기 위해 방송기술 발명 초기 및 적응 단계를 살펴보자. 일찍이 텔레비전을 테크놀로지와 문화형식으로 분석한 윌리엄스(Raymond Williams)는 "텔레비전이라는 새로운 사회적 커뮤니케이션 테크놀로지의 발달을 유도했던 새로운 필요성은 무엇일까?"라는 질문을 던졌다(Williams, 1974). 그는 텔레비전 테크놀지가 기술 발전 및 발명에 따른 우연적 사건이나 산물로서 기술 고립적이라기보다 당대 사회적 요구와 목적에 맞는 실천으로서 중심적 위상을 갖는다고 보았다. 테크놀로지는 당대의 특정한 사회적 집단과 그 구성원에 맞게 커뮤니케이션 문화 형식과 기능의 실천적 양상으로 수용된다는 뜻이다.

'널리 전파한다'는 의미의 방송(broadcasting)은 시청자나 청취자, 방송내용에 대한 수요가 있거나 뚜렷한 목적이 있어서 탄생한 것은 아니다. 그보다 송수신 기술과 장비라는 유통 중심적 시스템에서 출발했다고 보는 것이 타당하다. 신기술로서 방송은 발명자나 기술 소유자에게는 경제적 기회이자 특허의 대상이 되었고, 사회적 테크놀로지로서 운영해야 할 기능이 사회적 합의에 의해 제도로서 수용된 것이다. 이 과정에서 방송은 송출이라는 독점적·중앙집권적 성격을 지닌 테크놀로지로서 자리 잡는다. 그리고 텔레비전이나 라디오와 같은 가정용 수신기술 보급으로 방송테크놀로지는 사회적 커뮤니케이션 형식이 되었다.

특히 1920년대 이후 서구 산업사회에서 방송 수신기기 외에도 다양한 가정용 기기들을 상품으로 생산해 보급하기 시작하여 카메라나 축음기, 녹음기 같은 저장·기록·재생매체를 개인이 소유하고 향유하게 된 것도 방송 발전에 큰 영향을 주었다. 자동차나 모터사이클 같은 '가정용 소비 테크놀로지'는 철도나 버스 등 공공서비스를 이용하던 사람들에게 이동성 기회를 넓혀 주었고, 방송은 사회적으로 일어나는 모든 정보와 오락거리를 '매일 새롭게' 시청각적으로 쉽고 빠르게 전달받을 수 있도록 변화시켰다. 세상을 보는 시각과 관점, 정보량과 소통 방식에서 큰 변화를 맞이한 것이다.

정보미디어로서 방송은 문해력이 요구되는 신문보다 쉬웠다. 시청각미디어로서 하나의 작품형식인 영화와도 달랐다. 방송은 뉴스, 정보, 오락, 스포츠 등 거의 모든 사회적 산물에 대한 내용을 전달하는 매체로서 매일 새로운 내용을 전송하여 일상에 급속도로 파급되었다. 이용자 관점에서 방송은 다양한 형식과 내용을 담은 취향 미디어이자 가정이라는 사적 공간에서 활용되는 개인미디어였다.

시청취자의 이용기기 측면에서 획기적 전환은 리모콘, 컬러텔레비전, 디지털방송, 그리고 스마트폰의 발명이라고 할 수 있다. 시대적으로 특정 테크놀로지 수용과 함께 방송의 내용과 형식, 기능도 같이 변화해왔다. 발명 10여 년 만에 주류 테크놀로지가 된 스마트폰은 말 그대로 전화기(*phone*)이자 일대일 통신기기였다. 전화기에 이동통신기술과 인터넷, 촬영 및 재생기술이 결합하면서 음성 위주의 전화기 커뮤니케이션 양식은 시청각적으로 변화하였다. 하이퍼텍스트와 멀티미디어 검색 및 연결을 통해 소통의 범위와 대상도 사회적 차원으로 확장되었다. 전화기는 부수적 기능이 되고 모든 것을 연결하고 재생하고 재현하는 미디어로 발전한 것이다.

방송시청취가 스마트폰이라는 단일 단말기에서 이뤄짐에 따라 단일한 개념으로 방송을 해석하기 어렵게 됐다. 개인 시청자 경험의 범위도 달라졌다(9장 참조). 독점 송출구조를 통해 유통하던 방송시스템은 공유, 개방, 연결이라는 시대적 흐름 속에서 다양한 테크놀로지를 수용하며 변신을 꾀하고 있다.

2) 새로운 방송테크놀로지, 적응과 진화

흔히 방송을 생태계에 비유하여 '진화'라는 표현을 쓴다. 진화란 오랜 시간 적응하여 발생한 변화를 의미한다. 그러나 방송생태계는 자연계에서 서서히 발생하는 적응과 진화와는 달리 확산의 속도와 규모 면에서 차이가 난다. 이는 디지털 테크놀로지 속성에서 비롯된 것이다. 정확히 말하면 '인터넷'과 '하이퍼텍스트', ' 하이퍼미디어', '디지털'에 의해 촉진되고 있다.

1990년 월드와이드웹(WWW: *World Wide Web*)을 개발한 팀 버너스 리(Timothy Berners Lee)는 20세기 컴퓨터 과학자들이 발명한 '하이퍼텍스트'와 '하이퍼미디어', '네트워크'로 온라인 시스템을 묶어 누구나 공유할 수 있도록 '인터넷 공유지'(*internet commons*) 표준사양을 무료로 제공했다. 인터넷은 구텐베르크의 활판인쇄 발명과 맞먹는 커뮤니케이션 혁명을 촉발시킨 테크놀로지로, 공유와 개방, 연결이 핵심적 요소다. '하이퍼텍스트'(hypertext) 와 '하이퍼미디어'(hypermedia) 는 1965년 테드 넬슨(T. H. Nelson) 의 논문 "복잡한 파일 구조, 변화와 불확정"(A File Structure for The Complex, The Changing and the Indeterminate) 을 통해 알려졌다. 두 개념은 하나의 완결된 문서나 책의 일부를 링크를 통해 잘라 붙이고(cut and paste) , 다른 속성의 문서나 미디어의 일부를 넘나들며 '연결하고 결합'시키며 무제한적 상호작용이 가능하다.

예컨대 방송은 프로그램이 하나의 완결성을 갖는 모듈(module) 이고 선형적 단위의 완성품이라 할 수 있다. 그러나 '하이퍼텍스트'와 '하이퍼미디어'가 방송과 결합하면서 방송프로그램의 단위가 변화했다. 이를테면 동영상 플랫폼에서 흔히 보는 2~3분 분량의 방송 하이라이트 숏폼(short form) 클립으로 모듈화할 수 있게 됐다. 뿐만 아니라 방송채널·플랫폼·포털사이트·이메일·개인 블로그·소셜미디어·메신저·저장매체 등을 통해 전체 또는 부분 이동이 가능한, 무한한 호환성을 가진 비선형적 단위로 변환할 수 있게 됐다.

이는 정보단위가 디지털이기에 가능하다. 미국 MIT 미디어랩 설립자인 니콜라스 네그로폰테(Nicholas Negroponte) 는 1995년 《디지털이다》(being digital) 에서 과거 아날로그 시대에 '원자'로 구성되어온 방송, 신문, 책, 영화, 자동차 등의 미디어가 0과 1의 2진 연산체계로 이루어진 비트(binary digit) 라는 통합적 테크놀로지 DNA로 인해 비디오, 텍스트, 오디오, 이미지가 단일한 미디어로 전환될 것이라고 예언한 바 있다.

방송분야에서 통합미디어는 동영상 플랫폼과 팟캐스트앱, 소셜미디어 등을 중심으로 유통되고 공유되고 있다. 나아가 지식, 정보, 오락, 뉴스, 교육 등 사회제도의 상당 부분이 방송의 고유한 양식이던 동영상 형태로 만들어져 공유되고 있다. 방송과 영상의 경계도 흐려져서 시청각서비스(audio-visual service) 로 통합되는 현상이 일어나고 있다. 플루는 새로운 미디어의 속성을 디지털화와 융합(convergence) , 상호작용성과 네트워크, 가상성과 글로벌화 등으로 설명했다(Flew, 2007).

전파 미디어였던 방송이 디지털 테크놀로지의 적응과 진화를 통해 변화한 몇 가지에 대해 살펴보자. 우선 송출권 독점이라는 방송만의 고유성이 무너지고 있다. 인터넷 플랫폼에서는 채널편성의 의미가 달라진다. 브라우징(*browsing*)을 통해 누구나 문자나 사진, 동영상, 음성 등이 결합된, 데이터베이스(*Database*)라고 할 수 있는 사이트 혹은 앱(*App*)의 정보를 열람할 수 있을 뿐 아니라 전송할 수도 있다.

둘째, 시청각적 데이터를 포함해 모든 데이터를 처리할 수 있는 컴퓨팅 기술의 고도화로 데이터 기반(*data driven*) 콘텐츠 처리와 유통이라는 획기적 혁신을 이루었다. 방송은 프로그램이라는 상품의 기획에서부터 제작, 송출까지 선형적 과정을 통해 시청자에게 도달시키는 중앙집중적이고 수직적인 생산·유통·배급구조였으나 범용 인터넷망을 통해 똑같은 프로그램을 유통·배급할 수 있게 되었다. 채널편성 개념이 약화되면서 이용자 데이터 분석을 활용한 콘텐츠 큐레이션이 중요해지고 있다.

셋째, 방송제작과 관리, 유통이 분리되고 있다. 방송사는 그동안 막대한 비용을 들여 스튜디오와 장비를 구입하고 송출시스템까지 관리해야 했다. 관리자와 창작자가 같이 조직화된 구조였다. 그러나 인터넷동영상 플랫폼에서의 방송영상콘텐츠는 제작과 관리가 철저히 분리된다. 이용과 거래가 일어나도록 중개하는 테크놀로지다. 나아가 일방향적으로 방송을 수용할 수밖에 없던 유통구조에서는 창작자는 소수의 전문가였다. 그러나 이용자 테크놀로지 발전으로 시청자 스스로가 창작자(*creator*)가 되어 새로운 형식의 창작물을 만들어 공유할 수 있게 되었다.

가령 '유튜브'는 누구나 직접 콘텐츠를 업로드할 수 있도록 개방형 플랫폼을 만들어 창작자·저작권자를 파트너로 참여시켜 수익을 추구할 수 있도록 정보와 기술을 공유한다. 개인이든 미디어기업이든 플랫폼 거래의 주체가 될 수 있고, 개인이 방송사와 동등한 조건의 행위자가 되어 동일한 단위의 채널을 개설하는 수평적 미디어 거래구조다. 플랫폼은 "시장에 새로운 공급처를 제공하여 전통적 경쟁구도를 파괴"하는 공유경제(*sharing economy*) 모델이다(Parker, Alstyne & Choudary, 2016).

넷째, 품질관리 방식이 변화했다. 기존 방송산업은 관행적으로 책임자로서의 데스크, 관리자, 감독자 등 중앙집중식 통제 메커니즘하에서 제작과 관리가 이루어지는 사업모델이다. 그러나 이는 고정비용을 증가시키는 관리체계로 규모가 커질수록 비용이 증가할 수밖에 없다. 그러나 디지털 테크놀로지는 거래물품인 콘텐츠와 행위자인 이용자가 플랫폼 내에서 원활하게 거래하면서 이용자들이 스스로 평가할 수 있도록 진화하고 있다. 또한 방송사는 외부 기관에 의뢰한 시청률조사를 토대로 방송프로그램을 평가·관리해왔지만, 앞으로 방송은 이용자에 대한 정교한 분석과 통찰을 스스로 해야 할 필요성이 높아지고 있다. 방송영상콘텐츠의 소비와 이용은 이용자 활동에 의해 발생하기 때문이다.

동영상 플랫폼에서의 콘텐츠 품질은 피드백 루프에 의한 행동데이터 관리를 통해 이뤄지고 데이터마이닝, 필터링, 알고리즘, 개인화 등을 활용해 신속하게 관리할 수 있다. 콘텐츠 평판, 반응측정 등의 긍정·부정 피드백을 알고리즘으로 자동화해 품질을 개선해가는 것이다. 3절에서 설명할 넷플릭스의 추천시스템(*recommendation systems*)은 이용자 취향에 맞춰 과거 콘텐츠를 이용할 수 있게끔 하는 새로운 텔레비전 테크놀로지의 발명이라 할 수 있다.

마지막으로 방송업무와 조직문화도 새롭게 변화하고 있다. 커닝햄(Stuart Cunningham) 등은 구글, 유튜브, 넷플릭스, 아마존과 같은 IT 미디어기업들은 정기적 재부팅(*reboot*), 반복(*iterate*), 피벗(*pivot*) 방식으로 소통하는 업무문화에 익숙하다고 설명한다(Cunningham, Craig & Silver, 2016). 이는 IT 기업들이 소프트웨어를 개발할 때 유연하고 재빠르게 작은 단위의 일을 완성해가는 애자일 개발방법론(*Agile Software Development*)과 관련이 있다. 애자일 개발방법론은 신속하고 변화에 유연하며 적응적인(*adaptive*) 소프트웨어 개발을 목표로 하는 다양한 경량개발 방법론 전체를 총칭한다. 반복이라 불리는 단기 단위 업무로, 위험을 최소화하는 개발방법이다.

따라서 방송 직무에도 변화가 야기될 가능성이 높다. 이를테면 방송사의 주요 직군이 연출자, 프로듀서, 작가, 제작기술 스태프인 반면, 동영상 플랫폼의 주요 직군은 개발자, 엔지니어, 글로벌 전략 매니저 등이다. 예컨대 2020년 1월 넷플릭스의 채용정보 사이트에서는 사용자인터페이스(UI: *User Interface*) 엔지니어링, 글로벌 언어 관리자, 콘텐츠 엔지니어링, 데이터 사이언티스트(제품실험 및 분석), 크리에이티브 마케팅 프로덕션, 소프트웨어 엔지니어링, 소비자 서비스 및 인사이트 분야에 대한 공개채용이 이루어졌다. 제작·기술·관리 직군이 주를 이루는 방송사와 달리 플랫폼 기업은 외부 자원인 이용자, 파트너로서의 제작자 또는 창작자와의 유대와 관련한 직군이 주를 이룬다.

3) ICT 주도의 동영상생태계

어떤 기술의 발전이 사회와 제도에 새롭게 유입되고 안착되려면 우선 '필요'가 있어야 하고 이에 상응하는 '발명'이 이뤄져야 하며 이를 해당 영역에 '응용'하는 과정이 있어야 한다. 디지털과 인터넷, 모바일로 연결하는 사회적 흐름 속에서 방송 송출과 수신 개념은 변화의 진동을 크게 겪고 있다. 전술한 대로 정보통신기술(ICT: *Information and Communications Technologies*)이 미디어생태계를 재구성하고 있기 때문이다. 역사적으로 새로운 기술을 가장 잘 흡수해 온 '뉴미디어'로서 방송은 새로운 ICT 테크놀로지와 어떻게 조우하게 될까?

영국의 미디어 연구기관 로이터 인스티튜트(Reuters Institute)는 2018년 한국을 비롯해 미국, 독일, 영국 등 29개국의 언론종사자를 대상으로 한 조사 〈2018 저널리즘, 미디어, 테크놀로지 트렌드와 전망〉(Journalism, Media, and Technology Trends Predictions 2018)에서 세계적으로 중요하게 예상되는

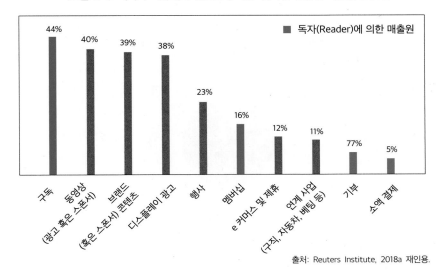

〈그림 3-1〉미디어 시장에서 중요도가 매우 높아질 전망인 매출원 (2018)

■ 독자(Reader)에 의한 매출원

- 구독: 44%
- 동영상 (광고 혹은 스폰서): 40%
- 브랜드 (혹은 스폰서) 콘텐츠: 39%
- 디스플레이 광고: 38%
- 행사: 23%
- 멤버십: 16%
- e 커머스 및 제휴: 12%
- 연계 사업 (구직, 자동차, 베팅 등): 11%
- 기부: 77%
- 소액 결제: 5%

출처: Reuters Institute, 2018a 재인용.

전망을 상세히 일곱 가지로 제시했다. 이 전망은 • 온라인플랫폼 부각에 따른 언론과의 갈등 • 가짜뉴스와 팩트체킹 시스템 확대 • 소셜미디어와 메시지 서비스의 변화 • 동영상 확충 온라인플랫폼의 기존 텔레비전 위협 • 광고 의존에서 구독료 중심으로의 비즈니스 모델 전환 • 이용자 데이터 활용 및 관리 강화 필요성의 증가 • 미디어 인공지능 수용 등이다.

눈에 띄는 것은 온라인플랫폼이 동영상 확충으로 기존 텔레비전을 위협할 수 있다는 전망이다. 스마트폰이라는 통합미디어 기기에서 방송, 동영상, 영화, 언론, 포털, 소셜미디어의 동시 이용이 가능하므로 한정된 시간자원을 가진 이용자를 차지하려는 경쟁이 더 치열해질 것이기 때문이다. 게다가 이용자가 독자로서 향유할 수 있는 콘텐츠를 스스로 결정하고 직접 지불하는 '구독'(subscription)이 하나의 문화로 자리 잡아 가는 추세다. 이용자가 스스로 구독을 결정하는 것은 기꺼이 시간이라는 자원을 투입하겠다는 의사표현이고 유료구독인 경우는 콘텐츠에 대한 직접 지불이 이뤄진다(〈그림 3-1〉참조). 이용자가 자기주도로 활용할 수 있는 테크놀로지의 고도화와 맞물려 일어나는 현상으로 이해할 수 있다.

<그림 3-2> 2019~2021 방송·미디어콘텐츠산업 10대 이슈

01 전통 미디어의 위기 증대

02 콘텐츠 연동형 상거래 (*Media Commerce*) 확대

03 글로벌 미디어 기업의 자체제작 콘텐츠(*Origianal Content*) 투자 확대

04 맞춤형 추천 콘텐츠·서비스 강화

05 가짜뉴스 확대

2019~2021 방송·미디어 콘텐츠 사업 10대 이슈

06 주문형 비디오(VOD) 소비 증가

07 개인제작 실시간 동영상 콘텐츠의 일상화

08 1인 창작자의 산업적 영향력 증대

09 노인층 대상 콘텐츠 제작 및 소비 증가

10 짧은 동영상 콘텐츠 (*Short Form Content*) 제작·유통 확산

출처: KCA, 2019.

　　2019년 한국방송통신전파진흥원에서 발표한 〈2019년 방송·미디어콘텐츠산업의 10대 이슈 전망〉에서도 글로벌 환경과 국내 방송·미디어산업 시장이 연동하고, 디지털과 데이터 기술이 주도하는 변화가 있을 것으로 내다보았다(〈그림 3-2〉 참조). 이 조사 결과는 전통미디어의 위기 증대를 비롯해 미디어 커머스 확대, 글로벌 미디어기업의 콘텐츠 제작 활성화, 이용자 데이터를 활용한 콘텐츠서비스 강화, 가짜뉴스 확대, VOD 소비 증가, 개인이 제작하는 실시간 동영상콘텐츠의 일상적 유통, 개인 창작자의 산업적 위상과 영향력 증대, 숏폼 동영상콘텐츠 제작과 유통의 확산 등이 중요 이슈가 될 것이라고 전망했다.

　　전망은 예측으로 끝날 수도 있으나, 미래는 현재를 기반으로 만들어가는 것이기도 하다. 특히 주목할 현상은 첫째, ICT 기술이 일상과 개인, 방송영상산업계 전반에 보편적으로 보급되면서 개인미디어 및 1인 방송이 활성화되고 있다는 점이다. 전 세계적으로 동영상물의 제작(*video creation*)과 공유(*sharing*)가 거대한 규모로 일어나고 있다.

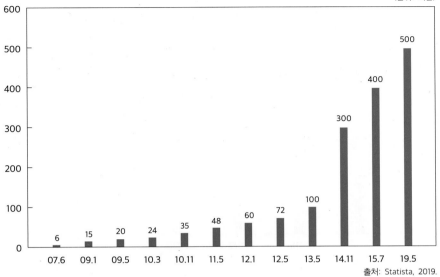

<그림 3-3> 유튜브에 1분당 업로드된 비디오 시간 (2007~2019)

(단위: 시간)

출처: Statista, 2019.

　〈그림 3-3〉는 2019년 5월 기준 1분당 500시간 이상의 동영상비디오가 유튜브에 업로드되고 있음을 보여준다. 이는 시간당 약 3만 시간의 새로운 동영상이 올라온 것과 같다. 유튜브를 중심으로 동영상콘텐츠 양이 급격히 증가하면서 60초당 업로드되는 동영상비디오 콘텐츠 시간, 즉 동영상의 양이 2013년과 비교했을 때 불과 5년 만에 5배가량 증가한 셈이다. 온라인동영상은 세계적으로 인기 있는 디지털 활동 중 하나로 매달 20억 명이 유튜브에 로그인해 시청하고, 매일 10억 시간 이상의 동영상을 보는 것으로 알려졌다. 대역폭 관리시스템 공급업체인 샌드바인(Sandvine)의 〈2019 글로벌 인터넷 현상 보고서〉에 따르면 동영상비디오는 인터넷트래픽의 60.6%를 차지했고, 세계적으로 웹트래픽은 3.8% 감소한 것으로 나타났다. 동영상 중심의 인터넷 이용이 압도적으로 많고 이용의 수준도 점점 증가하는 것이다.

　둘째, 동영상을 포함해 방송영상의 소비와 유통의 흐름이 이용자 테크놀로지에 의해 초연결의 상태로 취향공동체, 즉 팬덤을 형성하게 되었다. 이에 따라 동영상 시청자이자 개인 창작자에게 새로운 힘이 부여되었고 그 영향력

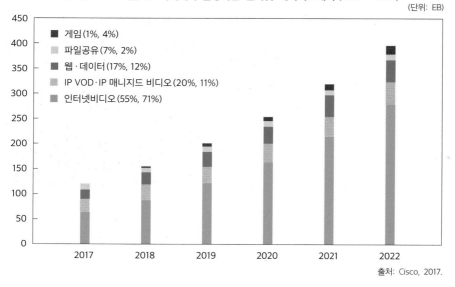

〈그림 3-4〉 매달 전 세계에서 발생하는 인터넷 데이터트래픽 (2017~2022)

(단위: EB)

■ 게임 (1%, 4%)
■ 파일공유 (7%, 2%)
■ 웹·데이터 (17%, 12%)
■ IP VOD·IP 매니지드 비디오 (20%, 11%)
■ 인터넷비디오 (55%, 71%)

출처: Cisco, 2017.

도 커지고 있다. 개인 채널을 소유해 방송의 정규편성처럼 주기적으로 올리는 창작자가 전 세계적으로 많아지고 있다. 또 각 인터넷 플랫폼을 통해 실시간 동영상 스트리밍을 제작하고 시청하는 경우도 많아 초국가적 글로벌 시청취 팬덤현상이 나타나고 있다. 정보통신회사인 시스코(Cisco) 백서에 따르면 전 세계 인터넷 데이터트래픽에서 인터넷비디오, IP VOD, 파일공유 비디오파일, 비디오 스트림게임 및 비디오 회의 등 모든 형태의 인터넷비디오 합계는 총 트래픽의 80~90% 범위 내인 것으로 나타났다(〈그림 3-4〉참조).

이는 과장된 증거가 아니라 현재 일어나고 있는 현상이다. 시스코는 전 세계에서 발생하는 데이터트래픽 규모가 2017년 월간 50엑사바이트(Exabytes)에서 2022년 300엑사바이트에 가까워질 것으로 내다봤다. 라이브 인터넷동영상비디오는 기존의 방송 시청시간을 대체해 대량의 트래픽을 발생시킬 수 있다. 실제로 실시간 라이브 동영상은 2022년까지 15배 증가해 전체 인터넷동영상 트래픽의 17%를 차지할 것으로 전망된다. 방송이 아닌 동영상비디오의 제작, 공유, 시청 등이 주도적 미디어 형식으로 자리 잡고 있음을 나타낸다.

이러한 변화에 따라 방송프로그램이나 영화는 본방송, 재방송, VOD 유통이라는 순차적 창구효과(window effect)가 기본인 기존 영상미디어 전략과 달리 광고의 '360도 브랜딩 전략'(360 Degree Brand Stewardship)처럼 브랜드와 소비자가 만나는 접점(contact point)을 파악해 소비자 경험을 지속화하고 최적화하는 개념이 중요해졌다. 하나의 콘텐츠를 재방송 또는 단순 재가공으로 유통하는 것보다 하나의 콘텐츠가 다양한 접점과 방식으로 제공되어 시청자가 발견하고 창의적으로 참여할 수 있도록 만드는 것이 중요해진 것이다. 이 밖에 소소한 일상을 영상으로 만들어 공유하고 공감하는 행태, 동영상을 통해 지식과 정보를 익히고 동영상 플랫폼을 검색도구로 이용하는 사람도 늘고 있다. 한편 가짜뉴스, 페이크 영상, 부적절한 영상의 제작과 유통 등이 중요한 문제로 부각되었다.

셋째, 방송서비스 융합이 빈번하게 일어나고 있다. 콘텐츠와 채널과 포맷이 융합된 예로는 광고와 홈쇼핑채널, 온라인쇼핑이 결합한 이커머스(e-commerce) 분야의 성장을 들 수 있다. 스마트 기술을 활용해 투표, 퀴즈,

〈표 3-1〉 방송·미디어콘텐츠산업의 이슈 전망

영역	핵심쟁점 현상 및 기술
제작	• 실감형 미디어(VR/AR) 발전 • 동영상·라이브 콘텐츠 증가 • 네이티브 광고 성장 • 자체제작 콘텐츠 투자 확대 • 개인미디어 제작 활성화 • 초고화질(UHD) 제작 • 크라우드펀딩 콘텐츠·양방향 콘텐츠·오디오 콘텐츠 성장 • 소셜 메시징 앱의 진화 • 숏폼 동영상 제작 및 향유 • 블록체인 미디어 등장
유통	• 소셜 퍼스트로의 변화 • 새로운 콘텐츠 수출사업자의 부각 • 지상파방송의 유통 변화 • 한류 콘텐츠 유통 성장 • VOD 시장의 지속적 성장 • 기술기업과 엔터테인먼트 기업 연합 • 유료방송 플랫폼의 M&A • 인공지능 기술 기반 서비스 확대 • OTT의 성장 • 미디어기업의 사물인터넷 활용
이용자	• 디지털 네이티브의 미디어 소비 증가 • 이용자 세대 공존에 따른 미디어 소비 다양화 • 디지털 플랫폼 이용패턴 증가 • 뉴트로 콘텐츠 소비자 증가 • 가치소비의향 소비행태 증가 • 맞춤형 서비스에 대한 필요 증가

출처: KCA, 2019 재구성.

기부 등을 할 수 있는 테크놀로지도 다양해지고 있다. 결국 ICT 융합은 시청자의 미디어 이용 맥락과 경험, 시청기기에 대한 고려가 중요하다. 〈표 3-1〉은 〈그림 3-2〉의 토대가 되는 기초자료로 방송제작 현장 및 유통, 이용자 세 영역으로 분류해 핵심쟁점과 현상을 상세히 추출했다. 제작·유통·이용자 테크놀로지의 핵심쟁점 현상과 기술을 분류하고 있으나, 세 영역은 분리되기보다 상호작용하는 기술이다. 방송분야에서 이러한 테크놀로지가 새롭게 활용되고 접목되는 분야와 사례를 구체적으로 살펴보자.

3. 제작·유통·이용에서의 방송영상 테크놀로지 확장

방송제작은 보통 3단계로 구분할 수 있다. 무엇을 어떤 형식으로 만들지에 대한 기획단계인 사전제작(pre-production), 실제 촬영과 녹화를 하는 단계인 제작(production), 그리고 편집, 녹음, 컴퓨터그래픽 등을 통한 완성 단계인 후반제작(post-production) 등이다. 한국은 2013년 1월 1일을 기점으로 아날로그방송을 중단하고 디지털방송을 전면 시행함에 따라 방송의 제작단계에서 디지털화가 본격적으로 이루어졌다. 디지털방송은 고품질 송수신, 화질 열화 없는 저장과 재생, 화소(pixel)의 밀도가 높아진 고해상도(resolution) 촬영 및 재생이 가능하다. 디지털 정보로 방송영상을 저장할 수 있어 영구적 보존도 가능하다. 그리고 다채널 프로그램과 멀티미디어 서비스, 데이터방송이 가능해 확장성이 높다. 데이터방송을 통해 홈쇼핑이나 채널가이드, 다양한 양방향 콘텐츠를 기획·제작할 수 있다.

디지털방송 본격화 이후 ICT와 융합한 형태로 방송영상 기술이 진화하면서 각 제작단계뿐 아니라 유통과 배급, 이용기기 등에서 고려해야 하는 기술적 사항들이 다양해졌다. 앞으로 방송영상 분야에 활발히 적용될 것으로 주목받는 응용 테크놀로지에 대해 살펴보도록 하자.

1) 인공지능

방송분야에서 인공지능(AI: *Artificial Intelligence*) 기반 서비스는 기획·제작·유통의 거의 전 단계에서 활용이 증가하는 추세다. AI는 사람이 할 수 있는 사고, 추론, 지각, 학습, 자연어 이해능력 등을 고도화된 기계학습(*machine learning*)을 통해 모방하고 응용하는 기술이다. AI가 각광받는 이유는 컴퓨터와 스마트폰, 인터넷 사용으로 데이터양이 급증하면서 유의미한 자료와 정보를 추출하는 일이 긴요해졌기 때문이다. 많은 데이터를 처리할 수 있는 컴퓨팅기술과 알고리즘의 발전으로 방송영상 분야에서도 영상데이터 처리에 AI를 응용하는 사례가 늘고 있다.

(1) 촬영·편집·후반작업에서의 AI 기술 적용

국제방송제조업자협회(IABM) 홈페이지에 따르면 미디어 업계 전체에서 사용하는 AI 기술의 범위 중 제작에는 2019년 기준으로 31%가량 활용되고 있다. 적용범위는 제작, 음성인식, 이미지 및 동영상 분석, 이용자 분석 등으로 점점 확장하는 추세이다. AI 기술은 구체적으로 촬영 및 제작기기, 제작소프트웨어, 이용자 기기(스마트폰, AI 스피커) 등에 접목되고 있다.

AI 촬영기술은 날로 발전하고 있다. 피사체를 알아서 분석해 구도와 색상을 자동화하여 제시하고 떨림 및 색 보정도 자동으로 처리하는 등 다양한 기능이 개발되고 있다. 특히 드론 카메라 분야에서 AI 기술이 진일보했다. 미국 파워비전(Power Vision)의 다용도 항공촬영 드론 '파워에그 X'(Power Egg X)의 경우 딥러닝(*deep learning*)과 얼굴인식 기능이 내장되어 피사체에 가장 적합한 밝기와 색상으로 자동 촬영할 수 있고, 한 번 촬영한 피사체는 계속 알아보기 때문에 자연 다큐멘터리나 인간이 진입할 수 없는 장소의 촬영이 용이해졌다.

플랫폼 솔루션 방식으로 AI와 기계학습을 통해 동영상 제작을 손쉽게 만들어 주는 툴도 다양하게 개발되고 있다. 네이버, 구글, 틱톡 등에서도 자동편집

<그림 3-5> IBM 왓슨의 실시간 AI 기술

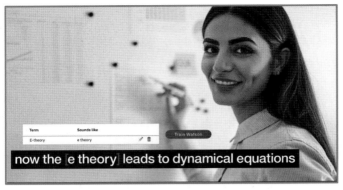

이 가능한 AI 기술이 일부 적용되고 있다. 대표적 솔루션은 IBM '왓슨 미디어'(Watson Media)로 특히 스포츠경기의 하이라이트를 실시간으로 편집하는 AI 기술로 유명하다. 주요 장면을 빠르게 분류, 편집하고 유통 플랫폼이나 방송사 채널에까지 거의 실시간으로 도달시킬 수 있다. 실시간 자막생성 AI 기술인 '왓슨 캡셔닝'(Watson Captioning)도 생방송 뉴스나 실시간 방송프로그램에 바로 자막을 생성할 수 있는 기술이다.

빅데이터를 사용하여 고객의 스트리밍 경험을 강화하는 기계학습 AI를 비롯하여 미디어 규제 내용을 감시하는 '워치독 왓슨'(Watchdog Watson)과 같은 기술은 화면에서 부적절한 단어나 장면, 불쾌감을 주는 장면이나 폭력적 장면 등을 송출 전에 차단할 수 있다. 특히 글로벌 콘텐츠 유통이 증가하면서

〈그림 3-6〉 어도비사의 AI 기술 '센세이'

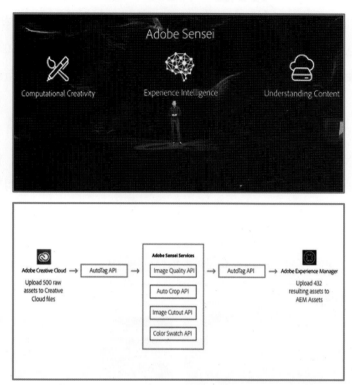

이슬람 국가나 인도 등 문화적 맥락이 다른 나라에서 금지하는 내용을 기계학습으로 적용하여 법규준수(*compliance program*) 솔루션으로 활용할 수 있다.

편집에서도 클라우드컴퓨팅을 활용해 자동화 편집이 다채롭게 소개될 전망이다. 이미지 분야의 대표적 소프트웨어 기업 어도비(Adobe)사는 크리에이티브 제품군(CS: Creative Suite)인 그래픽디자인, 영상편집, 웹개발 응용 프로그램 소프트웨어를 AI 기술과 접목하는 솔루션과 프로세스를 제공한다. 넌리니어(*non-liner*) 영상편집 소프트웨어인 프리미어를 비롯해 포토샵, 애프터이펙트, 프리미어 러시 등 CS 소프트웨어가 음성 및 이미지 합성 AI 프로세스인 어도비 센세이(Sensei)와 결합해 클라우드에서 이미지 품질과 색보정 등 후반작업 품질을 획기적으로 향상시킬 수 있게 되었다(〈그림 3-6〉 참조).

(2) 방송사의 AI 개발 및 적용: 영국 BBC와 일본 NHK 사례

영국 BBC는 연구개발 부서 BBC R&D에서 방송제작 사업에 AI를 적용하는 방안을 모색 중이다. 즉, 기존의 연출자, 편집자, 오디오·비디오 믹서 장비 및 카메라 운영자의 역할을 통합하여 비용을 절감하고 효율성을 제고하는 새로운 제작 워크플로(*new production workflow*) 개발에 집중하고 있다. 특히 고비용의 라이브 이벤트 중심으로 AI 기술을 개발했다. 대표적 사례가 2018년 공개한 인공지능 제작 프로젝트 '제작에서의 AI'(*AI in Production*)로, 이 프로젝트의 목표는 라이브 이벤트에 적용 가능한 AI 기반의 제작 자동화였다.

영국에서는 매년 에딘버러 페스티벌이나 글래스톤베리 페스티벌 등 국제

〈그림 3-7〉 제작에 적용한 IP 기반 라이브 AI 프로덕션 툴 '프라이머'와 '소마'

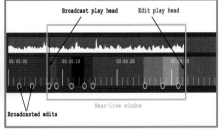

출처: BBC R&D 홈페이지.

84

적 야외공연 이벤트가 여러 곳에서 동시에 펼쳐진다. 그러나 장비활용 및 후반작업에 따르는 인력 수급과 비용으로 인해 주요 공연만 녹화하거나 생중계해왔다. 수백 건의 라이브 무대를 전부 촬영하고 편집하는 것은 비현실적이기 때문이다.

그래서 먼저 소규모 인원으로도 라이브 공연 프로그램 제작이 가능한 IP (*Internet Protocol*) 기반의 '거의 라이브에 가까운(*nearly live*) 프로덕션 툴'로 불리는 '프라이머'(Primer) 와 '소마'(SOMA: Single Operator Mixing Application) 등의 기술을 개발했다. 이 프로토타입(*prototype*) 시스템은 단일화면 인터페이스로 제공되는 웹브라우저 애플리케이션으로, 하나의 시스템에서 라이브 편집부터 송출까지 가능하다(〈그림 3-7〉 참조).

BBC R&D는 다음으로 이러한 제작기술을 AI로 구현할 수 있는 '제작에서의 AI'를 실험했다. 우선 라이브 공연장에 고해상도 카메라를 설치하고 공연실황을 촬영하여 IP 기반의 제작 툴에 촬영장면 및 캡처이미지가 저장되도록 했다. 그리고 AI 자동화 시스템인 '에드'(Ed) 가 이미지 저장소에 접근해 자동으로 촬영장면을 선별하고 추출해 편집하도록 했다. 에드는 규칙기반 시스템으로 샷 프레임 규칙과 샷 시퀀싱(*shot sequencing*) · 샷 선택(*shot selection*) 규칙 등을 인간의 편집감각과 시청자 경험에 근거해 기계학습 한다. 자동편집 시 화면구성과 편집 시퀀싱에서 인지적 편안함이 충족되도록 기계학습으로 훈련시키는 것이다(〈그림 3-8〉 참조).

이러한 자동화 제작은 출연자의 얼굴이나 형체를 감지 · 추적하는 형상추출(*feature extraction*), 샷을 언제 변화시켜야 하는지 정의하는 샷 시퀀싱, 시퀀스 내에서 어떤 샷을 배치해야 하는지 정의하는 샷 선택 등의 알고리즘으로 이루어진다. 이 AI 알고리즘은 라이브 이벤트 제작뿐만 아니라 방대한 크기의 영상자료를 활용하는 데도 쓰일 수 있다. 실제로 BBC는 AI 기술로 영상 아카이브를 스캐닝(*scanning*) 하는 작업을 통해 기존 영상을 재가공했다. 또 추천알고리즘으로 활용할 수 있도록 등장인물, 장소 배경 등 영상이미지,

〈그림 3-8〉 AI 편집 툴 '에드'의 샷 프레임 및 시퀀싱 규칙

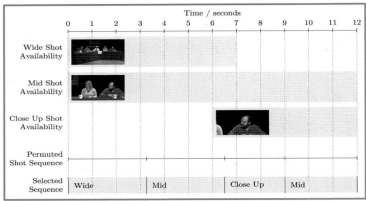

출처: BBC R&D 홈페이지.

자막 및 텍스트, 화면의 톤앤매너(*tone & manner*)를 분석해 메타데이터로 분류하는 작업을 하고 있다. 이는 기존 방송사가 콘텐츠 IP를 효과적으로 활용하는 데 유용하게 쓰일 수 있다.

한편, 일본 NHK의 과학기술연구소(STRL: Science & Technology Research Laboratories)에서는 과거에 제작한 영상을 활용해 미래의 가치를 창출하는 'AI 기반 스마트 제작'(*AI-driven Smart Production*)을 추진하고 있다. 이를 통해 개발된 주목할 만한 AI 기술이 바로 흑백 비디오의 자동 컬러화(*automatic colorization technology for monochrome video*) 기술이다. STRL에서는 NHK 아카

<그림 3-9> AI-DNN을 활용한 NHK의 자동 컬러화 기술

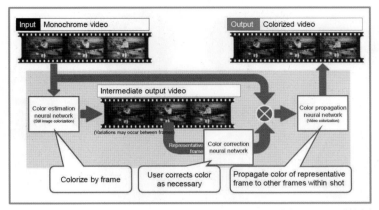

출처: NHK STRL 홈페이지.

이브에 저장된 과거 흑백 프로그램과 컬러필름에서 추출된 약 2만여 개의 비디오 데이터를 딥러닝과 신경망 네트워크 기술인 AI-DNN(*Deep Neural Network*) 기계학습을 통해 훈련하고 적용했다. 이 AI 알고리즘을 통해 흑백영상의 색상추정, 색상보정, 인접 프레임에 대한 색상정보 등을 파악하여 컬러 영상으로 자동 변환하는 기술을 개발한 것이다.

(3) OTT 서비스에서의 AI 알고리즘

AI와 알고리즘을 가장 활발하게 이용하는 분야는 동영상 플랫폼 서비스라고 할 수 있다. 유튜브는 사용자 데이터에 기반한 AI 추천알고리즘을 활용하고 있다. 구글도 지나데이비스 연구소(Geena Davis Institution on Gender in Media)와 파트너십을 맺고 기계학습을 활용하여 영화나 미디어에 나타난 성편견을 분석하는 AI 도구 '지나데이비스 포용지수'(Geena Davis Inclusion Quotient)를 개발했다. 디즈니도 안면인식 시스템을 통해 관객들의 반응을 알고리즘으로 분석해 추천시스템과 제작에 반영할 수 있는 FVAEs(Factorized Variational Auto-Encoders)을 실험했다. 다양한 방식으로 이용자 데이터를 활용하는 AI와 머신러닝이 개발되고 있지만, 이 분야에서 독보적 성취를 이

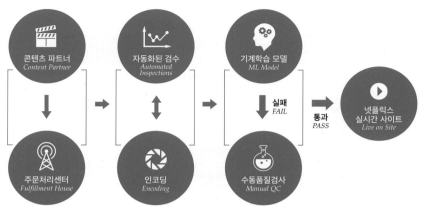

〈그림 3-10〉 넷플릭스 예측 품질 제어 공급망

출처: 미디엄(Medium) 홈페이지.

룬 미디어기업은 바로 넷플릭스다(〈그림 3-10〉 참조).

넷플릭스 미디어 구조의 핵심은 선택에 기로에 선 이용자에게 인지적 편안함을 주고 행동유도성을 촉진하는 AI 기반의 추천시스템이다. 이들은 이용자가 쉽고 편하게 직관적으로 시청할 수 있도록 행동데이터를 활용하여 추천알고리즘을 지속적으로 정교화한다. 이용의 복잡성을 줄이기 위해 시청자 선호와 연결된 콘텐츠를 다양한 알고리즘에 의해 서비스하는 것이다. 다양한 온·오프라인 테스트를 거쳐 알고리즘을 지속적으로 수정해 개인화(personalization) 맞춤 서비스를 제공하는 것이다. 시청자 통제력이 최적화된 개인화된 사용자인터페이스가 생성되기 때문에 인벤토리 내 채널은 개인의 시청흐름에 따라 유동한다. 새로운 알고리즘 적용을 위해 과거 데이터를 분석하여 빠르게 알고리즘 프로토타입을 반복적으로 수정해 구독자 참여의 예측을 높이는 것이다(최선영·고은지, 2018).

가입 취소경험이 있는 회원, 신규회원, 구독 유지회원 등을 세분화하고 탈퇴와 재가입을 고려하여 비디오 목록 이미지인 썸네일(thumbnail)에 대한 무작위 A/B 테스트(A/B Test)로 알고리즘을 측정하여 개선해간다. A/B 테스트는 주로 웹페이지나 앱의 UI 또는 UX를 개선하려 할 때 두 이용자 그룹으로

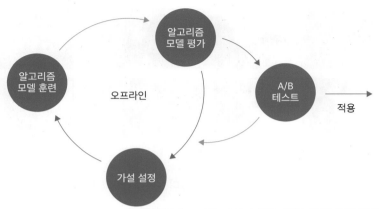

〈그림 3-11〉 넷플릭스의 알고리즘 훈련과 A/B테스트

출처: Gomez-Uribe & Hunt, 2016; 최선영·고은지, 2018 재인용.

나누어 무작위 비교실험을 하는 방법이다. 임의로 두 집단을 나누고 각 집단에 기존 사이트와 새로운 사이트를 보여주고 어떤 것이 더 높은 성과를 보이는지 측정하여 평가하는 방식이다. A/B 테스트를 하는 이유는 직관적 선택의 인과관계를 찾기 위해서다.

〈그림 3-11〉는 알고리즘을 개선하는 피드백 루프로, 이 과정을 요약하면 다음과 같다. ① A/B 테스트를 통해 ② 가설을 세우고 ③ 알고리즘 모델 훈련을 하여 ④ 알고리즘 모델 평가를 오프라인에서 실시한 뒤 다시 A/B 테스트를 수행하여 새로운 알고리즘을 도출해 적용하되 계속 이 방법을 반복해 수정, 보완해간다. 개선된 경험이 입소문 나도록 공유하는 것도 하나의 방법이다.

일례로 넷플릭스는 2017년 아트워크(Art Work)를 통해 비디오 목록 이미지 제시방식을 개선하고 개인 취향에 최적화하는 방향으로 알고리즘을 개발해 2017년 말부터 〈그림 3-12〉처럼 개인화·시각화 추천시스템을 적용하기 시작했다. 같은 콘텐츠를 추천하더라도 이용자 개인의 성향을 반영하여 비디오 목록의 썸네일 이미지를 제공하는 것이다. 가령 영화 〈굿 윌 헌팅〉을 추천하는 경우에, 과거 러브 스토리 시청이력이 있는 이용자에게 남녀 배우의 키스장면 썸네일을, 코미디물 시청이력이 있는 이용자에게는 로빈 윌리

〈그림 3-12〉알고리즘에 의한 넷플릭스 개인화 추천 썸네일 아트워크

출처: 넷플릭스 테크 블로그.

엄스의 썸네일 이미지를 보여주는 것이다. 수천 개의 비디오 타이틀 목록에서 1억 개가 넘는 회원 계정에 맞춤형으로 비디오 타이틀을 개인화하여 추천하는 방식이다. 구독자층을 만족시키기 위해 행동유도성 차원에서 시청습관을 분석하여 취향을 반영하고 직관적으로 선택할 수 있도록 아트워크를 개발한 것이다.

넷플릭스 측은 "자체 조사 결과 아트워크가 구독자의 시청 결정에 가장 큰 영향을 주었을 뿐 아니라 선택 과정에서 집중력의 82% 이상을 구성하는 것으로 나타났다"면서 "넷플릭스에서 이용자들이 콘텐츠 타이틀을 선택할 때 평균 1.8초를 소비한다"고 밝혔다(Nelson, 2016). 텍스트보다 이미지를 통해 시각적 인상을 남기는 것이 중요한데 이것이 직관적으로 짧은 시간 안에 선택하도록 행동유도성을 높이는 것이다.

넷플릭스는 콘텐츠의 양과 질을 확보하고 유지하는 체계를 데이터 과학으로 관리한다. 장르와 내용 분류 체계뿐 아니라 제작과 이용자 관리를 고도화하고 있다. 스트리밍서비스의 보편화, 고화질 콘텐츠의 증가, 이용자수의 증가 등으로 인해 효율적 데이터 관리가 중요해졌다. 이들은 '마이크로서비스 아키텍처'(MicroService Architecture)[1]와 같은 기술적 접근을 통해 효율성

---

1 마이크로서비스는 다양한 기능의 서비스가 모여 하나의 완성된 애플리케이션을 이루는 것을 뜻한다. 내부적으로 다양한 기능을 서비스의 조합으로 구성한 형태로 수많은 마이크로서비스가 구조화된 앱이라도 사용자는 하나의 앱을 사용하는 느낌을 받는다.

을 추구하며 끊임없이 수정하고 테스트한다.

넷플릭스 추천시스템은 크게 아홉 가지로 분류된다. 다양한 알고리즘 구성(*diverse pool*)을 통해 여러 가지 시청자 경험을 할 수 있도록 유도하는 것이다. UI에 가로 행(*row*)으로 구성된 비디오 이미지가 제시되고 행 상단에 추천알고리즘에 의해 예측된 개인화 장르나 주제가 표시된다(〈표 3-2〉 참조). [2] 고메즈 우리베와 헌트는 추천시스템이 넷플릭스의 핵심가치인 이유는 구독자가 무엇을 보고 싶은지 미리 알고 몇 초 만에 선택하도록 유도하기 때문이라고 설명한다(Gomez-Uribe & Hunt, 2016). 몇 초의 틈은 다른 대안적 유흥거리가 개입할 틈을 주어서 넷플릭스 이용이 중단될 수 있다는 것이다.

개인화 맞춤 알고리즘은 대규모 시청자가 필요한 텔레비전 사업자들에게는 맞지 않지만 틈새 비디오 이용자 발굴이라는 점에서 획기적이다. 방송사업자 유통 모델은 하나의 채널에서 특정 시간대에 대규모 이용자를 끌어 모아야 광고수익이 발생한다. 특정 시간대와 특정 프로그램에 광고가 몰리거나 판매가 부진할 수도 있다. 그러나 넷플릭스 개인화 맞춤 알고리즘은 여러 비디오를 개인 맞춤형으로 제공하여 구독자 선호와 취향을 풍부하게 느끼게끔 제안하여 '빠른 선택'을 이끈다.

그래서 이 모델은 전체 구독자수를 유지하는 것이 중요하다. 구독자수 유지는 단위 시간당 얼마나 많은 이용자가 얼마나 오래 사용하고 얼마나 연결되는가에 달렸다. 누적된 시청 데이터에서 시청습관과 취향을 추론하고 이를 토대로 네트워크 효과를 증폭시킬 다양한 알고리즘을 적용해 '많은 수가 오래 머물도록' 하는 미디어 구조를 만들어내는 전략이기 때문이다.

---

2 이 내용은 넷플릭스 기술진인 고메즈 우리베와 헌트의 논문 "The Netflix Recommender System: Algorithms, Business Value, and Innovation"을 상당 부분 참고하여 정리하였다(Gomez-Uribe & Hunt, 2016). 미디어 구조 차원에서 넷플릭스는 이용자에게 폐쇄적이고 불투명한 구조를 갖고 있는 것처럼 보이지만 '시네매치' 알고리즘 개선을 위한 이벤트로 '넷플릭스 프라이즈'를 개최하였다. 또한 엔지니어링 적용범위와 개선사항을 테크 블로그에 게시하여 알고리즘 및 추천시스템 관련 정보를 부분적으로나마 공개하고 있다.

<표 3-2> 넷플릭스 추천시스템

추천시스템	내용

개인화비디오순위
(PVR: *Personalized*
Video Ranker) 63
	• 구독자 이력 및 기기, 개인의 경험을 고려해 비디오 제시
	• 행에 제시되는 장르 또는 주제는 개인화된 방식으로 정렬되고,
	  동일 장르 행일지라도 구독자별로 제공되는 비디오는 완전히 상이함
	• 전체 비디오 목록의 특정 장르에서 개인화 신호를 혼합해 순위를
	  제공하는 추천

인기 콘텐츠 (*Top-N Video Ranker*)	• 전체 비디오 목록에서 개인화되지 않은 순위를 찾는 알고리즘 • PVR과 중복되지 않도록 인기 순위의 비디오 랭킹 알고리즘을 활용하여 비디오 카탈로그의 상위권 참조해 최적화하고 평가

지금 뜨는 비디오
(*Trending Now*)
	• 분단위에서 일단위까지 단기간 실시간 시청추이를 반영하는 알고리즘
	• 시계열적으로 특정 시기에 나타나는 단기효과(발렌타인데이와 로맨틱
	  비디오 추천순위)와 단기 사건(허리케인 등 자연재해 발생 시 미디어
	  보도로 관련 다큐멘터리나 영화에 관심도가 증가)으로 구분

시청 중인 콘텐츠 (*Continue Watching*)	• 주기적 시청, 몰아보기, 이어보기 등 시청패턴을 고려한 순위선정 • 알고리즘으로 다시보기, 이어보기, 시청포기 등을 인과적으로 추정 • 시청 후 경과 시간, 포기시점(도입부, 중간, 엔딩), 다른 콘텐츠 시청여부, 이용 장치 등의 데이터를 고려하여 행에 제시
~할 만한 영화, 프로그램 (*Video-Video Similarity*)	• Because You Watched(BYW) • 전체 비디오 목록에서 유사성 있는 비디오로 정렬된 알고리즘 • 비개인화된 알고리즘이나 이미 본 비디오 또는 취향을 평가해 개인화된 조합으로 행에 제시

페이지 제너레이션:
행 선택과 순위
(*Page Generation: Row*
Selection and Ranking)
	• 각 행의 연관성, 구독자와의 관계, 페이지 다양성 등 페이지
	  구성을 위해 사용했던 모든 알고리즘의 결과물 활용
	• 각 개인은 자신의 분위기를 갖고 있고, 한 계정을 여러 구성원이
	  이용하기 때문에 상대성과 다양성, 연관성을 고려해 최적화된
	  순위, 개인의 선택을 위한 수학적 알고리즘을 적용

증거
(*Evidence*)
	• 넷플릭스의 경험을 정의하는 알고리즘으로 구독자들이 비디오를
	  어떤 기준으로 즐겼는지 판단할 수 있도록 도와줌. 별점, 시놉시스,
	  수상, 출연진, 기타 메타데이터 등 비디오에 대한 정보 반영
	• 권장사항에 표시할 수 있는 가능한 증거항목을 평가하여 이를 시청에
	  고려하는 구독자에게 가장 도움이 될 것으로 예측되는 몇 가지를
	  선택해 제시(오스카상 받은 영화 vs 이전 비디오와 유사한 영화)
	• 선택된 추천을 잘 지원하기 위해 어떤 이미지를 사용할지도 결정

검색
(*Search*)
	• 넷플릭스에 없는 비디오, 배우, 장르를 검색했을 경우 추천
	• 여러 알고리즘으로 구축되는데 주어진 쿼리와 일치하는 동영상을
	  예측해 추천하거나 쿼리에서 흥미를 예측하거나, 개념에 대한
	  비디오 추천을 하는 등 재생, 검색, 메타데이터를 결합하여 추천

연관작업	• 여러 추천알고리즘은 다양한 통계적 방법 및 기계학습에 의존 • 지도학습(분류, 회귀), 비지도학습(차원감소, 토픽모델링) 등을 활용

출처: 최선영·고은지, 2018.

(4) AI 관련 이슈와 명암

AI 기반 기술이 미디어산업 내에서 관심이 높아지며 방송영상 제작·유통·이용자 영역에서는 효율성 측면에서 접근하는 추세이다. AI 제작은 기존 방송영상 제작의 개념을 완전히 바꿀 가능성이 높다. 많은 인원이 장시간에 걸쳐 작업해야 했던 이미지 처리 기술, 그래픽 기술, 편집, 아카이브 관리, 불법유통 관리, 시청자 경험 생성과 큐레이션 등의 분야에서 활용이 상용화될 전망이기 때문이다.

그러나 인간의 창의성이나 전문성, 일자리에 부정적 영향을 줄 수 있다는 우려도 있다. 기계학습과 딥러닝을 통해 알고리즘이 진화하고 AI가 인간의 능력을 넘어 대체할 수 있는 기술이 상용화되면 기존 방송영상 테크놀로지와 다른 차원의 방송기술 습득을 요구하는 새로운 직업이 창출되어야 할 것이다.

또 AI의 창작물에 대한 저작권 이슈도 부상될 것으로 보인다. 그동안 AI 기술을 이용한 창작물이 인간이 만든 창작물과 같은 수준에서 지식재산권을 인정받는 것에 대한 이견이 많았다. 방송영상은 아니지만, 2020년 중국 법원은 텐센트(Tencent)의 기사작성 AI 프로그램인 드림라이터(Dream Writer)가 쓴 증권 기사를 무단 사용한 상하이잉쉰〔盈訊〕 과학기술에 대해 1,500위안을 배상하라는 판결을 내렸다. 데이터 분석과 선택, 판단, 문장이 독창적이고 합리적인 논리가 있다는 이유에서였다. 앞으로 AI 기술을 이용한 편집영상이나 촬영영상에 대해서도 저작권이 적용될지 귀추가 주목된다.

AI 기반의 딥페이크 기술 문제도 심각하다. 딥러닝(*deep learning*)과 가짜를 의미하는 단어 페이크(*fake*)의 합성어인 딥페이크(*deepfake*) 기술은 진위를 판별하기 어려울 정도로 고도화되고 있다. 이 AI 기술은 적대관계생성신경망(GAN: *Generative Adversarial Network*) 기계학습이 적용되는데, 유사한 데이터를 생성하려는 모델과 진위여부를 구별할 수 없는 분류모델이 서로 학습을 반복하면서 합성이미지 또는 영상이 만들어진다. 좋은 취지로 활용할 경우 영상품질 개선이나 특수효과 분야에서 활용될 수 있다. 그러나 가짜

뉴스나 음란물, 범죄관련 조작 영상 제작에 쓰일 경우 부작용과 폐해가 크게 나타날 것으로 보인다. 페이스북, 아마존, 구글 등 IT 미디어기업도 딥페이크 AI 기술의 사용을 금지하고 있고, 해독 알고리즘 개발에 투자하고 있다. 효율성이 높다고 무조건 AI 기술을 적용하기보다 인간과 사회에 유익한 수준에서 윤리적으로 사용해야 할 것이다.

2) 방송영상 형식 및 포맷의 변화: 실감미디어, 5G 콘텐츠, 사물인터넷

(1) 실감미디어(VR/AR)

실감미디어란 우리 현실의 감각 차원에서 생생하게 재현할 수 있는 미디어 형식 또는 경험으로 실재감과 몰입감을 더 강하게 느낄 수 있는 테크놀로지를 의미한다. 가상현실(VR: *Virtual Reality*), 증강현실(AR: *Augmented Reality*), 3D, 4D, 360도 영상 등 다양한 형식이 있고, 별도의 HMD(*Head Mounted Display*)를 통해 차별화된 경험을 할 수 있는 영상 포맷도 있다. 실감형 영상은

〈그림 3-13〉 방송에서 활용되는 풀 3D VR 가상스튜디오

출처: SKstoa, the weather channel, SK Telecom.

고화질의 영상혼합현실(mixed reality)과 같은 몰입형 콘텐츠로 발전되는 추세이다. 방송영상에서는 3D VR 가상스튜디오 방식으로 선거방송, 일기예보, 스포츠 중계, 홈쇼핑 등에 활용된다(〈그림 3-13〉 참조).

실감미디어는 고도의 그래픽 기술과 스튜디오 장비가 필요하기 때문에 방송사들이 차별화하여 전략적으로 활용하면 비용 면에서 효과가 높을 것으로 예상된다. PPL(product placement)과 광고를 삽입할 수 있어서 효과적으로 활용할 수 있다. 스튜디오 세트, 출연자, 가상의 객체(virtual objects)가 서로 상호작용하면서 영상콘텐츠의 실재감을 높일 수 있기 때문에 뉴스나 다큐멘터리 등의 방송영상콘텐츠 제작에서도 실험적 시도가 이루어지고 있다. 한국 방송사들은 물론 영국 BBC, 미국 ABC, NBC에서 360도 촬영이 부분적으로 활용된다.

실감형 방송에는 이러한 테크놀로지를 활용할 수 있는 스토리텔링이 중요하다. '인간의 관점'에서 가상현실의 의미를 찾는 Vrse의 CEO 크리스 밀크(Chris Milk)는 "기술 자체보다 이야기 전달방식, 즉 이전에는 불가능했던 방식으로 접근할 수 있다는 점에 의미가 있다"고 말한다(최선영, 2016 재인용). 눈요깃거리로서의 신기술이 아니라 이야기의 효과적 전달도구 또는 매체가 된다면 반향을 일으킬 수 있는 콘텐츠가 될 것이다. 적어도 가상현실 콘텐츠는 촬영된 그 순간의 모든 이벤트를 동시 포착한다는 점에서 편집에 의한 왜곡 없이 사실을 전달할 수 있는 가능성이 있다.

그러나 우리의 시청각 기관에 강렬하고 직접적인 자극을 주기 때문에 제작자의 신중한 접근이 필요하다. 다만, 가상현실 관련 방송영상콘텐츠는 휴먼 팩터(Human Factor) 이슈, 즉 멀미나 어지럼증 등의 안전문제, 이용기기 사용의 번거로움 등으로 상용화되는 데 여전히 한계가 있다. 역사상 지배적 미디어들은 쉽고 편리했으며 확산의 속도를 예측하기 어려울 정도로 빨리 보급됐다. 실감형 미디어의 미래는 최적화된 콘텐츠 개발과 제작, 편리한 이용에 달려 있을 것이다.

(2) 5G와 콘텐츠

5G(5th Generation Mobile Telecommunication) 기술은 초고속·초저지연·초연결이 특징이다. 따라서 실시간으로 제어가 가능한 스트리밍 방송영상이나 실감형 미디어 형식에 폭넓게 활용될 것으로 보인다. 중계차나 중계시설 없이도 실시간 방송이 가능하기 때문에 뉴스, 스포츠 등에서 활용도가 높을 것이다. 특히 초저지연 기술이 중계 기술과 결합할 경우 재난지역이나 전쟁지역 등 인간이 근접해 제작할 수 없는 영역에서 효율성을 높일 것으로 전망된다. 게임이나 e스포츠와 같이 실시간성이 높은 고화질의 대용량 방송콘텐츠 기획에서도 활발한 사용이 예상된다.

세계 최초로 5세대 이동통신인 5G기술을 상용화한 한국 이동통신사들은 해외 방송사와의 중계 기술 협업 및 5G 기반 콘텐츠 개발을 적극 모색하고 있다. 고화질영상 전송기술 시스템을 위한 클라우드 구축으로 프로스포츠 중계에 초저지연 온라인동영상서비스를 제공할 수 있다. e스포츠 중계서비스, 5G 기반 실감콘텐츠, 클라우드 게임 등 다양한 결합을 시도하고 있다.

5G를 활용한 e스포츠 중계 사례로는 2018년 인천문학경기장에서 열린 〈리그오브레전드 월드 챔피언십〉(롤드컵) 결승전 개막식에서 선보인 '라이엇게임즈'(Riot Games)의 가상 걸그룹 'K/DA' 무대공연을 들 수 있다. K/DA는 '리그오브레전드'의 인기 챔피언인 아리(Ahri), 이블린(Evelynn), 카이사

〈그림 3-14〉 롤드컵에서 5G 기술을 적용한 합동무대를 보여준 K/DA와 실제 가수들

출처: 한국콘텐츠진흥원 홈페이지.

(Kai'Sa), 아칼리(Akali) 등의 캐릭터로 결성된 K-Pop 사이버 걸그룹이다. 이들은 5G 기술을 적용한 첫 무대에서 노래를 직접 부른 실제 가수인 매디슨 비어, 자이라 번스, 미연, 소연과 합동공연을 펼쳐 전 세계에 실시간 중계되었다(〈그림 3-14〉 참조). 공연 직후에는 뮤직비디오와 음원이 공개되기도 했다. 실시간 공연 이벤트에서 증강현실 콘텐츠와 실사 합성영상이 5G 기술을 통해 안정적으로 구현된 사례라고 할 수 있다.

(3) 사물인터넷

사물인터넷(IoT: *Internet of Things*)은 인터넷이 사람, 사물, 공간을 비롯한 모든 맥락에 연결되어 정보가 데이터 형식으로 생성되고 수집되면 이를 활용할 수 있게 처리하여 공유하는 방법을 의미한다. 센싱기술과 정보통신기술, 네트워크, IoT 플랫폼 기술이 핵심이다.

방송영상과 IoT 기술이 결합한 사례 중 하나는 음성인식 기술과 클라우드, AI 기술을 활용한 AI 스피커를 들 수 있다. AI 스피커는 소리전달 도구를 넘어서 제어기기로 활용되고 있다. 텔레비전 원격장치였던 리모콘을 대신해 텔레비전을 비롯한 각종 가전기기를 제어할 수 있다. 버튼형 기기와 터치기반 스마트폰과 달리 음성조작을 통해 실행이 가능하다. 스마트폰의 음성인식 서비스와 마찬가지로 대화형으로 사용할 수 있어 유아나 노년층도 사용 접근성이 좋다.

기계학습을 통해 훈련될 경우 개인의 취향에 맞춰 방송영상을 추천해 줄 수 있고, 특정 콘텐츠를 음성명령으로 재생하거나 멈출 수도 있다. 집안의 전자기기를 제어할 수 있어서 알람이나 일정관리로 활용되어 스마트홈 기능으로도 확장된다. 웨어러블 기기, 스마트폰과도 연결되어 방송영상 관련 작동을 할 때 통합적으로 제어할 수 있다. 아마존, 구글, 애플을 비롯해 SK텔레콤, KT, 네이버, 카카오, 삼성전자 등 IT 기업, 포털, 가전사, 이동통신사 등이 모두 IoT 개발과 육성에 적극적이다.

(4) 블록체인의 활용

블록체인은 "임의 조작이 불가능한 일종의 공공 거래장부로 거래정보가 기록되는 블록들이 사슬로 연결되어 위변조를 방지할 수 있고, 거래기록이 네트워크 참가자들에게 공개적으로 분산 및 공유"되는 개념이다(KCA, 2017). 탈중앙화한 정보공유 정보기술로서 다음의 이유로 미디어와 방송영상 분야에서 활용 가능성이 높다.

첫째, 블록체인을 활용할 경우 거래, 계약, 수익배분에서 공정성과 효율성을 높일 수 있다. 콘텐츠 제작과 유통에서 여러 이해관계자가 각 단계(채널, 재방송, 플랫폼, VOD 등)의 가치사슬에 참여하는데, 수익배분 구조의 투명성이 늘 문제로 지적되었다. 그런데 블록체인을 활용할 경우 방송영상 분야에서 콘텐츠 제작과 유통의 다양성, 관리의 투명성을 높여 콘텐츠 전 주기를 효과적으로 활용할 수 있도록 촉진할 것으로 예상된다.

둘째, 저작권 관리에 효과적으로 적용할 수 있다. 블록체인에 콘텐츠를 등록할 경우 저작권자가 명시되기 때문에 콘텐츠 판매에 따른 수익 관리에 있어서도 유용하다. 불법복제나 콘텐츠의 부정한 사용이 일어나기 어렵다는 것도 장점이다.

셋째, 평판 시스템과 이용자 데이터 기반 솔루션을 구축할 수 있다. 사용기록이 투명하게 남기 때문에 이용자 데이터를 잘 활용하면 이용자의 사용 패턴을 정확히 분석할 수 있다. 특히 영상콘텐츠의 타이틀, 퍼블리셔, 제작자, 촬영지, 음악정보 등의 메타데이터를 기록할 수 있어서 영상검색을 용이하게 만들어 줄 수 있다. 이러한 장점을 활용해 광고 관계자들에게 유의미한 데이터 자료를 제공할 수 있다.

미디어 업계에 블록체인은 도입단계이지만 방송영상 또는 동영상 사례를 소개하면 다음과 같다. 가상화폐인 이더리움 기반의 영상 제작 및 배포 플랫폼인 미국 싱귤라 TV(Singula TV)는 시리즈물 제작, 블록체인 관련 영상물 제작, 블록체인 기반 저작권 관리 시스템 개발, 블록체인 기반의 VOD 포털

구축 등의 프로젝트를 펼치고 있다. 스팀잇(Steemit)은 대표적 블록체인기반 커뮤니티 서비스로 창작자인 사용자가 콘텐츠를 등록할 수 있고, 등록된 콘텐츠는 커뮤니티의 사람들이 추천할 경우 암호화폐로 보상을 받는 구조로 되어 있다. 추천을 많이 받을수록 영향력도 커지고 보상도 커지는데 스팀잇과 연동된 동영상 플랫폼 디튜브(Detube)를 통해 동영상 업로드, 공유, 댓글 반응(*upvote, downvote*) 등에 따라 암호화폐로 보상을 받는다. 디튜브는 '탈중앙화된 유튜브'(*Decentralize Youtube*)라는 의미의 영상 플랫폼으로 사용자의 모든 행위에 있어 위변조가 불가능한 블록체인으로 기록되고 관리된다.

4. 나가며

새로운 테크놀로지의 도입과 확산이 사회 전 영역과 방송영상 업계에서 동시에 일어나고 있다. 동영상을 포함한 거의 모든 콘텐츠가 인터넷 네트워크를 통해 유통되고 제작 전 단계에서 고도의 디지털화가 이루어짐에 따라, AI 기술과 데이터 분석을 활용한 콘텐츠 기획과 제작이 보편적으로 이루어질 것으로 보인다. 사실, 전통적 방송이 향후에 어떤 방식으로 서비스될지 쉽게 예측하기 어렵다. 그래서 현재와 미래의 테크놀로지에 대한 핵심역량을 갖추어 나갈 필요가 있다. 전송기술로서의 방송은 사라지고 있지만, 여전히 뉴스나 방송프로그램 시청취자는 많다. 이용자들과 어떻게 관계를 맺느냐에 따라 미래의 방송 운명이 결정될 것이다.

김익현(2020). AI는 '저작물의 주체'가 될 수 있을까. 〈지디넷코리아〉, 2020. 1. 13.

방송통신위원회(2019). 〈2018 방송매체 이용행태 조사〉. 과천: 방송통신위원회.

정보통신정책연구원(2018). 〈인터넷동영상 콘텐츠 유통과 소비에 관한 실태조사〉.
　　진천: 정보통신정책연구원.

최선영(2016). 동영상 뉴스·VR 저널리즘의 현황 및 과제. 〈신문과 방송〉, 통권 541호.

_____ · 고은지(2018). 넷플릭스 미디어 구조와 이용자 경험: 행동경제학 관점에서
　　본 이용자와의 관계 맺기. 〈방송문화연구〉, 30권 1호, 7~42.

최인혜(2019). BBC, 인공지능을 제작현장으로 끌어들이다. 〈방송과 기술〉, 2019. 5.

한국방송통신전파진흥원(2017). 블록체인이 미디어 업계에 미칠 영향과 전망.
　　〈미디어 이슈 & 트렌드〉, 2017. 2.

_____(2018a). 리뷰 리포트: 2018년 미디어 업계 진단과 예측. 〈미디어 이슈
　　& 트렌드〉, 2018. 4.

_____(2018b). 기술주도형 미디어 환경변화에서의 BBC 대응전략. 〈미디어 이슈
　　& 트렌드〉, 2018. 10.

_____(2019). 2019 방송미디어콘텐츠산업 10대 이슈 전망. 〈미디어 이슈
　　& 트렌드〉, 2019. 2.

Bolter, J. D. & R. Grusin, (1999). *Remediation: Understanding New Media.*
　　Cambridge, MA: The MIT Press. 이재현(역)(2006), 《재매개: 뉴미디어의
　　계보학》. 서울: 커뮤니케이션북스.

Cisco(2017). *Cisco Visual Networking Index: Forecast and Trends, 2017~2022.*
　　White Paper Cisco Public.

Creeber, G. & R. Martin(2008). *Digital Culture: Understanding New Media.*
　　UK: McGraw-Hill Education. 나보라(역)(2011), 《디지털을 읽는 10가지
　　키워드》. 서울: 이음.

Cunningham, S., Craig, D., & J. Silver(2016). YouTube, multichannel networks and the accelerated evolution of the new screen ecology. *Convergence*, 22(4), 376~391.

Flew, T. (2007). *New Media: An Introduction*. Oxford: Oxford University Press.

Gomez-Uribe, C. A. & N. Hunt(2016). The Netflix recommender system: Algorithms business value and innovation. *ACM Transactions on Management Information Systems*(TMIS), 6(4).

Negroponte, N. (1995). *Being Digital*. Vintage.

Nelson, T. H. (2003). A file structure for the complex, the changing, and the indeterminate. *The New Media Reader*, 1965, 133~146.

Newman, N. (2018). *Journalism, Media and Technology Trends and Predictions 2018*. Reuters Institute & University of Oxford.

Oswald, E. D. (2020). The PowerEgg X is a 4K handheld camera that's also a waterproof drone. *Digital Trends*, 2020. 1.

Parker, G. G., M. W. Van Alstyne, & S. P. Choudary(2016). *Platform Revolution: How Networked Markets Are Transforming the Economy and How to Make Them Work for You*. WW Norton & Company.

Sandvine(2019). *Global Internet Phenomena*. 2019 Report.

Spangler, T. (2019). YouTube now has 2 billion monthly users, who watch 250 million hours on TV screens daily. *Variety*, 2019. 5.

Williams. R. (1990). *Television: Technology and Cultural Form*, 2nd ed, London: Routledge. 박효숙(역)(1996), 《텔레비전론》. 서울: 현대미학사.

윤석암

1. 들어가며

이 장에서는 지금까지 방송산업의 발전단계별로 어떤 전송수단이 생겨났고, 이들은 기존 방송시장에 어떤 영향을 미쳤는지를 알아보겠다. 또한 전송수단과 함께 방송미디어산업의 양대 중심축인 콘텐츠는 방송산업 발전단계별로 어떻게 제작되고 유통되는지도 살펴보겠다.

    방송영상미디어에는 콘텐츠 형태를 기준으로 오디오를 중심으로 하는 라디오방송, 비디오 위주의 텔레비전방송, 그리고 데이터를 위주로 영상과 음성을 함께 서비스하는 데이터방송이 있다. 또한, 전송수단을 기준으로 보면 지상파를 이용하는 지상파방송, 동축케이블이나 광케이블 등 유선을 통해 프로그램을 전송하는 종합유선방송, 인공위성으로 신호를 보낸 후 이를 변조하여 다시 지상에서 내려보내는 방식의 위성방송, 초고속인터넷망을 통한 양방향 서비스를 제공하는 인터넷멀티미디어방송(IPTV), 휴대용 개인단말기를 통해 방송을 보는 모바일방송 등으로 구분할 수 있다.

디지털기술이 발전하고 인터넷과 모바일서비스가 사람들의 일상생활 속에 파고들면서 방송영상미디어 패러다임이 변하고 있다. 라디오방송을 지상파가 아니라 인터넷을 통해 영상까지 보면서 듣는 이른바 '보이는 라디오'가 생기고, TV로 야구중계를 보면서 선수기록을 데이터로 보낸다. TV 홈쇼핑에서 영상과 별도로 판매하는 제품의 상세정보를 데이터로 보내기까지 한다.

방송미디어산업에도 이런 패러다임 변화가 일어나고 있다. 종합유선방송 사업자와 IPTV 사업자가 기업 합병을 하고, IPTV 사업자나 방송채널사업자가 별도의 모바일방송을 서비스한다. 이렇게 서비스나 사업자가 다양한 형태로 융합되는 시대에 방송영상미디어는 어떻게 구분되어야 하며 과연 구분할 필요가 있는지 의문이 든다. 어쩌면 방송영상미디어란 용어 자체에 대한 개념도 달라져야 할 듯하다.

전송수단과 콘텐츠의 역할도 디지털미디어 환경에서는 아날로그시대와 확연히 다르다. 새로운 사업자들이 방송시장에 뛰어들면서 전송수단은 가치를 잃고 콘텐츠 가치는 더욱 높아졌다. 이들은 방송영상미디어 시장에 오랫동안 존재해왔던 진입장벽을 뛰어넘는 기술과 자원으로 고객들을 빠른 속도로 확보하고, 엄청난 자원으로 콘텐츠에 대한 규모의 경제를 이루고 있다.

방송영상미디어산업은 미국에서 태동했고 산업규모가 커지면서 글로벌로 확대되었다. 새로운 전송수단도 미국에서 먼저 출현했고, 콘텐츠도 미국 사업자들의 전유물이며, 디지털기술로 방송영상미디어산업을 변화시키고 있는 사업자도 미국의 기업들이다. 따라서 우선 미국 방송영상미디어산업이 어떻게 변화해왔는지 살펴보는 것이 중요하기 때문에 미국의 사례를 중점적으로 정리하였다. 또한 미국 방송영상미디어의 발전과 유사하게 발전해온 한국의 현황도 정리하였다.

한국은 비록 미국보다 유료방송을 20년 늦게 시작했지만 지상파방송과 유료방송영상미디어가 전 세계에서 가장 균형 있게 발달하였고 콘텐츠산업도

세계적 수준이다. 세계 최고의 인터넷보급률과 5G를 세계 최초로 상용화할
정도의 모바일 인프라는 새로운 OTT 서비스에 최적의 조건으로 방송영상
미디어산업의 변화가 미국과 대등하게 진행되고 있다.

2. 전송수단과 미디어사업자

오랫동안 전송수단은 방송영상미디어사업 성패를 가름하는 중요한 사업적
자산이었다. 공공적·공익적 성격을 띠는 방송영상미디어사업은 정부의 규
제가 있어 한정된 사업자에게만 소유나 이용이 허가되기 때문에 태생적으로
독과점사업의 성격을 띠기 때문이다. 소수 사업자에게만 허용되는 전송수
단은 그 자체만으로도 시장 진입장벽의 효과를 갖는다.

　아날로그방송에서는 전송수단의 발전이 곧바로 방송영상미디어 시장의
확대로 이어졌다. 케이블TV는 지상파방송의 난시청을 해결하면서 가시청
커버리지를 넓혔고, 지상파방송 채널수의 한계를 넘어 다채널을 통해 시청
자의 선택 폭을 넓혔다. 위성방송도 케이블TV의 지역적 한계, 즉 넓은 지
역에 유선을 설치하는 데 드는 시간과 비용을 해결하는 방송시스템으로 도
시는 물론이고 특히 산간이나 도서지역 등에서 방송영상미디어를 이용하는
데 큰 발전을 이루었다.

　하지만, 새로운 전송수단은 기존 사업자에게는 언제나 경쟁의 대상이었
다. 케이블방송이 단순히 교외지역의 지상파 난시청만 해결하는 것이 아니
고, 난시청지역이 아닌 도심에서 영화 같은 콘텐츠를 제공하면서 지상파방
송과 시청자들을 향한 채널선택 경쟁이 벌어지게 되었다. 위성방송도 케이
블TV 채널을 원거리에 전송하는 서비스로 출발했지만, 가입자들에게 자신
들이 수급한 채널을 전송하는 직접위성방송서비스를 제공함으로써 케이블
TV 사업자들과 가입자 확보 경쟁을 하게 되었다. 한편 이런 경쟁은 방송영

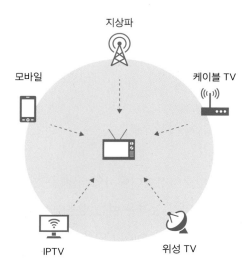

〈그림 4-1〉 방송영상미디어 전송수단의 변화

지상파

모바일　　　　　　　케이블 TV

IPTV　　　　　위성 TV

상미디어산업의 발전을 촉진하는 자극제 역할을 하여 관련 시장을 키워왔
다. 정부의 규제도 시장환경에 따라 사업자 간 균형 있는 발전을 위한 제도
적 개선을 이루는 방향으로 시행되었다.

　디지털기술이 도입되면서 방송미디어는 비약적 발전은 이루었다. 아날로
그방송에서는 하나의 전파에 하나의 영상밖에 실을 수 없고, 음성은 다른 전
파로 보내야 했다. 하지만 디지털방송은 하나의 전파에 복수의 영상이나 음
성 등을 압축하여 실을 수 있어 종래의 아날로그 1채널에 4~8채널을 보낼
수 있기 때문에 수십 개의 아날로그 채널은 수백 개의 디지털 채널로 확대되
었다. 뿐만 아니라 정보의 신호를 부호화해 기록하는 디지털 형태로 신호를
압축하여 내보내기 때문에 쌍방향 운용·재생·축적이 가능하고, 아날로그
에서는 불가능한 고화질을 포함한 고품질 콘텐츠 송출이 가능하다. 디지털
방송은 영상과 음성을 압축하고, 여러 신호를 변조하는데, 통신이나 컴퓨터
에서도 이러한 압축기술과 다중변조기술을 사용한다. 따라서 디지털방송은
방송과 통신컴퓨터가 결합된 멀티미디어 시대의 핵심기술이다.

그러나 인터넷이나 모바일을 이용한 혁신적 방식의 동영상서비스가 젊은 층을 중심으로 빠르게 자리 잡고 있고 전통적 방송영상미디어서비스는 불안한 상황에 놓이게 되었다. 디지털환경에서는 더 이상 전송수단이 진입장벽이 아니고 따라서 전송수단만으로는 방송영상미디어사업을 할 수가 없게 된 것이다.

1) 지상파방송

지상파방송(*terrestrial television*)은 방송국 송신기로부터 TV 수신기 안테나로 전파를 통해 텔레비전 신호가 전송된다. 지상파라는 용어는 유럽과 중남미에서 더 흔한 표현이며, 미국에서는 방송국 또는 공중에 전파를 송출하여 하는 방송이라고 해서 공중파 TV(*over-the-air TV*)라고도 한다. 그러나 방송법에서 지상파방송으로 표기하고 있고 위성방송과도 구분하기 위해 더 정확한 표현은 지상파방송일 것이다.

전파를 배분할 수 있는 주파수 대역은 한정되어 있다. 그래서 전파 소유자인 국가가 선별된 방송사업자에게 전파를 할당하고 일정한 제도 내에서 운영하게 한다. 이런 한정된 자산이라는 전파의 물리적 특성은 전파는 특정 개인이나 집단이 아니라 공공이익을 위해 사용해야 한다는 공공성과 공익성 논리를 만들어냈다. 또한 전파는 누구에게나 골고루 도달해야 한다는 '보편적 서비스'의 원칙도 일반적으로 받아들여졌다. 이로써 방송은 소수의 독과점사업자가 일정한 사회적 규범과 규제의 틀 속에서 운영하게 되었다.

텔레비전 정규방송은 1936년에 영국에서 시작했고 본격적으로 자리 잡은 시기는 1940년대에 이르러서다. 1941년에 미국의 정보통신 분야를 규제·감독하는 행정기관인 미국연방통신위원회(FCC: Federal Communications Commission)는 텔레비전 상업방송을 정식으로 허용하였고, NBC(National Broadcasting Company)를 소유한 RCA(Radio Corporation of America)가 상

<표 4-1> TV 방송서비스의 발달

해외		한국	
1928년	독일, 미국 텔레비전 실험방송 실시	1956년	최초 상업 TV 방송(HLKZ-TV) 개국
1936년	영국 BBC 텔레비전방송 실시	1962년	KBS TV 정규방송 개시
1941년	FCC 상업방송 허가	1964년	동양 TV 개국
1954년	미국 최초의 컬러방송 상용화 시작	1969년	MBC TV 개국
1964년	일본 통신위성을 이용,	1973년	한국방송공사 창립(국영 → 공영)
	전 세계 중계방송 실시	1980년	언론 통폐합, 컬러 TV 방송 시작, 교육방송
1967년	영국, 프랑스, 서독 컬러방송 시작	1991년	SBS TV, 1995년 PSB(현 KNN) 개국

출처: 홍기선 외, 2007.

업용 텔레비전을 개발하고 적극적으로 보급함으로써 지상파 TV가 보편화되기 시작했다. 1943년에 FCC가 독점을 이유로 NBC를 분리하여 ABC를 탄생시켰고 1950년에 CBS가 세계 최초로 컬러방송을 시작하였다. 한국의 텔레비전방송은 1956년 당시 RCA 한국 대리점사업자가 KORCAD TV란 이름으로 개설하여 이듬해인 1957년 한국일보사가 인수하여 DBC TV로 개칭하고 방송했다. 1961년에는 박정희 정권이 주파수를 회수하여 국영방송인 지금의 KBS 1 TV의 전신인 KBS TV를 개국하였다.

지상파방송사업자는 자산의 소유주체에 따라 국영방송과 공영방송, 그리고 민영방송으로 나뉜다. 국영방송은 국가가 정부의 재원, 즉 국민의 세금으로 운영하는 방송이다. 주로 공산국가나 개발도상국의 초기 방송사들이 국영방송의 형태를 띤다. 공영방송은 공공기관이나 단체가 방송을 운영하는 형태다. 방송사를 운영하는 재원은 주로 수신료로 충당된다. 수신료는 공공 이익에 기여하는 내용의 방송을 하는 공영방송에 대해 국민이 부담하는 준조세의 성격을 갖는다. 한국의 KBS, 미국의 PBS, 영국의 BBC, 일본의 NHK 등이 대표적 공영방송이다.

반면 개인 또는 법인 등 민간 자본이 소유하고 운영하는 방송사는 민영방송이다. 민영방송의 재원은 주로 광고수입으로 충당된다. 광고는 시청률에 의해 수입이 결정되기 때문에 시청자의 시선을 끌 만한 장르와 내용이 불가

제도유형	소유	재원	방송내용	사례	
				국내	해외
국영	국가	국고(세금)	국가 홍보	-	CCTV, 북한방송
공영	공공단체	수신료	공공 이익	KBS, EBS	BBC, NHK
민영	개인	광고, 수신료	개인 만족	민방, 유료방송	NBC, CNN, B스카이B

출처: 한진만 외, 2017.

피하여 상업성이 강한 콘텐츠가 편성되는 경우가 많다. 미국의 지상파 TV는 철저히 상업화된 방송사들이다. 공영방송 위주의 유럽과 달리 민간기업 소유의 상업방송이 경쟁과 수익을 추구하며 시장을 이끌고 있다.

국영방송 및 공영방송은 조세 성격의 수신료로 운영되기 때문에 전 국민이 방송서비스를 받을 수 있도록 전국에 망(network)을 구축하여 서비스를 제공한다. 이에 비해 민간방송은 개인이 운영하는 방송사이기 때문에 자신들이 허가받은 범위 내에서 서비스를 제공하고, 그 외 지역은 다른 방송사 네트워크나 가맹사와 계약을 맺어 서비스를 제공한다. 한국 대표 공영방송인 KBS는 직할국 형태로 방송서비스를 제공한다. KBS는 전국에 방송서비스를 제공하기 위해 서울에 본사를 두고, 전국에 9개의 직할 총국을 운영한다. 그리고 9개 총국 산하에 9개 지역국을 운영한다. 각각의 지역 총국과 지역국은 서울 본사의 방송프로그램을 받아 수중계하면서, 동시에 지역국에서 15% 내외의 일부 프로그램을 제작하는 방송 형태를 띤다.

한편, 중앙에 본사가 있고, 지역에는 본사의 계열사 형태를 두고 방송서비스를 제공하는 방식이 있다. 중앙 본사가 사실상 지역방송사를 소유하거나 지분을 갖고 있으면서 프로그램 수급 관계를 형성하는 것이다. 대표적으로 MBC는 서울에 본사가 있고 전국 17개 지역에 계열사를 두고 있다. MBC 본사는 지역 MBC 주식의 51% 이상을 보유하고 있어, 지역국 최대주주 역할을 한다. 지역 MBC는 80% 내외의 프로그램을 서울 본사 프로그램으로 편성하여 제공하고, 약 20% 내외의 프로그램만 자체 제작하여 방송한다.

또 다른 방송사의 형태는 가맹국이다. 가맹국은 중앙에 있는 방송사가 지역에 있는 독립 방송사와 계약을 맺어 방송프로그램을 제공하는 형태를 말한다. 즉, 중앙의 방송사와 지역의 방송사가 계약을 맺고 프로그램 전송과 수급 체계를 갖춘다. 중앙 방송사는 지역 개별 방송사를 활용해 방송서비스를 제공하고, 지역방송사는 중앙 방송사의 프로그램을 공급받아 시청자에게 서비스하는 체계다. 한국의 경우 수도권을 방송 권역으로 하는 SBS가 지역의 9개 민영방송과 가맹사 형태로 프로그램 수급 계약을 맺어 서비스하고 있다. 지역 민영방송은 전체 방송내용 중에서 약 70%의 프로그램을 SBS의 프로그램으로 내보내고, 30%의 프로그램을 자사에서 제작해 제공한다.

2) 종합유선방송과 케이블 TV

케이블 TV는 지상파네트워크나 방송채널사용사업자, 해외방송사업자들이 동축케이블 같은 광대역 케이블망을 이용하여 각 가정의 수신기에 방송프로그램을 송출하는 서비스다. 1949년 미국 펜실베이니아에서 지상파 수신이 어려운 지역의 난시청 문제를 해소하기 위해 공동안테나(CATV: *Community Antenna Television*)를 설치하여 필라델피아에서 송신하는 신호를 동축케이블로 각 가정에 전달하면서 시작했다. 그러나 초기에 난시청 해소를 위해 출발한 미국 케이블 TV는 25년이 지난 1975년에 이르러서야 천만 가입자가 생길 정도로 더디게 발전하였다.

1970년대에 위성전송기술이 개발되어 위성을 통한 원거리서비스가 시작되면서 미국 전역으로 케이블 TV 서비스가 가능해졌다. 1972년 케이블 TV 유료채널 HBO는 동축케이블 대신에 위성전송기술을 이용하여 전국에 자사의 프로그램을 전송함으로써 최초로 전국방송을 하는 케이블 TV 채널이 되었다. 초기에 HBO는 영화나 주요 스포츠 이벤트를 방영했고, 1975년 9월

필리핀 마닐라에서 열린 무하마드 알리와 조 프레이저의 복싱타이틀 매치인 〈스릴러 인 마닐라〉(*Thrilla in Manila*)를 공중파보다 이틀 먼저 위성 생중계하면서 HBO의 인기가 급상승하기 시작했다.

1976년엔 미국 애틀랜타의 지역방송사 TBS(Turner Broadcasting System)가 지방TV 방송프로그램을 통신위성을 경유하여 전국의 케이블 방송국으로 송신하는 최초의 슈퍼스테이션(*Superstation*)이 되었다. 슈퍼스테이션이란 지역방송이 위성을 통해 전국의 케이블시스템으로 연결되어 방송되는 것을 의미한다. 2001년 기준으로 미국 케이블TV 시청가구의 80%는 TBS를 시청할 수 있게 되었다. 전국방송이 가능해지면서 TBS 시청가구가 늘어나고 수준 높은 프로그램을 제공함에 따라 광고주들에게도 크게 어필할 수 있게 되었고 이로써 CBS나 NBC 같은 지상파TV와 경쟁관계가 형성된다.

위성기술의 발전 및 HBO와 TBS의 성공으로 영화, 오락, 스포츠, 뉴스 등 다양한 분야의 케이블채널들(*cable networks*)이 생겨나기 시작했다. 1979년 24시간 스포츠경기를 중계하는 ESPN이 서비스를 시작하였고, 1980년에는 통신사를 통해 뉴스를 공급받던 지상파와 달리 전 세계에 자사 기자들을 파견하여 생생한 뉴스를 공급하는 새로운 타입의 뉴스전문 채널 CNN이 탄생했다. 음악채널인 MTV는 1981년에, 첫 교양 다큐멘터리 전문채널인 디스커버리는 1985년에 각각 생겼다. 이렇게 케이블TV의 채널이 많아지고 프로그램이 다양해지면서 난시청지역뿐 아니라 가시청지역의 도시인들도 케이블에 가입하여 미국의 케이블TV 산업은 급속히 발전했다. 나아가 1980년대를 지나면서 HFC(*Hybrid Fiber Coax*)와 같은 케이블 네트워크의 고도화로 케이블TV 채널수가 증가했다.

1990년대 중반까지 케이블TV는 대부분 극장개봉 후의 영화를 편성하거나 지상파 프로그램을 재방송했다. 당시 미국의 지상파방송사업자들은 케이블TV 네트워크가 자신들에게 위협적 경쟁자라기보다 그저 귀찮은 존재로 여기고 무시했었다. 하지만 케이블TV가 지속적으로 가입자를 확대하고 케이블 TV 오리지널프로그램이 시청자들 사이에서 인기를 끌면서 지상파네트워크 방송사들도 케이블TV에 관심을 갖고 투자하기 시작했다. ABC가 스포츠채널인 ESPN이나 여성채널 라이프타임 같은 채널에 투자했고, NBC는 경제뉴스채널 CNBC를 만들고 마이크로소프트사와 합작해 MSNBC를 설립했다.

케이블TV의 사업적 가치가 입증된 1990년대 중반 이후 미국 방송미디어 산업 분야에서는 지상파방송, 케이블TV를 포함한 광범위한 M&A가 이뤄졌다. CBS는 비아콤에 인수되고, 월트디즈니는 ABC, ESPN을 인수했다. 한편 NBC는 비벤디 유니버설과 합병하여 NBC 유니버설이 되면서 미국의 지상파TV, 케이블TV 네트워크는 할리우드 스튜디오와 케이블사업자 또는 위성 플랫폼을 소유한 몇몇 거대 미디어그룹의 영향하에 놓이게 되었다.

미국의 케이블TV는 지금까지 두 단계의 비약적 발전이 있었다. 첫 번째는 1990년대 중반부터 시작된 케이블TV의 채널수 증가를 꼽을 수 있다. 미국 케이블TV 채널수는 1994년 106개에서 2002년 308개, 2004년 390개, 2007년엔 500개가 넘었다. 두 번째는 2000년대에 들어 오리지널콘텐츠에 활발한 투자가 이뤄지면서다. 미국의 케이블TV 가입자는 2000년 6,800만 명까지 늘었다. 미국 가구의 약 60%에 해당하는 가구가 케이블TV를 시청했던 것이다.

〈그림 4-2〉는 미국 4대 메이저 지상파TV의 합산시청률과 케이블TV 채널의 합산시청률을 비교한 것이다. 케이블TV 시청률은 1995년부터 상승하여 1997년 지상파의 시청률을 앞지르기 시작한다. 이때의 시청률 상승은 케이블TV 채널수의 증가에 따른 합산시청률 증가, 즉 양적 성장이라고 할 수 있다. 그러나 2000년부터 다시 시작된 시청률 변화는 케이블TV의 오리지널콘텐츠에 기인한 질적 성장이라 할 수 있다.

2000년대 중반에는 지상파 대비 케이블TV 시청률이 두 배 이상이 되고 그 후 격차는 더욱 벌어진다. 2019년 기준으로 미국 케이블TV의 가입자당 평

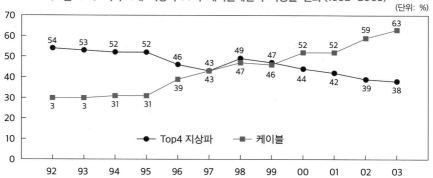

〈그림 4-2〉 미국 4대 지상파 TV와 케이블채널의 시청률 변화 (1992~2003)

(단위: %)

균수익(ARPU: *Average Revenue Per User*)은 100달러에 가깝고 아직도 많은 수익을 내고 있다. OTT의 등장으로 가입자수가 꾸준히 줄고 있음에도 불구하고 컴캐스트(Comcast)는 세계 최대의 케이블TV 방송사업자이며 미국에서 가장 큰 인터넷서비스업체다. 매출액은 2006년 249억 달러, 2010년 379억 달러, 2014년 687억 달러, 2018년 945억 달러로 여전히 매년 5~8%가량 성장하고 있다. 영업이익도 2018년 190억 달러로 영업이익률이 20%나 되는 사업성이 아주 좋은 사업이다.

국내 케이블TV는 1960년대 난시청지역에서 지상파방송을 재전송하는 중계유선서비스로부터 시작되었다. 중계유선서비스는 난시청지역의 지상파 수신을 목적으로 하기 때문에 프로그램의 자체제작이나 자체편성은 법적으로 금지했지만, 중계유선사업자들은 지상파방송이 없는 낮 시간대에 사전에 녹화한 프로그램들을 재방영하기도 했다. 도시에 비해 오락물이 상대적으로 적었던 지방소도시의 서민들은 지상파방송의 재전송은 물론 다양한 녹화프로그램을 제공하는 중계유선서비스를 선호하면서 중계유선 가입자수는 꾸준히 증가하여 1990년대에는 약 800만 명에 이르렀다.

1995년부터 한국에서도 종합유선방송서비스가 시작되었다. 도입 초기의 종합유선방송은 사업자를 지역케이블방송사인 SO(*System Operator*), 채널사업자인 PP(*Program Provider*), 망사업자인 NO(*Network Operator*)로 구분

<표 4-3> 한·미·일 케이블 TV ARPU 비교 (2015)

(단위: 원)

구분	미국	일본	한국
사업자	컴캐스트	J : COM	CJ 헬로비전
디지털방송	94,447	-	10,948
인터넷	54,035	-	11,786
전화	31,239	-	6,304
합계	179,721	89,667	29,088

출처: 디지털 데일리, 2016. 11. 15.

하여 운영했고, 사업개시 후 불과 2년 만에 100만 가입자를 달성했다. 케이블 TV 도입 당시에는 이른바 "황금알을 낳는 사업"으로 인식되어 모든 기업들이 앞다투어 사업신청을 했다. 특히 삼성, 현대, 대우 등 대기업들은 PP에 신청하여 삼성은 유료 영화채널과 교양채널, 현대는 음악채널과 오락채널, 대우는 기본 영화채널, LG는 홈쇼핑채널을 운영하게 되었다. 사업자 허가 당시 정부가 대기업은 PP만 신청할 수 있고, SO는 중소기업이 신청할 수 있다는 조건을 제시했기 때문이다.

1999년 초 정부는 종합유선방송법을 개정하고 기존의 SO, PP, NO의 3분할 체제를 SO, PP의 2분할 체제로 개편하고 상호 겸영을 허용하여 사업자 간 합병이 본격화되었다. 또한 1999년 12월 통합방송법의 제정을 통해 중계유선과 종합유선이 통합되면서 케이블 TV 가입자수가 급증함에 따라 PP들의 광고수익도 증가하기 시작했다. 2017년 하반기 기준으로 케이블 TV 총가입자수는 1,400만 명에 이르고, 200개 이상의 PP와 120개의 SO가 있다. 또한 미국과 마찬가지로 국내 SO도 TV 서비스에만 의존하지 않고 초고속인터넷 및 전화서비스를 함께 실시하는 TPS(*Triple Play Service*)를 통해 다양한 수익을 내고 있다.

한국 SO는 사업개시 후 20년 이상 고도의 발전을 이루었으나 디지털 인프라에 대한 소극적 투자로 IPTV 사업자와의 경쟁에서 가입자를 빼앗기고 있다. 2010년 초반 1,500만 가구를 정점으로 지속적으로 감소하여 2018년에는 1,386만 명으로 줄었다. 이미 2018년 하반기를 기점으로 IPTV 가입자가 케이블TV보다 200만 명 이상 더 많아졌다. 특히 중계유선과의 경쟁으로 가입자당 ARPU는 미국 사업자의 10%, 국내 IPTV 사업자와 비교해도 절반 수준이다. 아직도 ARPU가 낮은 아날로그 가입자가 많이 남아 있고, 이들의 디지털 전환은 VOD 등 양방향 서비스가 되지 않는 단방향 디지털서비스인 8VSB (8-*Vestigital Side Band*) 방식이다. 한국 케이블TV ARPU는 미국이나 일본은 홍콩, 싱가포르와 동남아 국가들보다 낮은 수준이다.

3) 위성방송

위성방송은 적도 상공 35.786km에 있는 정지 위성에 중계기 (*transponder*) 를 설치해 지상에서 방송사가 제작한 프로그램의 영상 및 오디오신호를 위성으로 송신 (*up-link*) 하고 위성에서 별도의 주파수로 변환하고 증폭하여 지상의 가입자에게 재송신 (*down-link*) 하는 전송수단이다. 미국의 경우 1975년 RCA가 쏘아 올린 민간상업용위성 (SATCOM) 이 케이블TV 보급에 전환점이 되었다. 케이블TV가 도달할 수 없는 지역이나 범위를 넘어 방송서비스를 제공할 수 있게 된 것이다. 방송용 위성으로는 1984년 NHK가 세계 최초로 BS-2를 발사하고 1987년부터 독자적으로 24시간 위성방송을 실시했다.

직접위성방송 (DBS: *Direct Broadcasting Satellite*) 이 본격적으로 방송서비스에 활용되기 시작한 시기는 1994년에 미국 휴즈커뮤니케이션의 다이렉TV (Direc TV) 와 미국 허바드브로드캐스팅이 설립한 USSB (United States Satellite Broadcasting) 가 동일 위성으로 각각 서비스를 개시하면서다. 비디오 압축기술인 MPEC-1이 완성되어 DBS의 디지털전송이 가능해짐에 따라 다이렉TV는 송출가능 채널수가 216개, USSB는 175개로 증가함으로써 케이블TV와의 경쟁에서 유리한 위치에 서게 되었다. 그러나 위성방송 초창기에는 케이블채널들이 위성방송에 편성되지 않는 경우가 많았다. 경쟁관계인 케이블

<표 4-4> 미국 유료방송사업자의 가입자 현황 (2019)

순위	서비스명	가입자수	사업자명	유형
1	엑스피니티	21,641,000	컴캐스트	케이블 TV
2	다이렉 TV	17,901,000	AT&T	위성방송
3	스펙트럼	16,320,000	차터	케이블 TV
4	디시	9,560,000	디시네트워크	위성방송
5	버라이즌 파이오스 TV	4,346,000	버라이즌	IPTV
6	콕스 케이블 TV	3,940,000	콕스 엔터프라이즈	케이블 TV
7	유버스 TV	3,704,000	AT&T	IPTV

출처: S&P Global.

TV 사업자들의 견제로 케이블채널들은 DBS에 채널송출을 주저했던 것이다. 위성방송사업자들은 자체적으로 신규채널을 만들거나 지역방송사의 프로그램을 확보할 수밖에 없었다.

이후 다이렉TV는 점차 위성의 무게를 가볍게 만들고 트랜스폰더의 수를 늘려 500개 이상의 채널을 송출하고 인기 있는 PP들도 채널을 공급하면서 위성방송은 가입자수를 늘려가기 시작했다. 1996년엔 뉴스코퍼레이션이 DBS 사업권을 받아 A스카이B(AskyB)를 설립했으나 에코스타가 설립한 고출력 DBS 서비스인 디시네트워크(Dish Network)로 합병되었다. DBS 사업자의 등장과 약진에 긴장한 케이블TV업계는 프라임스타라는 위성방송서비스를 만들었으나 프라임스타는 12개 기본 채널서비스로 수백 개의 채널을 서비스하는 다이렉TV나 디시네트워크에 미치지 못했다.

결국 DBS는 케이블TV 사업자와 가입자를 놓고 치열한 경쟁이 불가피해졌다. 이들은 대부분 시골지역 거주자들로 지역케이블방송이 서비스하기 불가능한 지역에서 가입자를 확보하고 있었다. DBS는 케이블방송과 비교할 때 수신기와 셋톱박스의 구입가격이 높다는 단점이 있었다. 그러나 위성방송사업자들은 기술개발을 통해 장비 구입비용을 낮추고 보조금을 지급하여 가입을 촉진함으로써 가입자가 꾸준히 증가해왔다. 케이블TV 독점을 견제하기 위해 DBS에 대한 규제를 완화하는 FCC 정책도 위성방송의 안정적 가입자 확보에 도움이 되었다. 다이렉TV는 당시 영국 최고 위성방송 B스카이B를 이끄는 루퍼트 머독의 뉴스코퍼레이션에 인수되었다가 다시 2015년 미국 최대 통신회사인 AT&T(American Telephone & Telegraph)로 인수되어 AT&T의 미디어사업 진출의 최선봉에 있다.

한국의 위성방송은 1996년 7월 무궁화위성을 활용하여 KBS가 위성 시험방송을 시작하였으나 실제 서비스 개시는 2002년 3월에 이루어졌다. 미국이나 일본에 비해 DBS 서비스가 많이 늦은 편이다. 위성방송의 법적 근거인 방송법이 2000년에 만들어졌고, 방송 방식을 아날로그로 할 것인가, 디지털로 할 것인가에 대한 논쟁으로 시간이 지연되었다. 두 개의 컨소시엄이 경쟁하여 KT와 KBS 등 지상파들이 연합해 만든 스카이라이프(Skylife)가 사업자로 선정되었다.

사업 초기에 물리적으로 케이블TV보다 많은 채널을 송출할 수 있음에도 불구하고, 미국과 유사하게 케이블TV 사업자들의 견제로 지상파를 포함한 주요한 채널이 편성되지 못하여 콘텐츠가 부실한 상태로 서비스가 시작되었다. 심지어 개국 초기에 편성되었던 일부 인기채널마저 중간에 계약을 파기하고 송출을 중단한 사태가 벌어지기도 했다. 케이블TV 사업자들의 스카이라이프 견제로 일부 채널들이 두 플랫폼 사이에서 줄타기를 한 것이다.

스카이라이프는 인기채널들의 케이블TV 독점 편성으로 부실해진 채널 포트폴리오를 만회하기 위해 위성 독점 신규채널인 스카이TV를 직접 만들어 편성하거나 해외 콘텐츠사업자와 합작으로 채널을 론칭했다. 특히 스카이라이프는 케이블TV의 망이 포설되기 어려운 섬이나 산간지역의 가입자에게 가치 있는 플랫폼이다. 양방향이 아니기 때문에 VOD 서비스가 되지 않고 채널 서비스만 되었다. 서비스 개시 10년이 지난 2011년에 계열사인 KT IPTV의 서비스와 결합상품인 올레tv 스카이라이프(OTS) 상품을 출시하고 스카이라이프의 실시간 서비스와 올레tv의 VOD를 결합해 마케팅하고 있다.

스카이라이프의 특징 중 하나는 접시안테나 설치가 어려운 곳이나 위성신호가 원활하지 않는 곳에서 위성방송을 시청할 수 있는 접시 없는 위성방송서비스(DCS) 방식으로 송출한다는 것이다. 위성신호를 가까운 KT 전화국에서 공청안테나로 수신한 후 각 가정으로 랜선망으로 쏘는 방식이다. 가입자 입장에서는 접시가 없이 랜선으로 신호가 오기 때문에 IPTV와 차이를 느끼지 못한다.

케이블업계에서는 자신들의 전송수단에 대한 역무침해로 반발하고 방송통신위원회도 DCS 방식의 서비스를 허가하지 않았다. 그러나 결국 4년이 지난 2016년 미래창조과학부는 KT의 기술결합서비스를 인정하고 DCS 방식 전국 영업을 허가해 주었다. 스카이라이프 가입자는 430만 명 수준에서 정체를 띠고 있다. VOD가 없는 스카이라이프 단독상품의 가입자는 정체상태이거나 소폭으로 상승하는 반면, 스카이라이프 실시간채널(linear channel)과 KT IPTV의 VOD를 이용하는 결합상품의 경우 가입자가 줄어들고 있다.

4) IPTV

IPTV(internet protocol television)는 방송용 전파가 아닌 인터넷 프로토콜을 사용하여 스트리밍 방식으로 콘텐츠를 제공하는 시스템을 말한다. 인터넷망을 이용하여 다양한 멀티미디어콘텐츠를 통신의 정보전달 방식인 패킷방식으로 TV 수상기에 전송하는 서비스로 미국에서는 IPTV로, 일본에서는 브로드밴드방송으로 정의한다. 이용자의 요청에 따라 실시간채널은 물론, VOD, 인터넷, 전자상거래, 디지털영상전화, 게임, 메신저 등 양방향 방송서비스가 가능해졌다. 다만 인터넷 속도가 느린 지역의 IPTV 고객은 서비스 품질에 제한을 받을 수 있다. 한국이 IPTV가 가장 잘 발전하고 있는 이유가 여기에 있다. 한국의 인터넷보급률이 세계 최고이며 속도 면에서도 광대역 인터넷보급률도 전 세계 1위라는 사실도 이를 뒷받침해 준다.

IPTV 도입 초기 미국의 IPTV 시장은 버라이즌(Verizon)과 AT&T가 양분하였다. 2개 통신사업자 중 IPTV 서비스를 먼저 시작한 곳은 유선네트워크에 기반한 AT&T로 2005년 12월 유버스(U-verse)라는 이름으로 IPTV 서비스를 제공하기 시작했다. 2008년 9월 4개의 프로그램을 동시에 녹화하고 재생하며, TV와 PC로 이어보기 기능을 제공하며 홈네트워킹 역할을 하는 'Home DVR'이라는 부가서비스를 출시하면서 인기를 얻었다. 또한 위젯(widget)을 통해 다양한 기능을 제공하고, 인터넷, 유선전화 등을 포함한 다양한 요금을 결합한 상품으로 케이블TV 등 다른 유료방송 가입고객을 유인함으로써 사업 초기 주목을 받았으며 사업개시 2년 6개월 만에 100만 가입자를 넘겼다.

최저요금은 월 49달러로 70개 채널 시청이 가능하고, 220개 채널을 시청하기 위한 요금은 64달러이며, 새로운 HD 채널과 유료 영화채널을 모두 볼 수 있는 가장 높은 TV 상품의 가격은 109달러였다. 유선전화, 인터넷, IPTV를 결합한 TPS 상품의 요금은 최저요금 90달러에서 185달러까지 다양했다. 주로 IPTV 채널수와 인터넷의 용량 차이에 따라 가격이 정해졌다. 유버스TV 가입자는 430만 명까지 증가하였으나 2015년 AT&T가 위성방송인 다이렉TV를 인수하면서 서비스를 통합하고 가입자도 다이렉TV로 전환시켰다. 2016년 이후 AT&T는 자사의 전화나 인터넷 서비스에 유버스란 브랜드를 더 이상 사용하지 않았다.

버라이즌은 2006년부터 파이오스TV(Fios TV) 서비스를 제공하고 있다. 이동전화 사업의 장점을 살려서 TV, 인터넷, 전화 결합상품인 TPS(Triple Play Service)에 이동전화를 포함한 QPS(Quadruple Play Service) 상품에서 좋은 실적을 거두었다. 이들은 모두 실시간 방송보다 위젯을 활용한 양방향 서비스, 홈네트워킹, 무선연계 서비스에 주력하며 서비스를 차별화했다. 주택구조 및 생활패턴 차이로 가정 내 다른 기기를 컨트롤하는 홈네트워킹 서비스 대한 이용률이 매우 높다. 버라이즌의 발표에 따르면 2017년 파이오스TV 가구는 460만 가구라고 한다. 2018년에는 파이오스TV 원 서비스를 시작했는데 무선 셋톱박스와 음성인식 리모콘을 도입하였다. 실시간 방송과 VOD 위주로 사업을 전개하는 한국의 IPTV와는 달리 미국에서는 모바일에서의 관리 및 통제기능을 추가한 서비스와 위젯 등을 활용한 양방향 서비스에 초점을 맞추었다.

한국의 IPTV는 전 세계에서 가장 성공한 방송영상미디어다. 초기에는 VOD 중심 서비스로 시작하였으나 실시간 방송서비스와 양방향 서비스 및 유무선연계가 가능한 종합 서비스로 발전해왔다. IPTV 도입 시점에 케이블TV 및 위성방송 등 유료방송 가구도달률이 거의 90%에 가까운 상황에서 후발사업자가 10년도 안 되어서 기존 유료방송사업자와의 가입자 경쟁에서 앞선다는 것은 대단한 일이다.

2019년 상반기를 기준으로 IPTV 가입자는 1,635만 명이다. 케이블TV 가입자가 1,367만 명이니 2017년 11월 케이블TV 가입자수를 처음 추월한 지 불과 1년 반 만에 270만 명의 격차를 두고 앞서고 있는 것이다. 한국통신(KT)과 SK브로드밴드 그리고 LG유플러스, 통신 3사가 사업 초기 막대한 적자에도 불구하고 지속적으로 인프라 및 서비스 품질개선을 한 결과이다.

〈표 4-5〉 3사의 통합 유료방송 가입자수 현황 (2019)

구분	계열	업종	사업자명	가입자수
SK그룹	SK	IPTV	SK브로드밴드	4,652,797
	태광	케이블TV SO	티브로드	3,120,286
SK그룹 가입자 합계				7,773,083
LG그룹	LG	IPTV	LG유플러스	3,877,365
	CJ	케이블TV SO	CJ 헬로	4,097,730
LG그룹 가입자 합계				7,975,095
KT그룹	KT	IPTV	KT	6,861,288
	KT	위성방송	KT스카이라이프	3,234,312
KT그룹 가입자 합계				10,095,600
세 그룹 가입자 합계				25,843,778

출처: 각사 자료 취합.

2009년 사업개시 10년이 지난 시점에서 통신 3사는 모두 IPTV 서비스를 핵심성장 분야로 상정하고 집중적으로 사업을 키우고 있다. IPTV 사업은 그 자체로 손익 분기점을 넘어 이익을 내고 있으며, 통신 3사의 유무선 방송통신서비스 중 가장 성장속도가 빠른 분야가 되었다.

2019년 말에 LG유플러스는 국내 1위 케이블방송사업자인 CJ 헬로비전을 인수했고, SK 브로드밴드는 국내 2위 케이블TV 방송사업자인 티브로드 (T-Broad)를 합병함으로써 IPTV 중심의 통신 3사가 국내 유료방송 시장을 3분할하고 있다. 합병 후 SK, LG, KT 등 3개 그룹의 유료방송 가입자수는 2,584만 명으로 전체 유료방송 시장의 약 80%를 차지하고 있다. 케이블TV 는 IPTV와 일정 기간 서비스를 공유하겠지만 궁극적으로 서비스가 통합되고 종국에는 AT&T가 다이렉TV를 인수한 후 유버스 가입자를 통합했듯이 케이블TV 가입자를 IPTV에 통합할 가능성이 높다.

5) 모바일 TV · OTT

모바일 TV(*mobile TV*)는 기존의 고정형 TV와 달리 공간에 제약을 받지 않고 이동 중에도 콘텐츠를 시청할 수 있는 TV 서비스를 말한다. 지상파, 케이블 TV, 위성방송 등은 방송신호를 TV와 유선으로 연결하여 시청했다면 모바일 TV는 유선 연결이 없이 휴대용 모바일 디바이스에서 바로 콘텐츠를 이용할 수 있는 서비스다. 위성방송 스카이라이프에 가입하여 셋톱박스와 차량용 안테나를 설치할 경우 차량 이동 중에 TV 시청이 가능하지만, 휴대용 개인 디바이스를 통한 모바일방송과는 다른 서비스로 봐야 한다.

최초의 모바일 TV 서비스로는 DMB(*Digital Multimedia Broadcasting*)가 있다. 휴대폰, MP3, PMP 등의 휴대용 기기에서 텔레비전, 라디오, 데이터방송 등을 수신할 수 있는 이동형 멀티미디어 방송서비스다. 당초 DMB는 지상파 아날로그방송을 디지털오디오방송으로 대체하기 위해 개발된 방송

<표 4-6> DMB 서비스의 발달

해외		한국	
1995년	영국 지상파 DAB 본방송 시작	2005년	5월 위성 DMB 전국 서비스 시작
2005년	일본 위성 DMB서비스 시작	2005년	12월 지상파 DMB 수도권 서비스 시작
2006년	일본, 독일, 이탈리아 지상파 DMB 시작	2007년	지상파 DMB 가입자 500만 명 돌파
2007년	미국 지상파 DMB 서비스 시작	2012년	위성 DMB 서비스 종료

출처: 홍기선 외, 2007.

기술이다. 그러나 기술이 발전하여 한정된 전파에 더 많은 데이터를 담을 수 있게 됨에 따라, 본래 목적인 음성데이터뿐만 아니라 DVD급 수준의 동영상 데이터까지 전송할 수 있게 되었다. 전파 송수신 방식에 따라 지상파 DMB와 위성 DMB로 나뉜다.

지상파 DMB는 2005년 12월 1일 세계 최초로 한국에서 본방송을 시작하여 현재까지 서비스가 이뤄지고 있으나 채널수는 많지 않다. 수도권의 경우 U1 미디어, YTN DMB, 한국 DMB, 문화방송, 한국방송공사, SBS 등 14개 사업자가 서비스 중이다. 지방에서는 강원, 충청, 호남, 대경, 동남, 제주 등 주요 지상파방송사업자가 DMB 서비스를 제공한다. 지상파 DMB는 공중파를 이용해 VHF 채널 7~13번의 주파수 대역(174~216MHz)을 활용하여 프로그램을 전송한다.

이에 비해 위성 DMB는 방송국에서 인공위성으로 전파를 보내고 인공위성에서 단말기로 전파를 보내는 방식이다. 위성 DMB는 2004년 10월 19일 일본 위성 DMB 사업자인 MBCo가 세계 최초로 40개 채널로 서비스를 시작하였다. 한국에서는 SK텔레콤이 주도한 TU 미디어가 일본의 MBCo 위성을 임차하여 2005년 5월 1일 본방송을 시작했으나 2012년 8월 31일에 종료함으로써 한국 위성 DMB는 막을 내렸다.

OTT 서비스는 전파나 케이블이 아닌 범용 인터넷망으로 콘텐츠를 제공하는 서비스다. 본딧말인 'Over the Top'은 원래 DVD 등을 활성화시키는 기기

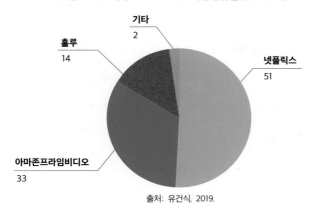

〈그림 4-3〉 미국 SVOD OTT 시장점유율 (2018. 3)

기타 2

훌루 14

넷플릭스 51

아마존프라임비디오 33

출처: 유건식, 2019.

를 TV 위에 올려놓고 콘텐츠를 이용한 데서 유래했다. 그러나 현재 OTT는 이와 무관하게 인터넷이나 모바일에 전송 가능한 다양한 장비를 통한 동영상 서비스를 지칭한다. OTT 서비스가 가능해진 것은 스트리밍 기술이 발달했기 때문이다. 인터넷 기반에서 데이터가 끊기지 않고 실시간으로 전달되는 스트리밍서비스는 동영상을 다운로드해서 보는 것보다 훨씬 편리했고, 기존의 방송영상미디어 전송수단을 이용하여 동영상을 보는 것과 별 차이가 없어진 것이다.

미국 내에서 OTT가 발전하기 시작한 것은 인터넷 기술이 발전하면서다. 2006년 미국 통신법 제정 이후 전화회사나 케이블방송사업자 간에 인터넷사업경쟁이 치열해지면서 케이블TV 사업자들이 케이블망을 고도화했다. 그 결과 인터넷으로 동영상을 공급하는 넷플릭스 같은 서비스는 커버리지가 늘어나면서 인기를 끌었고, 오히려 망을 제공한 케이블방송사업자의 TV서비스와 경쟁하게 되었다. 넷플릭스로부터 시작된 코드커팅(*cord cutting*) 현상에 놀란 컴캐스트는 2013년 넷플릭스의 인터넷 속도를 제한하는 조치를 취함으로써 OTT 사업자들을 견제하고자 했다. 그러나 이런 조치는 오히려 망 중립성이란 이슈를 제기하여 FCC와 갈등을 겪었다.

결국 2016년 7월 컴캐스트에 넷플릭스가 앱 형태로 입점함으로써 서로 협력하는 관계를 맺었다. 컴캐스트 입장에서는 밀레니얼세대가 선호하는 넷플릭스를 PP 형태로 입점하여 자사 플랫폼의 노화현상을 방지하는 효과를 얻고자 했다. 특히 넷플릭스의 오리지널프로그램을 컴캐스트에서 볼 수 있게 되어 넷플릭스에게 인기 유료채널인 HBO와 같은 역할을 기대했던 것이다. 반면, 넷플릭스 입장에서는 미국 내 가입자 증가가 점차 둔화되면서 2,300만 명의 가입자를 보유한 컴캐스트를 통해 새로운 가입자를 확보할 수 있다고 계산한 것이다.

OTT 서비스로는 넷플릭스 외에 비슷한 시기에 서비스를 시작한 미국 지상파 연합이 만든 훌루(Hulu)가 있다. NBC, 폭스(FOX), 디즈니(Disney)가 합작해서 설립하였고, 지금은 디즈니가 폭스를 인수하고 NBC 유니버설로부터 훌루의 잔여지분을 인수하여 100% 디즈니 자회사로 되었다. 또한 세계 최대의 온라인커머스 사업자인 아마존이 자사의 프리미엄 고객을 위해 만든 아마존프라임비디오가 있다. 현재는 넷플릭스, 아마존비디오, 훌루가 미국 시장을 분할하고 있으며, 이들은 공통적으로 구독형 OTT(SVOD: *Subscription Video On Demand*)이다. 구독형 OTT는 요금을 내고 가입기간 동안 무제한 동영상을 이용하는 서비스를 말한다. 이외에도 HBO 나우, CBS 올억세스, 쇼타임 등 많은 OTT 서비스가 생겨났다. 한국에도 왓챠 서비스, CJ와 JTBC가 협력하는 티빙, 그리고 지상파 연합과 SK의 합작법인인 웨이브 등이 있다.

OTT 서비스의 증가 원인 중 간과할 수 없는 현상은 젊은층이 영상의 시청을 전통적 TV에서 OTT로 빠른 속도로 옮겨가고 있다는 것이다. 2016년 미국 〈월스트리트 저널〉의 조사에 따르면 미국 시청자 중 18~24세의 주당 평균 TV 시청시간은 2012년 대비 30% 감소했고, 25~34세도 20% 감소한 반면 50~60세만이 유일하게 증가한 것으로 나타났다. 동일한 콘텐츠라도 케이블TV나 위성방송보다 OTT 서비스를 통해 시청하는 경향이 젊은층 사이에서 늘고 있는 것이다.

3. 콘텐츠 제작 및 유통의 변화

1) 지상파의 콘텐츠 독점과 규제

초기의 방송미디어콘텐츠는 지상파방송사가 직접 제작하고 모든 방영 권리를 소유하는 구조였다. 지상파방송사는 스튜디오, 편집시설 등 많은 투자가 요구되는 콘텐츠제작 인프라를 자체적으로 구축하고 있었다. 뿐만 아니라, 방송 전문인력도 대부분 지상파방송사 또는 관련회사에서 일하고 있었고, 출연자들조차 지상파방송사별로 소속된 경우가 많았다. 기자나 아나운서는 물론이고, 예능인이나 드라마 연기자까지 방송사가 자체적으로 선발해 해당방송사에만 전속으로 출연시켰다. 현재도 국내 일부 예능프로그램의 경우 전속 개그맨을 뽑고 다른 프로그램의 출연을 금지하고 있다.

미국의 경우 케이블채널이 늘어나고 지역방송사들이 위성을 통해 전국 서비스를 하면서 지상파방송사가 콘텐츠를 독점하는 구조에 대해 문제가 제기되기 시작했다. 지상파방송사가 케이블TV나 지역방송사를 경쟁대상으로 생각하고 콘텐츠를 제공하지 않거나 높은 가격을 요구했기 때문이다. 한국에서도 케이블TV가 활성화되기 시작한 2000년대 중반에 이와 같은 콘텐츠에 대한 배타적 독점현상이 있었다. CJ가 종합예능채널인 tvN을 설립하고 콘텐츠를 자체 제작하여 인기를 끌자 특정 지상파방송사는 tvN에 프로그램 공급을 중단하고, 심지어 자사 개그맨들을 tvN의 예능프로그램에 출연하는 것을 제한하기도 했다.

이와 같은 사업자 간 견제는 일종의 시장원리라고 볼 수도 있으나 방송영상미디어의 공공적·공익적 성격을 감안해 규제기관은 이를 개선하고자 했다. 그런데 미국과 한국의 규제기관은 콘텐츠 독점을 규제하는 방식이 달랐다. 1970년대 초반 미국 대부분의 가정에 TV가 보급되고 라디오를 대체하는 홈엔터테인먼트의 주요 수단이 되면서 미국 지상파는 번성하게 되었다.

이에 미국의 FCC는 케이블TV 채널이나 독립제작사를 활성화하기 위해 지상파방송사의 힘을 제한하는 규제를 만들었다.

1970년 제정된 핀신룰(Fin-Syn Rule: Financial Interest and Syndication Rule)은 지상파방송사가 방송프로그램의 수익을 독점하는 것을 제한하는 법이다. 독립제작사가 제작한 TV 프로그램에 대해 지상파네트워크 방송사는 신디케이션 시장에서 판권을 소유하지 못하도록 하며, 지상파방송 판권만 살 수 있도록 한 것이다. 예를 들면 지상파방송사는 TV 프로그램을 1~2회 재방송한 이후에는 신디케이터(syndicator)에게 양도하여 다른 방송사에 판매할 수 있어야 한다. 따라서 소규모 독립제작사들은 신디케이션 수입을 통해 안정적 수익을 확보할 수 있었다. 독립제작사들이 재정적으로 안정화되고 신디케이션이 활성화되면서 케이블네트워크들도 콘텐츠 확보가 훨씬 용이해졌고 케이블방송산업이 발전하기 시작했다.

미국 지상파방송사에 대한 FCC의 또 다른 규제는 1971년 시행된 프라임타임액세스룰(Prime Time Access Rules)이다. 프라임타임(오후 7시 30분~ 10시 30분) 4시간 중 3시간만 지상파방송사 자체제작물을 방영할 수 있도록 규정한 것이다. 핀신룰이 지상파 콘텐츠 소유를 규제한 데 비해, 프라임타임액세스룰은 지상파 편성을 규제를 통해 콘텐츠 독점을 제한했다. 이로써 당초 TV에 영화 등을 공급하던 콘텐츠유통업자인 신디케이터들은 주로 지역의 독립 TV 방송국에 프로그램을 공급했고 ABC, CBS, NBC와 같은 전국 네트워크에는 프라임타임이 아닌 시간대에 프로그램을 공급하게 되었다. 실제로 방송시간 제한으로 인해 지상파방송사 수익이 감소하고 입지가 크게 약화되었다. 이 규제가 시행되는 동안 지상파네트워크들은 주로 뉴스와 스포츠 프로그램, 그리고 일부 오락프로그램 등으로 그들의 자체제작을 제한했다.

핀신룰과 프라임타임액세스룰은 원래 소규모의 독립제작사를 보호하기 위한 차원에서 제정되었으나, 결과적으로 할리우드 스튜디오의 TV 제작사에게 이들을 넘겨주는 결과를 낳았다. 독립제작사는 독창적 프로그램에 투자할 투자자를 찾기 힘들어 적은 제작비로 판에 박힌 토크쇼나 게임 등을 만들어냈지만, 할리우드 주요 스튜디오(*major studio*)는 막강한 자금력으로 TV쇼에 대한 소유권이나 유리한 신디케이션 판권을 확보할 수 있었던 것이다.

20년간의 규제로 지상파미디어는 힘이 약화되어 1970년대 90%였던 지상파 전체 시청률이 1990년대 초에는 65%로 떨어졌다. 반면 뉴미디어인 케이블 TV는 핀신룰이 필요 없을 정도로 다양한 프로그램을 공급할 수 있게 되었다. 이에 FCC는 1995년 11월 핀신룰을 폐지하고 1996년 프라임타임액세스룰도 폐지한다. 콘텐츠에 대한 소유권 규제가 폐지되면서, 지상파방송사들은 신디케이션 및 다른 라이센싱 수익을 얻기 위해 자체제작을 늘리기 시작해 2003년에 이르러 자체제작 비율은 60%까지 증가했다.

〈그림 4-4〉 TV 프로그램의 유통과정

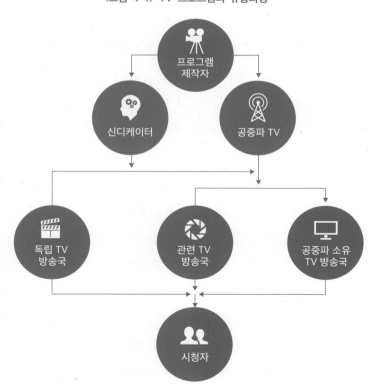

규제철폐가 불러온 또 다른 현상은 대형 스튜디오들이 지상파방송사들을 인수해 수직계열화를 이룬 것이었다. 1995년 디즈니가 캐피탈시티/ABC를 인수하였고, 2000년 비아콤이 CBS를 인수했다. 2004년엔 NBC와 유니버설이 합병을 하기도 했다. 콘텐츠에 대한 수직계열화는 콘텐츠시장이 전 세계적으로 확대되고 경쟁이 시작되면서 규모의 경제를 이루기 위해서였다.

한국의 경우는 지상파방송사의 콘텐츠 독점을 규제하는 방식이 미국과 달랐다. 미국 규제기관은 콘텐츠 사용권리, 즉 지식재산권을 규제했다면, 한국 규제기관은 콘텐츠의 제작주체를 규제의 대상으로 삼은 것이다. 1980년대 초 국내에 컬러 TV가 보급되면서 방송콘텐츠의 수요가 늘고 제작편수가 많아졌다. 이런 상황에서 지상파방송사가 직접 콘텐츠를 만들지 않고 외주제작사에 제작을 의뢰하는 경우가 많아지면서 독립제작사가 늘기 시작했다.

초기 국내 독립제작사는 대부분 지상파방송사에서 일하다 퇴직한 사람들에 의해 만들어졌고 지상파방송사의 하청을 받는 형태로 운영되었다. 미국과 같이 신디케이션 시장이 없는 한국에서 독립제작사는 케이블TV가 오리지널콘텐츠를 적극적으로 편성하기 시작한 2010년 초까지 방송사의 특정 프로그램을 반복 제작하는 영세한 규모로 운영되었다.

1991년 방송법 시행령 제 58조에서 외주제작프로그램 의무편성제도가 도입됐다. 지상파 프로그램에 대한 외주제작을 의무화하여 독립제작사가 활성화되고 프로그램의 다양성은 물론 콘텐츠 유통도 활성화될 것을 기대한 조치였다. 1999년 3%에서 시작된 외주제작편성비율이 2013년 40%까지 늘었다. 외주제작사의 숫자도 2008년 400개에서 2015년 600개 이상으로 증가했다.

외주제작의 활성화는 지난 30여 년간 방송시장에서 많은 변화를 일으켰다. 케이블TV 등 다채널시대로 접어들면서 양적으로 수요가 팽창하는 방송콘텐츠의 공급 확대를 가능케 했고, 매체 간·채널 간 콘텐츠 유통의 길을 열었으며, 방송사 내부 시장에 경쟁원리를 도입하는 데 기여하였다. 또한 방송편성에서 프로그램의 질과 다양성이 제고되었고, 프로그램 선택권 등 수용자의 복지가 향상될 수 있었다.

현재 한국 방송계에서 외주제작은 활발히 이루어지고 있다. CJ ENM의 자회사 '스튜디오 드래곤'이나 종합편성채널 JTBC의 자회사 'JTBC 허브'와 같이 규모가 큰 대형제작사도 탄생하였다. 이 두 회사의 국내 드라마 제작비 율은 50%를 웃돈다. 이들이 지향하는 비즈니스 모델은 할리우드의 대형 스 튜디오로 국내는 물론 미국이나 동남아에도 진출하여 글로벌 콘텐츠 제작사 를 만드는 것이다.

2) 방송영상미디어와 콘텐츠의 가치

콘텐츠의 사전적 의미는 "인터넷 등의 통신망에서 사용하는 각종 정보 내용 물이나 프로그램"에서 유래되었다. 유무선 전기통신망에서 사용하기 위해 서는 문자, 부호, 음성, 음향, 이미지, 영상 등을 디지털방식으로 제작해야 한다. 이런 측면에서 보면 콘텐츠는 디지털 환경에서 나온 개념이다.

콘텐츠의 아날로그 시대의 개념은 프로그램이 맞을 듯하다. 프로그램은 물론 미디어의 중요한 요소였지만, 한정된 미디어자원에서는 전송수단에 종 속될 수밖에 없었다. 아무리 좋은 프로그램이라 해도 전파가 도달할 수 없는 곳에서는 서비스가 불가능하고, 채널수가 많지 않은 아날로그 케이블TV에 서는 새로운 프로그램을 위한 룸이 없기 때문이다. 이때의 영상미디어 담론 은 '전달자가 왕'(*Pipe is King*)이다. 즉, 힘 있는 미디어사업자는 전달수단을 갖는 사업자이고 콘텐츠사업자는 전달수단의 희소성으로 콘텐츠를 제공하 는 것이 어렵기 때문에 전달수단 소유자에게 종속되는 것이 일반적이었다.

그러나 전파 및 기술적 한계가 극복되고 디지털 시대가 본격화된 2000년 전후를 기점으로 콘텐츠는 새롭게 주목받게 된다. 수십 개 채널을 전송하던 아날로그 케이블TV나 아날로그 위성방송이 수백 개의 채널을 서비스하게 되고, IPTV, OTT 등 기존 방송과 다른 전송경로를 통해 콘텐츠가 제공되면서 콘텐츠 품귀현상이 나타났기 때문이다. 다매체에 필요한 콘텐츠의 절대적 양(quantity)이 부족해 콘텐츠의 가치가 상승한 것이다.

뿐만 아니라 차별화된 콘텐츠가 다매체 경쟁시대에 고객을 확보할 수 있는 핵심수단이 되면서 콘텐츠의 질(quality)이 중요한 요소가 됐다. 이때의 영상미디어 담론은 '콘텐츠가 왕'(Content is King)이다. 차별화된 양질의 콘텐츠, 이른바 킬러콘텐츠(killer contents)는 전송수단의 소유 여부와 상관없이 가치가 계속 높아지고 있고 앞으로도 미디어산업에서 핵심동력으로 작용할 것이다.

콘텐츠는 이제 모든 방송영상미디어사업자들에게 가장 기본이자 사업의 핵심역량이 되었다. 다양한 동영상미디어들이 생기면서 신규 콘텐츠 제작이 활발해짐에 따라 콘텐츠 양도 많아졌다. 디지털기술은 콘텐츠 전송뿐만 아니라 콘텐츠 라이브러리 관리에도 큰 도움이 된다. 디지털 파일형태로 많은 콘텐츠를 쉽고 안전하게 보관할 수 있고, 오래된 콘텐츠의 퀄리티를 원래대로 재생하여 사용할 수 있다. 따라서 새로 제작된 콘텐츠뿐만 아니라 과거에 제작된 콘텐츠의 재사용도 활발하게 이루어지게 되었다.

방송사업자가 서비스하는 콘텐츠의 수는 수십만 개에서 수백만 개에 이른다. 따라서 이용자가 원하는 콘텐츠를 쉽게 이용할 수 있는 것, 이용자에게 맞는 콘텐츠를 찾아 추천해 주는 것이 중요하게 되었다. 사람들의 라이프스타일이 다양해짐에 따라 콘텐츠 이용패턴도 다양해졌다. 나이가 많은 사람들은 여전히 TV의 실시간채널을 선호한다. 편하게 소파에 앉아 큰 화면의 TV를 통해 편성된 콘텐츠를 시청하는 습관에 익숙한 것이다. 반면 젊은 이용자들은 시간과 장소에 구애받지 않는 모바일미디어, 실시간보다 원하는 콘텐츠만 바로 볼 수 있는 VOD 형태의 콘텐츠를 선호한다. 콘텐츠 장르에 대한 선호도는 세대 간 차이보다 훨씬 세분화되어 있다.

개인별로 선호하는 콘텐츠가 다양해짐에 따라 성향이 다양한 개인에게 적합한 콘텐츠를 수급하고 서비스하는 것이 미디어산업의 핵심이 되었다. 이때의 담론은 '고객이 왕'(Customer is King)이라는 표현이 적절할 것이다. 고객

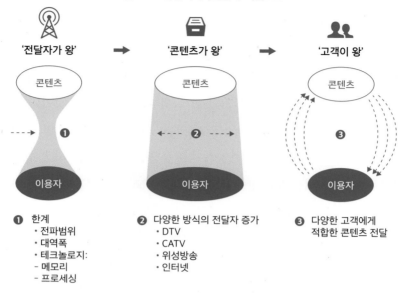

〈그림 4-5〉 영상미디어산업의 핵심요소

'전달자가 왕' ➡ '콘텐츠가 왕' ➡ '고객이 왕'

콘텐츠 콘텐츠 콘텐츠

❶ ❷ ❸

이용자 이용자 이용자

❶ 한계
　• 전파범위
　• 대역폭
　• 테크놀로지:
　－ 메모리
　－ 프로세싱

❷ 다양한 방식의 전달자 증가
　• DTV
　• CATV
　• 위성방송
　• 인터넷

❸ 다양한 고객에게
　적합한 콘텐츠 전달

이 원하는 콘텐츠를 쉽게 찾을 수 있고, 고객에게 맞는 콘텐츠를 추천하고, 고객이 콘텐츠를 편리하게 이용할 수 있는 미디어 환경이 방송영상미디어사업자의 핵심역량이 됐다.

그런데 이런 역량 제고는 디지털기술(*Digital Technologies*)이 가능하게 해주기 때문에 미디어산업에서도 기술이 중요하게 된 것이다. 방송영상미디어산업의 핵심역량이 아날로그미디어에서는 전송수단이었다면, 디지털미디어에서는 콘텐츠가 가장 중요했다. 그러나 모바일미디어 환경에서는 전송수단과 콘텐츠 외에도 고객을 파악하고 최적의 가치를 제공하는 기술이 점점 중요해지고 있다.

콘텐츠산업의 가치사슬은 콘텐츠제작자, 콘텐츠에그리게이터, 콘텐츠디스트리뷰터, 콘텐츠유통 플랫폼 등으로 구성되어 있다. 콘텐츠제작자(CC: *Contents Creator*)는 저작권을 가진 오리지널콘텐츠를 개발하고 제작하여 상품화하는 사업자다. 따라서 콘텐츠의 구성요소, 즉 탤런트, 가수, 작가, 감독 등에 대한 영향력을 바탕으로 자금, 제작인프라 등 콘텐츠 제작능력을 갖추어야 한다. 콘텐츠산업의 성격상 관련산업 내의 인적 관계가 콘텐츠제작자의 핵심적 역량이다. 영화제작사, 음반기획사, 게임개발업체 등이 여기에 속하고 이들의 사업적 특징은 '하이 리스크 하이 리턴'(high risk, hi return), 즉 크게 성공할 수도 있지만 손해 볼 확률도 크다는 것이다.

콘텐츠에그리게이터(CA: Contents Aggregator)는 콘텐츠를 확보하여 매체 또는 플랫폼이 원하는 형태로 변환하여 제공하는 사업자다. 최근 플랫폼이 다양화됨에 따라 새롭게 시장에서 역할이 커지고 있다. CA는 콘텐츠에 대한 마케팅을 하고, 플랫폼이 주는 프로그램 사용료나 콘텐츠를 활용한 광고 수입으로 비교적 안정된 수익이 보장된다. 영화배급사, 지상파네트워크나 방송채널 등이 CA 사업을 수직적으로 결합한 경우가 일반적 사례다. 예를 들면 SBS의 자회사인 SBS 허브, JTBC의 자회사인 JTBC 콘텐츠허브 등이 있다. IPTV 사업자인 KT의 자회사 KTH나 영화제작사 NEW도 자회사에서 CA사업을 하고 있다.

콘텐츠디스트리뷰터(CD: Contents Distributor)는 콘텐츠에 대한 유통을 기반으로 하지만 콘텐츠 제작과 라이브러리 구축 등을 수직적으로 통합하고 실질적으로 콘텐츠의 제작, 유통, 배급창구를 장악하고 있다. 규모의 경제와 투자 포트폴리오가 가능한 시장규모로 글로벌 수준에서 경쟁이 이루어지고 있다. 영화배급사, 신디케이터가 이에 속한다.

콘텐츠유통 플랫폼(CDP: Contents Delivery Platform)은 콘텐츠를 저장하고 이를 다양한 형태의 상품 및 서비스로 가공하여 고객이 콘텐츠를 이용할 수 있는 환경을 제공한다. CDP는 콘텐츠 소비자, 즉 고객의 확보가 가장 중요한 일이며, 고객을 관리하고 유지하기 위해 차별화된 콘텐츠를 지속적으로 확보하고, 고객들이 콘텐츠를 소비하는 구조를 잘 만들어 콘텐츠 소비에 대한 만족도를 높여가는 것이 핵심적 과제다. 지상파, 유료채널, OTT, 유료방송 플랫폼 등이 그 예다.

방송영상미디어산업의 확대를 사업자 측면에서 본다면 콘텐츠산업의 가치사슬에 대한 수평적 · 수직적 결합을 통해 이루어졌다고 할 수 있다. 콘텐츠산업이 발전한 미국은 이미 1980년대 이후 디즈니와 같은 전통적 할리우드 스튜디오가 활발한 M&A를 통해 이를 실현해왔고, CJ ENM 같은 국내 사업자들도 2000년대 이후 콘텐츠시장을 재편하고 있다.

3) 콘텐츠 유통구조

영화나 방송콘텐츠가 극장이나 TV에서 첫선을 보인 후 다른 매체로 이동하여 서비스될 때까지 걸리는 기간을 홀드백(hold back)이라고 한다. 홀드백은 텔레비전과 홈비디오의 등장으로 도입된 제도이다. 영화관에서만 상영되던 영화가 미국의 신디케이션의 발달로 텔레비전에서 방송되고 비디오로 출시되면서 극장에서 개봉된 영화를 다른 미디어로 볼 수 있을 때까지 기다리는 유예기간이 생겨난 것이다.

　　영화제작자 입장에서 보면 이를 통해 극장뿐 아니라 다양한 창구(window)를 통해 수익을 다변화한다는 장점과 함께, 사람들이 극장에 가지 않고 TV로 영화를 보기 때문에 극장에서 얻는 수익이 줄어들 위험도 동시에 존재한다. 따라서 사람들이 영화를 최대한 많이 볼 뿐만 아니라 가장 수익이 많이 날 수 있도록 홀드백을 정해야 한다. 극장에서 영화를 보는 것이 가장 지불비용이 높기 때문에 사람들이 충분히 극장 관람을 할 수 있도록 영화상영을 보호해야 한다. 그래야만 극장 수익도 보장하고, 다른 미디어들 간의 이해관계 충돌도 방지하면서 이익을 극대화할 수 있다. 즉, 영상콘텐츠의 다면적 사용(multi-use)과 사용매체에 대한 인위적 시간차이(time-gap)을 설정함으로써 콘텐츠 가치를 극대화하는 것이다.

　　그러나 2000년대 이후 특히 디지털미디어 환경에서 방송영상미디어가 많아지고 실시간 시청보다 VOD 시청이 늘면서 시장 내에서 자연스럽게 형성된

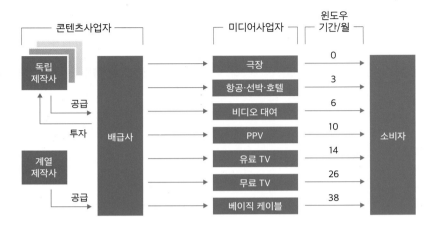

〈그림 4-6〉 아날로그방송미디어 환경에서의 윈도우 모델

홀드백 룰이 파괴되기 시작했다. 방송영상미디어 간 경쟁이 치열해지면서 홀드백이 긴 매체가 판권 사용료(license fee)를 더 많이 지불하고 콘텐츠를 미리 서비스하는 경우가 생긴 것이다. 예컨대 지상파 TV가 창사 기념일이나 명절 때 홈비디오 출시 직후의 영화를 상영한다거나, 베이직 케이블 TV 채널이 시청률을 올리기 위해서 유료채널의 영화를 미리 방송하는 것이다. 이 경우 물론 정상적 홀드백을 통해 일으킬 수 있는 수익 이상으로 비용을 지불해야 한다.

홀드백 효과가 가장 크게 나타나는 창구는 지금은 사라진 홈비디오였다. 홈비디오는 영화 수익을 안정적으로 유지시켜 주었다. 영화가 극장 흥행에 성공한 경우는 대부분 비디오 판매에서도 높은 매출을 견인했고, 설사 극장에서 실패해도 홈비디오로 성공하는 사례도 있었다. 그러다 보니 영화개봉과 비디오 출시 사이의 홀드백도 줄어들게 됐다. 지금은 디지털 유료방송이나 스트리밍서비스의 VOD가 홈비디오의 역할을 한다. 오히려 홈비디오보다 홀드백을 더 앞당겨 서비스하는 경우도 많다. 심지어 극장과 동시에 편성하는 사례도 있다. 홀드백이란 개념이 점점 약해지고 있다. 또한 넷플릭스처럼 오리지널콘텐츠를 자사 서비스에만 제공하는 플랫폼의 등장은 전통적 홀드백 개념이 더 이상 수익 극대화를 위한 매체별 최적 조건일 수 없음을 증명했다.

4) 오리지널콘텐츠의 등장

오리지널콘텐츠(Original Contents)는 케이블TV 업계에서 사용하기 시작해 보편화된 용어로, 케이블채널에서 처음으로 제작하고 방송한 TV영화나 시리즈를 뜻한다. 케이블채널들이 자체편성을 목적으로 필요한 비용을 투입하고 내부 시설과 인력을 이용하여 자체제작을 하거나 외주제작사에 제작을 의뢰하여 콘텐츠의 초방(first-run) 편성권을 확보하는 경우다. 상대적 개념은 수급콘텐츠로, 이미 극장이나 지상파에서 방송된 후에 국내외 영화배급사나 독립제작사 혹은 방송사로부터 구입하는 콘텐츠다.

1990년대부터 HBO, 쇼타임과 같은 영화채널 간 경쟁이 치열해지면서 영화나 스포츠 콘텐츠 가격이 올라가고 콘텐츠 공급자에 대한 의존도가 높아졌다. 위성방송이 시작되고 추가적 영화채널 확장으로 새로운 콘텐츠에 대한 수요가 커진 HBO는 오리지널프로그램을 제작하는 것이 외부 프로그램 수급비용과 비교하여 효율적이란 판단을 하게 되었다. HBO는 1990년대 초반 30분 길이의 저예산 오리지널프로그램을 제작하다 1990년대 후반부터 본격적으로 자체 드라마를 제작하기 시작했다.

HBO의 본격적인 60분 드라마 시리즈로는 〈오즈〉(1997), 〈섹스 앤 더 시티〉(1998), 〈소프라노스〉(1999), 〈식스 핏 언더〉(2001) 등을 제작했다. 대작 미니시리즈로는 〈밴드 오브 브라더스〉(2001), 〈로마〉(2005) 등이 있다. HBO의 초기 오리지널드라마의 상징적 작품은 1999년부터 8년간 총 6개 시즌 85개 에피소드로 방영된 〈소프라노스〉(The Sopranos)이다. 미국의 여러 지상파에서 거절당했던 각본을 토대로 HBO가 제작한 이 작품은 21개 에미상과 5개 골든글로브상을 수상하며 미국 최고 TV 시리즈로 평가받았다. 뿐만 아니라 HBO에 엄청난 수익을 안겨 주었다.

HBO의 또 다른 오리지널콘텐츠는 2011~2019년 방영된 〈왕좌의 게임〉(Game of Thrones)이다. 이 작품은 총 8시즌 73개 에피소드로 방송되었는데 기록적 시청률과 역대 드라마 시리즈 중 가장 많은 58개 프라임타임에미상 수상으로 화제가 되었다. 마지막 시즌 8의 편당 제작비가 1,500만 달러에 달했던 대작 시리즈로, 시즌 4 방영 때부터 1,840만 명이 HBO를 보면서 〈소프라노스〉의 역대 최고 시청자수 기록을 깼다. 시즌 6에서는 총 시청자수가 2,500만 명 이상으로 늘었고, 시즌 7에서는 3,280만 명으로 증가했다.

미국 유료 케이블채널에서 시작된 오리지널콘텐츠 제작은 2000년대에 들어 베이직 케이블채널에서도 이뤄지면서 더욱 보편화됐다. 유료채널의 경우 선두주자인 HBO가 가장 먼저 오리지널프로그램에 뛰어들었다면, 베이직 채널에서는 후발주자인 FX, 스파이크, TNT 등이 적극적이었다. 채널 간 경쟁으로 킬러콘텐츠가 필요해졌고, 새로운 매체에 다양하게 공급할 수 있다는 장점 때문에 오리지널콘텐츠에 집중적 투자가 이뤄진 것이다.

〈그림 4-7〉은 유료채널인 HBO의 가입가구와 수신료 증가가 오리지널콘텐츠 공급에 비례함을 잘 나타낸다. HBO는 2012년 기준으로 미국에서 약 3,000만 명의 유료방송 가입자를 보유했다. 전 세계적으로는 1억 2,000만 명이 HBO를 보고 있다. 수신료는 꾸준히 올라 현재는 15달러로 다소 높은 편이다. 2020년 스트리밍동영상 OTT 'HBO 맥스'를 선보일 예정으로, 향후 더욱 많은 이용자가 다양한 디바이스를 통해 HBO의 오리지널콘텐츠를 소비할 것으로 예상된다.

아날로그방송미디어 시대에 오리지널콘텐츠 경쟁을 HBO가 주도했다면, 디지털방송미디어 시대에는 넷플릭스가 경쟁의 최전선에 있다. 2013년 〈하우스 오브 카드〉(*House of Card*)를 필두로 한 넷플릭스의 오리지널콘텐츠 제작은 단순히 콘텐츠 경쟁의 문제가 아니다. 전통적 미디어사업자나 콘텐츠 사업자에게는 생존을 위협하는 경쟁자로 등장하였고, 디즈니의 폭스 인수와 같은 대형 M&A를 야기했다. 기존 사업을 강화할 수단으로 동영상서비스가 필요한 구글, 아마존, 애플 등 다양한 ICT 기업에는 미디어 진출 동기를 부여하고 오리지널콘텐츠 투자를 유도했다.

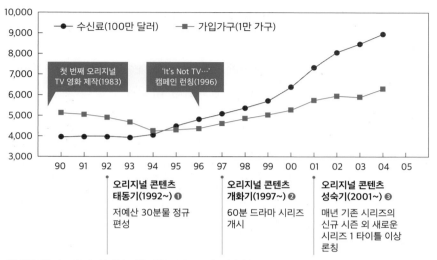

〈그림 4-7〉 HBO의 가입가구수와 수신료 변화

첫 번째 오리지널 TV 영화 제작(1983)

'It's Not TV…' 캠페인 런칭(1996)

오리지널 콘텐츠 태동기(1992~) ❶
저예산 30분물 정규 편성

오리지널 콘텐츠 개화기(1997~) ❷
60분 드라마 시리즈 개시

오리지널 콘텐츠 성숙기(2001~) ❸
매년 기존 시리즈의 신규 시즌 외 새로운 시리즈 1 타이틀 이상 론칭

❶ 〈래리 샌더스 쇼〉, 〈레드 슈 다이어리〉〈쇼타임〉　❷ 〈오즈〉(1997), 〈섹스 앤 더 시티〉(1998), 〈프롬 더 얼스 투 더 문〉(1999), 〈소프라노스〉(1999)
❸ 〈식스 핏 언더〉(2001), 〈커브 유어 엔수지애즘〉(2002), 〈안투라지〉(2003) 대작 미니시리즈로 기획, 제작. 〈밴드 오브 브라더스〉(2001), 〈로마〉(2005)

　　2016년부터 미국 내 넷플릭스 가입자수가 케이블TV 가입자수를 역전하기 시작했다. 1970년대 중반부터 40년간 미국 유료방송 시장을 주도해온 케이블TV의 전체 가입자가 설립한 지 10년 된 넷플릭스 가입자보다 적고 그 차이는 갈수록 늘어나고 있다. 2016년 모건스탠리의 자료에 의하면 넷플릭스 고객의 45%는 오리지널콘텐츠 때문에 넷플릭스 가입을 유지한다고 한다. 넷플릭스 가입자가 케이블TV 가입자를 앞선 주요한 이유가 오리지널콘텐츠임을 분명히 알 수 있다.

　　신규 서비스 중에서 디즈니의 OTT 서비스인 디즈니플러스, HBO 맥스, 애플TV 플러스는 서비스 개시 전부터 왕성하게 양질의 콘텐츠를 끌어 모으고 있다. 넷플릭스와 경쟁하는 훌루와 아마존비디오도 오리지널콘텐츠 투자를 확대하고 있다. 2018년 넷플릭스는 전해에 비해 두 배가 넘는 12조 원을 콘텐츠에 투자했다. 이는 디즈니, HBO가 콘텐츠 공급을 중단하고, 아마존, 애플 같은 거대 글로벌기업들이 오리지널콘텐츠 경쟁을 벌이는 것을 의식한 선제적 투자로 볼 수 있다. 아마존도 5조 원에 이르는 엄청난 콘텐츠 투자를 하며 지속적으로 투자비를 늘리고 있다.

2017년 넷플릭스가 확보하는 콘텐츠 가운데 외부로부터 구매한 비율이 76%이고 오리지널콘텐츠를 자체 제작한 비율이 24%였다. 그러나 2019년 에는 구매 비율이 69%로 감소했고 오리지널 비율이 31%로 증가했으며, 2021년에 오리지널 비율이 50%에 이를 것으로 예상한다. 넷플릭스의 콘텐츠 투자는 양적 측면에서 기존의 콘텐츠사업자가 경쟁하기 힘들 정도의 규모로 이루어진다. 또한 질적 측면에서도 다른 사업자와는 확연한 차이를 드러낸다.

2019년 11월 20일에 국내에서 개봉한 넷플릭스 영화 〈아이리시맨〉(The Irishman)은 여러 가지 면에서 의미하는 바가 크다. 우선 이 영화는 넷플릭스보다 1주일 먼저 극장에서 개봉했다. 자신의 플랫폼을 위한 오리지널콘텐츠로 시작했지만 이제 콘텐츠생태계를 확장하고 있는 것이다. 극장개봉과 넷플릭스 서비스의 홀드백이 1주일인 것도 눈여겨볼 만하다. 현재 통상적인 극장개봉 후 홀드백은 3개월이고 최소 3~4주가 지나야 극장개봉 후 유료방송에서 서비스된다는 점을 감안할 때 1주일은 매우 짧은 홀드백이다. 이런 이유로 기존 극장사업자들은 넷플릭스 영화상영을 반대했지만, 규모가 작은 영화관을 시작으로 넷플릭스가 자사의 영화를 1주일 이내로 홀드백을 두고 상영했다.

또한 〈아이리시맨〉은 세계 최초로 디에이징(de-aging) 기술을 적용한 작품으로 촬영 당시 76세였던 로버트 드니로가 20대 청년부터 40대 중년, 80대 노년까지 연기했다. 조 페시(76), 알 파치노(79)도 50년의 세월은 넘나들면서 연기하는 모습을 보여준다. 대역을 쓴 것이 아니라 같은 배우가 젊은 시절 모습과 나이든 모습을 함께 연기한 것이다. 디에이징 기술에 AI(Artificial Intelligent)와 데이터 추출기술을 접목하면서 가능해진 혁신이다.

넷플릭스의 오리지널 영화는 스타급 배우 캐스팅과 완성도 높은 제작을 통

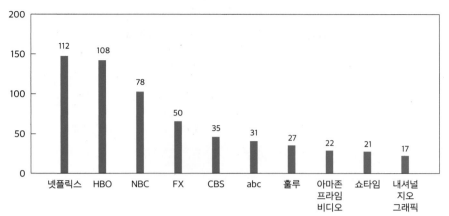

〈그림 4-8〉 채널별 에미상 후보작 수 (2018)

출처: Academy of Television Arts & Sciences.

해 극장과 TV의 동시배급이라는 새로운 유통방식을 개척하고 있다. 또한 넷플릭스가 제작한 오리지널콘텐츠들은 2018년 에미상 112개 부문 후보지명을 받음으로써 전통적 강자인 HBO (108개 후보지명) 를 제치고 선두에 나섰다. 〈그림 4-8〉에서 알 수 있듯이 넷플릭스는 NBC, ABC 같은 지상파사업자나 FX 같은 케이블 TV 네트워크와 비교해 압도적 차이를 보이고 있다.

참고문헌

김광호 외(2018). 《4차 산업혁명과 미디어의 미래》. 파주: 한국학술정보.

대학내일 20대연구소(2019). 〈유료 온라인 콘텐츠 이용실태조사〉. 서울: 대학내일.

방송통신신위원회(2018). 〈방송시장 경쟁상황 평가 자료집〉. 과천: 방송통신위원회.

아난드, 바라트(2017). 《콘텐츠의 미래》, 김인수(역), 서울: 리더스북.

유건식(2019). 《넷플릭소노믹스: 넷플릭스와 한국 방송미디어》. 서울: 한울.

정보통신정책연구원(2018). 〈글로벌 OTT 사업자의 국내 진입에 따른 미디어
　　　생태계 영향〉. 진천: 정보통신정책연구원.

조항제(2003). 방송영상산업진흥과 외주정책. 〈한국방송학회 세미나 자료집〉.
　　　과천: 방송통신위원회.

한국콘텐츠진흥원(2018). 〈한국콘텐츠 해외진출 확대를 위한 글로벌 플랫폼 조사
　　　연구〉. 나주: 한국콘텐츠진흥원.

한진만 외(2017). 《새로운 방송론 개정판》. 서울: 커뮤니케이션북스.

홍기선 외(2007). 《방송영상미디어의 이해》. 파주: 나남.

윤석암

1. 미디어기업의 비즈니스 모델 변화

1) 스트리밍서비스 증가

미국 인터랙티브 광고협회(IAB: Interactive Advertising Bureau)에서 2018년 12월에 발행한 〈영상지형 리포트〉(*Video Landscape Report*, 5th ed.)에서 영상 미디어서비스사업자를 다음과 같이 구분했다. 다채널방송사업자(MVPDs: *Multi Video Program Distributions*)란 기존의 유료방송사업자를 지칭한다. 차터, 컴캐스트, 콕스 같은 케이블TV 사업자, 위성방송사업자인 다이렉TV, 디시네트워크, 그리고 IPTV 사업자인 AT&T 유버스, 버라이즌 파이오스 등이 그 예다.

가상다채널방송사업자(vMVPDs: *Virtual Multi Video Program Distributions*)란 실시간채널과 VOD를 인터넷을 통해 서비스하는 사업자를 뜻한다. 이들은 유료방송을 해지하는 코드커팅이나 낮은 요금제로 전환하는 코드쉐이빙을 하는 가입자를 겨냥한 서비스다. 즉, 요금에 민감한 젊은 세대가 주고객이고 이들을 위해 기존 유료방송보다 채널수가 적고 요금이 저렴한 '스키니 번들'(Skinny Bundle) 상품을 출시하고 있다. 콘텐츠사업자들도 OTT 방식으로 직접 시청자들에게 DTC(Direct to Customer) 서비스를 하려 하지만 가입자 관리나 과금 같은 플랫폼사업은 비용이나 운용 측면에서 리스크가 크다. 가상다채널방송사업자들은 콘텐츠사업자들의 이런 상황을 반영해 대신 OTT 서비스를 해주는 것이다.

스트리밍디바이스(streaming devices)란 동영상을 인터넷을 통해 스트리밍으로 볼 수 있는 기기다. 유료방송의 셋톱박스 같은 역할을 하지만 유료방송 같은 전용 전송수단을 통하지 않고 앱 형태로 영상을 본다. 2018년 기준으로 미국 내 스트리밍디바이스 점유율은 37%로, 최대 스트리밍디바이스 사업자인 로쿠(Roku)는 기존 단말기 판매와 더불어 스트리밍 전후나 중간에 광고를 판매한다. 이는 또 다른 형태의 OTT 플랫폼으로의 변신이라 할 수 있다.

구독주문형 비디오사업자(SVOD)는 매월 또는 매년 일정 금액을 내는 정액제 기반의 유료동영상서비스사업자를 말한다. 가입자들에게 이용횟수와 상관없이 콘텐츠를 소비할 수 있는 서비스를 제공한다. 넷플릭스를 비롯하여 아마존비디오, HBO 나우, 훌루 등이 그 예다. 광고지원주문형 비디오사업자(Ad-Supported Streaming Service)는 콘텐츠 전후 또는 중간에 광고를 편성하여 무료로 콘텐츠를 서비스하는 사업자를 말한다.

〈표 5-1〉에서 알 수 있듯이 MVPDs 외 대부분의 사업자들은 스트리밍서비스 사업영역에서 제각각 역할을 하고 있다. 이미 MVPDs도 별도의 스트리밍 OTT 서비스를 개시했거나 준비하고 있다. 기존 방송미디어서비스는 가입자가 줄었다고 하지만, 이들이 운영하는 vMVPDs 가입자까지 포함하면 미국 유료방송사업 가입자는 실제로 늘었다.

〈표 5-1〉 미국 영상미디어서비스사업자 유형

구분	사업자
MVPDs	알티스, AT&T 유버스, 차터 스펙트럼, 컴캐스트, 콕스, 다이렉 TV, 디시네트워크, 버라이즌 파이오스,
스트리밍디바이스	아마존 파이어 TV, 애플 TV, 크롬캐스트, 로쿠
vMVPDs	다이렉 TV 나우, 푸보 TV, 홀루, 필로, 슬링 TV, 유튜브 TV
SVOD 스트리밍서비스	아콘 TV, 아마존비디오, HBO 나우, 홀루 플러스, 넷플릭스, 스타즈, 쇼타임, W 네트워크, 퍼니메이션 나우
광고지원주문형 비디오사업자	ABC, A&E, 체다, 소니 크랙클, 플루토, 투비 tv, XUMO

출처: Interactive Advertising Bureau, 2018

비단 플랫폼사업자뿐만 아니라 콘텐츠사업자들도 스트리밍 시장에 직접 뛰어들고 있다. 특히 넷플릭스의 성공에 위기를 느낀 미국 콘텐츠시장의 빅 3인 디즈니, 워너미디어, NBC 유니버설이 각각 디즈니플러스, HBO 맥스, 피콕이라는 스트리밍서비스를 직접 운영하겠다고 나섰다. 그동안 케이블TV로 누리던 거대한 수익을 포기할 만큼 대세는 스트리밍으로 굳어졌다고 판단한 것이다. 여기에 애플과 아마존, 유튜브 같은 ICT 기업까지 오리지널콘텐츠를 만들며 가세했으니 스트리밍 시장은 더욱 치열한 경쟁이 예상된다.

스트리밍 콘텐츠는 일반적으로 콘텐츠에 광고가 없다. 프로그램 전후에 삽입되는 광고, 또는 스토리가 이어지는 중간에 들어가는 광고는 이용자 입장에서 매우 불편한 것이다. 뿐만 아니라 작가나 감독 입장에서는 광고를 고려한 스토리 전개를 구성해야 한다. 즉, 광고 삽입 후에도 시청률을 유지하기 위해 이야기 중간중간에 불필요한 긴장감을 조성하느라 호흡이 짧은 콘텐츠를 만들 가능성이 높다. 하지만 광고가 없는 스트리밍 콘텐츠는 긴 호흡의 몰입감을 만들어낼 뿐 아니라 등장인물 성격을 깊이 있게 발전시키는 여유가 있다. 덕분에 시청자들이 등장인물에게 전보다 훨씬 더 애착을 갖게 됨으로써 시리즈에 대한 충성도가 높아지고 중독성도 강해졌다.

<표 5-2> 미국 OTT 서비스 요금 (2019)

(단위: 달러)

구분	출시 연도	월간 요금	연간 요금
넷플릭스(프리미엄)	2007	15.99	191.88
HBO 나우	2020(예정)	14.99	179.88
넷플릭스(스탠더드)	2007	12.99	155.88
훌루 노커머셜	2007	11.99	143.88
아마존프라임비디오	2006	8.99	99.99
넷플릭스(베이직)	2007	8.99	95.99
디즈니플러스	2019	6.99	83.88
애플 TV플러스	2019	4.99	59.88

출처: 유건식, 2019 외.

이런 현상의 결과물이 빈지워칭(binge-watching), 즉 콘텐츠 몰아보기다. 빈지워칭은 주말이나 휴가를 이용해 드라마 전편을 한꺼번에 몰아서 시청하는 새로운 시청행태를 뜻하는 말로 빈지뷰잉(binge-viewing)이라고도 한다. 시리즈물 방영 24시간 내에 전편을 시청하는 '몰아보기 완주자'(binge-racer)가 2017년 기준으로 840만 명에 달한다고 한다. 넷플릭스 오리지널콘텐츠에서 본격적으로 시작된 드라마 빈지워칭은 기존 플랫폼사업자의 광고사업에 부정적 영향을 주고 있다. 과거 시청자는 콘텐츠를 무료로 혹은 저렴한 비용으로 보기 위해서 프로그램 앞, 뒤, 중간에 편성된 광고를 수용하는 습관이 있었는데 빈지워칭은 이런 시청자의 습관을 약화시키는 것이다.

유료방송의 천국인 미국에서 스트리밍 OTT가 발전한 가장 큰 이유는 요금이 저렴해서이다. 전통적 유료방송인 케이블TV나 위성방송은 TV 서비스만 이용해도 프리미엄 영화나 시리즈를 포함할 경우 한 달 요금이 약 100달러이다. 반면 OTT는 한 달에 약 10달러면 서비스 이용이 가능하다. 요금에 민감하고 모바일에 익숙한 젊은층부터 OTT가 파고드는 이유다. <표 5-2>는 미국 월정액 OTT 서비스 요금 현황으로, 5~15달러 수준이다. HBO가 준비하는 HBO 맥스가 가장 비싼 16~17달러 정도로 예상된다.

초기 스트리밍 시장이 활성화되면서 1인가구 증가와 디지털에 익숙한 밀레니얼세대 중심으로 코드커팅 현상이 일어나고 꾸준히 기존 유료방송사업자수가 감소하고 있다. 그러나 시간이 흐를수록 유료방송과 스트리밍서비스를 함께 이용하는 코드스테이킹(cord-stacking) 현상이 늘고 있다. OTT가 유료방송의 보완재 역할을 하며 제각각의 가치를 부여하는 것으로 보인다. 전통적 유료 TV는 큰 화면에 켜면 바로 볼 수 있고, 채널서핑을 즐길 수 있으며, 대부분의 콘텐츠를 갖췄다는 장점이 있다. 한편 스트리밍서비스는 이용자 환경, 생활패턴 및 취향에 따라 플랫폼을 선택할 수 있으며 "나만의 기기를 통해 내 취향에 맞는 콘텐츠"를 시청할 수 있다는 점에서 밀레니얼세대 특성 부합한다.

미국사람들이 이용하는 OTT 서비스는 평균 2.3개이다. 하나의 OTT에 만족하지 못하고 여러 개의 OTT를 사용하는 것이다. 이는 저렴한 요금 때문에 유료방송에서 OTT로 옮겨간다는 가설에 반하는 사례일 수도 있다. 2000년대 후반 주택금융위기를 겪으면서 미국 경제가 어려워졌을 때 코드커팅이 시작되었고, 그 후 넷플릭스를 위시한 OTT가 등장하면서 유료방송 가입자가 지속적으로 감소하는 것은 사실이다. 하지만 사람들의 콘텐츠 소비 자체는 줄어들지 않았다. 복수의 OTT를 이용한다는 것은 OTT별로 고유의 오리지널콘텐츠를 서비스하기 때문이다. 미국 경제가 회복되면서 오히려 콘텐츠 소비에 지출하는 비용은 증가했다고 볼 수 있다.

미국 방송미디어업계의 유명인사인 제프리 카젠버그(Jeffrey Katzenberg)는 2020년 4월에 매우 차별적인 콘텐츠로 파격적인 OTT를 선보일 계획이다. 카젠버그는 1980～1990년대 파라마운트 영화사 사장과 디즈니 이사회 의장을 역임하고 드림웍스 스튜디오를 직접 설립하기도 한 전통적인 영화계 거물이다. 그런 그가 미디어 스타트업을 만들어 광고기반의 스트리밍서비스 '퀴비'(Quibi)를 준비 중이다. 이미 초기 투자금 10억 달러를 디즈니, 비아콤, 폭스, MGM, 소니로부터 유치하는 데 성공했고, 콘텐츠가 나오기도 전에 1억 달러에 이르는 사전 광고계약을 성사시켰다.

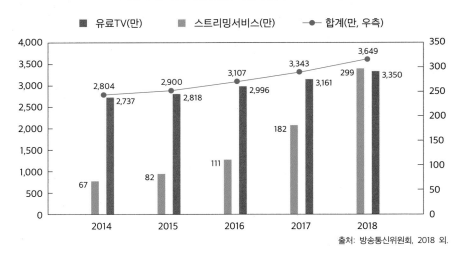

〈그림 5-1〉한국 유료방송 시장 현황 (2014~2018)

■ 유료TV(만)　　■ 스트리밍서비스(만)　　—●— 합계(만, 우측)

출처: 방송통신위원회, 2018 외.

할리우드와 실리콘밸리가 퀴비에 주목하는 이유는 카젠버그라는 인물의 역량도 고려되었겠지만 그가 지향하는 퀴비 서비스가 현재 시장의 트렌드에 적합하다고 판단했기 때문일 것이다. 카젠버그는 1990년대와 2000년대에 태어난 Z세대를 겨냥해 5~10분 내외의 모바일만을 위한 짧은 동영상을 만들 계획이다. 5분 이하의 동영상에는 10초, 5분 이상의 동영상에는 15초 광고를 게재하고, 광고가 없는 유료서비스의 경우 4.99~7.99달러의 요금제를 고려하고 있다. 퀴비는 '퀵바이트'(Quick Bites)의 준말이다. 간편하게 즐기는 한입거리라는 의미이다. 매주 125편, 1년 동안 총 7,000편의 새로운 콘텐츠를 제공하는 서비스로 넷플릭스의 프리미엄콘텐츠에 숏폼이란 날개를 단 것이라는 평이 지배적이다.

한국 유료방송은 현재까지 저가구조를 유지하기 때문에 코드커팅이 일부 1인가구나 젊은층에서 존재하지만 유료방송 가입가구를 감소시키는 일반적 현상은 아니다. 한국 유료방송 가구당 ARPU는 넷플릭스 요금과 비슷한 약 1만 1,000원으로 미국 80~100달러, 영국 40달러 대비 현격히 낮은 수준이다. 또한 한국 유료방송은 200여 개의 실시간과 무료 VOD, 월정액 기반의

SVOD, 홀드백이 짧은 영화편성 등으로 미국의 유료방송과 비교해 월등한 품질의 서비스를 제공하고 있다.

한국 OTT는 2012년 CJ가 티빙(TVING)을 개시하였고, 지상파 3사가 연합하여 푹(pooq) 서비스를 시작했지만 시장에서 커다란 호응을 얻지는 못했다. 통신회사인 IPTV 3사도 모바일 스트리밍서비스를 각각 시작했다. KT의 올레tv 모바일, SK브로드밴드의 BTV 모바일, 그리고 LG의 유플러스비디오포털 등이 있다. 이들은 각각의 IPTV 서비스를 보완하는 컴패니언앱(companion app), 즉 IPTV서비스의 모바일 버전이었다. 국내외 OTT 가입자가 꾸준히 증가하고 국내 IPTV 역시 가입자가 늘고 있어 국내 유료방송 가입자는 전체적으로 지속적 증가추세를 유지하고 있다.

하지만 향후 밀레니얼세대와 Z세대를 중심으로 소비자 시청행태는 분명히 변화할 것이다. 기술 변화 및 사업자 전략 등에 따라 코드커팅 현상이 발생할 가능성도 충분하다. 한국 미디어사업자들도 본격적으로 OTT 시장에 관심을 갖고 이에 대비하기 시작했다. 2016년 SK가 BTV 모바일과 SKT의 모바일동영상서비스 '핫질'을 통합하여 '옥수수'를 개시했다. 옥수수는 웹드라마 등 오리지널콘텐츠도 편성하며 기존의 IPTV 모바일 버전과 다른 독자적 OTT 서비스를 지향하고 있다.

비슷한 시기에 넷플릭스도 한국에 서비스를 개시하고 한국 영화 〈옥자〉와 한국 드라마 〈킹덤〉을 본격적으로 편성하면서 이용자가 늘기 시작했다. 특히 LG유플러스가 자사의 IPTV 서비스에 넷플릭스를 결합하면서 위기의식을 느낀 SK와 지상파 3사가 손을 잡고 푹과 옥수수를 통합하여 2019년 9월에 웨이브(Wavve)란 새로운 통합브랜드 서비스를 시작했다. 웨이브는 서비스 개시 두 달 만에 전체 가입자가 300만 명을 넘었고, 유료가입자만 140만 명 수준으로 현재 200만 유료가입자를 보유한 넷플릭스와 경쟁이 예상된다.

2) MCN의 진화

다중채널네트워크(MCN: *Multi-Channel Network*)란 인터넷 스타를 위한 기획사를 말한다. MCN은 유튜브 생태계에서 늘어난 수익을 내는 크리에이터 채널을 관리해 주는 사업자다. MCN은 소속 크리에이터에게 콘텐츠 기획, 프로모션, 파트너 관리, 디지털저작권 관리, 수익창출과 판매를 지원하는 매니저 역할을 한다. 최근에는 크리에이터만 육성하는 것이 아니라 영상제작이나 영상 플랫폼을 직접 운용하기도 한다.

MCN은 유튜브와 함께 미국에서 시작되었다. 유튜브는 사용자가 직접 제작한 동영상을 올리고 또 다른 사용자가 이 동영상을 광고와 함께 시청하는 동영상 공유 서비스다. 유튜브는 일정 규모 이상의 광고수익이 발생하면 콘텐츠 제공자에게 광고수익의 일부를 배분하는 구조로, 경쟁력 있고 인기 높은 채널들이 높은 광고수익을 올리는 방식으로 운영된다. 이 과정에서 크리에이터와 MCN은 수익배분을 하는데 유튜브가 크리에이터에게 주는 광고수익의 10~20%를 MCN이 배분받고 있다.

유튜브 서비스 개시 4년 후인 2009년에 메이커스튜디오(Maker Studio)가 설립되었다. 메이커스튜디오는 다양한 연령대의 폭넓은 시청자층을 두며 약 9,000만 명의 채널구독자를 보유하고 있다. 2014년 디즈니는 5억 달러에 메이커스튜디오를 인수하였고, 2017년 디즈니가 만든 새로운 MCN인 디즈니 디지털네트워크로 흡수시켰다. 2012년에 설립된 어썸니스TV는 10~20대를 겨냥하여 오리지널 웹시리즈, 텔레비전 쇼, 영화를 주요 콘텐츠로 제작·관리하는 MCN으로 전 세계에 약 9만 명의 크리에이터와 150만 명 이상의 구독자를 보유하고 있다. 2013년 드림웍스 애니메이션이 어썸니스TV를 인수하였으나, 드림웍스 애니메이션이 NBC 유니버설에 인수되면서 2018년 어썸니스TV는 비아콤에 인수되었다.

한국에서는 유튜브와 함께 아프리카TV에서 MCN이 새로운 생태계를 만

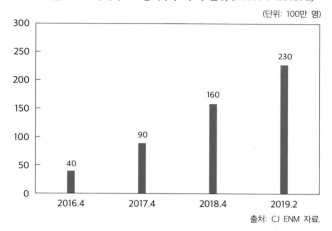

〈그림 5-2〉 다이아 TV 총가구수 추이 단위 (2016. 4~2019. 2)

(단위: 100만 명)

출처: CJ ENM 자료.

들어왔다. '별풍선'이라는 독특한 수익모델을 만들어낸 아프리카TV는 국내 유명 크리에이터들이 초기에 활발하게 활동한 플랫폼이다. 아프리카TV는 매년 10% 이상의 이용자 증가를 기록하면서 2018년 7월 한 달 이용자수가 660만 명으로 피크를 이루었으나, 유튜브에 비해 경쟁력이 떨어지면서 이용자수가 지속적으로 감소하고 있다.

한국 MCN 사업자 중에서 가장 활발하게 시장을 주도하는 또 다른 사업자는 CJ ENM이다. CJ ENM은 2013년 본격적으로 MCN 사업을 시작해서 '크리에이터 그룹'이라는 브랜드로 1인 창작자에 대한 마케팅, 저작권 관리, 콘텐츠 유통 등 다양한 분야를 지원해왔다. 2015년 5월 CJ ENM은 크리에이터 그룹을 '다이아TV'(DIATV: Digital Influence & Artist TV)로 바꾸고 크리에이터도 확대했다.

2018년 9월 기준으로 전체 1,400개 다이아TV 파트너 채널 중에서 구독자 10만 명 이상인 채널수는 363개다. 이들의 월 평균수익은 300만 원이며 상위 5%인 70개 채널의 월 평균수익은 약 1,500만 원이다. 2017년에는 실시간채널을 설립하여 유료방송 플랫폼에 채널을 공급하고 있다. 다이아TV는 유튜브 구독자수 2억 3,000만 명, 월간 콘텐츠 조회수 20억 회를 기록하며 해외

비중이 50%까지 확대되었다.

　2017년 이후에는 유튜브가 아닌 다른 OTT 플랫폼에도 콘텐츠가 유통되면서 다중플랫폼네트워크(MPN: *Multi-Platform Network*)란 사업자도 나왔다. 유튜브에만 의존하던 MCN 사업자들이 페이스북, 인스타그램, 중국의 유쿠, 네이버, 카카오 등 다수의 플랫폼에 동영상을 공급하면서 생긴 개념이다. 이제 MCN은 유튜브 맞춤 콘텐츠뿐만 아니라 다른 플랫폼에도 유통 가능한 고품질 영상을 만들어 라이선스 수익을 내는 미디어회사로 발전하고 있다. 자체 OTT 플랫폼을 구축하고 더 나아가 레거시플랫폼 등으로 콘텐츠 유통채널을 확대하고 있는 것이다.

　세계 3위의 MCN 업체인 풀스크린의 경우 '풀스크린 서비스'를 선보였는데 이 서비스는 한 달 요금 4.99달러로 오리지널시리즈, 영화를 포함해 800시간 분량의 콘텐츠를 즐길 수 있는, 넷플릭스와 동일한 구조다. 메이커스튜디오는 '메이커 TV'를 론칭하고 유튜브에서 유통하지 않는 프리미엄 콘텐츠를 제공하는 플랫폼을 통해 자신들만의 고객을 유치하기 위해 노력하고 있다.

3) 전통적 미디어사업자의 위기와 대응

전통적 미디어를 레거시미디어(*Legacy Media*)라고 한다. 레거시미디어란 현재에도 여전히 서비스를 하지만, 아날로그 시대부터 존재해온 미디어로 일반적으로 IPTV, 케이블 TV 서비스 사업자를 일컫는다. 디지털환경에서 출현한 뉴미디어를 강조하기 위해 이에 대비되는 표현을 사용한 것으로 보인다. 산업 전반이 디지털로 전환되면서 방송미디어 시장에 디지털기술로 무장한 새로운 사업자들이 지속적으로 진입하여 기존 사업영역의 경계가 허물어지고 있다. 향후 미디어 시장은 예측하기 어렵지만 더욱 경쟁이 치열해질 것은 확실하다.

　2005년 온라인동영상 시대를 열었던 유튜브는 영상을 기반으로, 음악시

〈그림 5-3〉 미국 유료방송사업자의 가구 가입률 (2012~2019)

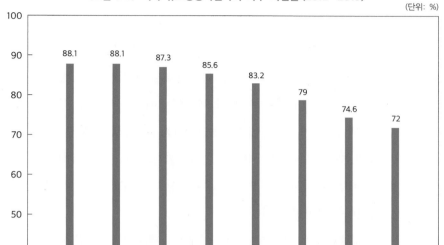

(단위: %)

출처: Kagan, 2019.

장, 검색시장까지 그 영향력을 확대하고 있다. 비슷한 시기에 출발한 페이스북, 트위터와 같은 소셜미디어는 초기에는 기존 미디어와 경쟁하는 양상이 아니었다. 하지만 2010년 이후 인스타그램, 스냅챗, 스노우 같은 다양한 소셜미디어가 나오고 동영상을 서비스의 중요한 기재로 하면서부터 방송미디어 영역으로 다가서고 있다. 2007년 넷플릭스로 시작된 OTT 서비스는 훌루, 아마존비디오가 가세하여 시장이 급속히 확대되었고, 신규사업자들이 경쟁적으로 OTT 서비스를 출시하는 현상을 낳았다.

　MCN 시장의 성장 역시 향후 방송미디어 시장에 변수로 작용할 것으로 보인다. MCN 사업자들은 기존의 유료방송사업자, 즉 컴캐스트, 버라이즌과 같은 레거시플랫폼사업자와 가입자 확보경쟁을 시작했다. 디즈니, 타임워너 같은 레거시콘텐츠사업자와는 콘텐츠 확보경쟁으로 충돌하고 있다. 이 과정에서 레거시사업자들은 가입자 이탈과 수익 감소로 심각한 위기를 느끼며 새로운 돌파구를 찾고 있다. 그러나 현재로서는 새로운 사업자들의 시장진입을 막을 수 있는 방법은 없는 듯하다. 〈그림 5-3〉에서 나타나듯이 미국 유료방송 가입자는 지속적으로 감소하고 있고, 감소폭이 늘고 있다.

지상파방송을 시작으로 지속적 발전을 해오던 레거시미디어로서는 유튜브와 넷플릭스가 확산된 초기에는 이들을 무시하거나 시장에서 고립시키려 했다. 그러나 고객들의 미디어 시청행태의 변화로 이러한 시도가 실패하면서 일차적으로 전통적 미디어사업자의 핵심역량이었던 전송수단이 무력화되었다. 이에 놀란 레거시미디어사업자들은 OTT 사업자들과 경쟁하기 위해 불가피하게 자체적인 OTT 서비스를 제공함으로써 새로운 서비스가 기존의 자사 서비스와 충돌하는 카니발리제이션(*cannibalization*)이 불가피한 상황까지도 받아들여야만 했다.

두 번째로 넷플릭스가 오리지널콘텐츠 투자를 확대하고 시장에서 선풍적 인기를 얻어가면서 레거시미디어와 콘텐츠 분야에서 경쟁이 불가피해졌다. 오리지널콘텐츠 확보경쟁이 본격화된 것이다. 단순한 오리지널콘텐츠 제작시장 경쟁뿐만 아니라, OTT 콘텐츠의 시청패턴인 빈지워칭 현상으로 인해 기존 콘텐츠의 홀드백이 무의미해지는 문제도 발생했다. 이로써 방송미디어산업의 가치사슬이 파괴되기 시작했고, 레거시미디어사업자들은 미디어산업의 가치사슬 변화를 주도하기 위해 총력을 다하고 있다.

이와 같이 기존 유료방송사업의 위기상황에 대해 레거시미디어의 대응은 플랫폼사업자와 콘텐츠사업자가 다른 양상을 띤다. 컴캐스트나 AT&T 등 플랫폼사업자들은 우선 플랫폼의 노화현상을 차단하기 여러 가지 대응책을 마련하고 있다. 미국의 최대 유료방송사업자인 컴캐스트의 경우 케이블TV의 기술경쟁력을 강화했다. 클라우드 기반의 새로운 양방향 플랫폼인 X1을 만들어 인터넷 환경과 유사한 TV 시청경험을 제공함으로써 OTT에 대응하고 있다.

X1은 다른 프로그램을 보고 있는 동안에도 TV쇼를 녹화하고 비디오를 클라우드에 저장하고, 나중에 원하는 기기로 콘텐츠를 스트리밍하거나 다운로드할 수 있는 DVR 기능이 있다. 또한 6개 튜너가 있어 6개 채널을 동시

에 녹화할 수 있으며, 스포츠 중계 시간이 늦으면 백업하여 볼 수 있다. X 1은 제목과 장르, 배우 등을 통한 음성검색, 시청이력을 기반으로 한 맞춤형 추천서비스, 음성주문, 날씨, 교통정보 제공 앱 등 기존 플랫폼의 UI와 UX를 고도화했다.

또한 2015년 컴캐스트는 X 1 이용자들을 대상으로 한 스키니 번들 OTT인 '스트림'을 출시하였다. 15달러에 HBO, NBC를 포함한 12개 채널과 수천편의 영화 및 TV쇼도 온디멘드로 내려받을 수 있다. 또한 밀레니얼세대 등 젊은 고객을 끌어들이기 위해 자사 디지털케이블TV 서비스인 X 1 고객들에게 어썸니스TV, 바이스 같은 MCN 콘텐츠를 중심으로 한 '왓챠블'이란 OTT를 무료로 제공한다. 2016년에는 넷플릭스와 제휴하여 자사 X 1에 넷플릭스를 입점시켰다.

한편, 디즈니나 타임워너 같은 콘텐츠사업자들은 젊은층을 겨냥한 새로운 플랫폼을 확보하는 데 주력하고 있다. 디즈니는 2014년 MCN인 메이커스튜디오를 인수하고, 디즈니 영화 콘텐츠를 검색, 구매할 수 있는 클라우드 기반의 OTT '디즈니 무비 애니웨어'를 출시하였다. 점차 소니픽처스, 유니버설픽처스, 워너브라더스 영화로도 콘텐츠를 확대해갔다. 또한, 넷플릭스, 아마존프라임과 직접 경쟁하기 위해 2019년 OTT 서비스인 '디즈니플러스'를 미국에서 론칭하였고 2022년까지 전 세계로 서비스를 확대할 계획이다. 요금은 월 6. 99달러로 넷플릭스보다 저렴하며 디즈니가 함께 운영하는 훌루, ESPN 플러스 세 서비스를 묶어 넷플릭스 프리미엄과 비슷한 수준인 12. 99달러에 이용할 수 있다.

이에 앞서 디즈니는 2016년부터 3년간 신작 영화를 넷플릭스에 독점 공급하고 있었지만 2019년을 끝으로 더 이상 영화를 공급하지 않기로 하고 마블과 스타워즈 시리즈 계약갱신을 중단했다. 워너미디어와 NBC 유니버설 역시 자사 서비스 출시에 맞춰 각각 시리즈인 〈프렌즈〉와 〈디 오피스〉의 넷플릭스 공급을 중단하기로 했다. 실제 넷플릭스의 외부 수급콘텐츠 중에서 디즈

〈표 5-3〉 미국의 3대 미디어기업의 영화 OTT 서비스

구분	디즈니플러스	HBO 맥스	피콕
지배기업	디즈니	AT&T	컴캐스트
출시(예정일)	2019. 11	2020. 5	2020. 4
콘텐츠	디즈니, 픽사, 마블, 루카스필름	워너, 터너, HBO	유니버설

니, 타임워너, NBC 유니버설 3사의 콘텐츠 비율이 63%에 달하기 때문에 당장 넷플릭스의 콘텐츠경쟁력은 약화될 것이다. 역설적으로 넷플릭스는 더욱 오리지널콘텐츠 투자를 강화해야 하는 상황에 직면한 것이다.

타임워너도 2014년 HBO 가입자들을 대상으로 하는 OTT 서비스인 'HBO GO'를 출시했고, 곧이어 HBO에 가입하지 않아도 이용할 수 있는 독립형 OTT 'HBO 나우'를 출시했다. HBO의 오리지널콘텐츠들이 HBO 최초 방영과 동시에 VOD로 제공되고, 일부 콘텐츠는 몇 시간 후에 제공된다. 요금은 14. 99달러로 넷플릭스의 프리미엄 요금과 비슷하다. 케이블TV 가입을 해지하는 코드커터를 대상으로 출시한 HBO 나우는 2018년 2월 기준으로 500만 가입자를 확보하였다.

타임워너는 향후 시장은 OTT 서비스를 더욱 강화하기 위해 기존 OTT 'HBO 나우'와 자매채널인 시네맥스의 스트리밍 OTT를 통합한 강력한 OTT 'HBO 맥스'를 2020년에 출시할 예정이다. 디즈니나 타임워너의 OTT 시장 진입은 이들의 콘텐츠가 넷플릭스에서 볼 수 없다는 점에서 넷플릭스의 콘텐츠 파워를 약화시킬 수 있다. 그러나 디즈니나 타임워너와 달리 넷플릭스는 독점 오리지널콘텐츠 라이브러리를 확보하고 있기 때문에 디즈니플러스나 HBO 맥스가 넷플릭스의 대체재보다 보완재 역할을 할 것으로 예상된다.

2. 방송미디어의 새로운 핵심역량

1) 인공지능

2016년 6월 9일 온라인 매체에 인공지능(AI: *Artificial Intelligent*)이 대본을 쓰고 사람이 연출한 첫 단편 공상과학 영화 〈선스프링〉(*Sunspring*)이 공개되었다. 1980~1990년대 공상과학 영화 대본 수십 개를 컴퓨터에 입력하여 AI가 이를 학습하고 8분 분량의 새로운 대본을 쓴 것이다. 이 영화의 시나리오 작가는 '벤자민'(Benjamin)이라는 이름을 가진 AI로 자신이 학습한 대본들에 나오는 전형적인 문자와 단어, 구절들을 엮어 각 배우들의 대사뿐만 아니라 배경음악의 가사, 무대지시까지 갖춘 완벽한 시나리오를 작성했다. IBM은 100편의 공포영화 트레일러를 미리 학습시킨 자사의 AI '왓슨'(Watson)으로 하여금 20세기폭스사의 AI에 대한 SF 스릴러 〈모건〉(Morgan)의 예고편을 만들도록 하여 이를 공개했다.

AI는 인터랙티브 콘텐츠 제작에도 활용되기 시작했다. BBC는 2017년 아마존의 AI 음성인식 플랫폼 '알렉사'(Alexa)를 통해 양방향 오디오드라마 〈더 인스펙션 챔버〉(The Inspection Chamber)를 공개했다. 라디오드라마와 게임이 접목된 혁신적 콘텐츠다. 청취자가 AI 음성인식 스피커를 통해 질문과 답변을 하고 선택한 캐릭터의 행동에 따라 스토리의 흐름이 변화하는 방식이다. HBO 미니시리즈 〈모자이크〉(Mosaic)는 모바일앱을 통해 시청자가 어떤 관점에서 이야기를 전개시킬 것인지 선택할 수 있는 선택권 제공하여 자신만의 시나리오 전개가 가능하다.

이처럼 AI 기술은 향후 콘텐츠 제작과정에 다양하게 사용될 것으로 보인다. 자동번역, 음성과 텍스트 간 자동변환, 음성합성, 영상생성, 메타정보 생성, 작곡, 자동촬영 등에 AI가 도입되어 활용될 것이다.

AI를 활용한 스포츠 중계의 경우 실시간으로 경기 내용이나 선수에 대한 부가정보 데이터를 추출하여 분석하는 AI 기술이 도입되었다. 미국 폭스 스포츠는 2019년 프랑스에서 열린 제8회 FIFA 여자 월드컵 경기 당시 선보인 '플레이어 스포트라이트'에서 IBM의 AI 왓슨을 적용하였다. 이 AI는 선수의 움직임과 패스, 골, 킥 등 다양한 정보를 수집해 경기 데이터로 구축한다. 이용자는 "각 영국 선수의 경기 기여도를 나타내시오"라고 입력만 하면 선수별로 볼터치, 반칙, 골, 태클 등의 기록과 이를 종합적으로 분석한 기여도 순위 그래프를 제공받을 수 있다.

플랫폼이 다양해지고 콘텐츠가 넘쳐나는 미디어 환경에서 이용자가 자신의 취향에 맞는 콘텐츠를 빠르고 편리하게 이용할 수 있도록 하는 것이 미디어사업의 핵심역량이 되었다. 이런 맥락에서 AI의 딥러닝 기술에 기반한 콘텐츠 큐레이션이 중요해졌다. 이용자가 많이 소비한 콘텐츠 데이터를 분석하고 이와 관련된 유사 콘텐츠를 추출하는 알고리즘을 통해 맞춤형 콘텐츠를 추천하는 것이다. 넷플릭스는 빅데이터를 기반으로 콘텐츠 유형을 7만 8,000가지로 구분하고, '시네매치'라는 자체 개발 알고리즘을 통해 취향에 맞는 영화를 추천해 줌으로써 비용절감은 물론 고객 만족도를 크게 향상시켰다.

미국의 유료방송 채널사업자 존 TV는 2017년 유료방송시청자들의 VOD 시청행태를 AI로 분석해 6,000시간, 7만 개의 에피소드를 확보했다. 그리고 이를 토대로 선별한 시청자가 선호할 만한 영상을 일반 TV 채널처럼 14개의 선형채널(linear channel)로 제공하여 컴캐스트, AT&T, 다이렉 TV 등 유료방송사업자와 파트너 계약을 체결했다. AI 기술을 유료방송산업에 적용한 최초의 사업자가 된 것이다.

AI 기술은 콘텐츠 제작, 추천은 물론이고 송출에도 적용된다. 넷플릭스는 2017년 영상콘텐츠의 각 장면을 개별적으로 평가하고 이를 기반으로 제공되는 이미지의 품질을 결정하는 AI 시스템 '다이내믹 옵티마이즈'(Dynamic Optimizer)를 공개했다. 시청자의 네트워크 속도와 영상 내 이미지 데이터 등을 분석하여 AI가 자동으로 영상의 품질을 조절하는 것이다. 기존 대부분의 스트리밍서비스가 시청자에게 직접 영상 품질을 결정하도록 한 것과 달리 네트워크 환경이 좋지 못한 상황에서 발생하는 영상의 끊김 현상을 원천적으로 차단하기 때문에 동일한 네트워크 환경에서 더 깨끗한 화질의 영상을 제공할 수 있다. 실제로 넷플릭스는 100kbps의 네트워크에서 '다이내믹 옵티마이즈'를 적용할 때와 그렇지 않을 때를 비교한 영상을 공개했는데, 해당 AI를 적용한 영상이 그렇지 않은 영상에 비해 두 배가량 향상된 화질을 제공한 것으로 평가되었다. AI가 스트리밍 방송서비스의 유통 환경을 전반적으로 변화시킬 수 있는 잠재력을 보유하고 있음을 보여준 것이다.

유료방송사업자들의 AI 적용은 음성인식 리모콘 개발에서 시작되었다. 2015년 컴캐스트는 디지털 케이블서비스인 X1 셋톱박스 사용자들을 대상으로 음성검색이 가능한 리모콘을 개발했다. 1,000명의 개발인력을 투입하여 애플과 아마존 수준의 AI 음성비서 기술을 개발한 컴캐스트는 2016년 브라질 리우 올림픽에서 그 진가를 발휘했다. 컴캐스트 계열사인 미국 NBC는 리우 올림픽 주간 방송사로서 모든 경기를 TV와 온라인을 통해 중계하고 이들 콘텐츠를 모두 저장했다. 컴캐스트 X1 가입자들은 250일 동안 하루 24시간 분량의 VOD 라이브러리 중에서 원하는 올림픽 경기를 음성으로 빨리 찾아볼 수 있었다. 종목·선수·국가별 검색기능이 있고 미국이 금메달을 딸 가능성이 클 때 알람을 설정할 수도 있다.

컴캐스트의 AI 음성비서는 또한 홈 IoT 서비스와 결합하면서 영상검색은 물론 조명, 가전제품, 가스밸브, 엘리베이터, 자동차 등 가정 내 기기들의 통합컨트롤러 기능을 하고 있다. 유료방송사업자가 AI의 기계학습을 사용하여 고객들의 경험을 변화시키는 것이다. 최근 한국 유료방송사업자들도 인공지능을 유료방송에 접목시키고 있다. 한국 최초로 SK 브로드밴드는 SK텔레콤이 출시한 AI 음성서비스인 '누구'(NUGU)를 IPTV에 연동시켜 BTV 시청자가 음성으로 채널선택이나 영화검색 같은 콘텐츠 컨트롤을 할 수 있는 AI 셋톱박스 'BTV 누구'를 출시했다. KT는 '기가 지니'(GIGA Genie)라는 AI 셋톱박스를 만들어 자사의 IPTV 가입자에게 배포하고 있다. LG유플러스는 자체적으로 AI 플랫폼을 개발하는 대신에 네이버 AI 플랫폼인 '클로바'(Clova)와 구글의 AI 비서인 '어시스턴트'(Assistant)를 연동시킨 서비스를 제공한다.

2) 빅데이터

레거시미디어의 콘텐츠서비스는 TV를 통해 이루어졌기 때문에 시청자 개인의 데이터를 쉽게 알 수 없었다. 불특정다수를 대상으로 하는 지상파는 물론이고 고유의 가입자를 보유한 유료방송조차 TV 시청자의 정보를 알기는 어렵다. 1인가구가 아니면 가입자와 시청자가 동일하지 않을 수 있고, 어느 시점에 누가 TV 시청을 하는지 알 수 없다. 레거시미디어에서는 다중(mass)의 시청자가 대상이었기 때문에 매스미디어(mass media)란 표현이 적절했다.

그러나 모바일미디어에서는 이용자 데이터 확보가 가능하기 때문에 이를 기반으로 빅데이터(Big Data)를 만들어 미디어서비스에 활용할 수 있다. 애플폰, 안드로이드폰 모두 개인을 식별할 수 있는 ADID(Advertising Identification)가 존재한다. 2014년 구글이 ADID를 도입했고 애플도 같은 개념의 ADID를 적용하고 있다. 검색광고를 하는 구글은 ADID를 통해 스마트폰 이용자의 모바일 광고에 대한 반응과 구매행동 등을 광고주가 추적할 수 있도록 했다.

당초 개인 대상의 효과적 광고를 위해 도입된 ADID로 인해 모바일미디어서비스를 이용하면 모든 이용자를 식별할 수 있게 되어 모바일미디어가 일종의 개인미디어(Personal Media)가 되었다. 이제 모바일미디어에서 확보한 이용자 개인들의 데이터를 바탕으로 콘텐츠를 공급하고, 가입자를 관리하고, 광고와 미디어 커머스 등 마케팅활동도 효과적으로 할 수 있다. 모바일 기기 이용자들은 미디어서비스 외에도 검색과 구매, 취미활동 등 다양한 일상활동을 하는데, 이 과정에서 쌓이는 이용자 데이터는 미디어서비스를 위한 빅데이터가 된다.

또한 모바일미디어를 통해 구축한 빅데이터는 전통적 유료방송 서비스에서도 활용할 수 있다. 사물을 연결하는 기술인 사물인터넷(IoT)은 이미 보편화되고 있기 때문이다. 모바일기기와 TV가 자동연동(*zero-configuration*)되어 TV를 시청하는 사람의 모바일 디바이스에 있는 다양한 데이터를 인식하는 것이 그 예다. 이런 기술은 데이터가 비실명정보와 같은 개인정보 보호체계를 갖추어야 하지만 동일한 개인을 특정하지 않아도 다양한 일상생활을 수많은 카테고리로 분류해 거의 개인의 특성과 유사하게 분석할 수 있다.

2019년 4월에 미국 이마케터는 18세 이상 미국인의 TV와 모바일의 매체별 일일 사용시간을 발표했다. 2014년 미국인은 하루에 4시간 29분 동안 TV 시청을 했고, 하루에 2시간 32분 동안 모바일기기를 이용하였다. TV를 모바일의 두 배 정도 사용한 것이다. 그러나 2018년엔 TV 시청시간이 줄어드는 반면 모바일 이용시간은 늘어나 두 매체의 사용시간이 비슷해졌다. 이런 추세는 꾸준히 지속되어 앞으로 모바일 이용시간이 TV 시청시간을 넘어설 것으로 예상된다. 이미 젊은층에서는 이러한 경향이 확산되고 있다.

3) 가상현실, 증강현실

가상현실(VR: *Virtual Reality*)이란 컴퓨터 등을 사용한 인공적 기술로 만들어낸 가상의 세계에서 실제와 같은 체험을 할 수 있도록 하는 기술을 의미한다. 이때, 만들어진 가상의 환경이나 상황 등은 사용자의 오감을 자극하며 실제와 유사한 공간적·시간적 체험을 하게 함으로써 현실과 상상의 경계를 자유롭게 드나들게 한다.

증강현실(AR: *Augmented Reality*)은 실제로 존재하는 환경에 가상의 사물이나 정보를 합성하여 마치 원래의 환경에 존재하는 사물처럼 보이도록 하는 컴퓨터그래픽 기법이다. 가상현실이 이미지, 주변 배경, 객체 모두를 가상 이미지로 만들어 보여주는 데 비해, 증강현실은 추가되는 정보만 가상 이

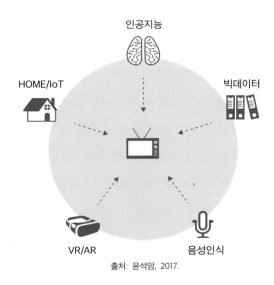

〈그림 5-4〉 뉴미디어의 핵심기술

인공지능

HOME/IoT

빅데이터

VR/AR

음성인식

출처: 윤석암, 2017.

미지로 만들어 보여준다. 즉, 증강현실은 현실세계의 실제 모습이 주가 된다는 점에서 가상현실과 다르다.

선댄스영화제 뉴프런티어 부문에서는 영화와 테크놀로지를 결합한 실험작들을 상영한다. 여기에는 AR, VR, MR, AI 등 새로운 매체를 이용한 작품들이 많이 출품됐는데, 특히 2015년 오큘러스리프트사가 제작한 VR 영화〈로스트〉는 큰 인기를 끌었다. 이 영화는 관객이 배경과 사건을 선택할 수 있고 어떤 결정을 하느냐에 따라 결말이 달라지는 구조를 가진 인터랙티브 콘텐츠이다. 한국에서도 2019년 한국콘텐츠진흥원에서 주관하는 실감콘텐츠 페스티벌에 인터랙티브 뮤지컬 영화〈안나, 마리 2〉가 출품돼 당선작이 되었다.

5G 시대가 열리면서 휴대폰으로도 VR 영화 시청이 가능해졌다. 미디어서비스와 VR의 접목을 시도하는 사업자는 KT, SKT, LG유플러스 등 국내 통신사업자들이다. KT는 스마트폰으로 촬영한 영상을 TV 화면과 합성해 보여주는 'TV 쏙'을 선보였고, GS 리테일과 함께 신촌에 도심형 가상현실 테마파크 '브라이트'를 오픈하였다.

160

VR을 미디어와 접목하는 실험은 계속되고 있다. SK텔레콤은 사용자가 직접 가상 콘텐츠를 제작할 수 있는 'T 리얼 VR 스튜디오' 플랫폼을 오픈한 데 이어, 가상공간에서 소셜 친구들과 함께 동영상콘텐츠를 보거나 아바타를 통해 대화할 수 있는 '옥수수 소셜 VR'을 서비스하고 있다. LG유플러스도 'U+ 아이돌 Live'에서 무대부터 관객석까지 360도 회전하며 감상하거나, 360도 가상현실 동영상을 즐길 수 있는 '비디오 포털'을 서비스하고 있다. SK브로드밴드의 '살아있는 동화' 서비스는 AR 기술을 활용해 사람의 얼굴을 카메라로 촬영하여 동화 속의 인물과 합성하면 실제 인물의 얼굴이 동화 속 주인공으로 나오는 신개념 북서비스를 통해 실감형 서비스를 제공한다.

머지않은 미래에는 VR, AR 등을 활용한 실감형 콘텐츠들이 제작되어 일반 사용자들에게 몰입감 높은 경험을 제공할 것으로 보인다. 특히 공연, 스포츠, 관광 프로그램의 경우 이미 홀로그램, VR·AR 기술을 적용한 콘텐츠들이 선보이기 시작했다. 실제 경기장에서 관람하는 상황을 연출한다거나, 다시점(multi-view) 영상 지원, 홀로그램 기술을 이용하여 각기 다른 장소에 있는 가수들이 한 무대에 있는 것처럼 연출하는 것도 가능해졌다.

3. ICT 미디어사업자

1) 운영체계 주도형 미디어사업자: 구글

구글(Google)은 2010년 10월 세계 최초 스마트 TV인 '구글 TV'를 출시했다. 구글은 스마트폰 운영체계(OS: Operating System)인 안드로이드(Android)를 TV에 적용하여 웹과 모바일에 이어 TV 플랫폼에 대한 영향력 갖고자 했다. 구글 TV에서는 유튜브, 넷플릭스, 아마존비디오와 같은 동영상서비스를 비롯해 구글뮤직, CNN, 〈월스트리트 저널〉, 트위터(SNS), 냅스터(MP3), 판도라(웹라디오) 등의 최적화 앱을 제공하였다. "TV는 웹을 만나고, 웹은 TV를 만난다"(TV meets Web, Web meets TV) 라는 슬로건이 나타내듯이 구글은 웹을 그대로 TV에서 구현하여 유료미디어콘텐츠는 물론 게임까지 결합된 TV 플랫폼을 지향했다.

그러나 구글TV는 복잡한 UI와 콘텐츠 확보 실패, 불안정한 시스템 등으로 시장에 안착하지는 못했다. 특히 콘텐츠사업자들은 지상파를 중심으로 콘텐츠를 제공하지 않았다. 구글TV의 성장이 유료방송을 포함한 기존 시장을 잠식할 우려가 있다고 판단했기 때문이다. 또한 구글에 콘텐츠를 제공하면 인터넷이나 모바일 환경에서 콘텐츠 관리가 어려워져 불법으로 자신들의 콘텐츠가 유통될 수 있다고 보았다.

미국에서는 구글TV가 인기를 끌지 못했으나 글로벌 시장에서 일부 방송미디어사업자들은 구글TV를 도입했다. 한국에서는 2012년 LG유플러스가 자사의 IPTV 서비스와 구글TV를 결합한 'U+ G' 서비스를 개시했다. 국내 IPTV 3위 사업자인 LG는 선발사업자들과의 차별화포인트로 젊은층을 겨냥한 구글 OS를 내세운 것이다. 이러한 전략은 어느 정도 효과를 발휘하여 초기에 젊은층을 중심으로 가입자가 확대되었다.

2013년 구글은 구글TV의 실패를 만회하기 위해 소형 미디어 스트리밍 단말기인 '크롬캐스트'(Chromecast)를 공개했다. 이 기기는 USB처럼 생긴 2인치 크기의 동글(dongle)로 TV에 꽂아 오디오나 비디오를 와이파이로 수신해 TV로 스트리밍 재생을 할 수 있다. 가격은 35달러로 안드로이드뿐 아니라 아이폰, 아이패드, 맥, 윈도우 PC 등 어떤 기기든지 TV와 연결해 큰 화면으로 볼 수 있게 해준다. 저렴한 비용으로 온라인동영상을 볼 수 있다는 점에서 엄청난 인기를 끌어 2014년 전 세계적으로 2,000만 개 이상 판매되었다.

구글은 2014년 TV에서 사용하기 쉽도록 더 직관적인 UI를 갖춘 '안드로이드TV'를 새롭게 선보였다. TV를 켜면 바로 영화나 TV 프로그램을 검색할 수 있고 비디오 스트리밍서비스를 이용할 수 있는 것이 특징이다. 국내 케이블TV나 IPTV 사업자와 같은 유료방송사업자도 일부 셋톱박스에 안드로이드 OS를 적용하여 서비스하고 있다. 가장 적극적으로 구글 서비스를 수용한 사업자는 LG유플러스로 안드로이드 OS를 탑재한 셋톱박스를 출시했다.

LG유플러스는 2017년 유튜브 키즈 등 구글 콘텐츠를 활용한 어린이 전용 서비스 '아이들 나라' 등으로 같은 해 국내 유료방송사업자 중 신규 가입자를 가장 많이 확보했다. 안드로이드 OS의 가장 큰 장점은 유튜브 콘텐츠를 TV에서 편리하게 볼 수 있다는 것이다. 특히 어린이가 있는 가정에서는 유튜브 키즈를 TV로 시청할 수 있는 '아이들 나라'가 폭발적 인기를 끌었다.

이에 놀란 다른 유료방송사업자들도 안드로이드 OS를 자사 플랫폼에 적용하기 시작했다. 구글 OS는 시장의 지배적 사업자보다 후발사업자나 규모가 작은 방송미디어사업자에게 매력적인 프로그램이다. 왜냐하면 구글 OS를 사용하면 방송플랫폼을 자체 개발하지 않아도 VOD 물론 게임과 다양한 앱서비스를 TV에서 구현할 수 있기 때문이다.

최근 구글은 구글TV를 지속적으로 고도화하고 방송미디어사와 서로 윈윈할 수 있는 협력체계를 구축하고 있다. 구글은 강력한 안드로이드 OS를 통해 전 세계 유료미디어사업자들을 자사의 OS 네트워크 체계로 묶음으로써 방송미디어 시장에서 영향력을 행사하고 있다.

2) 서비스 주도형 사업자: 유튜브

유튜브는 구글이 운영하는 동영상 공유서비스다. 전 세계적으로 54개 언어를 지원하는 다국어 서비스이며 일부 서비스를 제외하고는 무료로 이용할 수 있다. 유튜브(Youtube)는 당신(*You*)과 브라운관(*Tube*, 텔레비전)의 합성어로 '당신의 텔레비전'이란 의미를 담고 있다. 전통적 의미에서 유튜브는 방송미디어 매체는 아니지만 미디어 환경 전체에 가장 영향을 많이 끼치는 서비스이다. 더구나 콘텐츠를 공급하는 사업자와 콘텐츠를 이용하는 소비자로 구분되는 기존의 방송미디어생태계를 완전히 파괴하고 새로운 생태계를 조성하고 있다는 점에서 가장 파괴적인(disruptive) 뉴미디어라고 할 수 있다.

유튜브는 2005년 서비스가 개시되었다. 한국의 IPTV가 2008년에 시작된 것을 감안하면 IPTV보다 오래된 미디어다. 통신기술의 발달과 모바일 디바이스의 보편화로 생긴 수많은 모바일 기반의 앱 중 하나이기도 하다. 전통적 방송미디어사업자들이 사용자에게 콘텐츠를 일방향으로 전하는 서비스를 제공하는 데 비해, 유튜브는 사용자가 직접 콘텐츠를 제공하고 이를 다른 사용자가 이용하면서 이 과정에서 광고 등 비즈니스가 이루어지는 서비스를 제공한다.

수많은 크리에이터들이 유튜브에 자신의 채널을 만들어 영상을 올리고 있고, 광고주들도 유튜브의 광고효과를 인정하여 광고비중을 늘리고 있다. 따라서 유튜브에 영상을 올리는 크리에이터들은 이런 광고수익을 유튜브와 공유하면서 수입을 얻는다. 일반인들로 시작된 크리에이터 그룹에는 전문가들도 참여해 기존 방송미디어와 무관한 다양한 영상을 제작하면서 유튜브에서 활발히 활동 중이다. 연예인은 물론 정치인, 변호사나 의사 등 전문지식인, 어린아이 등 남녀노소를 막론하고 직업을 불문하고 유튜브에 동참하고 있다.

유튜브 사용자수는 전 세계적으로 13억 명에 달한다. 미국을 제외한 국가에서 발생하는 유튜브 재생비율이 80%일 정도로 전 세계의 모든 사람들이 유튜브에 열광하고 있다. 한국도 스마트폰 사용자 2명 중 1명은 최소 한 달에 한 번 이상 유튜브에 접속하여 사용자당 월평균 15시간 정도 시청한다. 무엇이 사람들로 하여금 이렇게 유튜브에 열광하게 하는가? 사람마다 다르게 생각할 수도 있지만 공통적 이유는 다음과 같다.

첫째, 무료로 영상을 시청할 수 있다. 전통미디어 매체는 어떤 형태로든 비용을 지불해야 하는 데 비해 유튜브에서는 무료로 영상을 감상할 수 있다. 특히, 통신기술이 발달하면서 무제한 데이터 요금제 등이 생겨 동영상 시청에 필요한 통신 데이터 요금이 저렴해지고, 어디서나 모바일동영상을 시청할 수 있는 와이파이 등 통신환경이 잘 갖추어지고 있다. 이런 배경에서 무료서비스에 익숙한 젊은층이 먼저 유튜브에 접근하기 시작했다.

둘째, 전 세계의 엄청난 양의 새로운 콘텐츠를 즐길 수 있다. 유튜브에서는 기존 미디어 영상은 물론이고 일반인들이 만든 영상도 시청할 수 있다. 또한 최근 영상부터 수십 년 전 영상까지, 자국 영상부터 지구 반대편 나라의 영상까지 그야말로 모든 형태의 영상을 향유할 수 있다.

셋째, 검색 서비스가 편리하고 다양하다. 유튜브는 세계 최고의 검색엔진을 자랑하는 구글이 운영하고 있다. 텍스트 검색 외에도 최근 재생 동영상, 맞춤 동영상 등 AI 알고리즘이 사용자의 기호를 파악하고 분석해서 최적의 검색 결과와 관련정보를 추천해 준다.

마지막으로, 큐레이션, 즉 개인화 추천기술이 뛰어나다. 구독채널과 시청기록, 관련영상 기반의 추천알고리즘이 이를 뒷받침해 준다. 검색이 불가능한 어린아이들도 마치 유튜브를 검색하면서 보는 것처럼 느껴질 때가 있다. 그만큼 유튜브는 직관적이고 자연스러운 UI와 추천기술이 적용된다.

유튜브는 2016년 프리미엄 유료 동영상서비스 '유튜브 레드'와 음악 동영상 전용 모바일앱 '유튜브 뮤직'을 출시했고 같은 해 12월에 아시아에서 최초로 세계에서 5번째로 한국에서 서비스가 개시되었다. 광고를 동영상에 삽입해 수익을 내는 무료 유튜브와 달리 월정액을 받고 광고 없는 동영상을 제공하는 유튜브 레드는 광고시청을 꺼리는 사용자들을 대상으로 한다. 유튜브 레드는 다양한 프리미엄 기능을 제공하는데, 우선 인터넷에 연결되지 않아도 동영상과 재생목록을 휴대기기에 저장해서 오프라인 시청이 가능하다. 뿐만 아니라 다른 앱으로 전환하거나 화면이 꺼진 상태에서도 모바일기기로 동영상을 재생할 수 있는 백그라운드 재생이 가능하다.

또한 유튜브 레드는 유튜브 오리지널콘텐츠를 제공한다. 유튜브는 지금까지 기존 방송미디어와 다른 서비스로 알려졌지만, 유튜브 레드는 오리지널콘텐츠 제작·공급이라는 관점에서 기존 매체와 경쟁관계를 형성할 가능성이

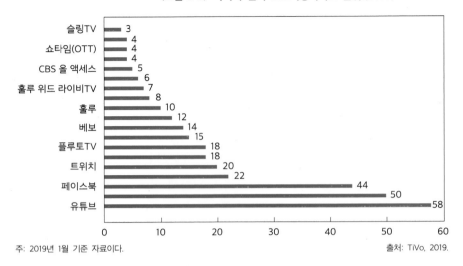

〈그림 5-5〉 북미의 인기 스트리밍서비스 순위 (2019)

주: 2019년 1월 기준 자료이다.　　　　　　　　　　　　　　출처: TiVo, 2019.

크다. 유튜브가 본격적인 오리지널콘텐츠 제작에 뛰어든 것은 아니고, 향후 이를 위해 얼마나 투자할지도 미지수이지만, 유튜브 레드의 성패는 콘텐츠 확보에 있다고 할 수 있다. 기존 콘텐츠이든 오리지널콘텐츠이든 무료에 익숙한 유튜브 이용자들에게 월정액 비용만큼 가치 있는 콘텐츠를 제공하는 것이 유튜브 레드의 중요한 과제인 것이다.

유튜브 TV는 2017년 4월 미국 뉴욕, 샌프란시스코 등 5개주에서 시작한 OTT TV 서비스로 2019년 4월에는 미국 전역 서비스가 가능하게 되었다. 2019년 현재 서비스로는 VOD와 9개월간 녹화영상을 클라우드에 저장할 수 있는 DVR 서비스가 있다. 이외에도 ABC, CBS, NBC, 폭스 등 주요 지상파와 FX, AMC, CNN, 디스커버리 등 주요 케이블 TV 네트워크 등 총 70개 실시간채널을 보유하고 있다. 각 가입자에게는 6개 계정이 주어지며 3개의 동시시청이 가능하다. 또한 유튜브 TV 가입자는 유튜브 레드와 유튜브 뮤직 서비스까지 제공받는다. 유튜브 TV 월정액은 35달러로 넷플릭스 등 다른 OTT 월정액 10달러에 비하면 다소 높지만, 실시간 서비스가 된다는 점을 고려하면 동일한 미국 유료방송서비스의 반값인 셈이다.

3) 디바이스 주도형 미디어사업자: 애플

애플(Apple)은 동영상 스트리밍서비스인 '애플TV 플러스'를 2019년 11월에 전 세계 100개국에 출시했다. 애플TV 플러스의 오리지널콘텐츠 확보를 위해 서비스 초기에 약 60억 달러를 투자하고 추가적 콘텐츠 보강을 위해 투자를 확대할 예정이다. 그러나 애플TV 플러스의 성공 여부에 대해서는 부정적 전망이 우세하다. 이미 OTT 시장은 넷플릭스나 아마존프라임, 훌루 등이 장악하고 있고, 강력한 콘텐츠 파워를 가진 디즈니, 워너, 유니버설도 경쟁에 가세했다. 이런 마당에 애플은 왜 승산이 희박한 OTT 시장에 뛰어들어 콘텐츠에 투자하는 것일까?

애플의 콘텐츠사업은 주력사업인 하드웨어 부문을 지원하고 보완하는 성격을 지닌다는 점에서, 다른 OTT 사업자들과 동일선상에서 평가할 수 없다. 애플TV 플러스는 전 세계의 14억 개 애플 기기 사용자들이 잠재고객으로 분류될 정도로 브랜드 파워가 막강하다. 애플TV 플러스는 월 4.99달러로 제공되며, 신규 아이폰(iPhone), 아이패드(iPad), 맥(Mac) 구매자들에게는 1년간 무료로 제공된다. 삼성·LG·소니 스마트 TV에서는 앱이 연동이 된다.

그러나 모바일 디바이스와 PC에서는 애플 기기에만 구독이 가능한 애플TV 플러스는 애플 디바이스 이용고객의 이탈을 막고 신규 구매를 유인하기 위해 미디어서비스에서의 손해를 감수하고 서비스를 유지할 것이다. 애플이 미디어 시장을 노리는 이유다. 또한 애플의 막대한 현금 보유력을 고려한다면 향후 추가적 콘텐츠 투자 여력이 충분하다는 점은 간과할 수 없다. 실제로 애플TV 플러스 론칭 행사 이후 스티븐 스필버그의 〈어메이징 스토리〉, 오프라 윈프리의 새로운 토크쇼 등 콘텐츠 제작에 1조 원이 넘는 금액이 투입되었다.

4) 커머스 주도형 미디어사업자: 아마존

아마존프라임 (Amazon Prime) 은 프라임구독자를 위한 유료구독서비스의 하나로 일반 아마존 고객은 추가비용을 내야 이용할 수 있는 서비스다. 2018년 4월 아마존프라임 구독자가 전 세계에서 1억 명으로 전체 가입자의 50%를 넘어섰다. 아마존프라임은 연회비 99달러에 무료배송, 무제한 OTT 서비스 시청, 음악스트리밍서비스 이용이 가능하다.

아마존의 VOD 서비스 이름은 '아마존프라임비디오'이다. 2006년에 '언박스'(Unbox) 란 브랜드로 시작하여 중간에 '아마존인스턴트비디오', '아마존비디오' 등 몇 차례 서비스 브랜드를 바꾸었다. 콘텐츠도 초기의 고상한 작품 영화에서 벗어나 대중적 인기영화와 TV 시리즈는 물론 아마존 오리지널콘텐츠도 제공하고 있다. 2017년부터는 미식축구 NFL, 테니스 US 오픈 등의 중계권을 구입하며 스포츠 콘텐츠도 확보했다. 2019년부터 2022년까지 3년간 영국의 프리미어리그 라이브스트리밍 판권을 확보하고 가입자에게 서비스할 예정이다. 월정액은 5.99달러이지만 신규고객은 2.99달러에 6개월간 이용할 수 있다. 수천 개의 비디오가 있고 프라임 멤버십이 없어도 대여나 구매가 가능하며 100개의 유료채널이 있다.

아마존은 오리지널에도 과감한 투자를 한다. 2020년에 제작해 2021년부터 공개될 〈반지의 제왕〉TV 시리즈는 판권 가격만 2억 5,000만 달러로 아마존이 넷플릭스와 경쟁해 확보한 콘텐츠다. 첫 시즌은 시리즈 역사상 최대 제작비인 10억 달러를 투자해 만들 계획이다. 역대 시리즈 제작비 1위는 HBO가 만든 〈왕좌의 게임〉 시즌 8로 편당 1,500만 달러, 6개 에피소드 합계 총 9,000만 달러였다. 2위는 넷플릭스가 만든 〈더 크라운〉으로 편당 1,300만 달러였다. 아마존은 이들보다 거의 10배 제작비를 들인 오리지널시리즈를 구상하는 것이다.

미국 OTT 서비스 시장에서 아마존프라임서비스는 시장점유율 25% 수준이다. 현재 전 세계를 대상으로 스트리밍서비스를 하는 회사는 넷플릭스와 아마존프라임비디오 두 곳뿐이며, 아마존프라임비디오의 글로벌서비스는 2016년 12월부터 시작되었다.

5) 콘텐츠 주도형 미디어사업자: 넷플릭스

넷플릭스는 1997년 미국의 소규모 DVD 우편배달서비스 사업자로 시작하여 현재 글로벌 시장에서 가장 영향력 있는 방송미디어사업자다. 2019년 6월 기준으로 190개국에서 1억 5,156만 명의 유료 가입자를 보유한 세계 최대의 동영상 스트리밍서비스이면서 콘텐츠 투자도 가장 많이 한다. 현재 방송미디어산업계의 생태계는 넷플릭스 이전과 이후로 나눌 수 있을 정도로 넷플릭스의 존재감은 크다.

1997년 8월 29일에 마크 랜돌프(Marc Randolf)와 리드 헤이스팅스(Reed Hastings)가 미국 캘리포니아에서 넷플릭스를 설립했다. 넷플릭스(Netflix)는 인터넷을 뜻하는 넷(Net)과 영화 주문을 뜻하는 플릭스(Flicks)를 합친 단어다. 홈무비대여사업으로 시작한 넷플릭스는 당시 시장을 장악하고 있던 블록버스터(Blockbuster)와는 달리 오프라인 체인점이 없이 온라인 웹사이트로만 월정액 회원을 모집해 비디오와 DVD를 배송하는 서비스를 했다. 1999년에는 월정액 기반의 무제한 DVD 우편대여서비스를 시작했다.

그러나 2000년대 초 닷컴버블에 따른 경기불황으로 계속 적자를 보던 넷플릭스는 2000년 블록버스터에 5,000만 달러에 매각을 제안했으나 거절당했고 블록버스터는 2010년 9월에 파산했다. 몇 번의 파산위기를 넘긴 넷플릭스는 2007년 온라인 스트리밍서비스 개시했다. 당시 온라인서비스에 대한 불신을 가졌던 할리우드 제작사들은 콘텐츠를 제공하지 않아 겨우 1,000편으로 스트리밍을 시작했다. 그러나 역설적으로 이 같은 콘텐츠 확보의 어려움은 오히려 넷플릭스가 차별적 방식으로 성공할 수 있는 원동력으로 작용하였다.

즉, 넷플릭스는 할리우드 대작 영화 대신에 구입 가능한 구작 영화를 최대

〈그림 5-6〉 넷플릭스의 콘텐츠 투자규모 추이 (2011~2018)

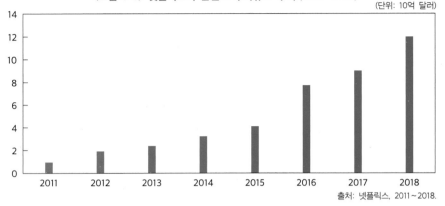

(단위: 10억 달러)

출처: 넷플릭스, 2011~2018.

한 정교하게 추천하게 됐고, 메이저방송사보다 비교적 규모가 작은 방송사의 TV 시리즈에 관심을 가지게 됐다.

넷플릭스는 사업 초기인 1997년부터 DVD 대여사업 비용을 최적화하고 고객을 지속적으로 유지하기 위해 추천기술을 적용해왔다. 2000년엔 고객 맞춤형 영화 추천시스템인 '시네매치'(Cinematch)라는 자체 추천알고리즘을 통해 영화에 대한 고객의 기대를 만족시켜 인기를 끌었다. 시네매치를 통한 추천방식은 넷플릭스로 하여금 신작이나 인기작에만 대여가 몰리지 않게 하여 재고관리나 유통비용을 절감하는 효과를 낳기도 했다.

넷플릭스는 개인 추천엔진을 개발하여 고객 맞춤형 추천서비스를 제공한 첫 번째 온라인 스트리밍서비스다. 가입자 중 스스로 검색을 통해 프로그램을 선택하는 비율이 20%인 데 비해, 추천시스템을 활용하는 가입자는 80%로 추천시스템은 넷플릭스의 핵심적 기능이다.

넷플릭스는 총 직원의 약 3분의 1, 1, 500여 명의 R&D 인력을 보유했으며 매출의 10%를 R&D에 투자한다. 다수의 콘텐츠 중에서 개인화 UX 알고리즘과 추천알고리즘을 통해 시청자 각 개인에게 특화된 콘텐츠를 추천한다. 빅데이터와 머신러닝 기술을 이용해 정밀하게 콘텐츠 특징을 분석하고 이를 개인의 특성을 파악하는 알고리즘에 적용해 정교하게 개인별 특징에 맞추어

<표 5-4> 넷플릭스의 디지털 오리지널 연도별 제작 현황 (2016~2018)

구분	2016	2017	2018
총 신규 타이틀 수	600여 편	640여 편	680여 편
오리지널 타이틀 수	91편	172편	323편
비중	약 15%	약 27%	약 48%

출처: Los Angeles Times, 2018.

추천한다. 현재는 각 고객에게 개인화된 서비스 페이지를 알려 주는 콘텐츠 추천을 위해 총 15개의 머신러닝 알고리즘을 사용한다. 이외에도 넷플릭스는 콘텐츠를 구입하고 가격을 결정하는 과정에도 머신러닝 기술을 적용한다.

넷플릭스는 2018년 매출액이 158억 달러이다. 그런데 〈그림 5-6〉을 보면 콘텐츠에 120억 달러를 사용했고, 그중 오리지널콘텐츠 신규제작에 투입한 비용은 80억 달러다. 전체 예산의 76%를 콘텐츠 확보에 투자한 것이다. 이는 2017년의 89억 달러 대비 35%p 증가한 규모이며 2019년에는 총 150억 달러 규모까지 증가할 것으로 예상된다. 디즈니나 유니버설 등 미국의 전통적 콘텐츠기업의 콘텐츠 투자비용이 일반적으로 전체예산의 60%라는 사실을 감안하면 넷플릭스가 얼마나 콘텐츠 투자에 적극적인지 알 수 있다.

2020년에 디즈니, 워너미디어 등 콘텐츠제작자들이 OTT 서비스에 진입하며 이들은 이미 넷플릭스에 콘텐츠 공급을 중단하겠다고 발표했다. 따라서 넷플릭스의 오리지널콘텐츠 투자는 더욱 증가될 수밖에 없다. 2018년 한 해 동안 700여 편의 오리지널 TV 프로그램과 80여 편 오리지널 영화, 30개의 애니메이션 시리즈 콘텐츠를 확보함으로써 전체 콘텐츠의 절반 이상을 오리지널콘텐츠로 채웠다. 2016년 신규 확보 콘텐츠 중 오리지널콘텐츠 비율은 15%였으나 2018년에는 48%까지 확대되었다.

2017년 넷플릭스는 스코틀랜드 코믹북 출판사인 밀러월드(Millarworld)를 인수했다. 넷플릭스 최초 인수기업이 된 밀러월드는 원티드, 킹스맨, 올드맨 로건(울버린) 등의 판권을 보유하고 있고, 넷플릭스 레이블로 마블이나 루카

스필름에 필적하는 새로운 스토리와 캐릭터 프랜차이즈를 만들어갈 것으로 보인다. 2018년은 넷플릭스 오리지널콘텐츠 전략에서 또 하나의 분기점이다. 넷플릭스는 이제 스튜디오로부터 콘텐츠를 공급받는 서비스에서 스스로가 스튜디오처럼 콘텐츠 IP를 보유한 콘텐츠사업자가 되고자 하는 것이다.

넷플릭스는 고객들의 취향을 데이터를 통해 꼼꼼히 분석해 성공요소를 제작자에게 전달하는 방식으로 콘텐츠를 제작한다. 스토리, 주인공, 심지어 감독까지 고객들의 선호도를 조사해 정한다. 2013년 2월부터 2018년 11월까지 방영되면서 넷플릭스를 미디어업계의 '절대 강자'로 만들어 준 오리지널시리즈 〈하우스 오브 카드〉는 영국 BBC에서 1990년에 방영된 정치스릴러 드라마 〈하우스 오브 카드〉의 리메이크작이다. 넷플릭스는 리메이크 작업을 위해 정치드라마를 좋아하는 미국 시청자들의 취향을 분석하고 출연자와 감독도 데이터에 기반해 가장 적절한 인물로 선정했다. 〈하우스 오브 카드〉의 성공 이후 넷플릭스는 데이터에 기반한 오리지널콘텐츠 제작을 일반화했다. 시장조사를 통해 내용을 만들고, 일부 관객을 상대로 테스트해 반응에 따라 수정한 후, 다시 테스트해 재수정하는 방식으로 철저히 상품화된 작품을 내놓는다.

넷플릭스가 OTT 시장 경쟁 증가에 대응하는 두 번째 전략은 콘텐츠 국제화를 통한 글로벌 확장이다. 최근 들어 해외 오리지널콘텐츠의 수를 늘리고 있는데, 2019년 미국 이외 25개국에서 133개 오리지널콘텐츠를 제작하는 등 로컬콘텐츠(local contents) 확보에 주력하고 있다. 해외시장 확보를 위해 각국의 문화적 다양성을 반영한 콘텐츠 제작, 지역 고유 콘텐츠 제작 확대에 힘쓰며, 특히 이를 위해 현지 사업자들과 협력을 강화하고 있다. 넷플릭스의 글로벌 가입자수는 빠른 속도로 증가해왔고, 인도, 중국 등 아시아 시장을 포함하여 글로벌 시장에서의 지속적 성장잠재력이 있다. 콘텐츠 규제 때문에 직접 사업 방식으로 진출할 수 없는 중국 시장의 경우, 2017년 '중국판 넷플릭스'로 불리는 바이두(百度)의 아이치이(iQIYI)와 콘텐츠 라이선스 계약을 맺었던 사례처럼, 중국 국내 사업자들과 협력하는 방식으로 진출할 가능성이 높다.

넷플릭스는 2020년 한 해에 2,300억 원 이상을 투자하여 멕시코를 비롯한 중남미 시장에서 로컬콘텐츠를 제작한다. 이런 과감한 투자를 통해 넷플릭스는 기존 시장과는 다른 형식과 퀄리티의 콘텐츠를 선보이고 있다. 멕시코의 경우 전통적 드라마의 압도적 인기 때문에 다른 형식의 콘텐츠는 성공할 수 없다는 인식이 강했지만, 넷플릭스가 다양한 시리즈물과 다큐멘터리 등을 제작하면서 과거에는 볼 수 없었던 새로운 캐릭터와 스토리라인이 인기를 얻고 있다. 이런 현상은 스트리밍이 단순히 콘텐츠의 배급방식만 바꾸는 것이 아니라 콘텐츠 자체를 변화시키는 요인으로 작용함을 보여준다.

중남미의 가입자수는 지난 3년간 1,540만 명에서 2,940만 명으로 두 배, 수익 역시 두 배 증가한 7억 4,100만 달러이다. 중남미의 경우 초고속인터넷 인프라가 발달되지 않았음에도 불구하고 성장세가 강하게 나타나는 것이 특기할 만하다. 아시아·태평양 지역의 경우 다른 지역에 비해 가장 성장률이 높게 나타났다. 아태지역의 가입자수는 2019년 3분기 1,450만 명으로 2017년 1분기의 470만 명 대비 3배 이상 증가했고 수익도 1억 1,630만 달러에서 3억 8,230만 달러로 3배 넘게 증가했다.

한국에서도 멕시코와 비슷한 양상이 전개되었다. 넷플릭스가 제작비를 투자한 〈킹덤〉(Kingdom)은 조선시대를 배경으로 한 좀비물이고, 〈범인은 바로 너!〉(Busted!)는 드라마와 예능의 구성이 결합된 새로운 형식의 콘텐츠다. 넷플릭스는 이와 같은 차별화된 콘텐츠를 지속적으로 제작하면서 시청자들의 취향을 바꾸고자 한다. 차별화된 콘텐츠는 초기에는 시청자들의 주의를 집중시키기 어렵다. 그러나 지속적으로 노출되면서 마니아를 중심으로 팬덤이 형성되고, 이들이 SNS를 통해 일반 시청자들의 여론주도자 역할을 하면서 대중적 인기를 끌 수 있게 된다. 넷플릭스는 한국에서도 이러한 반전을 기대하는 듯하다. 〈킹덤〉과 〈범인은 바로 너!〉는 그리 인기를 끌지 못해 전통적 콘텐츠사업자의 경우 실패한 작품으로 평가할 만한 상황이지만, 시즌 2를 제작해서 시장에 내놓았을 뿐 아니라 시즌 3도 준비 중이다.

넷플릭스는 한국을 아시아 로컬콘텐츠 제작의 거점으로 삼으려는 전략이 있다. 지난 20년간 글로벌 시장에서 검증된 한류 드라마 제작을 통해 한국 시장은 물론 한국 콘텐츠에 열광하는 동남아 시장을 겨냥한 것이다. 2019년 11월 넷플릭스는 CJ ENM 및 JTBC와 콘텐츠 제작 및 유통을 위한 전략적 파트너십을 체결하고 향후 3년간 최소 41편의 콘텐츠를 제공받기로 했다. CJ ENM과는 콘텐츠 제작 및 글로벌 콘텐츠 유통에 대한 파트너십을 체결했으며, CJ ENM은 보유한 스튜디오 드래곤 주식 중 최대 4.99%를 넷플릭스에 매도할 수 있는 권리를 확보했다. 한편 넷플릭스는 3년간 최소 21편 이상의 스튜디오 드래곤 콘텐츠를 수급할 수 있다. 이 중에는 넷플릭스에만 독점적으로 서비스되는 오리지널드라마도 연간 3편 정도 포함되어 있다.

또한 넷플릭스는 JTBC와 제휴하여 2020년부터 3년간 JTBC 프라임타임에 편성되는 드라마 20편에 대하여 글로벌 독점 유통권을 확보했으며, 넷플릭스 오리지널시리즈로 190여 개 이상의 국가에 제공할 예정이다. 국내 드라마 콘텐츠 제작 규모가 연간 100편 정도임을 감안하면, 넷플릭스는 국내 드라마의 약 14%의 점유율을 확보하였다. 또 3년 계약을 통해 콘텐츠 단위 계약이 아니라 스튜디오 단위 계약으로 한국 콘텐츠를 안정적으로 수급할 수 있게 됐다. 특히 양사의 제작사인 스튜디오 드래곤과 JTBC 콘텐츠허브는 국내 Top 2 드라마 제작사로 수준 높은 콘텐츠를 제공할 것으로 보인다.

한국에서 이와 같은 전략은 이미 유료방송과 OTT 시장이 발달한 한국 시장보다 글로벌 시장, 특히 동남아 시장을 겨냥한 것으로 보인다. 2017년 태국 시장에 서비스를 시작할 때 JTBC로부터 독점 글로벌 유통 권리를 확보한 JTBC 드라마 〈맨투맨〉을 활용해 마케팅했다. 또한 싱가포르에서 개최한 'See What's Next: Asia' 행사 때 아시아에서는 처음으로 〈킹덤〉 시즌 2의 제작발표회를 열었다. 2016년 1월 한국 진출 이후 한국 콘텐츠 제작에 투입한 비용이 약 1,500억 원이다. 중남미에 비해서는 많지 않지만 향후 규모가 커질 가능성이 높다. 한국 시장에서 드라마 제작비용은 증가하는 추세이고,

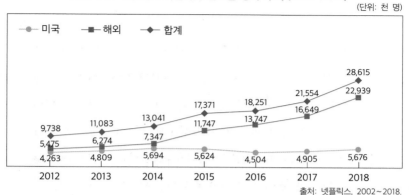

<그림 5-7> 넷플릭스 가입자의 연도별 증가 추이 (2012~2018)

(단위: 천 명)

출처: 넷플릭스, 2002~2018.

넷플릭스는 글로벌 수준의 대작 위주 콘텐츠를 선호한다. 스튜디오 드래곤이 제작한 〈미스터 선샤인〉은 편당 제작비가 20억 원이며 〈아스달 연대기〉는 편당 30억 원이다.

스트리밍서비스를 시작한 지 3년 만인 2010년 캐나다에 처음 진출한 넷플릭스는 그 다음해인 2011년 중남미를 위시한 45개국으로 서비스를 확대했다. 2012년 유럽 진출 이후 2013년 요금 인상 이슈로 글로벌 진출을 보류하다가, 2016년 전 세계 국가로 영역을 확대하여 현재 전 세계 190개국에서 서비스하고 있다. 현재 서비스가 되지 않는 지역은 정부의 규제로 진입이 허용되지 않는 중국과 미국기업의 활동을 금지하는 크림공화국, 북한, 시리아 등 일부 나라뿐이다.

넷플릭스는 글로벌서비스를 위해 총 23개 언어의 자막작업 등 글로벌 사용자들을 위한 지원체계를 갖추고 있다. 글로벌 가입자가 늘면서 넷플릭스의 수익구조도 미국 내보다 글로벌 매출비중이 늘고 있다. 2014년 매출원을 비교해 보면 미국 내 스트리밍서비스 매출비중이 62.3%이고, 해외 스트리밍 매출비중이 23.8%, 그리고 DVD 매출비중이 13.9%였다. 그러나 2017년엔 미국 내 스트리밍 비중이 52.6%로 줄고, 글로벌 스트리밍 비중은 43.5%로 급증했다. 반면 DVD 매출비중은 3.9%로 미미해졌다.

4. 향후 미디어사업의 전망

전통적 미디어사업자는 오랫동안 지상파TV, 케이블TV, 위성방송과 같은 주파수, 즉 전송수단을 가장 중요한 사업적 역량으로 여겼다. 전송수단을 통해 얼마나 많은 가입자 커버리지를 확보하느냐가 곧바로 시장점유율 확보로 이어졌기 때문이다. 콘텐츠는 레거시플랫폼사업자에게는 보편재로 누구나 접근이 용이했기 때문에 경쟁의 수단이 아니었다. 하지만 넷플릭스를 위시한 OTT 사업자들이 등장하면서 방송미디어산업은 게임의 룰이 바뀌고 있고 경쟁의 규모도 과거와 차원이 다르게 커지고 있다. 전송수단은 더 이상 미디어사업의 핵심역량이 아니며, 콘텐츠는 누구에게나 필요한 필수재로 인식되고 더 이상 보편재가 아닌 오리지널콘텐츠의 가치가 부각되고 있다. 따라서 기존의 콘텐츠사업자는 물론이고 플랫폼사업자들도 자사의 서비스에 필요한 콘텐츠를 경쟁적으로 확보하기 위해 투자하고 있다.

방송미디어 시장에 새로 진입하고 있는 사업자는 대부분 다양한 산업의 플랫폼사업자다. 예를 들면 검색을 기반으로 광고시장에서 강력한 플랫폼을 구축하고 다양한 사업으로 확장하고 있는 구글은 TV의 OS를 통해 기존 유료방송서비스에 대한 이니셔티브를 장악하고 비디오, 음악, 게임 등에서 구글의 영향력을 구축하고자 한다. 구글의 AI 서비스인 구글 어시스턴트, IoT 서비스인 구글 홈, 스트리밍동영상서비스인 아마존프라임비디오 등이 탑재된 방송미디어서비스는 이용자 입장에서는 완벽한 미디어서비스이며 머지않아 현실이 될 듯하다.

이처럼 신규 진입 사업자들은 자신들의 기존 사업을 확대하고 유지시키기 위해 다양한 서비스를 결합하여 제공하는데, 그중에서도 핵심적 요소는 동영상미디어서비스다. 이들 신규 사업자들은 모두 막대한 자금을 보유하고 디지털기술로 무장한 글로벌 사업자들이며, 이미 엄청난 규모의 가입자를 보유한 플랫폼으로 가입자의 다양한 데이터 활용이 가능하다. 이런 사업자

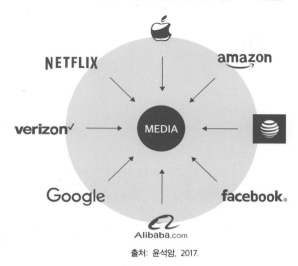

출처: 윤석암, 2017.

들이 방송미디어산업으로 진입한다는 것은 기존 사업자에게는 커다란 위협이 아닐 수 없다.

그러나 방송미디어 시장이 성장의 한계를 보이는 현재의 상황을 고려하면, 신규 사업자들의 진입은 미디어 시장과 미디어사업자에게는 또 다른 발전의 기회가 될 수 있다. 구글의 광고가 미디어 동영상과 결합하여 동영상 광고시장을 확대할 수 있고, 아마존의 커머스는 동영상과 결합하여 미디어 커머스란 새로운 시장을 형성할 수 있다. 새로운 기술과 신규 서비스, 엄청난 규모의 콘텐츠 생산, 소비자의 시청행태 변화 등으로 2020년대는 유사 이래 가장 복잡하고 역동적인 방송미디어 환경이 도래할 것이다.

참고문헌

김광호 외(2018). 《4차 산업혁명과 미디어의 미래》. 파주: 한국학술정보.

노가영(2017). 《유튜브 온리》. 서울: 미래의 창

대학내일 20대연구소(2019). 〈유료 온라인 콘텐츠 이용실태조사〉. 서울: 대학내일.

방송통신신위원회(2018). 〈방송시장 경쟁상황 평가 자료집〉. 과천: 방송통신위원회.

아난드, 바라트(2017). 《콘텐츠의 미래》, 김인수(역), 서울: 리더스북.

유건식(2019). 《넷플릭소노믹스: 넷플릭스와 한국 방송미디어》. 서울: 한울.

윤석암(2017). 〈한국방송학회 봄철학술대회 자료집〉. 서울: 한국방송학회.

정보통신정책연구원(2018). 〈글로벌 OTT 사업자의 국내 진입에 따른 미디어
    생태계 영향〉. 진천: 정보통신정책연구원.

조선일보(2019. 12). 박상현의 디지털 읽기. 서울: 조선일보.

키팅, 지나(2015). 《넷플릭스 스타트업의 전설》, 박종근(역), 서울: 한빛비즈.

한국콘텐츠진흥원(2018). 〈한국콘텐츠 해외진출 확대를 위한 글로벌 플랫폼 조사 연구〉.
    나주: 한국콘텐츠진흥원.

오하영

1. 들어가며

이 장에서는 한국 방송영상미디어 시장을 구성하는 주체를 콘텐츠제작자, 플랫폼사업자, 광고주, 이용자 등으로 구분하고 각 주체가 담당하는 기능을 살펴본다. 콘텐츠 제작·취합·공급·이용에 이르기까지, 각 영역에서 핵심주체 간 어떤 거래가 이루어지는지 파악하고, 방송관련 법은 각 사업영역을 어떻게 범주화하고 있는지 알아본다. 더 나아가 사업자별 매출규모와 수익구조를 살펴봄으로써 한국 방송영상미디어산업의 현주소를 파악하고자 한다.

방송영상미디어산업은 기술의 발전, 신규 기기 및 서비스의 등장, 새로운 미디어 이용 확산에 힘입어 지속적인 변화 양상을 나타낸다. 변화에 적응하거나, 변화를 도모하기 위한 사업자의 노력은 다른 사업자와의 경쟁 또는 협력을 이끌고, 이는 전체 시장구조의 재편으로 이어지기도 한다. 이런 맥락에서 신규 서비스의 등장 및 안착, 사업자 간 결합과 같이 한국 방송영상미디어산업구조 변화를 견인할 것으로 예측되는 주요 동향을 짚어 보고자 한다.

2. 방송영상미디어산업 주체

1) 기능에 따른 구분

한국의 방송영상미디어산업을 구성하는 주체는 크게 ● 콘텐츠제작자 ● 플랫폼사업자(유료방송 플랫폼, 온라인유통 플랫폼) ● 광고주 ● 이용자 등으로 구분할 수 있다(〈그림 6-1〉 참조).

〈그림 6-1〉 방송시장 유통구조

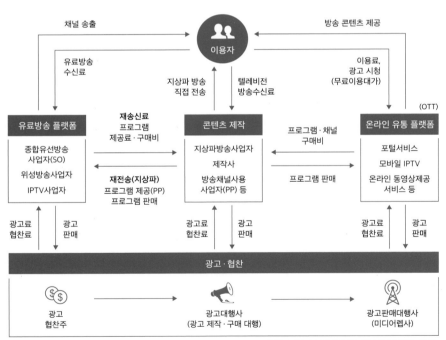

출처: 과학기술정보통신부·방송통신위원회, 2019.

(1) 콘텐츠제작자

'콘텐츠제작자'는 방송프로그램의 기획·제작을 담당하는 사업자로 방송영상독립제작사, 방송채널사용사업자, 지상파방송사 등을 포괄한다.

① 방송영상독립제작사

방송영상독립제작사(이하 제작사)는 방송영상물을 제작하여 방송사업자에게 외주제작 계약 또는 판매 계약을 통해 프로그램을 제공·판매하는 사업자를 말한다. 콘텐츠를 제작하여 플랫폼사업자에게 공급한다는 점에서 방송채널사용사업자와 함께 '콘텐츠제작자' 범주에 포함되지만, 채널 전체를 구성하거나 운용하지 않는다는 점에서 방송채널사용사업자와 구별된다.

제작사의 예로는 KBS 〈동백꽃 필 무렵〉(2019), KBS 〈왜 그래 풍상 씨〉(2019), SBS 〈사랑의 온도〉(2017) 등을 제작한 '팬엔터테인먼트', JTBC 〈보좌관〉(2019), JTBC 〈뷰티 인사이드〉(2018), KBS 〈태양의 후예〉(2016) 등을 제작한 '스튜디오앤뉴', MBN·드라맥스 〈우아한 가〉(2019), JTBC 〈멜로가 체질〉(2019), SBS 〈열혈사제〉(2019) 등을 제작한 '삼화네트웍스' 등을 들 수 있다. 드라마 전문 제작사뿐만 아니라, 예능프로그램과 교양프로그램(다큐멘터리, 생활정보, 교육) 제작을 담당하는 다수의 제작사가 있다.

② 방송채널사용사업자

방송채널사용사업자(PP: *Program Provider*)는 지상파, 케이블, 위성, 인터넷망 등 프로그램 전송수단을 갖추고 있는 방송사업자(지상파 DMB, 종합유선방송, 위성방송, IPTV 등)와 특정 채널의 전부 또는 일부 시간에 대한 전용사용계약을 체결하여 그 채널을 사용하는 사업자를 말한다. 방송사업자에게 프로그램을 공급한다는 점에서 '방송프로그램공급업자'로 불리기도 한다.

---

1 지상파방송사, 방송채널사용사업자, 종합유선방송사, 위성방송사, IPTV 사업자, 온라인플랫폼사업자 등이다.

이들은 내부 제작인력이 제작한 자체제작 프로그램, 제작사가 납품한 외주제작 프로그램, 또는 구매한 프로그램(영화 포함)으로 실시간 방송채널 및 VOD 패키지를 구성하여 채널 사용계약 또는 프로그램 공급계약을 맺은 사업자에게 공급하는데, 어떤 분야의 채널이냐에 따라 '종합편성 방송채널'과 '전문편성 방송채널'로 나뉜다. 종합편성 방송채널은 보도를 포함한 다양한 분야의 프로그램을 공급한다. JTBC, TV조선, 채널A, MBN 채널이 종합편성채널들이며, 이들은 ㈜JTBC, ㈜조선방송, ㈜채널A, ㈜매일방송 등이 운영한다. 전문편성 방송채널은 홈쇼핑, 보도, 공공정보, 드라마, 만화, 스포츠, 영화, 오락, 음악, 게임 중 특정 분야의 채널을 서비스한다. 가령, ㈜CJ ENM은 tvN, Mnet, OCN 등 다수의 오락전문 편성채널을 운영한다. YTN은 대표적 보도전문 편성채널이다.

〈표 6-1〉 주요 MPP 및 운영채널 현황(2018)

구분	PP 사업체명	운영채널명
CJ	㈜CJ ENM (오쇼핑 부문)	CJ 오쇼핑
	㈜CJ ENM(ENM 부문)	tvN, O tvN, XtvN, OCN, 채널CGV, 슈퍼액션, 올리브, 온스타일, Mnet, OGN, 다이아TV, 중화TV, 투니버스, UNX, 캣치온1, 캣치온2, 잉글리시 젬
중앙홀딩스	㈜JTBC	JTBC
	㈜JTBC스포츠	JTBC3 폭스 스포츠
	㈜JTBC플러스	JTBC 골프, JTBC2
	㈜JTBC4	JTBC4
SBS홀딩스	㈜SBS 바이아컴	SBS MTV, 니켈로디언
	㈜SBS 플러스	SBS 플러스, SBS fun E, SBS CNBC, SBS 스포츠, SBS 골프, SBS 플러스 UHD
	㈜SBS 아프리카TV	SBS 아프리카TV
문화방송	㈜MBC넷	MBC넷
	㈜MBC플러스	MBC 에브리원, MBC 스포츠플러스, MBC 스포츠플러스2, MBC 드라마넷, MBC 뮤직

출처: 과학기술정보통신부·방송통신위원회, 2019 재구성.

방송채널사용사업자는 개별 방송채널사용사업자(PP)와 복수방송채널사용사업자(MPP: *Multiple Program Provider*)로 유형화되기도 한다. 개별 PP가 1개 채널을 운영하는 1개의 PP를 의미한다면, MPP는 2개 이상의 PP가 결합한 것 또는 2개 이상의 채널을 운영하는 PP를 지칭한다. MPP의 대표적 예로 CJ, 중앙홀딩스, SBS홀딩스, 문화방송 등을 들 수 있다(〈표 6-1〉 참조).

③ 지상파방송사

지상파방송사는 지상파를 관리·운영하며 이를 이용하여 방송하는 사업자를 말한다. 자체제작 프로그램, 외주제작 프로그램, 그리고 국내외 구매물을 기반으로 채널을 구성한다는 점에서 PP와 함께 '콘텐츠제작자'로 분류할 수 있다. 그러나 '지상파'라는 전송수단을 관리하고 그것을 이용하여 이용자에게 채널 및 프로그램을 직접 전달할 수 있다는 점에서 PP와 차이가 있다. 다시 말해 PP는 자체 전송수단을 갖추지 못해 콘텐츠를 제작하고 여타 사업자에게 제공하는 것으로 그 역할이 제한되지만, 지상파방송사는 콘텐츠 제작 기능과 더불어 지상파를 통한 직접 전송기능을 수반한다는 점에서 PP와 구별된다.

지상파방송사는 KBS, MBC와 지역 MBC, EBS, SBS와 같이 TV와 라디오를 함께 운영하는 사업자와 경기방송, 경인방송, 영어라디오방송, 교통방송, 종교방송 등과 같이 라디오방송만을 운영하는 사업자로 나뉜다. 또한, 지상파 DMB 사업자를 포괄하며, KBS·MBC·SBS가 운영하는 DMB 방송사, 지역 지상파방송사의 DMB 방송사, YTN DMB, 한국 DMB, 유원 DMB 등을 예로 들 수 있다.

(2) 플랫폼사업자

방송영상미디어 영역에서 플랫폼(*platform*)이란 이용자가 방송프로그램 시청을 위해 접근, 활용하는 기기(*device*) 또는 서비스(*service*)를 말한다(이재현, 2006; 임정수, 2010). 같은 맥락에서 플랫폼사업자는 방송영상미디어산업을 구성하는 주체로서 서비스를 제공하는 사업자를 의미하며, 다수의 채널 혹은 프로그램을 모아 이용자에게 전달·제공하는 '에그리게이터'의 기능을 담보한다(강형철·심재웅·오하영, 2011; 임정수, 2010).

한국의 방송영상미디어산업에서 플랫폼사업자는 크게 TV 기반의 유료방송 플랫폼사업자와 PC와 모바일 기반의 온라인유통 플랫폼사업자로 구분할 수 있다. 유료방송 플랫폼사업자는 종합유선방송사업자, 위성방송사업자, IPTV 사업자와 같이 동축·광케이블, 위성, 인터넷망 등의 전송망 및 설비를 이용하여 방송사업을 행하는 주체를 일컫는다. 이들은 지상파방송의 재전송을 담당하며, 채널사용계약을 맺은 방송채널사용사업자로부터 콘텐츠를 제공받아 실시간 방송채널 및 VOD 상품을 구성해 가입자에게 송출한다.

① 종합유선방송사업자

종합유선방송사업자(SO: *System Operator*)는 동축 케이블의 광대역성, 양방향 전송 기능을 토대로 가입자에게 방송 서비스를 제공하는 사업자를 의미한다. 종합유선방송 서비스는 케이블을 이용한 서비스라는 점에서 케이블TV(*Cable Television*) 또는 케이블방송으로 일컬어지기도 한다. SO는 사업허가 때 정부로부터 지역사업권, 즉 일정한 방송구역 안에서 사업을 운영하는 권리를 부여받는다. 한 지역에서 2개 이상의 SO가 경쟁하지 않고, 1개 SO의 독점사업운영이 가능하다.

SO는 개별 SO와 복수종합유선방송사업자(MSO: *Multiple System Operator*)로 나뉜다. 개별 SO가 한 지역의 사업권만을 가진 단일 SO라면, MSO는 2개 이상의 SO가 제휴·합병을 통해 하나의 법인이나 계열사로 운영되는 것을 의미하며 2개 이상의 지역사업권을 갖는다. LG헬로비전(구 CJ 헬로),[2] 티브로드, 딜라이브, 현대 HCN, CMB 계열 사업자를 MSO의 예로 들 수 있다.

---

[2] 2019년 12월, 과학기술정보통신부가 IPTV 사업자 LG유플러스의 CJ헬로 인수를 조건부 승인하면서 LG헬로비전으로 이름이 바뀌었다.

주: 2020년 1월 기준 자료이다.　　　　　　　　　　　　　출처: 티브로드 홈페이지.

　'KCTV 제주방송'은 개별 SO의 대표적인 예로, 제주도 일대를 사업권역으로 두며, 여타 지역사업권은 보유하고 있지 않다.[3] SO의 경우 다른 사업자에게 임대하지 않고, 직접 사용하는 채널(일명 '직사채널')을 통해 자체제작·외주제작 프로그램을 가입자에게 서비스한다. 지역사업권을 기반으로 직사채널을 활용, 가입자에게 지역밀착형 방송서비스를 제공하는 점은 다른 유료방송사업자와 차별화되는 지점이다.

3　이외에도 ㈜JCN울산중앙방송, ㈜아름방송네트워크, ㈜서경방송, ㈜금강방송, ㈜남인천방송, ㈜CCS충북방송, ㈜한국케이블 TV푸른방송, ㈜한국케이블 TV광주방송 등이 개별 SO로 운영 중이다(2019년 12월 기준).

② IPTV 사업자

IPTV(*Internet Protocol Television*)는 양방향성을 지닌 인터넷 프로토콜 방식을 활용하여 실시간 방송채널과 VOD 서비스뿐 아니라 데이터 및 전자상거래 등 다양한 복합서비스를 제공한다. 통신·방송·인터넷이 융합된 멀티미디어 서비스를 이용할 수 있게 하는 통신망이 IPTV 서비스 제공을 가능하게 하는데, 해당 통신망을 관리·운영하는 KT(올레tv), SK브로드밴드(Btv), LG유플러스(U+ tv) 등 통신사업자 3사가 IPTV 제공사업자로서 독과점적 지위를 점하고 있다. SO가 지역사업권을 기반으로 운영된다면, IPTV 제공사업은 전국을 하나의 사업권역으로 둔다는 점에서 차이가 있다. 또한 SO와 달리 직접사용채널을 운영할 권한이 주어지지 않는다.

③ 위성방송사업자

위성방송사업자는 인공위성의 무선설비를 소유 또는 임차하여 무선국을 관리·운영하며 이를 이용하여 방송하는 사업자를 말한다. 한국에서는 ㈜KT스카이라이프가 단일 사업자로 존재한다. IPTV를 운영하는 ㈜KT와의 결합상품, '올레 tv 스카이라이프'를 통해 실시간 방송채널뿐만 아니라 IPTV의 VOD 서비스를 함께 제공한다(2020년 1월 기준).

④ 온라인유통 플랫폼사업자

PC와 모바일 기반의 '온라인유통 플랫폼' 역시 방송영상미디어산업의 중요한 축을 담당한다. 앞서 열거한 유료방송 플랫폼사업자(SO, IPTV 사업자, 위성방송사업자)가 운영하는 플랫폼(웨이브, 시즌, 딜라이브플러스 등)을 비롯하여 포털사업자가 운영하는 네이버 TV, 카카오 TV 등이 여기에 포함된다. 또한 유튜브, 넷플릭스와 같은 독립 플랫폼을 포괄한다.

온라인유통 플랫폼은 콘텐츠제작자에게 프로그램 및 채널 단위의 콘텐츠를 구매, 패키징하여 이용자에게 제공한다. 또는 짧은 분량의 클립 단위 콘텐츠를 제공하기도 한다. 유료방송 플랫폼사업자는 가입자에게 수신료를 받지만, 온라인유통 플랫폼은 서비스 이용료를 받는 경우도 있으나 광고시청 대가로 무료 제공되기도 한다는 점에서 차이가 있다.

OTT는 이런 온라인유통 플랫폼을 지칭하는 개념으로 사용된다. 'Over-The-Top'의 약어이며 여기서 'Top'은 셋톱박스를 의미한다. OTT는 시간의 흐름에 따라 그리고 정의하는 주체에 따라 서로 다르게 정의되는 양상을 보였는데, 초기에는 TV와 셋톱박스를 연결하여 사용하는 서비스를 OTT로 지칭하기도 하였다. 하지만 일각에서는 'Over-The-Top'을 '셋톱박스를 뛰어넘는' 서비스로 정의하며, 셋톱박스 없이 PC와 모바일기기로도 이용 가능한 온라인동영상서비스로 개념화하였다. 이제는 셋톱박스 유무와 상관없이 온라인동영상서비스를 포괄하는 것으로 OTT 개념을 사용한다.

(3) 광고주와 이용자

지상파방송사업자를 포함한 콘텐츠제작자, 유료방송 플랫폼, 온라인유통 플랫폼은 프로그램과 채널, 전송망 및 서비스를 기반으로 광고주에게 광고시간을 판매한다. 또한, 프로그램 제작 및 채널 구성에 필요한 협찬을 유치한다. 광고료 및 협찬료는 방송사업자 매출을 구성하는 주요 수익원으로, 더 많은 광고 및 협찬료를 산정해 받기 위해서는 더 많은 가입자수, 이용자수 확보가 요구된다.

이러한 수익모델을 고려할 때 방송영상미디어산업의 핵심주체는 다름 아닌 이용자라고 할 수 있을 것이다. 이용자는 전송망을 기반으로 방송서비스를 받고, 그에 대한 수수료를 각 사업자에게 지급한다. 물론, 광고시청을 통해 별도 수수료를 지급하지 않는 경우도 있지만, 플랫폼사업자가 결국은 가입자수·이용자수를 토대로 광고비를 받고, PP가 지급하는 송신료 규모가 달라질 수 있다는 점을 고려할 때 시장을 구성하는 핵심주체라고 할 수 있다.

2) 방송관련 법령에 따른 구분

방송영상미디어산업을 구성하는 다양한 주체 중 지상파방송사업자, 방송채널사용사업자, 그리고 유료방송 플랫폼사업을 운영하는 종합유선방송사업자(SO), 위성방송사업자, IPTV 사업자는 현행 방송법 및 인터넷멀티미디어방송법에 의해 방송사업자로 규정되며, 해당 법령에 근거해 규제를 적용받는다.4 먼저, 방송법은 방송을 "프로그램을 기획·편성 또는 제작하여 이를 공중에게 전기통신설비에 의하여 송신하는 것"(제2조 1항)으로 정의하며, 텔레비전방송, 라디오방송, 데이터방송, 이동멀티미디어방송(DMB) 등으로 구분한다(〈표 6-2〉참조). 그리고 이러한 방송서비스를 제공하는 사업을 • 지상파방송사업 • 종합유선방송사업 • 위성방송사업 • 방송채널사용사업 등으로 유형화하고(〈표 6-3〉참조), 방송법에 의해 허가나 승인을 받거나 등록한 자를 방송사업자로 규정한다.

〈표 6-2〉 방송법에 따른 방송 구분

유형	정의
텔레비전방송	정지 또는 이동하는 사물의 순간적 영상과 이에 따르는 음성·음향 등으로 이루어진 방송프로그램을 송신하는 방송
라디오방송	음성·음향 등으로 이루어진 방송프로그램을 송신하는 방송
데이터방송	방송사업자의 채널을 이용해 데이터(문자·숫자·도형·도표·이미지, 그 밖의 정보체계)를 위주로 하여 이에 따르는 영상·음성·음향 및 이들의 조합으로 이루어진 방송프로그램을 송신하는 방송 (인터넷 등 통신망을 통하여 제공하거나 매개하는 경우를 제외)
이동멀티미디어방송	이동 중 수신을 주목적으로 다채널을 이용하여 텔레비전방송·라디오방송 및 데이터방송을 복합적으로 송신하는 방송

출처: 방송법 제2조(용어의 정의) 재구성.

---

4 온라인유통 플랫폼의 경우 현행 방송관련 법령이 포괄하지 않는 영역으로 규제체계 마련의 필요성 여부, 규제방식에 대한 다양한 논의가 전개되는 상황이다(2020년 1월 기준).

방송법이 포괄하지 않는 IPTV는 '인터넷멀티미디어 방송사업법'(IPTV 법)의 적용을 받는다.[5] 해당 법은 관련사업을 • IPTV 제공사업 • IPTV 콘텐츠사업으로 구분한다. 또한 이들 사업을 하기 위해 IPTV 법에 따라 허가를 받은 자를 IPTV 제공사업자로, 신고 · 등록하거나 승인을 받은 자를 IPTV 콘텐츠사업자로 정의한다.

〈표 6-3〉 방송법에 따른 방송사업 구분

유형	정의
지상파방송사업	방송을 목적으로 하는 지상의 무선국을 관리 · 운영하며 이를 이용하여 방송을 행하는 사업
종합유선방송사업	종합유선방송국(다채널방송을 행하기 위한 유선방송국 설비와 그 종사자의 총체를 말한다)을 관리 · 운영하며 전송 · 선로 설비를 이용하여 방송을 행하는 사업
위성방송사업	인공위성의 무선설비를 소유 또는 임차하여 무선국을 관리 · 운영하며 이를 이용하여 방송을 행하는 사업
방송채널사용사업	지상파방송사업자 · 종합유선방송사업자 또는 위성방송사업자와 특정 채널의 전부 또는 일부 시간에 대한 전용사용계약을 체결하여 그 채널을 사용하는 사업

출처: 방송법 제2조(용어의 정의) 제2호 재구성.

〈표 6-4〉 인터넷멀티미디어 방송사업법에 따른 방송사업 구분

유형	정의
IPTV 제공사업	IPTV에 제공하기 위하여 콘텐츠를 공급받은 IPTV 제공사업자가 해당 콘텐츠를 이용자에게 제공하는 사업
IPTV 콘텐츠사업	IPTV 제공사업자에게 IPTV 콘텐츠를 공급하는 사업

출처: 인터넷멀티미디어 방송사업법 제2조(정의) 제4호 재구성.

---

5   IPTV 법은 IPTV를 "광대역통합정보통신망 등을 이용하여 양방향성을 가진 인터넷 프로토콜 방식으로 일정한 서비스 품질이 보장되는 가운데 TV 수상기 등을 통하여 이용자에게 실시간 방송프로그램을 포함하여 데이터 · 영상 · 음성 · 음향 및 전자상거래 등의 콘텐츠를 복합적으로 제공하는 방송"(제2조 1호)으로 정의한다.

3. 방송영상미디어산업 규모 및 매출 현황

한국 방송시장의 2018년 말 기준 총 방송사업 매출액은 17조 원이 넘는다(과학기술정보통신부·방송통신위원회, 2019).[6] 여기에 제작사의 방송사업 매출을 더하면 18조 원이 넘는 것으로 집계되는데, 이는 전체 콘텐츠산업 중 출판산업에 이어 두 번째로 높은 수치이다(〈그림 6-3〉 참조).[7]

그렇다면 한국 방송산업에서 가장 높은 비중을 차지하는 사업영역은 무엇일까? PP의 매출이 전체 방송사업 매출의 40% 수준(2018년 기준)으로 가장 높은 비중을 차지하는 것으로 나타나며, 지상파방송사업자가 그 뒤를 잇는다. 유료방송사업자의 경우, IPTV, 종합유선방송, 위성방송 순으로 높은 비중을 차지한다(〈그림 6-4〉 참조).

〈그림 6-3〉 콘텐츠산업 매출액 현황 (2018)

(단위: 100만 원)

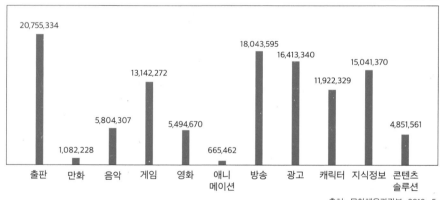

출처: 문화체육관광부, 2019: 5.

---

6 지상파방송, 지상파 DMB 방송, SO, 위성방송, IPTV, PP 등 방송법과 IPTV 법에서 규정하는 방송사업자의 방송사업 매출을 합한 것으로, 제작사의 매출액은 제외된 수치다.

7 이하 내용은 방송영상미디어산업 및 사업자 별 매출액, 점유율, 가입자수 등 주요 운영현황에 관한 것으로 관계부처에서 발행하는 보고서인 〈방송산업실태조사〉, 〈콘텐츠산업 통계조사〉 내용에 기초했다.

사업자별 매출 점유율의 증감 추이를 살펴보면, 지상파방송의 점유율은 지속적으로 감소한 것으로 나타난다. 유료방송사업 중 종합유선방송과 위성방송은 매출 감소세를 보인 반면, IPTV의 점유율은 뚜렷한 성장세를 보여 대조를 이룬다. 전체 산업에서 가장 높은 비중을 차지하는 방송채널사용사업의 점유율은 연도별로 큰 차이 없이 유사한 수준을 나타낸다(〈그림 6-5〉 참조).

〈그림 6-4〉 사업자별 방송사업 매출 점유율 (2018)

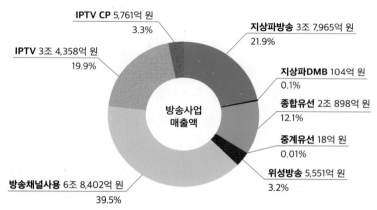

출처: 과학기술정보통신부·방송통신위원회, 2019: 23.

〈그림 6-5〉 방송사업자별 방송사업 매출 점유율 추이 (2016~2018)

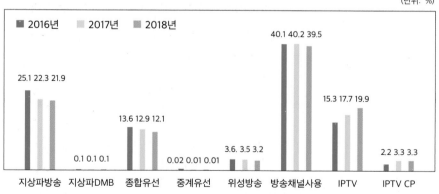

출처: 과학기술정보통신부·방송통신위원회, 2019: 23.

방송산업의 총매출액 규모, 사업자별 매출액 점유율 증감 추이는 변화한 미디어 환경, 심화한 방송사업자 간 경쟁상황을 반영한다. 지상파방송사, 방송채널사용사업자(PP), 유료방송사업자(IPTV, 종합유선방송사업, 위성방송사업 등) 각각은 수익원이 다른데 시장구조 변화의 흐름 속에서 특정 항목의 매출이 증가하거나 낮아짐에 따라 성장 또는 하락의 양상을 띤다.

1) 지상파방송사업

한국 방송사업 매출에서 약 22% 비중(2018년 기준)을 차지하는 지상파방송사는 • 텔레비전방송 수신료[8] • 재송신 • 방송프로그램 제공 • 광고 • 협찬 • 프로그램판매 • 기타방송사업 등으로 수익을 창출한다. 여기서 '재송신' 매출액은 SO, 위성방송, IPTV 등 유료방송사업자에게 실시간방송을 목적으로 방송프로그램을 제공하고 받는 대가를 말한다. '방송프로그램 제공' 매

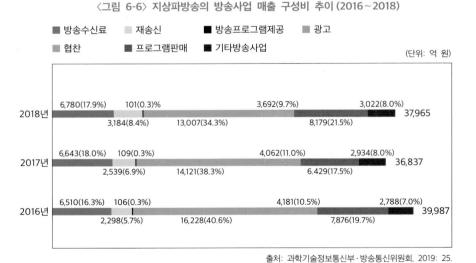

〈그림 6-6〉 지상파방송의 방송사업 매출 구성비 추이 (2016~2018)

■ 방송수신료   ■ 재송신   ■ 방송프로그램제공   ■ 광고
■ 협찬   ■ 프로그램판매   ■ 기타방송사업   (단위: 억 원)

2018년 6,780(17.9%) 101(0.3)% 3,692(9.7%) 3,022(8.0%) 37,965
        3,184(8.4%) 13,007(34.3%) 8,179(21.5%)

2017년 6,643(18.0%) 109(0.3%) 4,062(11.0%) 2,934(8.0%) 36,837
        2,539(6.9%) 14,121(38.3%) 6.429(17.5%)

2016년 6,510(16.3%) 106(0.3%) 4,181(10.5%) 2,788(7.0%) 39,987
        2,298(5.7%) 16,228(40.6%) 7,876(19.7%)

출처: 과학기술정보통신부·방송통신위원회, 2019: 25.

---

8   공영방송사가 받는 텔레비전 수신료(*licence fee*)를 말하는 것으로 KBS와 EBS에만 해당된다.

〈그림 6-7〉 방송사업자별 광고매출 증감추이 (2014~2018)

(단위: 조 원)

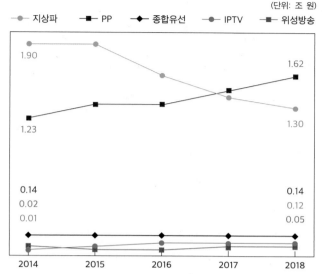

주: 지상파는 지상파 DMB를 포함한다.   출처: 과학기술정보통신부·방송통신위원회, 2019.

출액은 지상파방송사가 방송채널사용사업을 겸영함으로써 발생하는 매출액으로 유료방송사업자가 지급한 프로그램 제공료를 의미한다. 유료방송사업자가 가입자에게 받는 수신료 일부를 지상파방송사에게 배분하는 것이다. 한편, '기타방송사업' 매출액은 방송용역 제공, 지역홍보물 제작, PPL 등으로 발생하는 매출액을 포함한다(〈그림 6-6〉 참조).

지상파방송 수입원 중 가장 높은 비중을 차지하는 것은 '광고' 매출로 2018년 기준, 지상파방송사업 매출 중 34.3%를 차지하는 것으로 나타났다. 하지만 '광고' 매출 비중은 지난 10년 동안 지속적 감소세를 보였으며, 이는 지상파방송의 낮은 성장세로 이어졌다(〈그림 6-7〉 참조).

2) 방송채널사용사업

한국 방송사업 매출에서 가장 높은 점유율을 보이는 방송채널사용사업자(PP)의 매출은 • 홈쇼핑방송 • 광고 • 방송프로그램 제공 • 협찬 • 방송프

<그림 6-8> 방송채널사용사업의 방송사업 매출 구성비 추이 (2016~2018)

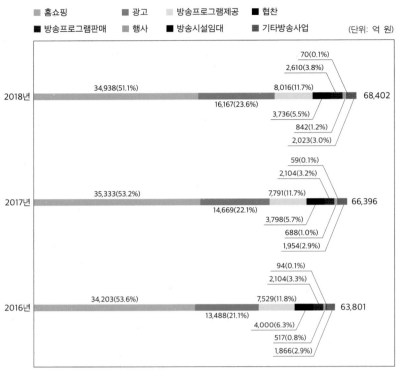

출처: 과학기술정보통신부·방송통신위원회, 2019: 28.

<그림 6-9> 방송채널사용사업 공급분야별 방송사업 매출 구성비 (2016~2018)

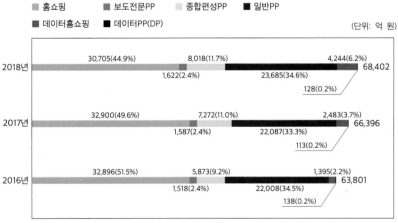

출처: 과학기술정보통신부·방송통신위원회, 2019: 30.

로그램 판매 • 행사 • 방송시설 임대 • 기타방송사업 등을 토대로 발생한다. '홈쇼핑방송' 매출액은 상품소개와 판매에 관한 전문편성을 행하는 방송채널의 매출액으로, 상품 및 제품 판매 매출액, 수수료 매출액을 포함하여 PP의 전체 방송사업 매출의 절반 수준을 차지한다. 두 번째로 높은 비중은 '광고' 매출이다. PP의 광고매출은 꾸준히 증가해왔는데[9] 지상파방송의 광고매출이 지속적 하락세를 나타내는 것과 대비된다. PP의 또 다른 주요 수익원은 '방송프로그램 제공' 매출로, 지상파방송사, SO, 위성방송, IPTV 사업자 등의 채널에 프로그램을 제공함으로써 발생하는 수익이다(〈그림 6-8〉 참조).

PP의 공급분야별 방송사업 매출액 구성비는 〈그림 6-9〉와 같다. 전체 방송매출액에서 '홈쇼핑방송' 매출액이 가장 높은 비중을 차지하는 것과 같은 맥락으로, 홈쇼핑 PP 매출 구성비가 가장 높은 것으로 나타난다.

3) IPTV 사업

IPTV 사업자의 방송사업 매출은 • 방송수신료 • 홈쇼핑송출수수료 • 단말장치대여(판매) • 광고 • 가입 및 시설설치 • 기타방송사업 등에서 발생한다. 이 중에서 '가입 및 시설설치', '기타방송사업'에서 발생하는 매출을 제외한 모든 매출이 상승세를 나타내며, 전체 매출규모 역시 늘어나고 있다. IPTV 사업자의 매출 증가 요인으로 가입자수 증가를 꼽을 수 있다(〈그림 6-10〉 참조).

'방송수신료' 매출액은 서비스 가입자에게 서비스 제공 대가로 받는 요금으로, 전체 매출액의 65%(2018년 기준)를 차지한다. 매출액 점유율은 줄어들고 있지만, 매출액 자체는 지속적인 증가 추이를 나타낸다. IPTV 가입가구에 설치하는 셋톱박스 대여 및 판매매출을 의미하는 '단말장치대여(판매)' 매출 역시, 가입자가 증가함에 따라 당연히 늘어난다.[10]

---

9   2016년 1조 3,488억 원, 2017년 1조 4,669억 원, 2018년 1조 6,167억 원으로 증가했다.

10   2018년 단말장치대여(판매) 매출은 2,649억 원으로 2017년 대비 55.7% 수준으로 증가했다.

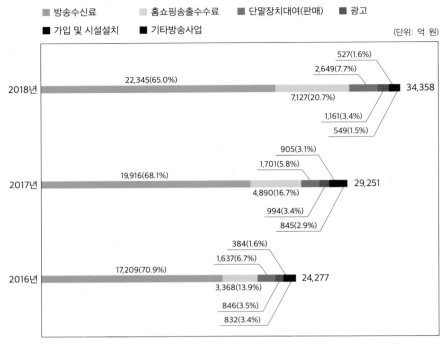

〈그림 6-10〉 IPTV의 방송사업 매출 구성비 추이 (2016~2018)

■ 방송수신료　　■ 홈쇼핑송출수수료　　■ 단말장치대여(판매)　　■ 광고
■ 가입 및 시설설치　　■ 기타방송사업　　　　　　　　　　　(단위: 억 원)

2018년
22,345(65.0%)　　527(1.6%)　　2,649(7.7%)　　7,127(20.7%)　　1,161(3.4%)　　549(1.5%)　　**34,358**

2017년
19,916(68.1%)　　905(3.1%)　　1,701(5.8%)　　4,890(16.7%)　　994(3.4%)　　845(2.9%)　　**29,251**

2016년
17,209(70.9%)　　384(1.6%)　　1,637(6.7%)　　3,368(13.9%)　　846(3.5%)　　832(3.4%)　　**24,277**

출처: 과학기술정보통신부·방송통신위원회, 2019: 31.

〈그림 6-11〉 유료방송 가입자 추이 (2016~2018)

(단위: 만 단자)

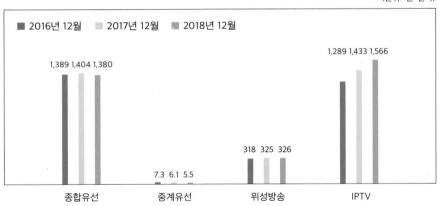

■ 2016년 12월　　■ 2017년 12월　　■ 2018년 12월

종합유선　1,389　1,404　1,380
중계유선　7.3　6.1　5.5
위성방송　318　325　326
IPTV　1,289　1,433　1,566

출처: 과학기술정보통신부·방송통신위원회, 2019: 32.

'홈쇼핑송출수수료'는 IPTV 사업자의 주요 수익원 중 하나이다. 홈쇼핑 PP로부터 채널송출 대가를 받는 것으로 전체 매출의 20% 비중을 차지한다 (〈그림 6-11〉 참조). [11] IPTV 사업자와 SO 간 인수 · 합병 요인이 더해지면, 결합상품 출시에 따른 이용요금 감소로 가입자수는 더욱 늘어나고, 관련매출 역시 상승할 것으로 예측된다.

4) 종합유선방송사업

종합유선방송사업자(SO)의 방송사업 매출은 · 방송수신료 · 홈쇼핑송출수수료 · 단말장치대여(판매) · 광고 · 가입 및 시설설치 · 협찬 · 기타방송사업 등에서 발생한다. 〈그림 6-12〉는 전체 매출규모와 그것을 구성하는 '방송수신료', '단말장치대여(판매)', '가입 및 시설설치' 매출이 모두 감소하고 있음을 나타낸다. 특히 서비스 가입자가 지불하는 요금으로 발생하는 '방송수신료' 매출은 2016년 8,424억 원에서 2018년 7,981억 원으로 계속 줄고 있다. '가입 및 시설설치' 매출은 신규 가입자가 지불하는 가입비 및 셋톱박스 설치서비스 요금이고, '단말장치대여(판매)' 매출액은 가입자에게 셋톱박스 등을 대여 · 판매하여 발생하는 매출임을 고려할 때, 이들 항목의 매출 감소는 종합유선방송, 즉 케이블TV 서비스 가입자수와 연동하여 나타나는 수치라고 볼 수 있다.

'방송수신료' 매출이 방송사업 매출에서 차지하는 비중은 IPTV 65%, 위성방송 56.5%, SO 38.2% 수준으로 가장 높게 나타난다. 그 뒤를 이어 '홈쇼핑송출 수수료' 매출이 가장 높은 점유율을 보이는데(SO 36.2%, 위성방송 31.4%, IPTV 20.7%), 가입자수와 연동하여 수신료 매출 정체 및 감소세를 보이는 SO와 위성방송의 경우, 홈쇼핑수수료 매출에 대한 의존도가 점차 증가할 것으로 전망할 수 있다(〈그림 6-13〉 참조).

---

11 과학기술정보통신부가 2019년 12월 발표한 〈홈쇼핑방송채널 사용계약 가이드라인〉 개정안에 따르면, 홈쇼핑채널송출 대가산정 요소는 유료방송 가입자수, 홈쇼핑상품 판매매출, 물가상승률 등을 포함한다.

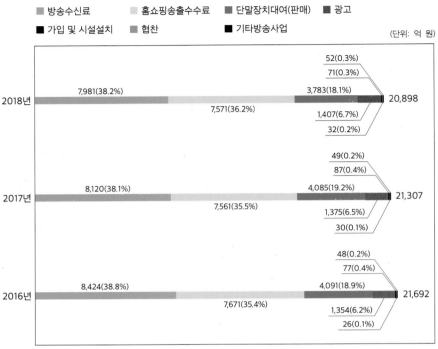

〈그림 6-12〉 종합유선방송의 방송사업 매출 구성비 추이 (2016~2018)

■ 방송수신료　　■ 홈쇼핑송출수수료　■ 단말장치대여(판매)　■ 광고
■ 가입 및 시설설치　■ 협찬　　　　　■ 기타방송사업

(단위: 억 원)

2018년
7,981(38.2%)　7,571(36.2%)　3,783(18.1%)　1,407(6.7%)　32(0.2%)　52(0.3%)　71(0.3%)　20,898

2017년
8,120(38.1%)　7,561(35.5%)　4,085(19.2%)　1,375(6.5%)　30(0.1%)　49(0.2%)　87(0.4%)　21,307

2016년
8,424(38.8%)　7,671(35.4%)　4,091(18.9%)　1,354(6.2%)　26(0.1%)　48(0.2%)　77(0.4%)　21,692

출처: 과학기술정보통신부·방송통신위원회, 2019: 26.

〈그림 6-13〉 유료방송사업 매출 구성비 (2018)

■ 유료방송수신료　■ 광고　　　　　■ 협찬　　　　　■ 홈쇼핑송출수수료
■ 가입 및 시설설치　■ 단말장치대여(판매)　■ 기타방송사업

(단위: 억 원)

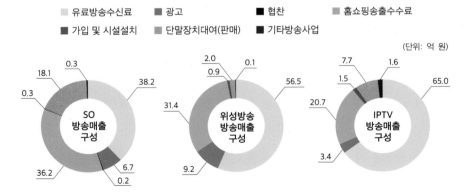

5) 위성방송사업

위성방송의 방송사업 매출은 ● 방송수신료 ● 홈쇼핑송출수수료 ● 위성사용료 ● 광고 ● 단말장치대여 (판매) ● 가입 및 시설설치 ● 기타방송사업 등에서 발생한다. 위성방송의 방송사업 매출 총액은 5천억 원대 규모로 큰 변화가 없는 것이 특징이다. 최근 3년간 위성방송 가입자수도 2016년 318만 명, 2017년 325만 명, 2018년 326만 명으로 변동이 크지 않으며, 전체 유료방송 시장의 약 10%를 차지한다 (〈그림 6-14〉 참조).

〈그림 6-14〉 위성방송의 방송사업 매출액 구성비 추이 (2016~2018)

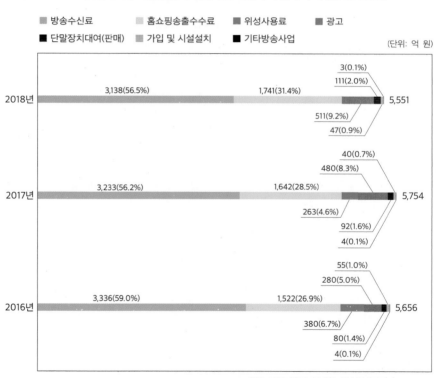

출처: 과학기술정보통신부 · 방송통신위원회, 2019: 27.

4. 한국 방송영상미디어산업의 변화

산업을 둘러싼 주요 행위자 간의 경쟁과 협력은 산업구조 변화의 주요 동력이 된다. 방송영상미디어산업에서는 플랫폼사업자에게 채널 및 콘텐츠를 공급하는 PP 사업자의 매출액 규모 및 점유율 차원의 우위가 지속되고 있으며, 가장 늦게 유료방송 시장에 진입한 IPTV가 가입자수 및 매출액 규모 면에서 SO와 위성방송을 앞서가고 있다. 또한 방송법과 IPTV 법은 이들 사업자를 방송사업자로 규정하고, 시장을 획정하는 데 여전히 중요한 근간이 되고 있다.

하지만 새로운 방송서비스를 제공하는 사업자의 등장과 안착, 시장지배력 강화를 위한 기존 사업자의 결합 움직임은 시장구조 재편과 더불어 새로운 규제와 진흥체계를 이끌 것으로 예측된다. 또한, 사업자 변화는 미디어 및 콘텐츠 이용행태 변인과 영향을 주고받으면서 전체 산업구조의 변화를 가져올 것이다.

1) OTT 서비스 활성화

모바일기기의 높은 보급률과 이동통신의 발달은 TV 수상기에 집중되었던 방송영상미디어 이용행태를 변화시켰고, 변화의 중심에는 OTT 서비스가 자리한다. OTT 서비스를 운영하는 주체는 그동안 방송영상미디어산업의 핵심주체 역할을 했던 • 방송사업자 • 통신사업자로 한정되지 않으며 • 포털사업자 • 커머스사업자 • 독립플랫폼 • SNS사업자 • 음원사업자 • 기타 사업 등으로 확장된다(〈표 6-5〉 참조).

OTT 서비스는 운영주체에 따라 서로 다른 수익모델을 구축했는데, 크게 네 가지로 유형화할 수 있다. 첫 번째는 구독모델(*Subscription Model*)로 월정액 등 구독료를 내고 서비스를 이용하는 S-VOD 방식이다. 두 번째는 거래모델(*Transaction Model*)로 VOD 단위로 이용할 때마다 건건마다 요금을 내

<표 6-5> OTT 서비스 운영주체에 따른 분류

운영주체	OTT 서비스
방송사업자 및 통신사업자1)	웨이브(지상파방송사업자 + SKT), 티빙(CJ ENM),2) 시즌(KT)
포털사업자	네이버TV, 카카오TV
커머스사업자	아마존프라임비디오
독립플랫폼	유튜브, 넷플릭스, 왓챠플레이
SNS 사업자	페이스북 워치, IGTV
음원사업자	스포트파이, 멜론
기타 사업자	디즈니, 애플 TV 등

주: 1) 2019년 9월, 지상파방송사 3사와 운영하던 '푹'과 통신사 SKT가 운영하던 '옥수수'가 연합하여
　　 웨이브가 출범하였다. 이에 운영주체를 방송사업자와 통신사업자로 구별하여 서비스명을
　　 제시하지 않고, 하나의 범주 아래 관련 서비스를 나열하였다.
　　 2) 2019년 9월 CJ ENM과 JTBC가 OTT 합작법인 출범을 위한 MOU를 체결하였으며,
　　 2020년 통합 OTT 서비스를 출시할 예정이다.
출처: 이경원 외, 2019: 16 재구성.

는 T-VOD 방식이다. 세 번째는 광고모델(*Advertisement Model*)로 서비스를 무료로 이용하되 이용자가 광고를 시청하게 하는 A-VOD 방식이다. 마지막으로, 이들 모델 중 두 가지 이상을 혼합한 경우 하이브리드 모델(*Hybrid Model*)로 지칭할 수 있다(이경원 외, 2019).

한국에서 OTT 서비스 이용률은 꾸준히 상승해왔다. 10~30대를 중심으로 70~80% 수준의 비교적 높은 이용률이 나타나며, 연령대별 이용률 격차는 존재하나 전 연령층에서 증가 추이를 보인다(<그림 6-15> 참조). 중요한 것은 이러한 변화가 기존 유료방송사업에 어떤 영향을 미칠 것인가이다.

OTT 서비스 등장에 따른 유료방송 서비스 가입자수 변화는 '코드커팅'(*cord-cutting*), '코드쉐이빙'(*cord-shaving*) 개념으로 설명할 수 있다. 코드커팅은 유료방송 서비스를 해지하고 OTT 서비스로 전환하는 것을 의미하며, 코드쉐이빙은 유료방송 서비스를 저가요금 패키지로 줄이는 대신 OTT 서비스로 보완하는 것을 일컫는다.

유료방송 서비스 이용요금이 어느 수준에서 책정되었는지에 따라, 즉 저렴한지 비싼지에 따라 코드커팅 현상이 뚜렷이 나타나기도 그렇지 않기도

한다. 유료방송 서비스의 높은 이용요금에 기인하여 코드커팅이 나타난 대표적 국가가 미국이다. 지난 2017년을 기점으로 OTT 서비스 가입자 규모가 케이블 TV 가입자수를 초과함에 따라(정은진, 2018; 황유선, 2018), OTT 서비스가 유료방송 서비스의 대체재로서 기능하고 있음이 뚜렷이 나타난다.

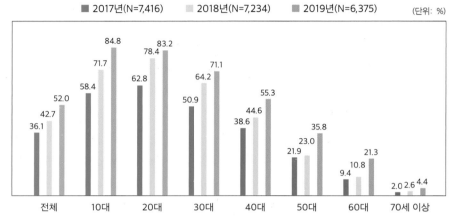

〈그림 6-15〉 연령대별 OTT 서비스 이용률 (2017~2019)

주: 이 표의 출처인 〈2019년도 방송매체 이용행태 조사〉 보고서는 OTT를 '온라인동영상 제공서비스'로 개념화하며, '인터넷을 통해 드라마나 영화 등 방송콘텐츠들을 제공하는 서비스'로 정의한다.
출처: 방송통신위원회, 2020: 118.

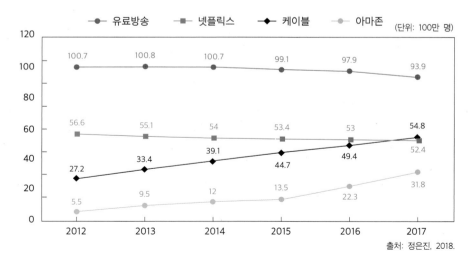

〈그림 6-16〉 미국 유료방송 서비스 및 OTT 가입자 추이 (2012~2017)

출처: 정은진, 2018.

한국의 경우, 유료방송 서비스 이용요금이 저가 책정된 국가로 90% 이상의 높은 가입률이 유지돼왔다. OTT 서비스 이용률이 소폭이지만 상승세를 보임에도 되레 유료방송 서비스 가입률이 증가하거나, 유지하는 양상을 보여 OTT가 유료방송 서비스를 대체하는 영향은 일단 크지 않은 것으로 파악된다. 하지만 OTT 서비스가 우수한 품질의 오리지널콘텐츠를 제작, 유료방송 서비스와 배타적으로 제공하고, 유료방송 서비스가 제공하는 채널 및 콘텐츠에 대한 유인이 점차 사라지게 된다면 대체재로서 OTT의 성격이 강화될 것임을 예상할 수 있다. 또한, 모바일기기 중심의 영상시청 문화 확산, OTT 사업자의 콘텐츠 제작 투자 강화, 사업자 연합을 통한 신규 OTT 서비스 출시 등 여러 요인의 영향을 받아 한국 방송영상미디어산업에서 OTT가 차지하는 비중은 점차 증가할 것이다.

OTT 서비스 이용의 확대, 유료방송 서비스의 보완재 또는 대체재로서 OTT 서비스 역할에 대한 논의는 "그렇다면 OTT 서비스는 방송인가? 방송이 아닌 별개의 서비스인가?"라는 질문으로 귀결된다. OTT 서비스가 방송영상미디어산업에서 주요 축으로 자리함에 따라 OTT에 대한 내용규제, 과세 등 필요 규제 도입에 대한 논의가 지속되고 있다. OTT 서비스를 방송서비스에 방송범주에 방송관계 법령(방송법, IPTV 법, 방송통신발전법 등)을 토대로 규제할 것인지, 관계법령 개선을 통해 OTT에 적합한 새로운 규제체계를 제시할 것인지, 또는 제3의 영역으로 두어 규제대상에 포함하지 않을 것인지, 다양한 선택지를 두고 방송통신위원회와 과학기술정보통신부 등 관계부처와 국회, 학계 및 산업계를 중심으로 활발한 논의가 전개되고 있다.

2) 사업자 간 M&A와 방송시장의 재편

케이블TV, 위성방송, IPTV 등 유료방송의 가장 큰 수익원은 방송수신료이다. 방송수신료는 사업자가 서비스 가입자에게 수수하는 요금으로 방송수신

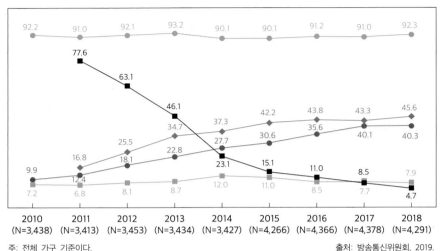

〈그림 6-17〉 유료방송 가입가구 비율 (2010~2018)

(단위: %)

유료방송 ― 아날로그케이블방송 ― 디지털케이블방송 ― 위성방송 ― IPTV

	2010 (N=3,438)	2011 (N=3,413)	2012 (N=3,453)	2013 (N=3,434)	2014 (N=3,427)	2015 (N=4,266)	2016 (N=4,366)	2017 (N=4,378)	2018 (N=4,291)
유료방송	92.2	91.0	92.1	93.2	90.1	90.1	91.2	91.0	92.3
아날로그케이블방송		77.6	63.1	46.1	23.1	15.1	11.0	8.5	4.7
디지털케이블방송		16.8	25.5	34.7	37.3	42.2	43.8	43.3	45.6
위성방송	9.9	12.4	18.1	22.8	27.7	30.6	35.6	40.1	40.3
IPTV	7.2	6.8	8.1	8.7	12.0	11.0	8.5	7.7	7.9

주: 전체 가구 기준이다.   출처: 방송통신위원회, 2019.

료 매출을 늘리기 위해서는 더 많은 가입자를 확보해야 한다. 그러나 한국의 유료방송 서비스 가입가구 비율은 90%를 넘는다. 10가구 중 9가구 이상이 유료방송 서비스를 이용하는 것으로, 다른 서비스를 이용하는 가입자를 이탈시켜 유치시키지 않는 이상 신규 가입자 확보는 어려운 것이 현실이다. 유료방송 서비스 가입률이 긴 시간 동안 큰 변화 없이 유사한 수준에 머물러 있다는 점 또한 이런 현실을 더 강화한다(〈그림 6-17〉 참조).

더욱이 케이블TV, 위성방송, IPTV 모두 TV를 기반으로 제공하는 서비스인데 TV에 대한 의존도가 점차 낮아지고 있다는 여러 지표[12]들은 유료방송 미가입가구의 가입가구로의 전환, 그로 인한 유료방송 시장의 매출규모 확장에 대한 기대를 어렵게 한다. 이러한 상황에서 유료방송사업자들은 다른 사업자

---

12 'TV를 주 5일 이상 이용하는 비율'은 2019년 기준 75.0%로, 2010년 82.6%와 차이를 나타낸다. '일상생활에서 필수적인 매체'로 TV를 꼽은 비율은 2019년 기준 32.3%로 58.2%를 기록한 2010년 대비 대폭 감소하였다. 이용자 개인의 TV에 대한 의존도를 설명해 주는 두 수치는 2010년 이후 지속적 하락세를 나타낸다(방송통신위원회, 2020).

와의 결합을 통해 가입자수 기반 시장점유율을 높이는 전략을 구사한다.

인수합병 (M&A: *Merger and Acquisitions*) [13]은 유료방송사업자가 시장점유율 확대를 위해 집중하는 전략이다. 한 사업자가 다른 사업자의 경영권을 획득하는 것을 인수, 두 개 이상의 사업자가 하나의 사업자로 합쳐짐으로써 점유율을 확대해가는 것을 합병이라고 일컫는다. 한국에서는 IPTV 사업자인 통신사 3사가 경쟁관계에 있던 케이블TV 사업자(SO)의 M&A를 추진한 것을 그 예로 들 수 있다.

IPTV 가입자수는 서비스 출시 이후 꾸준히 증가하며 2017년을 기점으로 케이블TV 가입자수를 뛰어넘었다. 2018년에는 IPTV 사업자 3사가 전체 유료방송 시장점유율 상위 1~3위를 차지하면서 IPTV의 성장세, 케이블 TV의 하락세가 더욱 뚜렷해졌다. IPTV 시장에서 줄곧 KT, SK브로드밴드, LG유플러스 순의 점유율 순위가 지속하였다. 그런데 이들 사업자는 SO와의 M&A를 동력 삼아 더 많은 가입자를 확보하고, 점유율은 증가를 위한 움직임을 나타낸다. [14] 통신사의 SO M&A의 기저에는 유료방송 시장뿐만 아니라, 전체 방송통신 시장에서의 지배력 강화라는 목표가 자리한다.

막강한 자본력과 광범위한 콘텐츠 아카이브를 갖춘 글로벌 OTT 사업자의 한국 진출이 전개되고 있다. 단적인 예로 글로벌 OTT 사업을 출시하였거나, 출시를 앞둔 미디어사업자의 콘텐츠에 대한 투자금액을 살펴볼 수 있다. 플랫폼 경쟁이 심화할수록 우수한 품질의 콘텐츠 확보 경쟁 역시 치열해지고, 이는 곧 콘텐츠에 대한 막대한 투자로 이어진다. 〈그림 6-18〉은 2019년 미국 미디어사업자의 영상콘텐츠 투자금액 추정치로, 지난 2016년 한국 OTT 사

---

13 기업의 '인수'란 한 기업이 다른 기업의 주식이나 자산을 취득하면서 경영권을 획득하는 것이며, '합병'은 두 개 이상의 기업들이 법률적으로나 사실적으로 하나의 기업으로 합쳐지는 것을 말한다.

14 2019년 12월 과학기술정보통신부가 LG유플러스의 CJ헬로 인수를 승인했다. 같은 시기 SK브로드밴드와 티브로드의 합병 역시 승인했으며 방송통신위원회의 이용자 권익보호 가능성 등에 대한 심사를 통해 과학기술정보통신부의 최종합병 허가결정이 이뤄진다. KT 역시 케이블TV의 M&A를 검토 중이다(2020년 1월 기준).

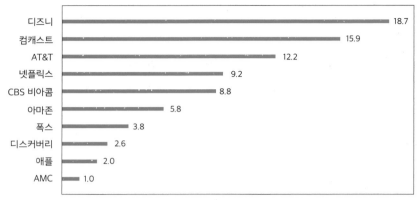

〈그림 6-18〉 미국 미디어사업자의 동영상콘텐츠 투자액 추정치 (2020)

디즈니 18.7
컴캐스트 15.9
AT&T 12.2
넷플릭스 9.2
CBS 비아콤 8.8
아마존 5.8
폭스 3.8
디스커버리 2.6
애플 2.0
AMC 1.0

출처: DMC 미디어, 2020; 미디어오늘, 2020 재인용.

업에 진출한 넷플릭스의 콘텐츠 투자규모는 92억 달러, 2020년 한국 진출을 앞둔 디즈니의 콘텐츠 투자액은 187억 달러로 추정된다.

한국 유료방송사업자는 이러한 자본력, 이를 토대로 구축된 우수한 품질의 콘텐츠에 대항할 만한 경쟁력을 확보하고, 가입자수 기반 높은 시장지배력 선점을 위한 대응책으로서 M&A를 시도하는 것으로 해석할 수도 있다. IPTV, 케이블TV, 여기에 자체 OTT 서비스까지 더해지면 종합미디어사업자로서 자리매김할 수 있으며, 방송·통신 시장에서의 규모의 경제 실현이 가능하다는 셈이 바탕이 된다. SO 입장에서도 가입자수는 지속적 감소세를 보이고 그와 연동한 수익 역시 감소하는데, 가입자가 더 줄어들어 기업가치가 더 하락하기 전에 통신사에 M&A되는 것이 대안이 될 수 있다는 판단이 있을 것이다.

한편, 이러한 변화의 흐름은 방송사업자에게 부과되었던 공공 기능, 공적 가치에 대한 논의를 이끌기도 한다. 유료방송 시장이 통신사 중심으로 재편되는 상황에서 상실 가능한 가치에 대한 점검이 요구되기도 한다. 그 바탕에는 해외 사업자와의 경쟁에서 우위를 점하는 것, 시장에서의 생존만큼이나 '방송' 사업자로서 실천해야 할 사회적 가치 역시 중요하다는 시각이

자리한다. 과학기술정보통신부가 IPTV·케이블TV의 M&A를 심사하는 과정에서 방송의 공정성, 지역성, 이용자 권익보호, 고용안정 등 사회적 책무이행을 중점적으로 살핀 이유도 역시 여기서 찾을 수 있다. 특히 지역성은 케이블TV 사업자(SO)가 직접사용채널을 통해 지역 단위 방송을 가입가구에 송출함으로써 담보해온 고유 가치로 논의되었기 때문에, 전국단위 서비스를 제공하는 IPTV와 케이블TV의 결합이 지역채널 축소, 지역성 훼손으로 이어질 것에 대한 우려가 제기되는 것이다.

반면, 다른 한편에서는 공간 및 지리적 경계에 기반한 지역성이라는 가치가 '경계의 소멸', '글로벌화'로 대변되는 지금의 미디어 환경에서 과연 의미 있는 가치인지, 지역성 실현을 비롯한 사회적 책무를 방송사업자에게 지우는 것이 과연 타당한 것인지에 점검을 요구하기도 한다. 글로벌 사업자와의 경쟁을 앞둔 사업자를 지역문화 보전 및 발전을 위한 정책 목표, 그 테두리에 가둬 놓고 되레 위축시키는 것은 아닌지 잘 살펴봐야 한다는 것이다. 규제보다 진흥에 초점을 두어 한국 방송사업자가 경쟁우위를 점할 방안, 글로벌 방송사업자에 한국 산업이 종속되지 않을 방안 마련이 더 시급하다는 견해다.

이제 새로운 시장질서 속에서 방송사업자, 넓게는 방송산업에 부과되었던 공적 책무, 관련 가치를 되짚어 보고 오늘의 환경에 맞게 재개념화하는 것이 새로운 미디어 환경에의 적응을 위해 필요한 절차이자, 과제일 것이다.

5. 나가며

한국의 방송영상미디어 환경은 기술의 발전에 따른 신규 플랫폼의 등장, 고도화된 기술을 탑재한 영상시청 기기 출시, 다종다양한 서비스의 결을 따라 끊임없이 변화하고 있다. 방송·통신사업자 간 합종연횡 양상은 더 활발해질 것이라는 예측이 이어지고 있으며, 5세대 이동통신의 등장은 지금까지는 경험하지 못한 새로운 방송영상콘텐츠 이용을 견인하고, 새로운 이용 문화를 확산할 것이라는 전망 역시 더해지고 있다.

과거가 없이는 현재가 없듯, 현재가 없으면 미래도 존재하지 않는다. 늘 '급변하는'이라는 수식어를 동반하는 방송영상산업 변화상을 쫓고 미래를 전망하기 위해서는, 다름 아닌 '지금'의 상황을 짚어내고 산업의 메커니즘을 이해하려는 산업주체, 이용자, 정책입안자들의 노력이 동반되어야 할 것이다.

참고문헌

강형철·심재웅·오하영(2011). 〈플랫폼에 따른 지상파 방송프로그램 이용패턴과
  효율적 방송광고 집행에 관한 연구〉. 서울: 한국방송광고공사.
과학기술정보통신부·방송통신위원회(2019). 〈2019년 방송산업실태조사 보고서〉.
  진천: 정보통신정책연구원.
문화체육관광부(2019). 〈2018년 콘텐츠산업통계조사〉. 세종: 문화체육관광부.
방송통신위원회(2019). 〈2018년도 방송사업자 재산상황 공표집〉. 과천: 방송통신위원회.
_____(2020). 〈2019년도 방송매체 이용행태 조사〉. 과천: 방송통신위원회.
미디어오늘(2020. 1). 지난해 미국 콘텐츠 투자 1위 디즈니. 미디어오늘.
정보통신정책연구원(2019). 유료방송사업자(SO·IPTV·위성)의 방송매출 추이와
  매출항목별 구성. 〈KISDI STAT Report〉, 19권 18호.
정은진(2018). 2018년 미국 TV 방송사의 인터넷동영상 시대 대응전략(상).
  〈KISDI 정보통신방송정책〉, 30권 5호.
이경원·권남훈·곽규태·이상우·이종관(2019). 《ICT 정책·지식 디베이트
  시리즈 2: OTT와 규제모델》. 진천: 정보통신정책학회.
이재현(2006). 모바일미디어와 모바일콘텐츠: 멀티플랫포밍 이론의 구성과 적용.
  〈방송문화연구〉, 18권 2호: 285~317.
임정수(2010). 텔레비전을 떠난 지상파 콘텐츠. 〈언론정보연구〉, 47권 2호, 74~99.
한국콘텐츠진흥원(2019). 〈2018년 방송영상산업백서〉. 나주: 한국콘텐츠진흥원.
황유선(2018). 글로벌 OTT 사업자의 국내진입에 따른 미디어생태계 영향.
  〈KISD Premium Report〉, 18권 8호.

Napoli, M. (2001). *Foundations of Communications Policy: Principles and Process
  in the Regulation of Electronic Media. Cresskill*, NJ: Hampton Press.

김문연

1. 글로벌 콘텐츠 유통의 의미와 중요성

콘텐츠 유통은 콘텐츠 가치의 확장이자 콘텐츠라는 실체의 완성이라 할 수 있다. 콘텐츠 가치는 그 제작이 마무리되는 순간 자동적으로 생성, 완료되는 기계적 결과물만은 아니다. 물론 하나의 창작물로서, 존재 자체만으로도 그 가치를 지니는 순수예술 영역의 콘텐츠도 존재한다는 점을 부인하고자 하는 얘기는 아니다. 그러나 방송영상콘텐츠는 제작이 마무리되고 난 이후 다양한 매체를 통해 시청자와 만나는 순간 비로소 그 존재 의미가 확인된다. 그런 순간이 거듭되고 국경을 넘어 글로벌 시장으로 확산되는 과정 속에서 세계 각국의 다양한 시청자와 만나면서 콘텐츠로서 가치 역시 무한히 확장되는 것이다.

사실 콘텐츠 문제에서 유통이 중요한 의미를 갖기 시작한 것은 비교적 최근의 일로, 이는 다매체·다채널·글로벌화 등 미디어 환경 변화와 밀접한 관련이 있다. 지상파 중심 체제하에서는 편성이 프로그램의 성과를 극대화할

211

수 있는 가장 중요한 영역이었다. 그러나 다매체·다채널, 그리고 글로벌 미디어 환경하에서 다양한 플랫폼을 통해 다국적 시청자와 만나게 될 콘텐츠를 편성하고자 한다면 유통의 기본구조에 대한 이해와 분석이 없이는 효과적 편성이 불가능하다.

또한 넷플릭스가 주도한 시즌 단위 사전제작 및 일괄편성 등 편성형식의 변화는 전통적 의미의 편성 개념을 완전히 재정의해야 할 만큼 파격적이다. 이를 빠르게 받아들이는 수용자의 태도도 혁신적이다. 이제 편성은 실시간 채널의 방영만을 위한 전략적 선택의 문제가 아니라 모든 플랫폼과 글로벌 미디어 시장을 겨냥한다. 그리고 때론 사업자보다 더 혁신적인 콘텐츠 수용자들을 감안한 최적화된 선택이어야 한다. 결국 미디어 환경 변화에 따라 프로그램의 성과를 극대화하기 위해서는 편성과 유통은 매우 밀접한 관계 속에서 함께 진화해가야 한다.

콘텐츠는 일단 시청자와 만나는 순간, 가치 확장을 위한 기나긴 여정을 시작한다. 그 기나긴 여정은 곧 콘텐츠 유통을 의미한다. 콘텐츠가 시청자와 처음 만나는 순간을 일반적으로 '프리미어'(premiere)라 하고 그 프리미어가 이루어지는 순간의 포괄적 사업영역을 퍼스트 윈도우(First Window), 그 이후 단계적 사업영역을 일반적으로 제 2, 제 3의 윈도우라 일컫는다.

퍼스트 윈도우는 가장 큰 가치를 창출하는 단계로서 매우 중요한 유통의 한 단면이다. 그러나 이는 콘텐츠 가치창출 단계의 시작일 뿐이다. 디지털화와 모바일화의 급속한 확산으로 지상파에 이어 케이블TV, 위성방송, IPTV 및 VOD, OTT 등 이른바 플랫폼이라 불리는 다양한 미디어의 수직적 유통단계가 보편화되었다. 이런 상황에서 퍼스트 윈도우 이후에 전개되는 제 2, 제 3의 윈도우에 대한 잠재력은 이미 확대일로를 걷고 있다.

인터넷과 모바일의 확산은 이같이 미디어 사업모델의 수직적 진화에만 영향을 준 것이 아니라 전 세계 모든 국가의 인터넷·모바일 이용자들을 하나로 모아 주었다. 즉, 지리적 한계에서 벗어나지 못했던 세계 각국의 개별적 콘텐츠 소비자들을 하나의 단일한 사이버 영역의 시장으로 통합할 수 있다는 가능성을 열어 주었다.

이처럼 다양하게 진화하는 콘텐츠의 수직적 유통구조와 글로벌화에 따른 수평적 유통범위 확대는 서로 맞물려 콘텐츠 가치창출의 잠재력과 가능성을 무한하게 확대시켜 준다. 또한 이는 콘텐츠를 항상 살아 숨 쉬게 하고 그 가치를 영속시키는 또 하나의 콘텐츠 가치창출 과정으로 자리매김하였다. 이제 자료실에 잘 보관된 콘텐츠는 '콘텐츠'라기보다 '자료'라고 불러야 할 것이다. 콘텐츠가 콘텐츠이기 위해서는 항상 소비자에게 열려 있어야 한다. 언제든 접근 가능한 유통경로에서 살아서 존재해야 한다.

콘텐츠의 글로벌 유통이란 문자 그대로 콘텐츠의 가치창출을 극대화하는 일련의 과정을 의미한다. 이는 진화 가능한 모든 새로운 미디어, 플랫폼 영역을 하나의 축으로 하고 국경 없는 세계의 모든 국가들을 또 하나의 축으로 하여 콘텐츠 가치를 지속적으로 확대 재생산하는 살아 있는 콘텐츠생태계를 의미한다.

이제 콘텐츠의 글로벌 유통전략은 대부분의 글로벌 미디어기업에 오리지널 콘텐츠의 제작 자체만큼이나 중요한 요소로 빠르게 자리 잡고 있다. 그들에게 "콘텐츠비즈니스(*content business*)는 오리지널프로덕션(*original production*)과 글로벌 유통(*global distribution*)의 효과적 결합"으로 양자가 공히 우선순위를 뒤로하기 어려운 핵심역량이라 할 수 있다.

2. 글로벌 콘텐츠 유통구조의 진화

인터넷과 모바일의 확산은 매우 빠른 속도로 세계시장을 통합하고 있다. 지구상의 모든 인류는 사실상 '구글'과 '애플'이라는 두 글로벌 사업자가 제공하는 OS를 기반으로 디지털 세상과 소통한다. 특히 기술적 영역에서 세계시장의 통합은 더욱 가속화될 것으로 보인다.

방송서비스 영역도 통합의 큰 흐름에서 예외일 수 없다. 지상파와 유료방송 모두 케이블TV나 위성방송, IPTV 등의 플랫폼사업자들이 제공하는 인터넷 기반 셋톱박스에 결합되어 있기 때문이다. 지금은 이미 셋톱박스도 필요 없는 넷플릭스형 OTT 모델이 전 세계 200여 개국에 약 1억 5,000만 명의 가입자를 확보하고, 이들에게 동질의 서비스를 제공한다. 사업자가 서비스 경쟁력만으로 세계시장을 통합할 수 있는 가능성을 열어 준 것이다. 언어의 장벽만 아니었다면 세계시장의 통합 속도는 더욱 가속화됐을 것이다.

세계시장의 기술적 통합 가능성이 점차 가시화되고, 그에 따라 글로벌 콘텐츠 유통의 잠재력과 중요성이 날로 부각되면서 유통구조와 방식의 변화 역시 다양하게 나타나고 있다. 퍼스트 윈도우는 점차 글로벌화되고, 콘텐츠 제작 투자규모는 상승일로를 걷고 있다. 또한 콘텐츠 마켓은 시장의 변화 흐름에 맞춰 다양한 방식으로 진화하고 있다. 완성된 프로그램의 사후판매 시장 중심에서 공동제작 유치나 사전제작 투자를 위한 프리세일(pre-sale) 중심 시장으로 변화하고 있다.

1) 퍼스트 윈도우의 확대 및 글로벌화

글로벌 유통의 효과가 실제 세계시장에서 가장 실질적으로 발휘되는 분야는 영화시장이다. 할리우드 영화의 글로벌 동시개봉 전략은 국가 간 시차와 관계없이 같은 날짜, 각 국가별 표준시간을 기준으로 같은 시간에 영화를 개봉하는 것으로 점차 그 범위가 확대되고 있고 한국도 예외가 아니다. 특히 한국이 미국보다 이른 시간대를 활용해 할리우드보다 더 개봉시기가 앞선다고 자랑스러워하는 대목이기도 하다.

할리우드 영화 동시개봉은 콘텐츠 제작비의 기하급수적 상승에 따라 유통의 첫 단계로부터 최대한의 매출을 이끌어내기 위한 퍼스트 윈도우 글로벌화의 가장 대표적 사례라 할 수 있다. 또한 이는 할리우드가 여전히 세계 영화시장을 지배하고 있음을 보여주는 가장 대표적 증거이기도 하다. 그러나 이들도 콘텐츠 퀄리티와 유통의 힘(distribution power)이 우열을 가리기 어려운 핵심 성공요인(key success factor)이라는 인식을 갖고 있다.

최근에는 '데이앤데이트 릴리스'(day & date release) 전략이 한참 논란의 중심에 있다. 이는 지역적 동시개봉을 넘어 극장뿐 아니라 온라인, VOD, DVD, 모바일 등 모든 플랫폼에서 동시 서비스를 제공하자는 것으로 향후 추이를 유심히 지켜볼 필요가 있다. 본격적 논란은 넷플릭스가 자체 제작한 오리지널 영화를 극장개봉과 동시에 넷플릭스에서 서비스하려고 시도하면서 촉발되었다. 한국의 봉준호 감독이 제작한 영화 〈옥자〉가 그 대표적 예이다. 2017년 칸영화제에 초청되었던 영화 〈옥자〉는 극장사업자들의 반발로 상영 자체가 논란이 되었다. 결국 예정대로 상영되면서 논란은 마무리됐지만 극장과 온라인 동시개봉 문제는 여전히 뜨거운 이슈로 남아 있다.

방송콘텐츠 영역에서도 디즈니나 HBO 같은 몇몇 글로벌 미디어그룹의 경우 글로벌 동시방영은 보편화되었다. 이것은 글로벌 채널사업자들이 세계 대부분의 국가에서 이미 자체적으로 실시간채널을 운영하기 때문에 얻을 수 있는, 이미 구축된 효과의 하나로 볼 수 있다. 그런데 글로벌 채널의 오리지널콘텐츠가 각국의 자체 채널을 통해 방영되는 순간, 해당 국가의 채널은 판권료를 본사에 지불해야 하는 구조이기 때문에 사실상 판매와 같은 의미를 지닌다. 글로벌 채널사업자는 세계로 확대된 퍼스트 윈도우를 확보하고 있다는 의미다.

한국 방송콘텐츠 시장의 경우 한류의 성공적 확산을 통해 방송사와 제작사들이 글로벌화에 대한 자신감과 자긍심을 갖게 됐다. 이는 매우 값진 한국 콘텐츠산업의 자산이자 역량으로 지속적으로 유지, 발전시켜가야 할 것이다. 단, 한류가 확산된 만큼 한국 방송콘텐츠산업이 성장했다고 볼 수 있느냐에 대해서는 의문의 여지가 있다. 한류 콘텐츠를 통해 각국의 로컬시장에서 성공한 많은 아시아권의 방송사나 판권유통사의 사례는 알려졌지만, 정작 이를 제작, 방영, 수출한 국내 방송사나 제작사의 사정은 그리 나아지지 않은 것으로 보이기 때문이다.

이제까지 한류의 확산은 한국 크리에이티브의 가능성과 가치가 세계 각국의 시청자들에 의해 확인된, 그래서 만들어낸 것이라기보다 주어진 결과라고 해석할 수 있다. 한류의 성공적 확산이 유의미하려면 한류를 만들어낸 한국의 제작사나 방송사가 글로벌 메이저나 적어도 명실공히 아시아권의 최고 수준으로 성장한 상태여야 한다. 그러나 현실은 그렇지 못하다. 사실 국내 방송사나 제작사들은 한류의 성공적 확산에 주도적 역할을 해온 것에 자부심을 느끼지만, 매우 어려운 현실적 여건하에서 생존의 위협과 불확실한 미래를 마주하고 있다.

진정한 의미의 콘텐츠 가치 완성은 다양한 유통경로를 거치며 시청자에게 만족도를 제공하고 동시에 효과적으로 제작투자를 회수하여 지속적 제작이 가능한 선순환 구조를 확립해야 한다. 이를 위해서는 한국 방송사나 제작사 스스로가 제작 초기단계에서부터 콘텐츠 완성도를 높여야 한다. 또한 퍼스트 윈도우 확대를 포함한 글로벌 유통전략을 확고히 하여 콘텐츠 가치의 극대화와 각 사업자의 자체 경쟁력 강화를 위해 노력해야 할 것이다.

2) 시즌제 제작의 부상

글로벌 유통의 중요성이 날로 부각되고 세계 각국 간의 콘텐츠 교류가 활발해지면서 유통방식의 변화 역시 다양하게 나타나고 있다. 좀더 효과적 유통을 위한 콘텐츠의 표준화와 유통구조의 다양화에 대한 시장의 요구가 그것이다. 국가 간 유통구조의 표준화에 대한 요구는 어느 분야에서나 필수적으로 나타나지만 콘텐츠 분야에서는 더욱 심각하게 부각되고 있고 여전히 현재진행형 문제이다.

〈표 7-1〉 한국의 주요 TV 시리즈 제작 현황

타이틀	방송사	방영시기	편수
별에서 온 그대	SBS	2013~2014년	21
태양의 후예	KBS 2	2016년	16
도깨비	tvN	2016~2017년	16
미스터 선샤인	tvN	2018년	24
스카이캐슬	JTBC	2018~2019년	20

그 대표적인 예로 TV 시리즈 편수에 대한 이슈를 들 수 있다. 쿼터별로 시리즈를 편성해온 미국계 방송사 콘텐츠들은 주로 주 1회 방영 기준, 분기 13편 단위의 비교적 규격화된 제작패턴을 보였다. 넷플릭스 대표작〈하우스 오브 카드〉가 그 대표적 사례로, 6개 시즌에 총 73편이 제작되었는데, 이 중 1~5 시즌은 각 13편, 마지막 시즌은 8편으로 마무리되었다. HBO 대표작〈왕좌의 게임〉의 경우 1~6 시즌은 각 10편, 시즌 7은 7편, 마지막 시즌 8은 6편으로 마무리되었다.

이처럼 대략 10편 내외 에피소드로 하나의 시즌을 마무리하는 경향은 특히 미국 드라마의 경우 이미 보편적으로 자리 잡았다. 이는 다음 시즌 제작을 위한 시간적 여력 확보나, 제작투자 환원 및 재투자의 선순환 구조 관리, 그리고 글로벌 시장에서의 유통 극대화를 위한 제2, 제3 윈도우 운영 등의 측면에서 합리적 선택으로 받아들여지고 있다.

한국의 드라마 제작패턴은 분기별 편성도 아니고, 시즌제도 아니다. 주 2회 방영을 기준으로 일단 대략 20편으로 출발했다가 시청자 반응에 따라 최종 편수가 결정되는 가변적 구조였다. 그러나〈태양의 후예〉이후 점차 사전제작이 확대되는 추세를 보이고 있다.

한편, 남미 텔레노벨라나, 중국 드라마의 경우 TV 시리즈는 보통 50여 편, 또는 하나의 시리즈가 100편 이상의 에피소드로 구성되는 것이 보편적이다. 인도 등 일부 아시아 국가에서는 하나의 타이틀이 심지어 1,000여 편의 에피소드를 넘어서는 경우도 적지 않은데, 어느 국가에서도 소화하기 어려운 단위임에도 로컬시장에서는 여전히 지속되고 있다.

콘텐츠의 글로벌 유통의 확대에 따라 세계적 수준의 콘텐츠에 대한 시장의 기대치는 높아졌고, 그에 따라 제작투자 규모도 증가하고 있다. 이러한 시장 환경에서 더욱 효과적인 글로벌 유통을 위해 이제 한국도 시즌제를 도입하고 합리적으로 에피소드 수를 관리할 필요가 있다는 공감대가 형성되고 있다.

3) 공동제작 및 프리세일 방식 제작의 확대

이제까지 보편적 콘텐츠 유통방식은 완성된 콘텐츠의 2차 윈도우 이후를 위해 각 국가별 판권을 거래하는 방식이었다. 그러나 최근 글로벌 시장에서 두드러지는 유통방식은 프리세일 방식이다. 제작 이전 단계에서 공동제작 (co-production)을 위한 파트너 유치나 사실상 프로그램 내용과 제작과정 전체의 노하우를 거래하는 포맷판매 방식, 그리고 제작 진행 중인 프로젝트에 대한 사전 판권구매를 모색하는 등의 새로운 경향을 보인다. 이제는 글로벌 시장 전반이 완성된 콘텐츠의 사후거래 시장보다 콘텐츠 완성을 위한 사전 투자 시장으로 변하는 양상이 두드러지고 있다.

〈표 7-2〉와 같이 프리세일 방식은 초기단계 (early stage), 개발단계 (in-development), 사전제작단계 (pre-production), 제작단계 (in-production), 후반제작단계 (post-production)에 따라 단계별로 다양하게 나타난다. 2018, 2019년 MIPDOC 카탈로그에 공식 등재된 출품 내역에 살펴보면, 초기단계에 전 세계에서 출품된 작품은 각각 50여 개에 이르며, 개발단계 작품은 40~60여 개에 달하는 것을 알 수 있다.

이제 콘텐츠 제작은 글로벌 유통 환경하에서 더 다양한 방식으로 진화하고 있고, 공동제작 기회도 점차 국경을 넘어 확대되고 있다. 가치 있는 아이디어가 있으면 얼마든지 프로그램화할 수 있는 기회가 열린 것이다. 또한 이런

구분	내용
초기단계	프로그램의 주제와 대략적 시놉시스를 갖추고 전체 예산의 규모와 제작일정을 제시하는 단계
개발단계	초기단계를 지나 방송사가 대부분 제시되고 제작비의 일부가 확보되어 곧 파트너나 추가 투자가 확보되면 제작에 착수할 수 있는 단계
사전제작단계	본격적 제작에 들어가기 전 단계로 스태프가 구성 및 본격적 제작을 위한 준비를 진행하는 단계
제작단계	촬영이 진행되고 있고 제작 전반의 작업이 본격적으로 진행되는 단계
후반제작단계	촬영이 마무리되고 마무리 편집작업이 진행되는 단계

환경변화를 바탕으로 새로운 도전을 꿈꾸는 신규 사업자들도 속속 등장하면서 일부 메이저 중심 구조에서 점차 다원화된 구조로 변화하는 경향이 나타나고 있다. 다양한 국가의 종교, 문화, 라이프스타일을 기반으로 한 새로운 콘텐츠 시장구조가 형성되기 시작한 것이다. 글로벌 유통구조의 진화는 시장의 수평적 팽창만을 의미하는 것은 아니다. 새로운 유통구조가 다시 콘텐츠의 제작방식에 생산적 영향을 줌으로써 콘텐츠 제작과 유통은 항상 상호작용하며 콘텐츠의 진화를 촉진할 것이다.

3. 글로벌 콘텐츠 마켓 현황

1) MIPTV · MIPCOM

MIPTV와 MIPCOM은 프랑스 리드미뎀(Reed Midem)사가 운영하는 세계적인 TV 프로그램 마켓이다. MIPTV는 매년 4월, MIPCOM은 매년 10월에 프랑스 남부 해안도시 칸(Cannes)에서 열린다. MIPTV는 1963년에 처음 개최된 이래 지금까지 세계 최고 수준의 TV 프로그램 마켓으로서 글로벌 콘

<그림 7-1> MIPTV·MIPCOM의 글로벌화

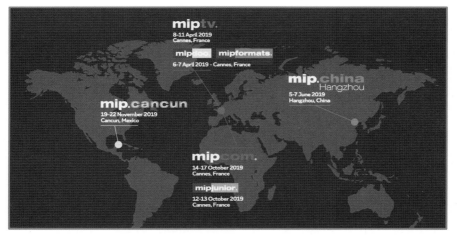

Reed Midem, 2019.

텐츠 유통의 허브 역할을 해왔다. 케이블TV의 성장 및 인터넷의 확산 등 글로벌 미디어 시장의 확장 추세에 맞춰 1985년 MIPCOM을 추가로 신설하여 연 2회 마켓 운영체제를 갖추게 되었다.

이후에도 MIPTV와 MIPCOM은 각각 전문화된 개별 마켓과 수준 높은 컨퍼런스를 유치하며 세계 최고 수준의 TV 콘텐츠 유통마켓으로 자리매김했다. MIPTV는 1998년 다큐멘터리 장르를 별도로 분리하여 전문마켓인 MIPDOC을 신설했다. 포맷제작의 활성화에 따라 2010년에는 MIP 포맷을 추가했다. 이어 2018년부터는 드라마 전문 마켓인 칸 국제시리즈 페스티벌 (Canneseries)을 열고 있다. MIPCOM은 1985년 어린이 장르를 별도로 분리해 MIP 주니어를 신설함으로써 전문화된 마켓시스템을 구축했다.

프랑스 칸에서 50여 년을 지속해온 MIPTV와 MIPCOM은 글로벌화에 적극 대응하고 있다. 2014년 남미와 미국의 히스패닉계 시장 개척을 위해, 멕시코의 유명한 휴양도시인 칸쿤(Cancun)에 MIP 칸쿤을 신설했다. 2017년엔 중국 시장을 겨냥하여 항저우에 MIP 차이나를 추가해서 글로벌 시장 확장에 본격적으로 뛰어들었다. 아시아 지역에서는 1997년 홍콩의 중국반환

이전까지 MIP 아시아 마켓을 홍콩에서 운영하다가, 2000년 ATF(Asia TV Forum & Market)로 개편하여 오늘날에 이르고 있다.

2) LA 스크리닝

LA 스크리닝(LA Screening)은 미국 내 각 지역 방송사와 광고주들에게 다음 시즌에 편성될 파일럿 프로그램을 사전에 보여주는 스크리닝 행사로 1962년에 출발했다. 그러나 이제는 디즈니, 워너브라더스, 파라마운트 등 할리우드의 모든 메이저 스튜디오들이 주도적으로 참여하는 큰 규모의 행사가 되었다. 미국, 캐나다 및 남미의 방송사뿐만 아니라 세계의 모든 방송사, 유통업자들이 참여하는 미국 최대의 TV 콘텐츠 마켓으로 확고히 자리매김한 것이다.

세계적 콘텐츠 마켓인 LA 스크리닝은 미국 진출을 희망하는 세계의 방송사, 콘텐츠기업이 자사의 콘텐츠를 소개할 수 있는 장을 마련해 준다. 한국 역시 한국콘텐츠진흥원(KOCCA)이 'K-Drama at LA Screening'이라는 형태로 행사에 참여해오고 있으며, 한국 드라마가 미국 시장에 본격적으로 진출하는 데 LA 스크리닝이 교두보 역할을 해줄 것을 기대하고 있다.

3) 기타 지역의 글로벌 콘텐츠 마켓

NATPE와 AFM 등은 LA 스크리닝과 더불어 미국의 대표적 방송프로그램 마켓으로 손꼽힌다. NATPE(National Association of Television Program Executives)는 원래 미국 방송사의 프로그래밍 담당자들의 네트워킹과 교육 등을 담당하는 협회였다가 점차 컨퍼런스와 콘텐츠 마켓으로 확대되어 미국 내 주요 콘텐츠 마켓의 하나로 인정받았다. 그러나 2000년대를 정점으로 그 규모가 점차 축소되어 현재는 플로리다주 마이애미에서 개최되며 주로 남미 시장을 중심으로 한 콘텐츠 마켓으로 자리 잡았다. AFM(American Film

Market) 은 미국 서부의 대표적 휴양지 산타모니카(Santa Monica) 해변에서 매년 11월 개최되는 영화전문 마켓으로 1981년 시작되어 현재까지 대표적 영화마켓의 하나로 인정받고 있다.

미디어와 콘텐츠산업의 글로벌화에 따라 미국과 유럽 외에 여러 나라에서 다양한 형태의 프로그램 마켓이 등장했고, 지금도 계속 확대되는 추세다. 아시아권에서는 MIPTV나 MIPCOM과 같은 계열의 ATF가 싱가포르를 기반으로 자리 잡고 있다. 인도에서는 매년 2월에 글로벌콘텐츠바자회(Global Contents Bazar), 홍콩에서는 5월에 홍콩필름마켓(HK Filmart)이 열린다. 베트남 호치민에서는 6월에 텔레필름(TeleFilm), 대만에서는 9월 타이베이국제 TV마켓포럼(Taipei International TV Market & Forum)이 개최된다. 이와 같은 콘텐츠 마켓은 아시아권에서 지속적으로 확대되는 추세다.

그밖에도 러시아 모스크바에서는 5월에 월드콘텐츠마켓이, 아랍에미리트 두바이에서는 12월에 DICM(Dubai Int'l Content Market)이, 남아프리카공화국 요하네스버그에서는 DISCOP 요하네스버그(DISCOP Johannesburg)가 열린다. 세계 대부분의 지역에서 다양한 방송콘텐츠 마켓이 운영되고 신설되면서 콘텐츠의 글로벌 유통에 일획을 담당하고 있는 것이다.

4) 한국의 국제 방송콘텐츠 마켓

한국의 대표적 국제 방송콘텐츠 마켓으로는 서울에서 열리는 BCWW와 부산의 BCM, 그리고 부산국제영화제 행사의 일환으로 매년 10월 개최되는 'Asia Film Market & Asia Contents Awards' 등을 들 수 있다.

BCWW(Broadcast Worldwide)는 문화체육관광부가 주최하고 한국콘텐츠진흥원이 주관하는 행사로 지난 2001년 국내 최초로 신설된 국제 방송프로그램 마켓이다. '아시아를 대표하는 방송영상콘텐츠 마켓'을 표방하고 있으며 콘텐츠 판권거래를 위한 BCWW 마켓, 포맷판매 중심의 BCWW 포맷, 그리고 컨퍼런스 중심의 BCWW 뉴콘 등으로 구성되어 매년 8월 서울 코엑스에서 개최된다.

　BCM(Busan Contents Market)은 문화체육관광부와 부산광역시가 후원하고 사단법인 부산콘텐츠마켓 조직위원회가 주관하는 행사로 지난 2007년 처음 개최된 이래 매년 5월 부산에서 개최되는 방송프로그램 중심 마켓이다. BCM 마켓, BCM 컨퍼런스, BCM 펀딩 등 3개 분야로 구성되어 진행되며 산하에 BCM 아카데미를 운영하고 있다.

　'Asia Film & Contents Market'은 아시아 최고 권위의 영화제로 널리 인정받고 있는 부산국제영화제가 자체 행사의 일환으로 운영하는 마켓이다. 과거 20여 년간 영화제 운영 경험을 바탕으로 영화장르 중심 마켓에서 한발

〈표 7-3〉 글로벌 콘텐츠 마켓 현황

개최시기	행사명	분야	개최지
1월	NATPE	방송	미국 마이애미
2월	EFM(European Film Market)	영화·방송	독일 베를린
	글로벌콘텐츠바자회	방송	인도 뭄바이
3월	홍콩필름마켓	영화·방송	홍콩
4월	MIPTV	방송	프랑스 칸
5월	BCM	방송	한국 부산
	LA 스크리닝	영화·방송	미국 LA
	월드콘텐츠마켓	방송	러시아 모스크바
6월	텔레필름	영화·방송	베트남 호치민
7월	DISCOP	방송	남아프리카공화국 요하네스버그
8월	BCWW	방송	한국 서울
9월	타이베이국제 TV마켓포럼	방송	대만 타이베이
10월	아시아필름마켓·BIFF	영화·방송	한국 부산
	MIPCOM	방송	프랑스 칸
11월	AFM	영화	미국 산타모니카
12월	ATF	방송	싱가포르
	DICM	방송	아랍에미리트 두바이

더 나아가 모든 방송장르를 아우르며 아시아 각국의 콘텐츠 유통을 촉진하는 마켓으로 자리 잡았다. 이와 병행해서 개최되는 'Asia Contents Awards'는 아시아 각국의 우수한 드라마를 발굴, 소개하고 제작자 및 연기자들을 초청, 시상함으로써 아시아 국가 간 공동제작과 글로벌 유통 활성화를 지원하고 있다.

이러한 방송콘텐츠 마켓 외에도 서울애니메이션센터와 서울산업진흥원이 주관하는 웹툰 및 애니메이션 관련 콘텐츠 마켓으로 'SPP'(Seoul Promotion Plan)가 있다. 또한 아시아문화중심도시 광주에서 개최되는 문화콘텐츠종합전시회 '광주에이스페어' 등이 국내에서 활발히 운영되고 있다.

4. 글로벌 콘텐츠 유통 현장의 실제

유통은 곧 프로그램 판권계약을 통해 유종의 미를 거두게 된다. 계약은 해당 프로그램에 대해 저작권의 범위와 금액, 계약기간 등을 합의하고 서명함으로써 공식화된다. 하지만 플랫폼이 확대되고 그에 따라 판권 종류 역시 다양해지면서 계약서의 내용과 진행절차도 점차 복잡해지는 양상을 보이고 있다.

1) 판권거래의 유형

판권거래는 크게 플랫 딜, 레버뉴 쉐어 딜, 아웃풋 딜 등 세 가지 유형으로 구분할 수 있다.

플랫 딜(*Flat Deal*)이란 단순명료한 거래유형으로 합의된 거래조건을 토대로 해당 프로그램에 대해 일정 금액을 합의, 지급하도록 하는 방식이다. 가장 보편적 거래방식으로 이 경우 판권금액은 계약이 이뤄지는 순간 확정된다.

레버뉴 쉐어 딜(*Revenue Share Deal*)이란 일반적으로 VOD 판권계약에 해당되는 거래유형이다. 일단 계약체결 이후에 적정 규모의 판권료를 MG

(*Minimum Guarantee*) 차원에서 미리 지불하되 나머지는 서비스 제공 이후 매출이 발생하면 합의된 조건에 의거하여 이를 쌍방이 나누는 계약방식이다. 단 이는 일반적인 경우에 대한 설명이며, 레버뉴 쉐어 방식의 계약이더라도 합의에 따라 MG가 없는 계약이 가능하다. 또 VOD 서비스를 위한 계약이더라도 레버뉴 쉐어 방식이 아니라 플랫 딜 방식으로 계약이 가능하다.

아웃풋 딜(*Output Deal*)은 주로 할리우드 등의 메이저 사업자와 로컬 파트너 간의 콘텐츠 공급계약에 해당되는 방식이다. 약 3~5년의 기간을 설정하고 이 기간 동안 제작 예정인 모든 콘텐츠를 독점 공급하는 것을 조건으로 하는 거래방식을 의미한다. 일반적으로 경쟁이 치열한 시장에서 이루어지는 계약구조로 독점계약이 보편적이다.

2) 판권계약의 진행과정

세계적 판권거래 시장인 MIPTV · MIPCOM이나 LA 스크리닝 등 마켓현장에서는 일반적으로 세계 100여 개국에서 4,000~5,000명의 파트너들이 참여하여 다양한 방식의 거래가 이루어진다. 이처럼 현장에서 이뤄지는 거래를 중심으로 판권계약의 진행과정을 정리하면 다음과 같다.

우선 마켓 참여를 위해 판권소유자(*rights holder*)들과 바이어(*buyer*)들은 행사 주최 측에 일정 비용을 지불하고 참가등록을 한다. 이 과정에서 참가자들은 자신이 판매하려는 프로그램에 대한 정보와 구입하려는 프로그램 내용을 주최 측에 공유한다. 등록이 마무리되면 참가자들은 주최 측의 데이터베이스를 통해 서로에 대한 정보와 관심사를 확인한다. 이로써 판권소유자들은 마켓이 열리기 이전 단계에 자신의 프로그램 카탈로그를 바이어들에게 보내며 거래의 첫걸음을 내딛게 된다.

마켓현장에서는 일반적으로 30분 단위의, 심지어 15분 단위의 짧은 미팅이 연속된다. 이는 한정된 마켓 기간 안에 더 많은 미팅 기회를 가지려는 쌍방에 대한 배려이기도 하다. 미팅에서는 프로그램 소개와 간단한 소개영상 (*trailer*) 을 보며 의견교환을 하고, 거래를 위한 주요 계약사항(*key terms and conditions*) 을 사전 공유한다. 마켓에서 바로 계약이 마무리되는 경우도 있지만, 일반적으로 관심 있는 프로그램에 대해서는 추가자료와 풀스크리너(*full screener*) 를 요청하고 마켓 이후에 구체적 협의를 추가적으로 진행한다.

추가자료에 대한 검토와 협의를 거쳐 거래를 위한 기본적 합의가 이뤄지면, 주요 계약내용을 골자로 텀시트(*term sheet*) 라는 형태의 계약서 초안을 공유한다. 이후 구체적 세부 계약 항목에 대한 합의 후에 본계약서를 주고받으면서 거래가 최종 마무리된다.

3) 판권계약의 주요 내용

(1) 판권의 범위
플랫폼의 확장 추세와 국가별로 다른 미디어 발전단계에 따라 매우 복잡한 판권개념들이 혼재하면서 판권의 범위(*scope of the rights*) 는 확장되고 있다. 일반적으로 지상파 판권(FTA: *Free-to-Air*), Pay TV, VOD, OTT 등을 선택적으로 규정하거나, 'All TV Rights', 또는 지상파를 제외한 'All Pay TV Rights' 등의 단위로 계약이 이뤄진다.

(2) 방영권 보유기간
방영권 보유기간(*license term*) 은 신규 타이틀의 경우는 일반적으로 2~3년, 라이브러리 타이틀인 경우 3~5년이 보편적이다. 판권기간에 따라 판권가격이 달라질 수 있는데, 신규 타이틀일수록 탄력성이 크다고 볼 수 있다. 글로벌 시장에서는 외주제작의 경우 영구판권(*perpetual*) 을 요구하기도 한다.

(3) 판권가격

판권가격(license fee)은 판권의 범위와 독점 여부 및 기타 계약내용에 따라 다양한 차이를 보인다.

(4) 방영횟수

방영횟수(number of run)는 메이저급 타이틀이나 신규 타이틀의 경우 대부분 3~5회로 제한한다. 24시간 내의 재방은 방영횟수에서 제외하기로 합의하기도 한다. 그러나 메이저 콘텐츠가 아니거나 라이브러리 타이틀은 무제한(unlimited)으로 거래가 이뤄지는 경우도 있다.

(5) 판권지역

판권지역(territory)은 일반적으로 국가를 의미한다. 그러나 APEC(Asia Pacific), EMEA(Europe and Middle East) 등 지역(region) 단위 거래도 존재하며, 전 세계(worldwide)를 대상으로 요구하는 경우도 있다.

(6) 독점계약 여부

독점계약(exclusivity) 여부는 시대에 따라 변화해왔다. 과거에는 메이저급 계약일수록 독점계약이 주류를 이루었지만, 다양한 플랫폼들이 속속 들어서면서 현재는 비독점계약이 점차 주류를 이루는 추세다.

(7) 언 어

글로벌 유통이 보편화되면서 언어(licensed language) 문제가 계약내용에 점점 더 영향을 미치고 있다. 해당 프로그램의 원어(original language)가 영어가 아닌 경우 현지어 버전(local language version)을 선택하느냐, 영어 버전(English version)을 선택하느냐에 따라 가격 조건이 달라지기도 한다.

(8) 지불방식

지불방식(*payment option*)은 '계약 후 50% 지불, 딜리버리 완료 후 50%' (*50% upon signature, 50% on delivery*) 방식이 일반적이다. 쌍방 간에 처음 이루어지는 거래이거나 총 거래금액이 그리 크지 않을 경우에는 '전액 선불지급'(*100% upon Signature*) 방식으로 계약이 이루어지기도 한다.

(9) 딜리버리

딜리버리(*delivery*)는 방송용 소재(*materials*)와 기타 프로모션용 자료의 전달을 의미한다. 객관적 중요도는 크지 않아 보여도 실제 거래과정에서 가장 많은 문제를 야기하는 이슈이다. 국가별 또는 사업자별로 기술표준이 달라 혼선을 초래하는 경우가 많고, 이를 맞추기 위해 추가비용이 발생하기도 한다. 따라서 기술규격서(*Technical Specification*)를 아예 계약서 내용에 포함시키고 그에 따른 추가비용 부담 여부도 계약서에 반영하는 것이 일반적이다.

(10) 표준계약서

미디어산업의 기술적 환경 변화와 서비스 플랫폼의 지속적 진화로 프로그램 공급계약은 날이 갈수록 복잡해지고 있다. 따라서 이를 매번 계약내용에 반영하기가 쉽지 않으므로, 일반적 거래에서 공통적으로 언급해야 하는 항목을 표준계약서(*standard terms and conditions*)로 구분하여 사용하려는 시도가 늘고 있다.

일반적 거래조건은 계약 당사자 간의 합의내용을 2~3쪽 분량의 일반계약서에 압축해 정리하고, 나머지 내용은 표준계약서를 별첨하는 것으로 대체하는 방식이다. 이러한 방식은 국제 계약서의 법률적 검토에 따른 시간과 비용의 부담을 줄이기 위한 접근으로 거래 쌍방에게 효율적 방식이라는 점에서 점차 보편화되고 있다.

5. 한국 콘텐츠의 글로벌 유통 사례

한국 콘텐츠의 글로벌 유통은 곧 한류와 직결되는 것으로 이해된다. 한류는 KBS 드라마 〈겨울연가〉(2002)가 일본 NHK에 방영된 것을 계기로 시작되어 아시아 전역으로 확대되었다. 이어서 MBC 드라마 〈대장금〉(2003)이 아시아 지역을 넘어 전 세계로 확산되면서 다시 한 번 한국 드라마의 위상을 부각시킴으로써 오늘날 한류의 토대를 이루었다. 그 후 〈별에서 온 그대〉(SBS, 2013~2014), 〈태양의 후예〉(KBS, 2016), 〈도깨비〉(tvN, 2016~2017) 등의 드라마들이 중국과 아시아 시장에서 큰 인기를 얻으면서 한류의 건재함을 웅변했다.

그러나 이제 한국 콘텐츠 유통은 한류 바람에 편승하여 완성된 드라마를 아시아권 중심으로 수출하는 단계를 넘어섰다. 검증된 콘텐츠 퀄리티를 기반으로 미국, 유럽 등 선진국 시장에 수출하거나 포맷제작 형태로 전면 진입하는 수준에 이른 것이다. 한국 드라마의 본격적 미국 진출에서 가장 대표적 사례로는 KBS 드라마 〈굿닥터〉를 꼽을 수 있다.

2013년에 KBS 2를 통해 처음 전파를 탄 이 드라마는 포맷수출 형태로 2017년 미국 ABC에 의해 리메이크되어 방영되었고, 성공적 시청률로 다음

〈그림 7-2〉 〈굿닥터〉의 한국 오리지널·미국판·일본판 포스터

〈그림 7-3〉〈복면가왕〉과 〈The Masked Singer〉 포스터

해인 2018년 시즌 2까지 방영되었다. 현재는 시즌 3를 방영 중이며 OTT 영역까지 진출, 미국 훌루에서 서비스가 제공되고 있다. 나아가 미국판 〈굿 닥터〉(*The Good Doctor*)는 다시 영국, 호주, 네덜란드, 이탈리아, 브라질에 이어 일본의 WOWOW에까지 수출되는 전례 없는 성과를 보여주었다. 특히 일본의 경우 미국판의 WOWOW 진출과 별도로 후지TV와 포맷계약을 체결하여 제작된 일본판 리메이크작이 2018년에 방영되어 두 자리 시청률을 기록했다.

최근에는 드라마뿐 아니라 예능프로그램의 글로벌 진출도 괄목할 만한 성과를 이루었다. MBC 〈복면가왕〉, tvN 〈꽃보다 할배〉, JTBC의 〈히든싱어〉 등이 그 대표적 예이다.

MBC 〈복면가왕〉은 글로벌 시장에서 한국 예능프로그램의 잠재력을 보여준 가장 성공적인 사례로 평가받는다. 이는 미국 방송사 폭스와 포맷수출 계약을 체결, 〈더 마스크드 싱어〉(*The Masked Singer*)라는 제목으로 2019년 초에 방영된 이래 폭발적 인기를 얻었다. 이런 반응에 힘입어 같은 해 9월 시즌 2를 성공적으로 방영했고, 2020년엔 시즌 3까지 제작이 확정되면서 괄목할 만한 성과를 거두고 있다. 미국 외에도 영국, 독일, 중동 등 세계 50여 개국에 포맷수출을 성사시키며 나라마다 다양한 화젯거리를 만들기도 했다. 한국 예능프로그램 중 가장 많은 국가에 수출되며 글로벌 시장에서 확고히 자

230

리매김한 것이다.

　CJ ENM 계열 tvN에서 처음 방송된 〈꽃보다 할배〉는 예능프로그램으로서는 최초로 미국 시장에 포맷판매가 이루어진 사례이다. 2016년 미국 NBC에 의해 〈베러 레이트 댄 네버〉(Better Late Than Never)라는 제목으로 리메이크되어 시즌 1으로 아시아 편 4부작이 방영되었고, 2018년에는 시즌 2로 유럽 편이 총 8부작으로 제작되어 방영되었다. 이로써 〈꽃보다 할배〉는 한국 예능프로그램의 미국 시장 진출을 위한 교두보를 마련했다는 평가를 받았다.

　JTBC 역시 〈히든싱어〉, 〈냉장고를 부탁해〉, 〈팬텀싱어〉, 〈비정상 회담〉 등의 예능프로그램의 포맷판매를 연이어 성사시켰다. 드라마 부문에서도 〈품위 있는 그녀〉, 〈힘센 여자 도봉순〉, 〈밥 잘 사주는 예쁜 누나〉 등에 이어 최근에는 〈스카이캐슬〉까지 포맷수출을 성공하면서 콘텐츠 역량을 과시하고 있다.

〈그림 7-4〉 〈꽃보다 할배〉와 〈Better Late Than Never〉 포스터

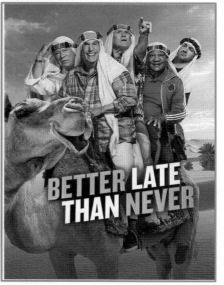

6. 글로벌 콘텐츠 유통의 현주소와 과제

앞서 언급한 대로 한국 콘텐츠의 글로벌 유통은 곧 한류의 성과와 직결된다고 보기 쉽다. 그러나 한류는 한국 방송콘텐츠의 글로벌 유통을 위한 하나의 '디딤돌'이지 '전지전능한 해결사'가 될 수는 없다. 글로벌 방송콘텐츠 유통시장에서 한류는 이미 여러 가지 도전에 직면했다는 점을 간과해서는 안 된다. 글로벌 시장으로의 진출은 콘텐츠의 질과 국제 경쟁력을 기반으로 한 전략적 접근에 의해 이루어져야 하고, 한류는 그러한 전략적 접근의 결과가 되어야 할 것이다. 이를 위해 몇 가지 관점의 변화가 필요하다.

우선 콘텐츠 유통은 쌍방향적이고 상호 유익한 관계에서만 지속될 수 있다는 점을 명심해야 한다. 아시아 각국의 콘텐츠 제작 수준이 빠른 속도로 향상되고 있다. 또한 세계 콘텐츠 유통시장은 과거 미국, 유럽 등의 일부 메이저 중심 체제에서 남미, 터키, 동남아 시장 등의 급속한 부상에 따라 한층 다원화되고 있다. 이제 많은 국가에서 그들이 한국 콘텐츠를 소비하는 만큼 그들의 콘텐츠도 한국에 소개하거나 판매하길 원한다는 점을 받아들여야 한다. 한국이 아시아 각국의 콘텐츠를 받아들이는 데 매우 인색하다는 그들의 지적을 간과해서는 안 될 것이다.

또한 한류에 편승하기보다 콘텐츠의 질로 글로벌 메이저 시장에 정면승부하는 전략이 우선해야 한다. 한국에 대한 관심에서 한국 콘텐츠를 찾는 움직임이 영속하기를 기대하기는 어렵다. K-Pop의 인기나 몇몇 아이돌의 후광효과에 기대는 것은 더욱 어리석은 선택이다. 콘텐츠의 질적 수준 향상과 포맷수출을 통한 로컬화 가능성 등 객관적 시장잠재력 평가에 따른 글로벌 유통 확대가 장기적으로 바람직한 방향일 것이다.

다국적 공동제작에도 적극적 관심을 기울일 필요가 있다. 앞서 글로벌 콘텐츠 유통구조의 진화를 얘기하면서 퍼스트 윈도우의 확대를 거론한 바 있다. 각 나라마다 대부분 자체적 공동제작 지원정책을 시행하기 때문에 다국적 파트너 간 결합이 이루어진다면 공동제작을 위한 투자재원 조달은 한층 탄력을 받게 될 것이다.

글로벌 유통전문 기업이나 포맷전문 기업의 육성 또한 간과할 수 없다. 한국은 방송사나 제작사는 있지만 글로벌 유통을 전문으로 하는 기업은 찾기 힘들다. 글로벌 포맷시장에서도 엔데몰(Endemol)이나 프리맨틀(Fremantle)과 같은 유럽의 신생 기업들은 이미 확고히 자리 잡았지만, 한국 기업으로서 존재감을 드러내는 사업자를 거론하기는 쉽지 않다. 한국의 콘텐츠 제작능력을 고려할 때, 국내에서 글로벌 유통 분야나 포맷제작 분야의 글로벌 강소기업을 육성하는 것도 글로벌 진출을 위한 매우 효과적인 접근이 될 수 있다.

무엇보다 중요한 것은 글로벌 유통 전문인력 양성과 이를 위한 교육기회 확대 및 전문적 커리큘럼 확립이 이루어져야 한다는 것이다. 젊고 국제화된 전문인력이 뜨거운 열정과 혁신적 사고를 가지고 글로벌 콘텐츠 유통 현장에서 역량을 발휘할 수 있는 기회를 제공하는 것 역시 양질의 콘텐츠를 만드는 것 이상으로 중요한 과제임을 잊어서는 안 될 것이다.

참고문헌

강준석(2019). Disney+, Apple TV+ 진입 등에 따른 글로벌 OTT 시장 경쟁환경
　　　및 사업전략 변화. 〈KISDI Premium Report〉, 19권 4호, 1~56.
과학기술정보통신부·방송통신위원회(2019). 〈2019년 방송산업실태조사보고서〉.
　　　진천: 정보통신정책연구원.
방송통신위원회(2019). 〈2018년도 방송사업자 재산상황 공표집〉. 과천: 방송통신위원회.
정윤경·은혜정·이승희·김동우(2019). 〈방송포맷 수출입 현황조사 연구〉.
　　　나주: 한국콘텐츠진흥원.
한국콘텐츠진흥원(2019). 〈2018년 방송영상산업백서〉. 나주: 한국콘텐츠진흥원.

CJ ENM(2019). *CJ ENM IR BOOK*, September, 2019. Seoul: CJ ENM.
Parrot Analytics(2019). *The Global Television Demand Report*, Q1, 2019.
　　　LA: Parrot Analytics.
Reed Midem(2018/2019). *MIPDOC Catalog*. Cannes: Reed Midem.
_____(2018/2019). *MIPTV & MIPCOM Guide*. Cannes: Reed Midem.
_____(2019). *Discover MIP Entertainment Contents Markets 2019*.
　　　Cannes: Reed Midem.

강신규

1. 들어가며

이 장에서는 방송영상미디어와 그것을 둘러싼 문화를 논의하기 위해 문화연구(*cultural studies*)의 관점을 빌린다. 문화연구에서 문화는 고급예술과 일상의 것들을 포괄하는 광범위한 개념으로 긴 역사와 다양한 용례를 지녀, 방송영상미디어와 그 수용의 복잡다단한 특성과 양상들을 논의하기에 적합하다.

학제 간 이론 및 방법론 사용을 지지하는 것도 문화연구의 큰 강점이다. 구조주의나 후기구조주의자들의 이론이든 다른 것들이든, 여러 철학이나 인식론들을 매우 절충적인 방식으로 활용한다. 그러면서도 문화를 조각 천을 이어 맞추는 패치워크(*patchwork*)로 보지 않고, 날줄과 씨줄을 엮어 만든 네트워크로 간주하면서 문화가 가진 중첩성과 혼종성을 강조한다(Baldwin, Longhurst, McCracken, Ogborn, & Smith, 2004).

이와 같은 인식과 방향을 토대로 다음에 대해 이야기하고자 한다. 첫째,

방송영상미디어 문화를 논의하는 일이 무엇을 의미하는지 살핀다. 둘째, 문화연구의 관점에서 방송영상미디어가 보여주는 내용물을 어떻게 바라볼 수 있을지 고민한다. 셋째, 방송영상미디어의 의미가 어떻게 만들어지고 수용되는지 파악한다. 마지막으로, 현대사회의 대표적인 철학적·인식론적 사고 중 하나인 포스트모더니즘과 그 문화 분석론을 차용해 방송영상미디어 문화에 대해 논의한다.

2. 방송영상미디어 문화에 대한 논의

1) 문화란 무엇인가?

문화(culture)의 의미는 수렴되지 않는다. 문화는 아이돌 팬이나 특정 방송영상미디어나 콘텐츠를 가리킬 수 있다. 방송사 조직이 공유하는 분위기나 행동방식을 나타내기도 한다. 우리가 살고 있는 국가, 도시, 거리에서도 찾는 것이 가능하다. 어린이, 청소년, 성인은 같은 문화를 공유함과 동시에 자신들만의 독특한 문화를 갖는다. 하지만 이 모든 것을 문화라 칭하면, 문화를 구체적 수준에서 논의하기 어려워진다. 따라서 본격적 논의에 앞서 문화가 무엇인지 살펴볼 필요가 있다. 문화는 크게 다음과 같은 의미로 사용되어왔다.

첫째, 애초에 문화는 영어권에서 '토지를 경작하거나 가축을 기르는 행위'라는 의미로 사용됐다. 둘째, 첫 번째 의미가 점차 추상적인 형태를 띠게 되면서 '인간의 정신계발, 도덕함양'과 같은 의미로 변화해갔다. 이에 따르면, 문화는 음악, 문학, 회화, 조각, 연극, 영화 등과 같은 예술과 그것을 둘러싼 예술적 활동, 그리고 철학이나 역사 등과 같은 학문 분야를 포함한다 (Williams, 1983). 여기서 문화는 흔히 교양 있는 사람들이 참여하는 세련된

활동이다(Baldwin, Longhurst, McCracken, Ogborn, & Smith, 2004). 셋째, '사회가 (선)진화하는 과정'이다. 다만 여기서 선진화는 서구화 혹은 유럽화를 의미하기에, 인종주의적이면서 서구중심적이라는 이유로 비판받기도 했다(원용진, 2010).

넷째, '특정 민족이나 시대, 집단이 공유하는 삶의 방식'이다. 흔히 인류학적 정의라 일컬어지는 이 개념 규정에서는 문화를 복수의 개념(*cultures*)으로 파악한다. 문화란 모든 것이며 모든 곳에 존재한다. 지식, 믿음, 예술, 도덕, 법, 관습, 그리고 사회구성원으로서 인간이 획득한 능력과 습관을 포함한 복합적 전체가 문화다(Tyler, 1871). 이 관점에서는 일상 곳곳에 편재한 문화가 함께 살아가는 사람들의 산물인 동시에 학습된다는 점을 강조한다(Baldwin, Longhurst, McCracken, Ogborn, & Smith, 2004). 마지막으로, '역동적으로 살아 움직이며 의미를 만들어내는 의미작용'(*signifying practices*)이다. 이때 문화는 다양한 형태의 기호를 이용해 의미를 만드는 적극적 사회실천이다.

다섯 가지 정의는 비교적 뚜렷이 구분되는 것처럼 보이나, 상호연결되기도 한다. 가령 첫 번째 정의가 아니었으면 두 번째 정의는 나오기 어려웠을 것이다. 복수의 관점을 동시에 취함으로써 상호보완 또한 가능하다. 대개 방송영상미디어 문화를 논의할 때는 네 번째와 다섯 번째 정의를 사용하는 경우가 많지만, 여기서는 두 번째 정의도 함께 고려한다.

2) 방송영상미디어와 문화

방송영상미디어 문화란, 말 그대로 방송영상미디어를 중심으로 형성되는 모든 문화를 일컫는다. 하지만 방송영상미디어 문화는 '방송영상미디어'와 '문화' 개념의 합 이상이며, 복합적으로 분화된 포괄적 개념임을 이해할 필요가 있다. 우리가 특정 방송영상미디어를 접할 때, 그로부터 파생되는 일상적인 삶의 다른 영역이나 다른 미디어·문화와의 연관성을 떠올리기 때문이다.

방송영상미디어 문화가 갖는 의미는 고정적이지 않으며, 시간과 공간, 상황, 개인적 경험이나 지식 등에 따라 다르게 나타난다. 따라서 방송영상미디어 문화는 단순히 영상콘텐츠를 미디어를 통해 수용자에게 전달하는 수준이 아닌, 사회 내에서 이루어지는 유동적 상호작용으로 이해할 수 있다. 따라서 그것은 사회의 다양한 활동을 의미하는 '총체적 삶의 방식'과 관련된다. 방송영상미디어 문화는 박물관 속에 있는 것이 아니라, 우리 일상생활 속에서 만들어지고 향유되고 퍼져나간다.

3) 방송영상미디어 문화 논의의 필요성, 의미, 목적

방송영상은 우리를 둘러싼 세상 속에서 서로의 의사를 표현하거나 의미를 전달하는 등 커뮤니케이션의 중심에 위치한다. 단순 정보전달을 위한 것만이 아닌, 훨씬 더 중요한 의미를 지님은 물론이다. 가치관, 견해, 신념 등까지 방송영상미디어를 통해 강렬하고 설득력 있게 전달되며, 이는 개인, 나아가 사회 전반에까지 영향을 미친다.

하지만 이렇듯 사회·문화 전반에 지대한 영향을 미쳐왔음에도 방송영상미디어를 문화적 관점에서 바라보는 학술 논의가 본격적으로 이뤄진 지는 오래되지 않았다. 방송영상미디어 문화 논의가 중요한 것은, 방송영상미디어가 우리 일상과 깊게 관계 맺을 뿐 아니라, 새로운 사회문제, 권력, 능력 확장의 수단으로 인식되기 때문이다.

그렇기에 방송영상미디어 문화 논의의 목적은 크게 세 가지로 정리된다. 첫째, 여러 이론과 방법(론)을 통해 넓은 범위에서 방송영상미디어와 그것을 둘러싼 문화를 종합적으로 이해한다. 둘째, 방송영상미디어를 수용한다는 것이 미디어·콘텐츠 자체에 대한 인식을 넘어 우리 삶에 어떠한 의미를 전달하는지 살펴본다. 셋째, 수용자들로 하여금 방송영상미디어를 통해 사회를 보다 정확하게 이해하도록 돕는다.

여기서는 커뮤니케이션을 메시지의 전달이 아닌 의미의 생산과 교환으로 본다. 전통적 커뮤니케이션 (효과) 이론이 커뮤니케이션 행위와 그것의 효과 (효율성·정확성)에 초점을 둔다면, 방송영상미디어 문화 논의는 커뮤니케이션 과정, 그리고 텍스트 혹은 메시지가 의미를 만들어내기 위해 어떻게 사람들과 상호작용하는지에 집중한다.

4) 논의대상과 접근법

방송영상미디어 문화 논의의 대상을 구분하는 기준은 수렴되지 않는다. 그럼에도 그것을 기준에 따라 몇 가지로 나눠 보면 다음과 같다. 첫째, '텍스트'(text)와 '콘텍스트'(context)다. 이는 텍스트 자체와 그것이 만들어지는 상황·환경 간 관계나 상호영향에 관심을 둔다.

둘째, 텍스트가 만들어지고 수용되는 과정을 기준 삼은 구분으로, '생산자(창작자)-텍스트-수용자(해독자)'를 들 수 있다. 즉, 생산자, 텍스트, 수용자 각각이 독립된 논의대상이면서, 서로 간 관계(생산자↔텍스트↔수용자, 생산자↔수용자 등), 그리고 상호관계 속에서의 개별 단위 또한 논의대상이 될 수 있다.

텍스트 넓게 정의하면 의미 있는 것으로 읽혀지는 모든 것이다. 가령, 어떤 연구자에게는 '세계'가 (사회적) 텍스트가 될 수 있다. 하지만 대개는 일관적 체계와 완결성을 갖는 문화적 품목(Gray & Lotz, 2011/2017)을 텍스트로 지칭한다. 소설, 만화, 영화, 애니메이션, 게임 하나하나가 모두 텍스트이며, 특정 텔레비전 프로그램이나 인터넷방송 채널에서 제공하는 동영상도 예외가 아니다. 이러한 텍스트는 특정 매체 속에서 장르적 관습에 따라 생산되고 해석되며, 재현과정의 산물로서 생산자와 독자 모두를 특정 위치로 초대한다(Chandler, 2002/2006).

콘텍스트 우리말로 '맥락' 정도로 번역되나, 여기서는 텍스트가 나오게 된 모든 상황과 환경을 나타낸다. 사회·문화·정치적 맥락, 기술, 글로벌 환경 등이 모두 콘텍스트라 할 수 있다.

셋째, '개별 방송영상미디어 장르'다. 방송영상미디어 장르에는 보도(뉴스), 교양(시사정보, 다큐멘터리, 생활정보, 토론, 교육·문화예술), 오락(드라마, 버라이어티쇼, 오디션·서바이벌, 토크쇼, 음악쇼, 퀴즈·게임쇼, 코미디, 영화, 스포츠, 애니메이션), 융합장르 등이 있다. 이상의 구분은 상호배타적이지 않으며, 밀접하게 연관된다. 예를 들어, 생산자-텍스트-수용자는 콘텍스트와의 관계 속에서 논의될 수 있다.

방송영상미디어 문화에 대한 접근법 역시 생산자 연구, 텍스트 연구, 수용자 연구, 콘텍스트 연구로 구분된다. 텍스트 연구의 경우 텍스트 분석이론과 방법론을 통해 수용의 역동성을 이해하게 만들 뿐 아니라, 개별 텍스트, 그리고 나아가 방송영상미디어가 무엇을 이야기하고자 하는지 파악한다. 수용자 연구는 방송영상미디어·콘텐츠에 반응하는 수용자들의 심리학적 혹은 사회적 패턴을 분석한다. 보는 사람들이 특정한 방식으로 영상을 주목하거나 해독하는 것에 초점을 두고, 이상적 수용자를 이론화하거나 실제수용자가 텍스트로 무엇을 할 수 있는지 등을 고민한다.

3. 방송영상미디어와 재현

1) 현실의 재구성

우리가 일상에서 방송영상미디어를 수용하는 것이, 단순히 콘텐츠를 보고듣는 것을 의미하지는 않는다. 그것은 목적성과 방향성이 함축된 자발적 행동으로, 세계에 대한 의미를 능동적으로 만드는 것을 가리킨다. 또, 수용자들이 텍스트와 상호작용하고, 텍스트로부터 의미를 생산해내는 활동이라는점에서 방송영상미디어 수용은 하나의 '실천'(*practice*)이라고도 할 수 있다. 실천으로서의 수용과정은 누군가를 떠올리거나, 행동을 자극하거나, 특정 느낌이나 감정적 반응을 주는 등 수용주체에게 의미 있는 영향력을 발휘한다. 동일한 텍스트를 바라보더라도 그 반응은 개인마다 다르게 나타나는데, 텍스트가 다중적이면서도 복합적인 의미를 지니기 때문이다.

흔히 미디어·텍스트가 우리와 우리 주변 세계를 '재현'(representation) 한다고 이야기한다. 재현은 특정 대상을 '다시'(re) '제시'(presentation) 하는 것, 다시 말해 언어나 영상을 사용해 우리와 우리를 둘러싼 세계에 대한 의미를 새롭게 만들어내는 것을 뜻한다. 미디어를 통해 제공되는 모든 텍스트는 재현된 무언가다. 아무리 사실적인 텍스트라도, 존재하는 현실을 있는 그대로 보여주지는 않는다. 재현물은 특정 문화적 맥락에서 재현대상을 재구성해 그것에 새로운 의미를 부여한 결과다.

따라서 재현은 창작주체가 하나의 세계를 만들어가는 과정에 다름 아니다. 매우 단순한 장면에서조차도 그로부터 의미가 만들어지기 때문에, 수용자는 자연스럽게 주어진 맥락에서 재현체계의 규칙(rules) 과 관습(conventions) 을 터득한다(Sturken & Cartwright, 2001/2006). 역으로 수많은 창작자들이나 출연자들 역시 규칙과 관습을 배우며, 그것들을 파괴함으로써 낯섦을 제공하기 위한 여러 시도들을 한다. 이렇듯 재현체계는 '어떻게 의미를 표현하고 해석할지'에 대한 규칙과 관습을 중심으로 구축된다.

2) '사진적 진실'의 신화

(1) 영상의 주관성과 객관성

카메라 렌즈를 통해 영상을 창조하는 일은 언제나 창작자의 선택을 거친다. 아무리 특정 풍경을 카메라로 그냥 찍는다 해도, 이미 그 행위에는 피사체를 선택하는 프레이밍(framing), 즉 피사체를 파인더의 테두리 안에 배치해 화면을 구성하는 일과 같은 창작자의 선택이 개입된다. 물론 인간의 개입 없이도 이미지를 기록할 수 있는 장치가 있다. 가령, 감시카메라는 렌즈 뒤에 누

구도 서 있지 않기 때문에 무엇을 어떻게 촬영할 것인지 주관적으로 결정되지 않는다고 할 수 있다.

하지만 감시카메라의 경우조차 누군가 카메라에 프로그램을 입력하고 정해진 방식으로 특정 공간을 프레이밍 했다는 점에서 있는 그대로를 찍고 보여주는 것이라 할 수 없다. 기계장치가 창작자의 번거로움이나 수고를 덜어 줄수는 있어도, 여전히 피사체를 프레이밍 하고 촬영하는 주체는 카메라가 아니라 창작자다.

물론 창작자의 주관성에도 불구, 영상을 만드는 데 있어 기계적 객관성이 분명히 존재한다. 카메라는 렌즈에 담긴 것만을 찍을 수 있는 기록매체이기 때문이다. 이로 인해 카메라를 통해 만들어지는 영상은, 펜이나 연필을 사용해 손으로 종이에 그린 그림보다는 훨씬 더 객관적이라는 평가를 받아왔다. 이러한 관점에서 봤을 때 카메라는 사실(*reality*)을 기록하기 위한 과학적 도구이며, 현실세계를 보다 정확하게 재현하는 수단이라 하겠다. 따라서 카메라를 통해 만들어지는 영상에는 창작자의 주관성과 기계적 객관성이 혼재한다고 볼 수 있다(Sturken & Cartwright, 2001/2006).

그러나 영상이 세상을 진짜 객관적으로 표현하는지에 대해서는 논란이 있어왔다. 아무리 동일한 영상일지라도, 보는 이에 따라 서로 다른 진실로 해석될 수 있다. 또, 아무리 사실적인 자료로 활용된다 하더라도 영상은 쉽게 조작·변형될 수 있어, 객관적 사건이나 진실의 기록으로서의 기능이 애매해지기도 한다.

2010년 11월 북한이 서해 연평도 인근에 100여 발의 해안포를 발사했다. 연평도에 연기가 피어올랐다. 그런데 한 언론이 현장을 좀더 과장해, 마치 연평도가 불바다가 된 것처럼 보도했다. 포격으로 인한 연기의 명암과 색조를 강조했다. 또, 원본사진의 위아래를 잘라냄으로써, 연기 나는 곳과 사람들이 있는 곳 간의 거리를 좁히고, 사람수가 좀더 많아 보이게끔 만들었다. 이처럼 영상의 주관성과 객관성은 끊임없이 팽팽한 긴장감을 만들어낸다.

(2) 영상을 구성하는 3가지 의미: 외연, 내포, 신화

표면적으로 사실적 증거자료나 기록으로 여겨지는 영상이 그 이면에 매우 함축적인 의미를 갖는 경우가 있다. 이를 '외연'(denotation) 과 '내포'(connotation) 라는 개념으로 설명할 수 있다. 외연이 문자 그대로의 객관적 의미라면, 내포는 주관적 의미를 말한다. '개'의 외연은 사람을 잘 따르고 냄새를 잘 맡으며 영리한 개과의 포유류이지만, 내포는 사람에 따라 다르게 나타난다. 누군가에게 개는 친근하고 귀여운 벗이지만, 또 다른 누군가에게는 언젠가 자신을 보고 달려와 사납게 짖었던 무서운 존재이다. 이렇듯 외연과 내포는 특정 대상의 절대적 의미와 상대적 의미를 짐작할 수 있게 해준다.

물론 외연과 내포만으로 설명되지 않는 의미도 있다. 특정 상황이나 사물에 대한 사회 내 지배적 믿음과 관련되며, 겉으로 잘 드러나지 않는 의미가 그것이다. 이러한 의미를 '신화'(myth) 라 부른다. 신화의 가장 중요한 기능은, 보이는 무언가를 자연의 산물인 것처럼 만드는 일이다. 하지만 신화는 실제로는 인위적으로 구성된 것이다. 가령 어떤 다이어트 프로그램은 "날씬한 몸이 건강하고 아름답다"는 신화를 만드는 데 일조한다. 사람의 몸은 다양하며, 날씬한 몸만이 건강하거나 아름다울 수 있는 것은 아니다. "남성은 살면서 세 번만 운다"거나, "여성이 양육과 가사에 적합하다"는 말 또한 신화다.

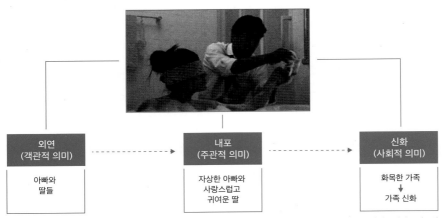

〈그림 8-2〉 외연·내포·신화의 차이

출처: TBS 〈아빠와 딸의 7일간〉 재구성.

가족드라마는 한 사회의 가족에 대한 신화를 재현하는 경우가 많다. 일본의 TBS 드라마 〈아빠와 딸의 7일간〉에서는 자상한 아빠와 사랑스럽고 귀여운 딸이 등장한다. 얼핏 평범한 가족드라마처럼 보이지만, 사실 아빠가 자상하고, 딸이 사랑스러우며 귀여워야 할 필요는 없다. 아빠와 딸이라는 외연은, 자상한 아빠, 그리고 사랑스럽고 귀여운 딸이라는 내포로 발전하는데, 사실 이는 가족이란 화목해야 한다는 신화에서 비롯된 결과다. 남성인 아버지는 가정을 지키고 꾸리고 보호하는 위치에 있으며, 여성인 딸은 보호받고 사랑받아야 하는 대상으로 그리는 식이다. 이처럼 신화를 통해 한 사회에서 자연스럽게 받아들여지는 내포가 외연적으로 드러나게 된다.

모든 방송영상 텍스트가 신화로부터 자유롭지 않지만, 창작자나 출연자들이 사회 내 특정 가치들에 자연스럽게 익숙해진 경우도 비일비재하다. 가령, 방송영상 뉴스는 꽤 오랫동안 남성 앵커의 전유물이었다. 그러다 1976년 KBS 〈9시 뉴스〉에 처음으로 여성인 박찬숙 앵커가 등장했다. 남성 메인앵커 옆에서 보조역할을 하는 수준에 그쳤지만, 당시 큰 화제가 될 정도로 파격적인 시도였다. 남성 앵커에게 더 신뢰가 간다거나 남성 앵커만이 뉴스를 진행할 수 있다는 믿음이 남성·여성 앵커 간의 근본적이면서도 태생적인 차이라고는 보기 어렵다. 2007년 MBC 주말 〈뉴스데스크〉에는 아나운서 출신 김주하 기자가 단독 앵커로 발탁돼 남녀 투톱 체제 형식을 타파했다. 2008년 KBS 〈뉴스타임〉에서는 정세진 아나운서와 이윤희 기자가 여성 더블앵커로 호흡을 맞추기도 했다.

그리고 2018년 4월 MBC 〈뉴스투데이〉에서는 임현주 아나운서가 화장기 없는 얼굴에 안경을 쓰고 등장해 인터넷 포털의 실시간 검색어 순위에 올랐다. 여성 앵커가 (남성 앵커와 달리) 안경을 쓰지 말아야 할 이유나 화장을 짙게 해야 할 타당한 이유는 없다. 그럼에도 임현주 아나운서가 화제의 주인공이 된 것은 우리 사회에 여성 앵커에 대한 고정된 시선이 존재함을 단적으로 드러낸 예이다.

출연자들이나 수용자들 모두가 자연스럽게 받아들이고 있는 많은 신화들은, 해당 신화들의 반복적 노출 혹은 재현에 기인하는 경우가 많다. 의도하든 의도하지 않든 신화는 텍스트에 반영되고, 텍스트를 통해 수용자들에게 전달되며, 수용자들을 신화에 익숙해지게 만든다. 그렇게 방송영상미디어는 사회 내에서 신화를 재생산하는 데 기여한다.

3) 신화를 해체한다는 것

신화를 해체하는 일은, 방송영상미디어 문화 논의의 존재 이유와도 연결된다. 왜 그냥 보고 즐거우면 될 텍스트들을 굳이 신화 같은 복잡한 개념을 통해 어렵게 이해해야 할까. 사람들이 다 아는 것을 아무도 알 수 없는 말로 이야기할 필요가 있을까. 하지만 방송영상미디어 문화 논의에서 제기하는 문제들이, 꼭 연구자나 문화에 관심 있는 사람들에게만 적용되는 것은 아니다.

앞서 살펴본 것처럼 방송영상미디어·콘텐츠를 통해 우리에게 제공되는 재현물은 사회·문화적 약속, 즉 관습에 의해 정해지는 자의적인 것이다. 그것은 자신의 의미를 늘 자연스러운 것으로 가장한다. 우리에게 너무나 자연스럽게 받아들여지는 해석은 친숙함에 가려진 관습에 지나지 않는다. 한 문화권에 태어나 자란다는 것은 수많은 규칙과 관습을 내면화하는 것임을 의미한다. 그렇지만 우리는 눈앞에 펼쳐지는 (구성된) 현실에 규칙과 관습이 개입하고 있다는 사실을 완전히 깨닫지는 못한다.

신화를 해체하는 일은 그 가공된 현실을 당연한 것으로 받아들이지 않게 해준다. 재현에는 언제나 인간의 해석이 개입된다는 사실을 일깨워 주기 때문이다. 신화 해체를 통해 배우는 것은 우리가 규칙과 관습의 세계에 살고 있다는 사실뿐 아니라, 세계 속 어떤 것도 규칙과 관습을 통하지 않고서는 이해될 수 없다는 사실이다. 더 무서운 것은 그것들이 자세히 살펴보지 않으면 그 모습을 잘 드러내지 않으며, 세계가 그것들을 읽어내는 것이 해독자의 역할이라는 사실조차 숨기려 한다는 점이다. 따라서 우리는 미디어·콘텐츠 해독에 영향을 미치는 규칙과 관습을 이해하고 그것들을 탈자연화함으로써 그것들의 비자연적 본성을 끄집어낼 수 있어야 한다.

현실이 항상 평등한 방식으로 구성되고 재현되지는 않는다. 미디어·콘텐츠가 현실을 규정하면서 특정 신화적 기능도 수행하기 때문이다. 재현에 의해 구성되는 현실의 해체는 누구의 현실이 더 많은 특혜를 누리고, 또 다른 누구의 현실이 더 억압받는지 드러내는 일이기도 하다. 이것이 신화를 해체해야 하는 이유다. 재현에 대해 무관심하다는 것은, 자신이 살고 있는 의미의 세계를 다른 사람이 지배하도록 허락하는 행위와도 같다. 그런 점에서 방송영상미디어 문화 논의는, 자연스럽게 녹아들어가 있는 사회 속 규칙이나 관습을 끄집어내 자연스럽지 않았던 원래의 상태로 되돌리는 일이기도 하다.

4. 의미의 생산과 해독

텍스트는 의미를 만들어낸다. 그러나 텍스트의 의미는 텍스트 자체에 존재한다기보다 창작자의 의도에 따라, 그것이 언제 어디서 어떻게 배치됐는지에 따라, 그리고 수용자들이 텍스트를 어떻게 해석하고 경험하는지에 따라 달라질 수 있다.

1) 창작자가 의도하는 의미

창작자는 미디어 텍스트를 통해 의도된 의미를 전달하고자 한다. 이 말이 창작자가 선호하는 의미만을 전달한다는 뜻은 아니다. 이를테면 광고주들은 소비자들에 대해 조사함으로써, 소비자들이 무엇을 원하는지, 광고에서 자신들이 표현하고자 하는 의도가 어떻게 해석되는지 등을 알고자 한다. 그리고 창작자의 의도가 존재한다고 해서 언제나 그 의도대로 수용자가 텍스트의 의미를 받아들이는 것도 아니다. 특정 수용자가 열광하는 텍스트가 있는가 하면, 수용자의 평이 천차만별로 갈리는 텍스트도 있을 수 있다. 무엇보다, 창작자가 완벽하게 텍스트를 통제해 의도된 의미만을 수용자에게 성공적으로 전달할 수 있다면, 세상의 그 어떤 창작자도 실패를 경험할 일이 없을 것이다.

2) 미학과 취향

그렇다면 수용자는 무엇을 통해 텍스트를 평가하는가? 수용자가 텍스트를 평가하는 데 있어 가장 큰 영향을 미치는 두 가지는 '미학'(*aesthetics*)과 '취향'(*taste*)이다. 미학은 말 그대로 아름다움과 추함을 인식하는 학문이다. 18세기 철학자 칸트(Immanuel Kant)는 아름다움이 주관성으로부터 분리돼야 하며, 객관적 아름다움이 존재한다고 여겼다. 하지만 현대 미학은 아름다움에 대한 기준이 문화적 특수성과 취향에 따라 변화될 수도 있음을 강조한다. 아름다움이 개인 차원의 해석에 달렸다는 것이다. 하지만 취향이 단순히 개인적 차원의 문제만은 아니다.

취향은 계급, 문화적 배경, 교육, 기타 정체성에 관련된 경험에서 비롯된다. 그렇기 때문에 '좋은 취향을 갖고 있다'는 표현은 종종 엘리트 문화의 가치를 인식하는 것과 동일시되며, '나쁜 취향을 갖고 있다'는 표현은 아름다움을 살펴 찾는 안목을 지니지 못했다는 의미와 관련된다. 이렇듯 계급에 입각한 취향은 특정 사회적·교육적 맥락에서 터득되는 게 아니라, 자연스럽게 몸에 익혀진 능력으로 간주된다는 점에서 문제시된다. 취향의 계급적 차이는 '고급문화'(high culture) 와 '저급문화'(low culture) 라는 개념의 파생으로 나아간다. 전자가 지배계급이 추구하는 문화라면, 후자는 노동계급이 향유하는 문화다. 고급문화에는 흔히 예술이라 불리는 미술, 클래식, 오페라, 발레 등이, 저급문화에는 대중문화로 대표되는 드라마, 만화, 애니메이션, 게임 등이 연결된다.

하지만 고급문화와 저급문화의 구분은 많은 비난을 받았으며, 그 문화의 범주 또한 끊임없이 변화하고 있다. 고급과 저급의 경계를 허문 예로는 팝 아트(Pop Art) 와 키치(Kitsch) 를 들 수 있다. 팝아트는 1960년대 뉴욕을 중심으로 일어난 미술의 한 경향이다. 반(反) 예술을 지향하면서, 신문만화, TV 스타, 영화 스틸컷 등 미디어 이미지를 빈번하게 주제로 삼는다. 배우 마릴린 먼로(Marilyn Monroe) 의 이미지를 실크스크린 기법을 통해 되풀이함으로써 반회화를 보여준 앤디 위홀(Andy Warhol) 의 〈마릴린 먼로 두 폭〉(Marilyn Diptych) 을 떠올려 보면 되겠다.

키치는 통속적이고 저급한 문화, 혹은 모조·위조품을 비롯해 대량생산된 값싼 예술을 자처한다. 처음에는 부르주아 사회에서 중산층의 문화욕구를 만족시키는 예술품을 비꼬는 의미로 사용됐으나, 20세기 후반 들어 미적 대상으

248

로서의 의미를 획득하고 그 자체로 하나의 문화양식이 됐다. 아이돌 티아라 (T-ara) 가 2011년 출시한 앨범 〈존 트라볼타 워너비〉 (John Travolta Wannabe) 는 복고와 촌스러움을 콘셉트로 삼았다. 의도된 B급의 또 다른 사례로 싸이의 〈강남스타일〉 뮤직비디오를 들 수 있다. 뮤직비디오 안에서 강남이라는 공간 이 그다지 고급스럽게 비춰지지 않는다. 럭셔리한 소품에 이른바 '없어 보이 는' 춤을 매칭해 촌스럽고 유치한 분위기와 모습을 연출한 것이다.

3) 코드화와 해독

스튜어트 홀 (Stuart Hall) 은 텍스트와 수용자 경험 간 관계를 '코드화' (en-coding) 와 '해독' (decoding) 으로 설명한다. 코드화가 다양한 코드 (code) 를 활용 해 텍스트를 생산하는 행위라면, 해독은 수용자가 적절한 코드에 의거해 텍 스트를 해석하고 이해하는 행위다. 의미는 텍스트로부터 단순히 추출되는 것 이 아니라, 수용자의 적극적 참여를 통해 구성된다 (Chandler, 2002/2006). 여 기서 코드는 재현물에 의미를 부여하는 관습의 과정적 체계이자, 한 사회가 채택하는 해석의 도구다. 해독과정은 '코드화 → (텍스트 속) 메시지 → 해독' 으로 이뤄진다.

코드화와 해독을 보다 쉽게 이해하기 위해 방송국을 떠올려 보자. 방송국 은 방송을 내보낼 수 있는 물적 기반을 갖춘 공간이다. 방송국에는 관련 지 식과 기술을 토대로 방송프로그램을 만드는 인력 (방송인) 들이 있다. 물적 기반과 그것을 토대로 텍스트를 만드는 사람들 간에는 특정 관계가 존재한 다. 방송인들이 가진 그동안의 경험, 사회·문화·정치에 대한 생각이나 입 장, 방송에 대한 (혹은 방송을 향한) 태도 등이 프로그램을 만드는 데 영향을 미친다.

프로그램은 언제나 특정 메시지를 전달한다. 여기서 메시지는 독립된 것 이 아니라 방송국이라는 공간과 방송인들이 가진 사회적 관계들 속에서 만들어지는 어떤 것이다. 공영방송이냐 민영방송이냐, 지상파방송이냐 비지상파방송이냐 등에 따라 메시지에 대한 기본적 입장 차이도 있다. 스튜어트 홀에 따르면 이렇게 방송은 이미 시작부터 어떤 특정한 코드화 형식을 가지고 있다.

그렇게 코드화된 메시지가 수용자들에게 전달되고, 수용자들이 그것을 나름의 방식으로 이해하고 해석하고 나아가 사회적 행위로 옮기는 과정 전체가 해독이다. 여기서 해독의 핵심은, 방송국 프로그램에 담긴 코드화된 메시지를 자신의 방식으로 풀어내는 것이다. 그렇게 수용자가 코드를 푸는 방식을 스튜어트 홀은 다음 세 가지로 분류한다.

첫째, 지배적(dominant) 해독으로, 수용자가 텍스트의 코드를 의심의 여지없이 그대로 수용하는 것을 말한다. 이때 수용자는 프로그램의 메시지를 코드화된 그대로 이해하고 믿는다. 코드화의 주체가 원하는 방식으로 해독하는 것이다.

둘째, 교섭적 또는 협상적(negotiated) 해독이다. 수용자가 텍스트의 코드를 대체로 공유하는 가운데, 해독에 자신의 경험, 취향, 관심사 등을 반영하는 방식이다. 기본적으로 프로그램의 메시지를 그대로 받아들이지만, 개인의 구체적 입장에 따라 조금씩 다른 생각을 하는 것이라 볼 수 있다. 말 그대로 의미와의 타협과 절충을 통한 해독인 셈이다.

셋째, 저항적(oppositional) 해독인데, 여기서는 수용자가 지배적 코드에 정면으로 맞서고 대안적 입장을 취한다. 프로그램이 주는 메시지를 받아들이지 않고, 결을 거슬러서 읽어내고 해석한다. 수동적 수용자에서 벗어나 텍스트에 내재된 신화를 부정하고 능동적 의미생산자로 나아간다.

예를 들어, 용산참사[1]와 관련해 철거민들의 폭력성과 불법성을 부각하는

---

[1] 2009년 1월 20일 서울특별시의 용산 재개발 보상대책에 반발하던 철거민과 경찰이 대치하던 중에 화재로 사상자가 발생한 사건이다.

보도를 보고, 고개를 끄덕이며 '철거민들이 진짜 문제다. 한국의 법질서가 흔들리고 있구나'라고 생각한다면 지배적 입장에서 코드를 풀어낸 것이다. '문제긴 문제다. 저렇게 폭력적으로 시위를 하면 안 되지. 하지만 그렇다고 해도 추운날 물대포까지 쏘면서 진압하는 방식에는 문제가 있는 것이 아닐까?'라고 반응하는 것이 교섭적 또는 협상적 해독이다. '폭력? 불법? 철거민을 저 상태로 만든 것 자체가 이미 폭력이고 불법 아닌가? 경찰 진압과 정부 입장이야말로 우리 사회 지배계급의 이해를 그대로 반영한 결과고, 철거민은 그 희생양이다'와 같은 식으로 생각하고 실제 철거민을 위해 특정 행동을 한다면 이는 저항적 해독으로 볼 수 있다.

프로그램을 통해 코드화된 메시지가 전달되지만, 그 메시지는 각기 다른 방식으로 이해될 수 있다. 의도를 통해 메시지를 만든 입장에서는 수용자들의 지배적 해독을 가장 원하고 저항적 해독을 기피할 것이다. 스튜어트 홀에 따르면, 가장 중요한 정치적 순간이 발생하는 때는 지배적이거나 교섭적인 입장에서 해독을 하던 수용자들이 갑자기 저항적 입장으로 돌아서는 순간이다. 지배계급의 메시지가 그대로 받아들여지지 않고 전복될 때, 비로소 의미의 역전이 일어나는 것이다.

하지만 코드화 해독 과정은 여기서 끝나지 않는다. 수용자들의 해독은 다시 방송국에 의해 수집돼(여론조사, 시청자조사 등) 방송을 제작하는 과정 속으로 들어온다. 수용자들의 해독이, 다시 창작자들의 코드화를 가능하게 하는 것이다. 새로운 메시지는 대체로 더욱 해독하기 어렵게 코드화된다. 전과 같은 방식으로 코드화가 이루어지면 수용자들이 그것을 지배적 방식으로 수용하지 않을 확률이 높기 때문이다. 그리고 그렇게 더욱 해독하기 어렵게 코드화된 메시지를 수용자들은 또다시 해독해야 한다.

이러한 재생산이 끊임없이 반복된다. 지배적 해독만을 취하는 수용자들에게는 재생산이 큰 영향을 미치지 않는다. 한편, 저항적 해독을 하는 수용자들은 끊임없이 메시지에 담긴 코드를 풀기 위해 고민하고 노력해야 한다.

이 지난하면서도 끝없는 싸움을 이끌어가는 것은 저항적 수용자들 또는 수용자들의 저항성이다. 그것이 미디어의 변화를 이끌고, 나아가 사회의 변화로 이어진다.

4) 전유와 브리콜라주

저항적 해독의 대표적 전략이 전유(*appropriation*)다. 전유는 한 사물의 목적에 맞게 나머지 다른 것의 의미를 빌려오거나 훔치거나 대체하는 것이다. 전유의 목적은 이미지를 차용해 그 의미를 변화시키고 재구축하는 데 있다. 문화적 전유는 예술가가 지배 이데올로기에 반대하는 해석을 내릴 때 그 효과를 발휘한다. 하지만 전유가 항상 저항적 해독인 것도, 저항적 해독이 항상 비판적 해독인 것도 아니다. 방송영상미디어 문화 수용은 즐거움과 연결되는 일이기도 하다. 이 경우 수용은 방송영상미디어 문화 안에서 혹은 그것을 가지고 노는 행위에 다름 아니다. 텍스트 자체에 개입해 그것을 변화시키는 것이 어렵다 하더라도, 수용자는 텍스트를 해석하거나 거부하거나 재구성함으로써 즐거움과 의미를 얻을 수 있다.

브리콜라주(*bricolage*)는 수용자들이 기존의 것에 새로운 의미를 입힘으로써 자신만의 것으로 만드는 행위이며, 전유의 구체적 전술 중 하나로 자주 언급된다. 닥터마틴(Dr. Martens)이 대표적 사례다. 1940년대 독일 군의관 클라우스 메르텐스(Klaus Märtens)가 스키 사고로 다친 발을 좀더 편하게 하기 위해 기존 군화에 에어쿠션을 덧대 개발한 것이 닥터마틴의 시초였다. 이 신발은 1960년대 영국에서 군용신발로 사용됐지만, 1970년대 들어서는 네오펑크 문화를 대표하는 패션 아이템으로 인기를 끌었다. 브리콜라주는 지배문화에 대한 거부를 통해 새로운 문화적 정체성을 획득하는 전술이기도 하다. 칼하트 데님(Carhartt Denim)은 노동자 작업복의 대표명사였지만, 1990년대 힙합문화의 중심이 되기도 했다.

능동적 해독자들은 창작자가 의도한 의미를 빈번하게 전유한다. 가수 비가 2014년 〈라 송〉(*LA SONG*)을 발표했을 때, 온라인상에서는 '라~ 라라라 라 라라라 라라 라라 라라라~' 하는 부분이 마치 태진아가 부른 것 같다는 의견들이 많았다. 급기야 〈라 송〉에 태진아의 〈동반자〉 무대영상을 합성한 패러디 영상이 등장하기도 했다.

수용자의 전유를 창작자가 다시 전유하는 경우도 있다. 이를 재전유(*re-appropriation*)라 부른다. 〈라 송 + 동반자〉 패러디 영상을 접한 비는 한 가요 프로그램에 태진아와 함께 등장해 '비진아'(비 + 태진아) 무대를 펼쳐 온라인 반응에 응답했다. 유사하게, 미국 폭스에서 1994년부터 방영된 〈X 파일〉 시리즈 제작진은 팬들의 활동(전유)을 모니터링해 에피소드 제작에 반영(재전유)한 것으로 유명하다.

전유와 재전유를 말하는 데 있어 2008년 MBC 〈무한도전〉의 'YOU & ME 콘서트' 관련 사례를 빼놓을 수 없다. 2008년 12월 27일 'YOU & ME 콘서트' 특집이 방송된 이후, 원제작자가 아닌 이들에 의해 편집돼 재미가 반감됐다는 팬들의 반발이 빗발쳤다. MBC 파업에 〈무한도전〉 제작진들이 동참하면서 빚어진 결과였다.

이에 팬들은 포털사이트 다음에 카페(http://cafe.daum.net/muhanjamak)를 개설하고, '무도빠들의 자막 만들기 프로젝트!!'를 진행했다(전유). 이 프로젝트는 단순히 몇 명이 모여서 동영상 편집놀이를 하는 것이 아니라, 〈무한도전〉 제작진의 파업을 지지하고 그들을 빨리 현업으로 복귀시켜 〈무한도전〉을 정상화하려는 의도를 담았다(나난, 2008. 12. 30). 그리고 2009년 1월 현업으로 복귀한 제작진은 같은 달 17일 감독판 'YOU & ME 콘서트'를 다시 방송했다. 여기에는 본방에서와 달리 무대 뒷모습과 미공개 촬영분뿐만 아니라, 팬들이 제작한 동영상에 응답하는 자막들이 달려(재전유) 큰 화제가 됐다.

5. 포스트모더니즘과 방송영상미디어 문화

방송영상미디어 문화는 워낙 포괄적이어서 그 구체적 실체에 대해 논의하기
어렵다. 또, 범위가 넓어 그것을 이야기하는 너무도 다양한 방식들이 존재한
다. 여기서는 현대사회를 규정하는 대표적인 철학적·인식론적 사고로서 포
스트모더니즘(post-modernism)을 경유해 방송영상미디어 문화에 대해 살피
고자 한다. 앞서 문화연구의 관점을 통해 방송영상미디어 문화 전반의 논의
를 위한 인식과 방향을 점검했다면, 이제부터는 보다 구체적인 분석틀을 중
심으로 현재 변화 중인 방송영상미디어 문화를 들여다보겠다.

포스트모더니즘과 방송영상미디어 문화를 본격적으로 논의하기 전에 포
스트모더니즘을 둘러싼 용어들을 정리할 필요가 있다. 흔히 포스트모더니즘
은 모더니즘 후에 나온 것으로 인식된다(모더니즘-포스트모더니즘). 그리고
모더니즘과 포스트모더니즘은 모더니티와 포스트모더니티와의 관계 속에서
비롯되었다(모더니티-모더니즘, 포스트모더니티-포스트모더니즘). 다른 한편,
포스트모더니즘은 후기구조주의의 이론적 도전을 바탕으로 이뤄졌다. 혹자
는 후기구조주의적 성향을 한데 묶어 포스트모더니즘 안으로 포함시키기도
한다(원용진, 2010). 따라서 포스트모더니즘 논의를 위해 후기구조주의를 살
펴야 하며(후기구조주의-포스트모더니즘), 또 후기구조주의를 살피기 위해서
는 먼저 구조주의를 언급해야 할 것이다(구조주의-후기구조주의).

1) 모더니즘과 포스트모더니즘

(1) 모더니티와 모더니즘

'-이티'(ity)가 대개 특정 사회나 경험을 나타낸다면, '-이즘'(ism)은 예술·
문화영역의 활동이나 철학적·인식론적 사고를 칭한다.

모더니티(modernity)는 18세기 계몽주의와 함께 시작되어, 19세기 후반과

20세기 초에 정점에 달한 사회나 경험의 한 형태다. 19세기 후반과 20세기 초는 유럽, 북미가 점차 산업사회로 접어들었던 시기이기도 하다. 이때 도시로의 이동, 기계화, 자동화가 본격화됐다.

'바로 지금'(*just now*)이라는 뜻을 담은 라틴어(*modo*)에서 비롯된 모더니즘(*modernism*)은, 19세기 후반과 20세기 초, 당시 새롭게 다가왔던 '바로 지금'의 현상을 해석·분석하고자 했던 예술과 문화영역의 활동을 지칭한다. 좁게는 기계문명과 도회적 감각을 중시하여 현대풍을 추구하는 것을 말하나, 넓게는 과학이나 합리성을 중시하고 널리 근대화를 지향하는 것을 의미한다. 예술상에서의 모더니즘은 특히 1920년대에 일어난 추상표현주의, 아방가르드, 개념미술, 구성주의 등 감각적·추상적·초현실적 경향의 여러 운동을 가리킨다. 형식의 중요성을 강조하고, 현실 재현 중심 전통에 의문을 제기하며 과거의 관습을 깨고자 한다.

(2) 포스트모더니티와 포스트모더니즘

포스트모더니티(*post-modernity*)는 모더니티 방식과는 다른 존재의 방식과 세계관을 생산해왔던 사회적·문화적·경제적 형성을 기술하는 데 사용되는 용어이다. 포스트모더니티는 커뮤니케이션을 위한 대중미디어를 발전시킨 사회였다. TV·라디오, 비디오, 케이블TV 등의 시대가 도래가 포스트모더니즘과 함께 시작됐는데, 이는 현실을 바라보는 방식의 변화를 불러일으켰고, 논리적 인쇄문화에서 감각적 영상문화로 미디어 문화를 이동시켰다. 또, 포스트모더니티는 포스트포디즘(*post-Fordism*), 신자유주의의 등장과 맞물려 소비 역할을 크게 확장한 사회이기도 했다.

포스트모더니즘은 모더니티 그리고 모더니즘을 대체하거나 그 위에 새로운 행동을 더하고자 했던 예술과 문화영역의 활동을 지칭한다. 모더니즘의 연속이자 부정이었던 셈이다. 1960~1970년대에 걸쳐 포스트모더니즘은 문학, 음악, 미술, 패션 등 다양한 문화·예술 분야로 확산됐다. 사회적·경제적 차원에서는 산업사회에서 정보사회로, 국가자본주의에서 글로벌자본주의로, 제조업자본주의에서 금융자본주의로의 총체적 변화를 이끌었다(원용진, 2010).

2) 구조주의와 후기구조주의, 그리고 포스트모더니즘

(1) 구조주의

구조주의(*structuralism*)는 개인의 행위나 인식 등을 궁극적으로 규정하는 구조와 체계에 대한 탐구를 지향하는 이론이다. 인간의 행동과 의미체계를 구조 짓는 규칙, 공식, 관습 등을 강조하며, 문화적 활동이 과학처럼 객관적으로 분석될 수 있다는 가정에 기반한다. 1910년대 페르디낭드 드 소쉬르(Ferdinand de Saussure)의 구조주의 언어학과 1950년대 로만 야콥슨(Roman Jakobson)의 언어학 연구에 기원을 둔다.

(2) 후기구조주의와 포스트모더니즘

후기구조주의(*post-structuralism*)는 구조주의를 비판하는 동시에 그 개념들을 토대로 삼아 이론적 발전을 꾀한다. 구조주의와 후기구조주의의 공통점은, 우리들과 우리를 둘러싼 세계를 언어의 산물로 이해한다는 데 있다. 사람들은 언어를 도구로 이용하는 존재가 아니라, 언어의 통제를 받는 존재라는 것이다. 하지만 후기구조주의는 체계적 과학으로서의 구조주의를 거부하고, 구조주의의 '구조중심적 사고'를 비판하며, 더 나아가 이성중심주의, 서구중심주의 등 모든 형태의 '~중심주의'를 부정하고 해체하고자 한다.

포스트모더니즘은 이러한 후기구조주의의 이론적 도전을 바탕으로 이루어진다. 후기구조주의가 포스트모더니즘의 철학적 뿌리인 셈이다. 다른 한편에서는 후기구조주의적 성향을 한데 묶어 포스트모더니즘 안에 포함시키기도 한다.

3) 포스트모더니즘의 특징들

포스트모더니즘의 특징은 수렴되지 않으나, 대개 다음과 같이 구분된다. 첫째, '깊이 없음 혹은 정서의 퇴조'다. 모더니즘이 본격적 자본주의 사회로 접어드는 소비사회를 견제했다면, 포스트모더니즘과 포스트모던 문화는 그러한 주체를 스쳐 지나가듯 스케치하거나 의미 없이 따와서 나열한다. 깊이도 없고, 진정한 주제의식도 없는 셈이다. 포스트모던한 예술작품은 그것을 맞닥뜨린 관객이 진지한 생각을 해볼 만한 어떤 이해의 터전도 제공하지 않는다. 결국 모더니즘에서 찾으려던 개성이나 주제의식은 사라지고, 해체된 자아가 만들어내는 탈중심화되고 분열된 조각만 문화적 내용으로 존재한다.

창작자 개별 주체의 소멸은 스타일의 소멸로 이어진다. 이런 형식상의 변화 속에서 포스트모더니즘의 두 번째 특징이라 할 수 있는 혼성모방(pastiche)이 새로운 기법으로 등장한다. 혼성모방은 이전 양식들을 역사나 의미에 대한 참조 없이 도용하거나 빌려 쓰는 것을 말한다. 패러디(parody)가 원본의 형식을 차용해 뒤틀거나 비꼬는 것이라면, 혼성모방은 패러디의 쇠락한 모습으로 모방 그 자체에서 의미를 찾는다. 아무 원칙 없이 과거의 스타일들을 함부로 조립하고 자극적으로 결합한다. 당연히 그 안에서는 의도도 풍자도 역사성도 발견할 수 없다.

셋째, 역사성의 소멸과 주체의 분열이다. 텍스트에는 과거-현재-미래가 온전히 담기지 않으며, 단순히 의미 없는 조각의 연결만이 존재한다. 넷째, 그로 인해 비판적 거리 또한 소멸된다. 역사에 적극적으로 개입하려는 어떠한 기획과 실천적 의미도 부재한 상태가 된다.

다섯째부터 좀더 자세히 이야기하겠다. 포스트모던 시대에는 '큰 이야기'(meta narrative)가 쇠퇴한다. 여기서 큰 이야기는 사회적으로 봤을 때 모든 역사적 사건들이 이해되도록 설명해 주는 절대적 진리이자 이념(지배계급의 기록, 사회사, 이데올로기, 국가, 집단 등)이다(Malpas, 2002/2008). 미디어 문화 차원에서는 전체 콘텐츠(시리즈 혹은 프로그램 전체, 기승전결·권선징악 등의 구조)에 해당한다. 포스트모던이 도래하기 전 모던 시대에는 큰 이야기가 가능했다. 의식에 비치는 표층세계가 있고, 다른 한편으로 표층을 규정하는 심층, 즉 큰 이야기가 존재했다. 그렇기 때문에 모던 시대에서는 그 심층 구조를 밝히는 것(구조주의)이 학문의 주된 목적으로 여겨졌다. 하지만 포스트모던 시대가 도래하면서 그러한 세계상은 붕괴되었다.

여섯째, 시뮬라크르(simulacre)가 전면화된다. 시뮬라크르란 실제로는 존재하지 않는 대상을 존재하는 것처럼 만들어 놓은 인공물을 지칭한다. 원본 없는 이 인공물은 그 자체로 현실을 대체하고, 현실은 이 인공물에 의해 지배받게 된다. 결국 시뮬라크르는 실제보다 더 실제적이며, 실제로 존재하는 어떤 것과도 관계가 없는, 독자적인 하나의 현실인 셈이다(Baudrillard, 1981/2001). 이는 오리지널과 복제 사이의 가치가 사라지며, 모든 기호가 근거를 지니지 못하고 부유하는 사태로 이어진다. 시뮬라크르의 전면화는 수용자들의 허구 중시 태도와도 관련된다. 포스트모던 사회에서는 사회적 현실보다 허구에서의 원리가 빈번하게 우선시된다. '큰 이야기의 쇠퇴'가 사회적·이데올로기적 변화와 관련된다면, '시뮬라크르의 전면화'는 기술적 발달로 촉발된 변화라 할 수 있다(강신규, 2018).

4) 포스트모던 시대의 방송영상미디어 문화양상들

그렇다면 이러한 포스트모더니즘이 방송영상미디어에 미친 영향은 무엇일까? 사회의 변화(모더니즘 → 포스트모더니즘)는 기존 방송영상미디어 생태계에도 변동을 일으키고 새로운 체계를 구축한다. 하나의 변화는 크고 작은 변화를 가져온다. 결국 이는 사회 변화로 방송영상미디어 환경, 나아가 미디어 전체 환경이 전과는 다른 어떤 것으로 구성됨을 의미한다. 물론 포스트모더니즘 시대의 도래로 인한 변화는 기존 사회의 범위를 벗어나 완전히 새롭게 만들어지는 것이라기보다, 그것들과의 관계 속에서 비롯되는 것이라 할 수 있다. 새로운 시대가 기존 시대의 몰락을 동반하는 것은 아니기 때문이다. 그렇기에 포스트모던 시대 방송영상미디어는 기존 방송영상미디어의 성격을 지니면서 새로운 양상들을 보인다. 그 양상들은 무수히 많지만, 여기서는 크게 다섯 가지 양상에 초점을 맞춰 논의를 펼치도록 한다.

(1) 퓨전사극의 약진

방송영상미디어에서 사극(史劇)은 폭넓게 인기를 누려왔다. 사극은 크게 정통사극과 퓨전사극으로 나뉜다. 과거 KBS 1TV 〈용의 눈물〉(1996~1998), SBS 〈여인천하〉(2001~2002)와 같은 정통사극이 인기를 끌었다면, 최근에는 정통사극과 다른 특성을 지닌 퓨전사극이 흥행하고 있다. MBC 〈다모〉(2003)와 〈대장금〉(2003~2004)을 시작으로, 〈추노〉(2010), 〈성균관 스캔들〉(2010), 〈해를 품은 달〉(2012), 〈구름을 그린 달빛〉(2016) 등의 퓨전사극이 꾸준히 제작됐다. 2019년에만 KBS 2TV 〈조선로코 녹두전〉(2019), SBS 〈녹두꽃〉(2019), JTBC 〈조선혼담공작소 꽃파당〉(2019)과 〈나의 나라〉(2019)가 제작되는 등 당분간 퓨전사극의 인기는 계속될 것으로 보인다.

비교적 역사 실증과 고증에 충실한 정통사극에 비해 퓨전사극이 갖는 특징은 역사적 배경에 가상의 스토리를 더한다는 것이다. 시대적 사건과 유명한 인물들 중심으로 이야기가 전개되는 정통사극과 달리 유명하지 않은 인물에 주목한다거나, 실제 역사에서는 불가능한 가상의 설정을 통해 완전히 새로운 이야기를 보여주거나, 판타지나 호러 등 이색적인 장르를 버무리기도 한다. 퓨전사극에서는 역사성이 단순히 배경으로만 작용하고, 실제 중요한 이야기는 역사성과 상관없이 전개된다. 포스트모더니즘 관점에서 봤을 때는 깊이도, 실천적 의미도, 진정한 역사의식도 없는 혼성모방물인 셈이다.

하지만 그렇다고 해서 퓨전사극이 논의할 가치가 없는 것은 아니다. 퓨전사극의 약진은 정통사극의 인기 하락, 가벼운 이야기에 대한 수요 점증, 폭넓은 상상력과 이야기 전개 가능성, 간접광고 및 협찬 집행의 용이성 등이 복잡하게 작용한 결과다. 역사지식이 있어야 오롯이 이해할 수 있는 정통사극과 달리 보편적 스토리를 다룬다는 점에서 해외 수용자들에게 어필하기도 유리하다. 현대극으로 다루기 민감한 소재를 소화하기 유리하다는 이점도 있다. 역사성을 중시하는 관점에서 보면 의미 없는 혼성모방물 같지만, 실제 그것이 인기를 끌게 된 콘텍스트를 고려하면 퓨전사극이 많이 만들어지고 인기 있는 데는 그만한 이유가 있다. 역사성이 없는 사극이라 해서 반드시 깊이가 없거나 텍스트의 질이 떨어지는 것도 아니다. 오히려 융합장르로서 다양한 관점과 방법론을 동원해 분석될 가치가 있는 퓨전사극들도 얼마든지 있다.

(2) 게임적 방송영상미디어의 등장

사상가이자 서브컬처 비평가인 아즈마 히로키〔東浩紀〕는 모던에서 포스트모던 사회로의 이행과정에서 두드러지는 방송영상미디어 문화의 논리로 '게임적 리얼리즘'(ゲーム的リアリズム, *gamic realism*)이라는 구체적 아이디어를 제시한다(稲葉信一郎, 2006). 포스트모던 사회론을 구체적 방송영상미디어 문화 분석에 적용 가능하게끔 연결한다는 점에서 그의 논의를 살펴보는 일은 충분히 유의미하다. 그는 포스트모던 방송영상미디어 문화의 대표적 속성을 구성하는 것으로 '게임'을 들고, 게임적 속성이 방송영상미디어 문화의 내용뿐 아니라 형식, 수용자 의식에 미치는 변화, 그리고 사회·문화적 맥락을 두루 살피고자 했다.

아즈마 히로키는 모던 시대 이전 이야기꾼이 '신화와 민담의 집적' 속에, 모던 시대의 작가·독자·시민이 '자연주의 리얼리즘' 속에 산다면, 포스트모던 시대 대중들은 '게임적 리얼리즘' 속에 산다고 주장한다. 자연주의 리얼리즘은 이야기 양식들이 내재하던 각양각색의 전제들을 일단 무효화하고, 보다 많은 사람들을 향해 말을 건네기 위해 이야기 인과성, 재현의 객관성, 화자의 투명함을 특성으로 삼았다. 반면, 게임적 리얼리즘은 다음 세 가지를 특성으로 삼는다.

첫째, '이야기의 데이터베이스화'다. 데이터베이스 모델은 2층 구조를 지닌다. 큰 이야기 대신 정보의 집적으로 구성된 데이터베이스가 심층에 자리한다. 데이터베이스의 표층에는 수용자의 수용에 따라 구성되는 작은 이야기가 자리한다. 작은 이야기가 한 텍스트의 특정 이야기라면, 데이터베이스는 그와 같은 이야기를 지탱하지만, 표면에는 드러나지 않는 설정을 의미한다. 중요한 것은, 표층에 나타난 겉모습을 결정하는 심급이 심층에 있지 않으며, 오히려 데이터베이스를 활용해 읽어내는 수용자에 있다는 사실이다. 모던 시대 세계에서는 표층이 심층에 의해 결정되었지만, 포스트모던의 데이터베이스형 세계에서 표층은 심층만으로 결정되지 않고 수용자의 읽어내기에 따라 다양한 모습을 드러낸다(東浩紀, 2001/2007).

가령, MBC 〈마이 리틀 텔레비전〉의 '사랑, 그것은 데스티니 …'(2015. 10. 3)는 실시간 가상 데이트를 표방한다. 모르모트 프로듀서(권해봄)가 머리 위에 카메라를 달고 1인칭 시점으로 걸그룹 AOA의 초아를 촬영한다. 시청자들이 초아와 연애한다고 생각하고 실시간으로 하고 싶은 말을 적으면, 그때그때 초아가 모르모트 프로듀서에게 반응을 보인다. 모르모트 프로듀서는 촬영감독이자 초아와 시청자들 사이를 매개하는 아바타 역할을 수행한다. 즉, 1인칭 연애 시뮬레이션 게임의 형식을 방송에 그대로 가져온 것이다.

연애 시뮬레이션 게임은 대개 스케줄 관리, 연애를 성사시키기 위한 주인공 캐릭터의 성장(레벨업 혹은 능력치 향상), 호감도를 바탕으로 한 이성 캐릭터와의 관계 증진 등을 특징으로 한다. 그런데 여기서는 짧은 시간 동안(90분)만 이야기가 진행되기 때문에 세 번째 특징에 특히 초점을 맞춘다. 여기에 애인으로서의 역할 수행까지 더해짐으로써 시청자들에게 화면 속 아바타와 동일시할 수 있는 기회가 주어진다(강신규, 2018).

모던 시대의 이야기가 작가에 의해 만들어진 한 작품의 세계관을 기초로 그것과 정합성을 유지하는 다른 이야기를 만들려 했던 것이라면, 데이터베이스

수용은 수용자에 의해 모든 작품이 순식간에 요소요소로 해체돼 각기 다른 작품으로 출력될 수 있음을 의미한다(前島賢, 2014/2016).

둘째, '캐릭터 선호'다. 큰 이야기가 존재하지 않는 포스트모던 사회를 살아가는 존재들은 큰 이야기 대신 데이터베이스, 그리고 특정 캐릭터나 기호에 대해 극단적으로 감정이입한다(東浩紀, 2007/2012). 이를 '모에'(萌え)라고도 한다. 모에는 '갸루게'(ギャルゲ, gal game), 즉 미소녀가 등장하는 일러스트와 이야기를 가진 게임을 즐기는 과정에서 극대화된다.

갸루게는 플레이어 선택에 따라 이야기가 진행되는 것이 특징이다. 또 그 안에서 펼쳐지는 것은 세상을 구원하는 큰 이야기가 아니라 일상에서 나와 캐릭터 간에 벌어지는 작은 관계들이다. 여기서 캐릭터는 (게임 캐릭터와 같이) 현실에서의 인격이 제거된 존재로 이해 가능하다. 자연주의적 리얼리즘이 묘사의 기점이 되는 화자를 필요로 했다면(大塚英志, 2003/2005), 게임적 리얼리즘에서는 완결된 인격적 존재로서의 화자 대신 데이터베이스화한 캐릭터만이 존재한다(東浩紀, 2007/2012).

2012년 100회 특집을 맞아 SBS 〈런닝맨〉 프로듀서와 작가들은 출연진의 성격이나 외모, 신체능력, 순발력과 재치, 친화력, 그리고 다른 여러 프로그램이나 그들의 원래 직업(개그맨, 배우, 모델 등)을 통해 쌓아왔던 이미지, 그동안 게임 및 미션을 진행하는 과정에서 축적한 경험 등을 기반으로 캐릭터를 평가했다. 기준이 된 것은 체력, 파워, 지력, 친화감, 예능감, 초능력의 여섯 가지 능력치이며, 한 능력치당 얻을 수 있는 최고점수는 5점(30점 만점)이다.

평가결과에 따르면, 총 29점을 획득한 유재석이 1위였다. 김종국은 높은 체력, 지력, 파워를 보였으나, 나머지에서 낮은 수치를 기록했다. 송지효는 다양한 부문에서 고루 높은 점수를 획득했고, 하하와 이광수는 파워점수는 낮았지만 친화력과 예능감에서 만점을 받았다. 지석진은 낮은 체력과 파워를 기록하며 꼴찌로 선정됐다(〈런닝맨〉 공식 홈페이지 참조).

셋째, '메타이야기성'이다. 완전히 허구적인 텍스트 안에서 이야기와 캐

릭터는 복수화(複數化)될 가능성을 갖는다. 자연주의적 리얼리즘에서 등장
인물은 실제에서와 같이 살 속에 피가 흐르는 신체를 갖는 존재였다. 그들은
(설사 이야기 속에서일지언정) 귀신이나 괴물 따위가 아닌 이상 칼이나 총을
맞으면 피를 흘리고, 상처가 심한 경우 죽기도 한다(大塚英志・ササキバラゴ
ウ, 2001/2004). 하지만 게임적 리얼리즘은 죽음을 리셋(reset) 가능한 것으
로 만듦으로써 (자연주의적 리얼리즘에서는 당연한 것으로 받아들여졌던) '캐릭
터를 피 흐르고 죽게 하는 것'의 의미를 해체시킨다(東浩紀, 2007/2012). 따
라서 게임적 리얼리즘에서의 이야기와 캐릭터는 마치 게임에서처럼 필요한
경우 다시 시작되거나, 무한히 반복될 수 있다.

tvN 드라마 〈알함브라 궁전의 추억〉(2018~2019)에서 주인공 진우는 극중
증강현실(AR) 게임 〈넥스트〉에 참여해 전략을 수정하고 여러 가능성을 시
도한다. 그는 게임세계에 개입하는 플레이어(진우)이자, 게임 속 캐릭터
(ID: Jinu)다. 게임 내부에서 살아가는 존재인 동시에 외부의 존재이기도 한
것이다. 게임 속 Jinu가 현실보다 강력한 신체와 능력치를 갖는다면(적어도
그는 총 한두 방이나 칼질 두세 번에 죽지 않는다), 게임 바깥의 진우는 게임 속
Jinu를 통해 (설사 적과의 전투에서 패배하더라도) 언제든 다시 게임에 참여할
수 있게 된다. 〈런닝맨〉에서 게임에 참여하는 출연진들 역시 리셋과 리플레
이를 통해 (전회에서의 결과와 무관하게) 매회 게임에 새롭게 참여한다.

이렇듯 메타이야기적 방송영상 텍스트의 이야기는 전통적 의미의 단선적
이고 일관된 성격의 이야기와 달리, 다층적이고 단속적이며 우발적이다(강
신규, 2018).

(3) 오타쿠 문화 확산

포스트모던 시대 방송영상미디어・콘텐츠를 즐기는 수용집단으로 오타쿠
(お宅, otaku)를 꼽을 수 있을 듯하다. 오타쿠는 팬이나 마니아와는 달리 방송
영상미디어・콘텐츠에 깊이 그리고 폐쇄적으로 집중하는 모습을 보인다. 일

본에서 유입된 오타쿠라는 단어는 한국 인터넷 풍토에서 '오덕후'라는 단어로 변모했고, 언어의 경제성을 도모하는 차원에서 자연스럽게 앞글자인 '오'가 탈락해 '덕후'가 되었다. 변화 과정에서 원래 단어가 갖는 부정적 의미도 감소하고 거기에 친근함에 더해진 측면이 있다. 이처럼 오타쿠에서 덕후로, 원래 의미를 넘어 용어의 쓰임새가 확장되는 것은 곧 (일본과 다르게) 한국적 콘텍스트에서 독특한 방송영상미디어 수용이 이뤄지고 있음을 의미한다.

실제로 덕후에 대해 말하거나 자신이 덕후임을 밝히는 것이 어색하지 않은 시대이다. 경멸이나 우려의 시선을 피해 주로 음지에 머물렀던 덕후들이 세상 밖으로 나오고 있다. 그들이 스스로를 드러내기도 하지만, 방송영상미디어에서 그들을 적극적으로 찾아내는 측면도 크다. 인터넷커뮤니티, 인터넷방송(internet broadcasting)과 같이 덕후에게 비교적 친화적 모습을 보였던 미디어뿐 아니라, 그동안 대개 덕후를 긍정적이지 못한 것으로 간주하고 거리를 두었던 지상파방송과 같은 전통적 미디어에서도 덕후가 빈번하게, 그것도 긍정적인 모습으로 소환되고 있다.

팬 열광적으로 추종한다는 의미를 지닌 'fanatic'에서 비롯된 말로, 특정 스타나 대중문화물 혹은 장르를 선택해 자신들의 문화 속에 자발적으로 수용하는 사람들을 일컫는다. 과거엔 문화적 멍청이(cultural dopes), 빠순이 등과 같이 부정적 의미로 불렸으나, 오늘날엔 대체로 능동적이고 창의적인 문화적 실천자로 받아들여진다.

마니아 그리스어로 '광기'(狂氣)라는 뜻인데, 어떤 한 가지 일이나 분야에 열중 혹은 몰입하거나 해박한 사람들을 의미한다. 팬이 대중문화에 집중하는 사람들을 가리킨다면, 마니아들의 관심 분야는 보다 넓다. 가령 MBC 예능프로그램 〈라디오스타〉와 〈나 혼자 산다〉에서 가수 데프콘은 운동화 마니아임을 밝힌 바 있다. 여기서 '운동화 마니아'는 자연스럽지만 '운동화 팬'은 자연스럽지 않다.

오타쿠 이 말의 기원에 대해서는 크게 두 갈래의 설이 있다. 하나는, 대화 시 '당신'을 높이는 호칭인 '댁'이라는 의미로, 지금의 의미를 갖기 전 공상과학물(SF) 동아리 등에서 상대를 '오타쿠'라 칭하던 것이 시작이라는 설이다. 다른 하나는, 'お宅'가 '집'을 의미하는데, 말 그대로 집에만 틀어박혀 자신이 좋아하는 일만 하기 때문에 '오타쿠'라 칭한다는 설이다.
어떤 설이 진실이든 확실한 것은, 오타쿠가 1970년대 일본에서 대두한 만화, 애니메이션, 게임 등 새로운 하위문화의 주역을 일컫는 말이었다는 사실이다. 그러나 이른바 '선수들' 사이에서 주고받는 수준에 그치던 이 말은 1988~1989년 사이타마현[埼玉縣]에서 발생했던 한 오타쿠 청년의 여아연쇄유괴살인사건을 계기로 일본 사회에 널리 알려진다. 이 때문에 오타쿠에는 '비사회적이고 도착적인 성격을 가진 존재'라는 의미가 덧입혀졌다(東浩紀, 2001/2007).

2015년에는 "당신의 잠자고 있는 덕심(心)을 일깨워 새로운 '덕후문화'를 만드는 취향 존중 프로그램"을 자처하는 한 지상파 방송프로그램이 덕후를 '능력자들'이라 칭하며 제목으로 삼기도 했다(〈능력자들〉홈페이지 참조). 덕후인 인기인들 역시 화제가 되고 있다. 애니메이션 캐릭터 '도라에몽'과 '미니언'들에 빠져 있다는 배우 심형탁, 〈리그오브레전드〉의 프로급 게이머로 소문난 가수 김희철 등이 대표적이다.

그동안 한국에서 덕후 이미지가 '안여돼'(안경 여드름 돼지) 혹은 '안여멸'(안경 여드름 멸치)과 같은 식으로 통했던 것을 감안하면, 누가 봐도 둘과는 거리가 멀어 보이는 그들의 '덕밍아웃'(덕후 + 커밍아웃: 자신의 덕후 성향을 주위에 공개하는 것)은 신선한 반전으로 다가온다. 대중에게 실제로 좋은 인식을 줄 수 있을지 여부는 차치하고, 이런 상황이 덕후를 사회 내에서 나름의 의미를 갖는 집단으로 자리매김하게 만든 것은 틀림없어 보인다.

보다 중요한 것은 아직은 특정한 집단의 취향이나 수용패턴으로 보이는 덕후문화가 미래 방송영상미디어 문화의 중요한 징후라는 사실이다. 포스트모던 방송영상미디어는 다양한 방식으로 수용자들을 텍스트에 참여시킨다. 텍스트와 수용자 간 상호작용을 통해 의미창출이 확대되도록 참여를 독려하는, 개방적 텍스트성이 포스트모던 방송영상미디어의 주된 특징이다. 하지만 이는 동시에 수용자들이 가져야 할 부담이 늘어남을 의미한다. 수용자가 할 수 있는 일도 많고 해야 할 일도 많다 보니 그만큼 많은 시간과 노력을 동원해야만 한다.

이처럼 포스트모던 방송영상미디어는 기존 방송영상미디어에서보다 훨씬 더 조밀하고 촘촘한, 이른바 '두터운 수용 경험'을 필요로 한다. 두터운 수용 경험은 수용자가 최대한 집중력을 깊이 있게 동원해, 비어 있는 텍스트를 여러 층의 행위로 빼곡하게 채워가는 것이라 할 수 있다(강신규, 2018). 즉, 포스트모던 방송영상미디어 수용자는 덕후로서의 깊이 있는 참여를 요청받는 것이다. 따라서 덕후는 방송영상미디어 수용자의 미래상이기도 하다. 덕후들이 특수한 존재인 것이 아니라, 일견 특수해 보이는 그 문화가 오늘날 방송영상미디어의 보편적 수용상을 드러내고 있는 것이다.

(4) 2차 창작을 통한 콘텐츠 생산

방송, 영화, 애니메이션, 게임 등을 설명하는 인터넷방송에서 진행자는 개별 콘텐츠 자체가 아니라 그것을 소비하는 행위를 통해 새로운 콘텐츠를 생산한다는 점에서 2차 창작자라 할 수 있다. [2] 방송의 소재가 되는 1차 창작물을 해석하고 독자적 의미를 부여하면서 본인들의 콘텐츠(2차 창작물)를 만들어간다.

이때 중요한 것은 기존 전통적 방송영상미디어에서처럼 전문가급의 탁월함으로 1차 창작물을 다루는 대신, 진행자가 자신만의 스토리텔링으로 그것들을 풀어내는 형태를 띤다는 사실이다. 무난하게 1차 창작물에 대해 이야기하며 유머를 던지는 경우, 그것을 완전히 새롭게 해석하는 경우 등 진행자의 역량에 따라 1차 창작물을 재탄생시키는 것이다. 중요한 것은 창의적 해석이기에, 그들이 반드시 전문가가 될 필요는 없다. 때문에 1차 창작물이 존재함에도 독특한 의미를 지니는 2차 창작물이 가능해지게 된다.

2차 창작 원저작물(1차 창작물)을 번역·변형·각색·편집 등의 방법으로 재가공하는 것을 의미한다. 단순 일러스트부터 팬픽, 동인지, 웹코믹 등 여러 분야에 널리 퍼져 있으며, 팬 활동의 큰 비중을 차지한다. 최근 인터넷과 컴퓨터 기술 발달 등을 통해 많은 사람들이 더 쉽게 2차 창작을 할 수 있다.

인터넷방송 방송국이나 개인이 인터넷동영상 스트리밍 플랫폼을 통해 방송콘텐츠를 유통하는 것을 뜻한다.

초창기에는 장비나 네트워크 문제 등으로 인터넷방송국을 통한 방송서비스가 주로 제공됐다. 그러나 제작도구에 대한 접근성 증가, 스트리밍 기술의 발전과 보급, 그리고 무엇보다 이용자 간 데이터 공유의 일반화를 통해 다양한 사람들이 개별적 콘텐츠를 생산·소비할 수 있는 환경이 구축되면서 크게 확산되는 추세다. 1인 방송, 인터넷 개인방송, 온라인 개인방송 등 합의되지 않은 여러 명칭들이 있으나, 여기서는 '인터넷방송'으로 통일해 사용하기로 한다.

---

2 물론 다른 콘텐츠를 경유하지 않고 스스로의 경험과 입담을 통해 방송을 진행하는 1차 창작자도 있다.

이러한 차이는 전통적 방송영상제작 생태계와 인터넷방송제작 생태계의 차이에서 비롯된다. 전통적 방송의 경우 방송을 제작하는 주체와 방송에 출연하는 주체가 엄격히 분리된 형태를 띠었다. 플랫폼 역시 소수의 전문인 발신자와 불특정 다수의 수동적 수신자를 설정하고 콘텐츠를 일방향적으로 전달하는 방식을 채택해왔다. 반면, 인터넷방송에서는 제작주체와 출연주체 모두가 한 명의 진행자(혹은 하나의 팀)에 혼재돼 나타난다.

그럼에도 진행자는 전통적 방송에서의 전문인이라기보다 스스로도 방송, 영화, 애니메이션, 게임 등을 향유하는 일반 수용자이면서, 자신이 만든 콘텐츠의 시청자들과 공감하고 소통할 줄 아는 능력까지 지닌 사람이라 볼 수 있다. 이처럼 인터넷방송은 방송의 주체, 제작방식, 텍스트 구성방식에 있어 기존 방송과 구분된다(강신규, 2018).

(5) 이야기가 소멸된 콘텐츠의 소비

인터넷방송 시청자들은 채팅을 통해 자유롭게 진행자의 말이나 행동에 개입한다. 그리고 다른 시청자들의 코멘트를 읽거나, 그에 대한 코멘트를 덧붙일 수도 있다. 진행자는 일차적으로 콘텐츠를 만들고 진행하는 존재이나, 시청자들도 그 과정에 얼마든지 동참할 수 있다. 그리고 시청자들은 진행자와 진행자가 만드는 콘텐츠를 해석하기도 한다. 진행자가 얼개를 잡아 놓은 이야기에 슬쩍 참견하는 수준에 머물지 않는다. 따라서 시청자들은 진행자와 함께 방송을 만들어가는 존재들이다. 결국 인터넷방송에서 가장 중요한 것은 이야기가 아니라, 진행자와 시청자들 간, 그리고 시청자와 시청자들 간의 원활하면서도 활발한 '커뮤니케이션'이다. 커뮤니케이션이 방송을 진행하는 요소가 됨과 동시에 방송의 전제가 된다.

영상미디어 비평가 마에지마 사토시는 최근 영상미디어콘텐츠에서 더 이상 이야기가 중요하지 않은 경향이 나타난다고 본다(前島賢, 2014/2016). 큰 이야기가 사라지고, 작은 이야기에 대한 집중을 지나, 이야기 자체가 큰 의미 없는 시대가 도래했다는 것이다. 그리고 이야기의 자리를 커뮤니케이션이 채운다. 그는 일본에서 유행하는 게임을 예로 들면서, 이야기를 전하는 게임[3]이 점차 인기를 잃어가고, 플레이어 간 교류나 소통을 위주로 하는 게임류(온라인게임, 소셜게임 등)가 약진한다고 주장한다.

모던적 미디어는 하나의 패키지를 하나의 이야기로 점유하고 그것을 전달했다. 포스트모던적 미디어는 하나의 패키지나 플랫폼에서 데이터베이스를 조직하고, 그 부산물로서 복수의 작은 이야기를 만들어낸다. 전자에서 이야기가 미디어의 내용(콘텐츠) 그 자체였다면, 후자에서 이야기는 미디어 내용(커뮤니케이션)의 효과로서 만들어진다(東浩紀, 2007/2012). 하지만 대부분의 인터넷방송에서는 애초에 이야기의 존재가 희미하거나 큰 의미를 갖지 못한다. 다시 말해 콘텐츠나 커뮤니케이션의 효과보다, 오히려 커뮤니케이션(을 하고 있다는 사실) 자체가 방송 진행과 수용에 있어 주된 역할을 한다(前島賢, 2014/2016).

인터넷방송에서는 커뮤니케이션 소비가 보편화되었다. 그 극단에는 '일상'을 보여주는 인터넷방송이 자리한다. 이 새로운 방송의 진행자들은 겜방(게임방송), 먹방(먹는 방송), 쿡방(요리방송) 등에서와 같은 '특별한' 경험 대신, 친구를 만나고 자동차를 운전하고 가족과 수다 떨고 애완동물이 자는 모습을 바라보는 자신의 '평범한' 일상을 펼쳐 보인다. 이들은 시청자들과 같이 잠들고 같이 먹고 가끔 채팅창을 통해 수다를 떤다. 이러한 영상에는 시청자들이 처리해야 할 정보가 많지 않다. 부담 없는 것이 오히려 인기 요인이다. 일상채널 구독자들은 스스로를 '랜선 자매'라 부른다. 정보과잉 사회에서 역설적으로 아무것도 안 하는 영상을 봄으로써 시청자(들)가 위로를 받고 있는 것이다(《한겨레》, 2017. 4. 9).

---

3 〈드래곤 퀘스트〉(*Dragon Quest*)나 〈파이널 판타지〉(*Final Fantasy*) 시리즈 같은 롤 플레잉 게임(*Role Playing Game*)이 그 예다.

일상채널에서는 다른 채널에서보다 상대적으로 진행자와 시청자들 간 직접적 커뮤니케이션이 덜 일어난다. 진행자는 자신의 모습을 보여줄 뿐이고, 시청자(들)는 그것을 볼 뿐이다. 중요한 것은 직접적 대화가 아니라, 서로 연결되었다는 느낌, 즉 '연결감'이다. 진행자와 시청자들이 자신들을 '랜선 자매'라 부르는 것이 그 증거다. 외롭거나 집에 혼자 있는 것이 무서워 인터넷방송을 계속 본다는 아이들의 사례도 같은 맥락에서 논의 가능하다. 방송이 종료될 때쯤이면 아이들은 '형(언니·누나) 가지 마' 하면서 채팅창에 치며 아쉬워한다(이현, 2015). 전통적 방송보다 인터넷방송이 아이들을 덜 외롭고 덜 무섭게 만든다면, 그 이유는 그들이 서로 연결되었기 때문일 것이다.

인터넷방송에서는 가능한 논의일지 모르겠으나, 적어도 아직까지 전통적 방송에서는 이러한 커뮤니케이션 소비가 이야기 소비를 완전히 대체하고 있다고 보기는 어렵다. 그럼에도 특히 최근에 등장하는 방송영상미디어에서 이야기의 힘이 약해지고 있는 것은 분명한 경향이다. 전통적 미디어, 즉 소설, 만화, 영화, 텔레비전, 애니메이션 등은 창작자의 콘텐츠를 필수요소로 삼는다. 게임의 경우, 창작자가 콘텐츠의 데이터베이스를 직조하면, 수용자가 그것을 짜 맞추는 역할을 수행한다. 하지만 인터넷방송의 경우, 콘텐츠가 없어도 커뮤니케이션을 위한 플랫폼만 정비되면 수용자들이 그것을 즐기는 데 큰 무리가 없다.

참고문헌

강신규(2018). "방송의 게임화 연구". 서강대 신문방송학과 박사학위 논문.

나 난(2008). 네티즌들 '유앤미콘서트' 다시 만든다. 〈미디어스〉, 2008. 12. 30.

원용진(2010). 《새로 쓴 대중문화의 패러다임》. 서울: 한나래.

이 현(2015). 어린이와 인터넷방송. 〈창비어린이〉, 13권 2호, 240∼246.

한겨레(2017. 4. 9). 같이 먹고 같이 잠들고 '우리는 랜선 자매'. 서울: 한겨레.

前島賢(2014). 《セカイ系とは何か》. 星海社文庫. 김현아·주재명(역)(2016),
    《세카이계란 무엇인가》. 서울: 워크라이프.

東浩紀(2001). 《動物化するポストモダン: オタクから見た日本社會》. 講談社現代新書.
    이은미(역)(2007), 《동물화하는 포스트모던: 오타쿠에서 본 일본 사회》.
    파주: 문학동네.

_____(2007). 《ゲーム的リアリズムの誕生: 動物化するポストモダン 2》. 講談社現代新書.
    장이지(역)(2012), 《게임적 리얼리즘의 탄생: 동물화하는 포스트모던 2》.
    서울: 현실문화연구.

大塚英志(2003). 《アトムの命題 – 手塚治虫と戰後まんがの主題》. 東京: 德間書店.

_____(2005). 《'ジャパニメーション'はなぜ敗れるか》. 東京: 角川書店.

_____・ササキバラゴウ(2001). 《敎養としての'まんが・アニメ'》. 최윤희(역)(2004),
    《망가·아니메》. 서울: 써드아이.

稻葉信一郎(2006). 《モダンのクールダウン: 片隅の啓蒙》. NTT出版.

Baldwin, E., Longhurst, B., McCracken, S., Ogborn, M., & Smith, G. (2004).
    Introducing cultural studies. 조애리 외(역)(2008), 《문화 코드, 어떻게 읽을
    것인가?》. 파주: 한울.

Baudrillard, J. (1981). *Simulacres et Simulation*. New York: Pearson/Prentice Hall.
    하태환(역)(2001), 《시뮬라시옹》. 서울: 민음사.

Chandler, D. (2002). *Semiotics for Beginners*. London: Routledge. 강인규(역) (2006). 《미디어 기호학》. 서울: 소명출판.

Fiske, J. (1990). *Introduction to Communication Studies*. London: Routledge. 강태완·김선남(역) (2001), 《커뮤니케이션학이란 무엇인가?》. 서울: 커뮤니케이션북스.

Gray, J. & Lotz, A. (2011). *Television Studies*. Polity Press. 윤태진·유경한(역) (2017), 《텔레비전 연구》. 서울: 커뮤니케이션북스.

Malpas, S. (2002). *Jean Francois Lyotard*. 윤동구(역) (2008), 《장 프랑수아 리오타르: 포스트모더니즘을 구하라》. 서울: 앨피.

Sturken, M. & Cartwright, L. (2001). *Practices of Looking: An Introduction to Visual Culture*. OUP USA. 윤태진·허현주·문경원(역) (2006), 《영상문화의 이해》. 서울: 커뮤니케이션북스.

Tyler, E. (1871). *Primitive Culture*. London: John Murray.

Williams, R. (1983). *Keywords: A Vocabulary of Culture and Society*, 2nd ed. London: Fontana.

모바일과 방송영상

최선영

1. 들어가며

모바일은 방송생태계를 급속도로 바꾸어 놓았다. 스마트폰이라는 단일 인터페이스에서 상시적으로 방송영상 시청을 할 수 있게 된 것은 물론이고, 대규모 시청자가 실시간으로 방송에 참여하는 일도 가능해졌기 때문이다. 이 장에서는 방송생태계를 구성하던 개념이 모바일 방송영상 환경에서 어떻게 변화했는지 개괄적으로 살펴보겠다. 일상생활에서의 시청경험 확장, 프로그램과 콘텐츠, 채널편성과 플랫폼 앱인벤토리에 대해 알아볼 것이다. 이는 방송영상 배포 방식과 형식에서 비롯된 변화이기 때문에 방송영상생태계의 구조적 변화를 일으킨 주요원인으로서 플랫폼과 콘텐츠의 특징도 아울러 고찰하겠다. 이 장을 통해 모바일이 개인의 삶과 사회, 미디어생태계에 어떤 영향을 주고 있는지 생각해 보자.

2. 모바일 방송영상 환경의 이해

2005년 한국은 세계 최초로 지상파 DMB 방송서비스를 도입했다. 스마트폰 등장 이전에 휴대폰을 통해 TV 프로그램을 볼 수 있는 개인화된 시청행위가 가능했던 것이다. 무선이동통신기술이 생활영역에서 빠르게 확산된 덕분에 IPTV, VOD 서비스, 실시간 스트리밍서비스 등 인터넷동영상 시청환경도 풍부해졌다. 원래 방송은 태생적으로 전파를 활용하는 송수신 기술이다. 하지만 전파보다 인터넷 네트워크를 활용하는 동영상기술과 모바일플랫폼이 광범위하게 상호 호환하면서 방송의 개념 자체가 바뀌는 대전환기를 맞고 있다. 방송영상생태계에서는 어떠한 격변이 일어나고 있을까? 이 절에서는 기존 방송과 모바일에서의 시청경험, 시청기기, 서비스 제공방식, 핵심자원 등을 알아보고 모바일의 개념적 특징과 환경에 대해 설명하고자 한다.

1) 모바일 환경과 시청경험의 확장

텔레비전은 태생적으로 기술이 구현된 기계일 뿐 아니라 이용과 관련된 관행의 집합으로서 문화적 테크놀로지라고 할 수 있다(최선영, 2014). 오래된 습관으로서 TV 시청행위는 모바일로 인해 시간성과 이동성, 개인화로 변화하였는데 이는 더 이상 낯선 현상도 새로운 현상도 아니다. 미디어로서 모바일 방송영상은 등장 초기에 TV의 대체재 또는 보완재로서 젊은층의 전유물로 인식되는 경향이 있었으나, 오늘날 스마트폰 동영상 시청은 전 연령층의 일상에서 자연스럽게 일어나고 있다. 동영상뿐 아니라 커뮤니케이션, 오락 여가활동, 뉴스정보, 음악, 커머스, 게임 등의 디지털서비스가 스마트폰 하나에서 이루어지면서 삶의 패턴까지 달라지고 있다.

모바일이용자의 일상과 경험 차원에서 방송영상 시청의 변화를 살펴보자. 우선 장소의 특성에 구애받지 않고 모바일을 이용할 수 있게 되면서 우리 생활 자체가 모바일에 의해 재조정되고 있다. 모바일기기로 TV 프로그램 시청이 가능해지면서 그동안 시청이 불가능했던 공간인 직장, 관공서, 식당 등과 같은 '비장소'(*non-places*)(Augé, 2008)에서의 방송영상 시청이 가능해졌다(Bolter & Grusin, 2006). 식당에서 모바일동영상을 보며 혼자 식사하는 사람도 흔히 볼 수 있고, 업무 중 틈새시간에 스마트폰으로 동영상 시청을 하는 경우도 목격할 수 있다.

둘째, 이동하면서도 동영상을 볼 수 있게 되었다. 버스, 지하철, 기차, 비행기, 자동차에서도, 집안 곳곳에서도 이동성의 시청이 가능해졌다. 1990년대 이후 개인과 사회적 차원에서 '이동성으로의 전환'(*mobilities turn*)의 패러다임이 부각하면서 미디어의 공간적·시간적 전환(*spatial & temporal turn*)이 일상에서 펼쳐지고 있다(Sheller & Urry, 2006).

2019년 10월 닐슨코리안클릭의 〈세대별 모바일동영상 애플리케이션 이용행태 분석〉조사 결과도 이를 뒷받침한다. 조사대상자 중 모바일을 통해 동영상을 매일 시청하는 이용자는 이른바 'Z세대'로 불리는 젊은층이 38.2%로 가장 많았다. 한편 장년·노년층인 '베이비붐세대' 중 11.2%가 매일 모바일동영상을 시청했다. 은퇴 후 세대의 여가활동으로 모바일동영상 시청이 늘고 있음을 알 수 있다. 이동 중인 출근시간이나, 일과에서 비교적 자유로운 점심시간에도 시청이 증가하는 경향이 나타났다. 모바일이 개인화 기기로서 시청 시공간을 재구성하고 있음을 알 수 있다(〈그림 9-1〉참조).

셋째, 그래서 모바일기기 이용은 필연적으로 '순간적 즉각성'(*ephemeral immediacy*)이 내재화될 수밖에 없다(Jauréguiberry, 2000). 모바일 이용은 초·분 단위로 빈번히 이뤄지게 되었는데, 2~3분 숏폼 클립 동영상이 보편화된 배경엔 이러한 이용의 맥락이 있다. 모바일 이용과 일과 업무, 일상의 시간이 중첩적으로 발생하면서 미디어 형식과 포맷도 영향을 받는 것이다.

조레기베리는 모바일기기를 이용한 커뮤니케이션 시간관리를 '시간분할과 치밀화'(*densification and division time*)로 설명한다(Jauréguiberry, 2000).

시간밀도를 효율적이면서도 실용적으로 높이기 위해 물리적 시간 위에 이중시간(*double time*)을 중첩해 사용한다는 것이다. 예를 들어 동영상 시청 중에 댓글을 읽고, 쓰고, 메시지를 보내고, 연관검색을 할 수 있다. 이 행위들은 시청과 분리된 행위지만, 동시적으로 연결되는 중첩행위다. 모바일에서는 이러한 멀티태스킹(*multitasking*)이 빈번히 일어난다. 틈새시간에도 '분절화된 시간관리'(*temporal short-circuiting*)를 하는 셈이다. 결국 모바일 몰입을 지속하는 것이기도 하다.

모바일로 인한 방송영상 이용행태 변화에 따라 시청자는 일종의 '시간왜곡'(*distortion of time*) 경험을 할 수 있다. 동영상을 보면서 두 가지 일을 동시에 수행할 때 효율성과 만족감을 느낄 수도 있지만, 수시로 시간을 미세 조정해 모바일 이용을 멈추지 않기 때문에 '재퍼 신드롬'(*zapper syndrome*)이 발생할 수 있다(Jauréguiberry, 2014). 재핑(*zapping*)이란 방송프로그램 사이에 삽

〈그림 9-1〉 세대별 모바일동영상 월간이용행태 및 시간대별 이용시간 (2019)

모바일동영상 월간 이용일수별 이용자수 누적비중

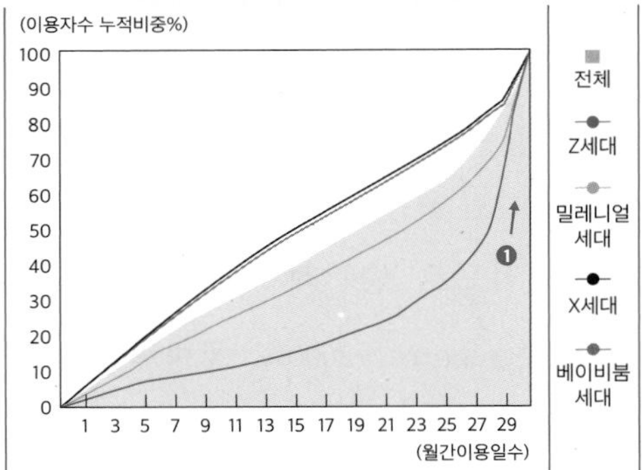

	매일 이용자	월 평균 방문일수
Z세대	38.2%	24.2
밀레니얼세대	21.2%	19.4
X세대	9.9%	15.5
베이비붐세대	11.2%	15.7

❶ Z세대 매일 이용자 비율 38.2% 월 평균 방문일수 24일

시간대별 모바일동영상 이용시간 점유율

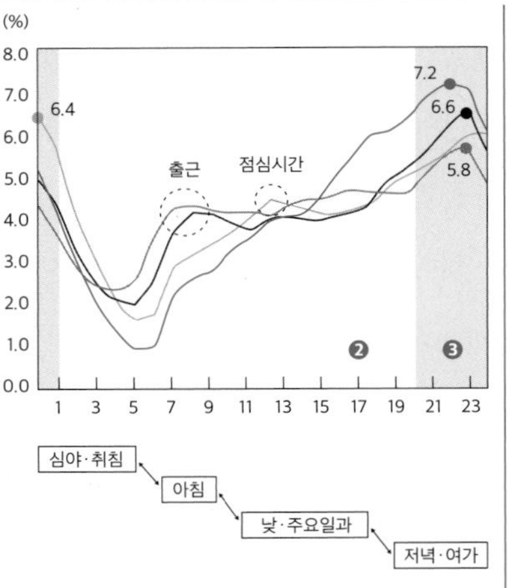

❷ 저녁 시간대 전반에 높은 이용률

❸ 전 연령대에서 개인시간이 많은 취침 전 이용시간 점유율 정점

주: 2019년 10월 기준 자료이다.

출처: 닐슨코리안클릭 홈페이지.

〈그림 9-2〉 모바일 이용 시간관리 앱

Screen Time

Get a weekly report with insights
about your screen time
and set time limits
for apps you want to manage.

Ways to disconnect

Dashboard
0 app timers set

Wind Down

출처: ITWORLD, 2018.

입된 광고를 회피하기 위해 채널을 돌리는 행위로, 그 행위 중간에 의도하지 않게 다른 채널을 보게 되는 재핑 효과(*zapping effect*)가 발생할 수 있다. 모바일에서도 유사한 상황이 발생할 경우 궁극적으로 과몰입하게 될 수 있다.

이에 대해 일각에서는 모바일 이용을 디지털 헬스(*digital health*) 차원에서 접근할 필요가 있다는 의견을 제시한다. 일상에서 '모바일 디톡스'(*mobile detox*)를 해야 한다는 것이다. 모바일 성숙기에 접어들면서 애플과 구글은 모바일앱 이용자가 앱을 얼마나 자주 사용하는지 알 수 있는 시간관리 툴을 OS에 도입하기도 했다. 애플의 '스크린 타임'(Screen Time)과 안드로이드의 '디지털 웰빙'(Digital Wellbeing)은 모바일이용자의 시간관리와 계획적 동영상 시청에 보조적 도움을 줄 수 있는 기능이 있다. 어떤 앱을 얼마나 사용하는지 모를 때나 필요 이상의 시간을 쓸 때, 특히 어린이와 청소년 자녀의 동영상 시청 지도가 필요할 때 활용할 수 있다(〈그림 9-2〉 참조).

2) 모바일기기와 방송영상 시청

다음으로 이용기기라는 하드웨어 관점에서 TV 수상기와 모바일기기를 비교해 보자. TV 수상기는 대개 특정 공간에 설치되는 대형 가전제품이다. 리모콘이라는 별도기기로 통제하기 때문에 이른바 린백(lean-back) 미디어로 물리적 거리가 있는 시청을 할 수 밖에 없다. 최근의 TV 수상기는 스마트 기능이 포함된 OS가 적용되어 방송프로그램과 VOD의 개인화가 가능하지만, 여전히 물리적 거리가 있는 시청경험을 제공하고 이동에 제약이 따른다.

반면 모바일로 통칭되는 스마트폰이나 태블릿 PC 등은 개인 소형 컴퓨터라 할 수 있다. 방송프로그램뿐만 아니라 콘텐츠로 통칭되는 미디어 형식을 하나의 기기에서 이용할 수 있는, 이용자 신체와 밀착된 린포워드(lean-forward) 미디어다. 이동통신이 5G 기술로 진화하고, 스마트폰도 고성능화되면서 인터넷, 멀티미디어, 커머스, 뱅킹 등 다양한 서비스가 하나의 단말기에서 통합적으로 이루어지기 때문에 경험의 밀도가 훨씬 더 높다. 게다가 스마트폰의 사용자인터페이스(UI)는 직관적 사용이 가능한 매우 간단한 입출력 체계라고 할 수 있다. 특히 음성, 시선, 표정, 생체신호, 제스처 등 우리 감각기관을 활용하는 멀티모달리티(multi-modality) 기술이 AI와 결합하면서 이용자 친화 서비스는 더욱 강화될 전망이다.

TV 수상기는 2015년에 이미 필수매체로서의 왕관을 스마트폰에 넘겨주었다. 방송통신위원회의 〈2018 방송매체 이용행태 조사〉 결과에 따르면 스마트폰 보유율이 90%에 가까워지면서, TV 수상기보다 스마트폰을 필수매체로 인식하는 것으로 나타났다(〈그림 9-3〉 참조). 개인화 모바일기기인 스마트폰이 TV 수상기, PC 등 기존 단말기 사용을 추월해 주요 미디어로 자리매김한 것이다.

스마트폰은 전 연령대에 고르게 보급되어 10~50대의 95% 이상이 사용하고 있고, 고연령층에도 확산되어 60대의 80%가 쓰고 있다. 특히 온라인

동영상서비스인 OTT 이용 시 93. 7%가 스마트폰을 사용하는데, 특히 10~
50대 이용자들의 이용 빈도가 높았다(〈그림 9-4〉 참조). 즉, 스마트폰은 전
연령대에서 방송영상 및 동영상 이용 스크린으로서 가장 많이 사용하는 기
기인 것이다.

〈그림 9-3〉 방송매체 이용행태 현황 (2018)

일상생활 필수매체 인식

2017년	(N=7,416)		2018년	(N=7,234)
38.1		TV	37.3	
56.4		스마트폰		57.2
3.4		PC·노트북	3.6	
0.6		신문	0.5	
0.5		라디오	0.6	

출처: 방송통신위원회, 2019.

〈그림 9-4〉 OTT 서비스 이용 시 사용기기와 연령별 이용빈도 (2018)

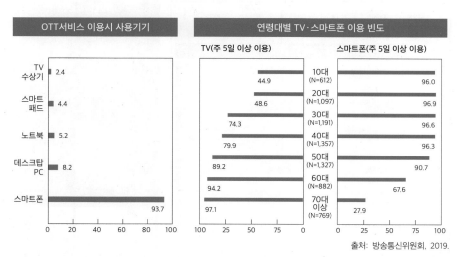

OTT서비스 이용시 사용기기		연령대별 TV·스마트폰 이용 빈도		
		TV(주 5일 이상 이용)	스마트폰(주 5일 이상 이용)	
TV 수상기	2.4	10대 (N=612) 44.9	96.0	
스마트 패드	4.4	20대 (N=1,097) 48.6	96.9	
노트북	5.2	30대 (N=1,191) 74.3	96.6	
데스크탑 PC	8.2	40대 (N=1,357) 79.9	96.3	
스마트폰	93.7	50대 (N=1,327) 89.2	90.7	
		60대 (N=882) 94.2	67.6	
		70대 이상 (N=769) 97.1	27.9	

출처: 방송통신위원회, 2019.

3) 서비스 제공 방식: 채널편성 vs 앱

방송법에 따르면 '방송'이란 방송프로그램을 기획, 편성 또는 제작해 이를 공중 (개별계약에 의한 수신자를 포함하며, 이하 '시청자'라 함)에게 전기통신설비에 의해 송신하는 것을 뜻한다. 채널은 TV 방송국의 전파 식별 표시로, 방송주파수 대에서 방송사에 할당되는 주파수 또는 주파수폭이며 보통 'CH'로 표기한다.

그러나 모바일 온라인동영상서비스는 채널이 아닌 플랫폼 애플리케이션 (application, 이하 앱)을 통해 목록 인벤토리(inventory) 형식으로 제공된다. 〈그림 9-5〉의 좌측은 방송사 채널의 방송프로그램 편성표다. 이와 달리 모바일동영상서비스 앱에서는 〈그림 9-5〉의 우측에서처럼 콘텐츠 단위의 인벤토리 배열에서 선택하게끔 구성됐다. 시간대 편성이라기보다 '지금 뜨는 동영상', '인기 에피소드', '최신 에피소드', '새로 나온 영상' 등 취향 및 선호와 관련된 목록화 구성이다.

〈그림 9-5〉 방송프로그램 편성표(좌)와 동영상 앱인벤토리(우) 배열 비교

출처: epg·웨이브 홈페이지.

<표 9-1> 국내 서비스 중인 주요 OTT플랫폼

OTT 플랫폼	사업자 유형	제공사업자	개시연도	수신기기
티빙	방송사업자	CJ E&M	2010	PC, 모바일, 수상기
웨이브(구 옥수수 + 푹)	통신사업자+방송사업자	SKB	2019	PC, 모바일, 수상기
유튜브	독립플랫폼	구글	2005	PC, 모바일, 수상기
아프리카 TV	아프리카TV	아프리카TV	2006	PC, 모바일, 수상기
네이버 TV	포털사업자	네이버	2012	PC, 모바일, 수상기
카카오 tv	포털사업자	카카오	2015	PC, 모바일, 수상기
올레 tv	통신사업자	KT	2015	PC, 모바일, 수상기
U플러스모바일 tv	통신사업자	LG유플러스	2019	PC, 모바일, 수상기
넷플릭스	독립플랫폼	넷플릭스	1997	PC, 모바일, 수상기
왓챠플레이	독립플랫폼	왓챠	2011	PC, 모바일, 수상기

출처: 정보통신정책연구원, 2018 재구성.

모바일 혁신은 곧 스마트폰 응용프로그램(*application software*)인 '앱'이라 해도 과언이 아니다. 앱은 OS 위에서 실행되는 모든 프로그램을 뜻하며 사용자가 실제로 직접 이용하는 소프트웨어다. 앱은 PC나 노트북의 웹 소프트웨어와는 비교할 수 없을 만큼 설치가 쉽다. 복잡한 컴퓨터 소프트웨어 설치과정과 달리 OS가 갖춰진 스마트 기기에서 모든 앱은 터치 몇 번으로 간단히 설치 가능하다. 스마트폰 앱 구동 또한 쉽다. 세대, 나이, 성별과 관계없이 스마트폰에서의 동영상 시청 빈도가 높은 이유도 모바일동영상서비스 앱을 누구나 쉽게 설치해 이용할 수 있기 때문이다.

〈표 9-1〉은 2019년 현재 한국에서 앱으로 서비스되는 대표적 동영상 OTT 플랫폼이다. 정보통신정책연구원의 〈인터넷동영상 콘텐츠 유통과 소비에 관한 실태조사〉(2018)에 따르면 유튜브와 국내 OTT 플랫폼을 유용성, 용이성, 서비스만족도, 애용 정도, 타인 추천 및 지속이용 의향 차원에서 비교 분석한 결과 전반적으로 유튜브 측정점수가 높게 나타났다.

2019년 나스미디어의 조사도 비슷한 결과를 보여준다. 한국인이 보편적으로 사용하는 모바일동영상 앱은 유튜브로 조사대상자의 약 90%가 사용하고 있었다. 이어 네이버, 인스타그램, 페이스북, 옥수수(현 웨이브) 등의 앱을 이용해 동영상 시청을 하는 것으로 나타났다(〈그림 9-6〉 참조).

2019년 10월 닐슨코리아클릭의 월간 조사인 〈세대별 모바일동영상 애플리
케이션 이용행태 분석〉은 좀더 상세한 이용행태를 보여준다. 전 연령층에서
평균 2개 이상의 동영상 앱을 사용했는데, 복수의 동영상서비스 앱을 사용할
지라도 모바일동영상 앱 사용에서 부동의 1위는 유튜브였다. 유튜브를 제외

〈그림 9-6〉 한국의 동영상서비스 앱 사용 현황 (2019)

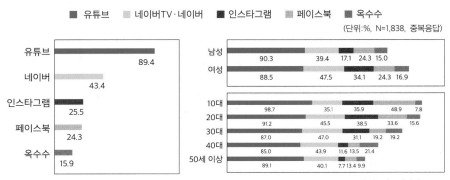

출처: 나스미디어, 2019.

〈그림 9-7〉 연령대별 월간 모바일동영상 앱 이용 개수와 순위 (2019)

주: 2019년 10월 기준 자료이다.

출처: 닐슨코리안클릭 홈페이지.

하면 전 연령에서 사용하는 동영상서비스 앱은 제각각인 것으로 나타났다.

새로운 앱이 출시되면 이용자 편의에 따라 기능을 경험해 보려는 시도일 수도 있고, 취향과 선호, 이용 습관에 맞춰 앱을 활용하기 때문일 수도 있다. 예를 들어 10대에서 '틱톡'과 'V 라이브'가 인기 있는 이유는 숏폼 동영상과 동영상의 놀이적 특성, 그리고 다량의 연예인 콘텐츠 때문으로 해석할 수 있다.

4) 방송영상 유형: 프로그램 vs 콘텐츠

텔레비전의 고유한 내적 논리는 시간적 배열에 의한 방송순서이다. 'TV 프로그램'은 TV 내용을 구성하고 배치하고 배분하여 흐름을 만들어내는 '편성'(programming)의 관점에서 그 개념이 규정되었다(Williams, 1996: 133). 선형적 시간대 편성을 하기 때문에 프로그램이라고 칭한다. TV 방송프로그램은 정지 또는 이동하는 사물의 순간적 영상과 이에 따르는 음성·음향 등으로 이루어진 시청각 정보단위로, 시간규격(duration)과 제목(title)이 명확하게 있다. 법률상 용어는 '방송순서'이지만 일반적으로는 '프로그램'이라고 지칭하며, 방송의 종류·내용·분량 및 배열을 아우른다. 그러나 모바일에서는 타임 슬롯(slot)을 구성하는 띠 편성 개념이 약화된다. 시청자가 시간의 자율성을 갖고 목록 인벤토리에서 '콘텐츠'(content)를 선택하기 때문이다.

콘텐츠란 통신망에서의 사용 및 유통을 위해 방송프로그램을 디지털 방식으로 제작하여 신호 처리한 동영상 내용물을 뜻한다. 콘텐츠는 문서·연설 등의 목록과 요지를 의미했으나, 정보통신기술이 발달하면서 유무선 통신망을 통해 제공되는 디지털 정보나 내용물을 총칭하는 용어로 쓰인다. 광대역통신망이나 고속데이터망을 통해 양방향으로 송수신되는 정보 또는 내용물, 디지털 정보기기를 통해 제작·판매·이용되는 정보를 콘텐츠라고 하기 때문에, 모바일에서 제공되는 방송프로그램도 콘텐츠에 해당된다. 콘텐츠는 내용물의 가공처리 방식에 따라 플랫폼에서 배열구조가 달라진다. 모

〈그림 9-8〉 티빙·웨이브·넷플릭스의 영상콘텐츠 목록 UI

출처: 티빙·웨이브·넷플릭스 홈페이지

바일동영상 앱에서의 방송영상은 대체적으로 〈그림 9-8〉과 같이 "개별 동영 상콘텐츠, 방송사 채널, 플랫폼에 맞게 재목적화(repurposing)된 콘텐츠" 등 으로 분류할 수 있다(최선영, 2014).

모바일 방송영상콘텐츠 유형은 크게 실시간 콘텐츠, VOD, 웹콘텐츠로 나눌 수 있다. 〈표 9-2〉는 '티빙' 앱의 콘텐츠 유형을 정리한 것으로 콘텐츠 를 크게 재사용, 재가공, 재창조로 분류해 볼 수 있다. 세부 유형으로는 채 널유형,[1] 콘텐츠 유형,[2] 콘텐츠 제공방식,[3] 프로그램 장르[4] 등에 의해 분류

---

1   지상파, 지상파 계열, 종합편성, 종합편성 계열, 케이블TV 계열, 홈쇼핑, 데이터쇼핑, 일반 케이블채
    널, 위성방송, 해외위성, 전용 라이브, 기타 등이다.
2   지상파, 비지상파, 국내 웹드라마, 국내 웹예능, 해외 웹드라마, 해외 웹예능, 개인제작 영상, 기타 등이다.
3   실시간·비실시간, 완성본, 클립, 예고, 미방영본, 기타 등이다.
4   보도, 일반교양·다큐, 교육, 드라마, 예능, 영화, 애니, 키즈, 스포츠, 라디오·음악, 게임, 홈쇼핑, 커
    머스, 기타 등이다.

<표 9-2> 모바일 OTT 앱의 콘텐츠 재목적화 유형과 수준

구분	특성	내용	티빙의 예
재사용	기존 미디어 기능에 충실	기존 콘텐츠를 압축 또는 전송 포맷을 통해 변환하여 새로운 미디어를 통해 그대로 서비스하는 콘텐츠	실시간 방송채널, VOD
재가공	미디어 간 차이 강조	기존 콘텐츠를 후속창구 및 소비자 특성에 맞게 재편집, 재가공하여 새로운 미디어를 통해 서비스하는 콘텐츠	광고, 미리보기 하이라이트, 숏클립
재창조	미디어 간 기능 통합	기존 콘텐츠 또는 미디어서비스를 토대로 이용자가 직접 참여하여 새로운 콘텐츠 생성	SNS 연동

출처: 최세경·박상호, 2010: 15.

할 수 있다. 그러나 모바일에서는 장르 파괴적이거나 혼합 성격의 콘텐츠 형식과 서비스 방식이 많고, 수시로 변화가 일어나기 때문에 명확한 분류체계로 구분하기는 점점 더 어려워질 전망이다.

그렇다면 모바일에서 '편성'으로서의 개념은 의미가 없어진 것일까? 그렇지 않다. 모바일 환경에서는 오히려 실시간 '온에어'(on air)와 정규성이라는 시간 속성이 더 중요해지고 있다. 이용자가 모바일을 통해 언제든 시청할 수 있다 하더라도 '최초 공개되는 방송'을 누구보다 먼저 보려는 시청자의 욕구는 사라지지 않는다. 또한 경쟁이 치열한 동영상 시장에서 가장 많은 시청자를 확보할 수 있는 시간 전략과 콘텐츠 공개 전략은 중요하다. 현재의 시청자는 모바일을 통해 즉시적 실시간 반응을 소셜미디어나 댓글로 공유할 수 있는 능력을 가졌다. 또 이 공유 능력을 통해 적극적으로 콘텐츠에 참여하며 영향력을 만들어내는 데 익숙하다. 따라서 시청자의 능력과 역할을 고려해 콘텐츠를 배치하고 배열하는 일과 플랫폼 특성에 맞게 콘텐츠 공개 시점과 방식을 결정하는 일은 점점 더 중요해질 것이다.

3. 모바일플랫폼

이 절에서는 모바일의 핵심자원인 방송영상콘텐츠의 이용과 거래가 발생하는 플랫폼에 대해 알아볼 것이다. 플랫폼으로 인해 방송산업의 지형이 달라지고 있기 때문이다.

1) 플랫폼은 무엇이 다른가?

전통적으로 미디어기업은 제작자와 배급자로서 가치사슬을 형성한다(〈그림 9-9〉 참조). 올드미디어인 텔레비전은 자신들의 독점 콘텐츠를 독점적 송출채널에서 규칙적 편성전략을 통해 배포하는 제작 가치사슬로 설명할 수 있다.

모바일 방송영상콘텐츠는 이와 달리 플랫폼을 통해 큐레이션 방식으로 서비스된다. 그리고 이용자, 제작자, 배급자 등 각 행위자의 상호작용에 의해 가치사슬이 생성되는 구조이기 때문에 〈그림 9-9〉의 미디어기업 가치사슬과 다르다. 콘텐츠 큐레이션은 "다양한 정보로 이루어진 콘텐츠를 특정한 주제나 관심사에 따라 수집하고 분류하는 일련의 과정"으로 "정보를 통한 자기표현 및 정보 선택행위의 반복 수행으로 축적되는 데이터를 서비스에 적용하는, 이용행위의 결과로 도출되는 서비스"라고 할 수 있다(최홍규, 2015). 플랫폼에서는 시청자의 이용과 선택에 따라 콘텐츠 큐레이션이 유동적으로 조정되기 때문에 플랫폼 가치사슬은 이용자 중심의 가치를 창출한다.

대부분의 모바일플랫폼은 디지털 궤적(*digital footprints*)으로서의 이용데이터가 자동적으로 수집되는 데이터 기반(*data driven*) 서비스라 할 수 있다. 개인 이용자는 앱을 통해 콘텐츠를 소비하면서 부지불식간에 자신의 라이프스타일과 선호, 취향을 행동데이터로 남긴다. 이러한 이용자 개인의 관심사와 취향 데이터는 알고리즘 고도화로 패턴화된다. 동영상 시청이력이 선택과 추천의 근거가 되는 것이다. 모바일 행동데이터는 개인화(*personalization*)와 맞

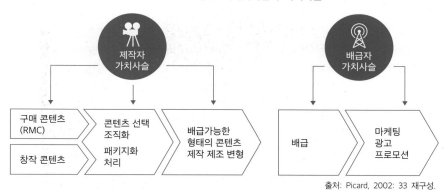

〈그림 9-9〉 전통적 미디어기업의 가치사슬

제작자
가치사슬

배급자
가치사슬

| 구매 콘텐츠 (RMC) | 콘텐츠 선택 조직화 | 배급가능한 형태의 콘텐츠 | | 배급 | 마케팅 |
| 창작 콘텐츠 | 패키지화 처리 | 제작 제조 변형 | | | 광고 프로모션 |

출처: Picard, 2002: 33 재구성.

춤(*customizing*) 알고리즘 훈련에 핵심역할을 한다. 인구통계적 분류에 따라 불특정 다수를 대상으로 제작해오던 방송영상 제작과는 사뭇 다른 접근이다. 행동데이터의 활용은 모바일플랫폼 환경에서 더욱 중요해질 전망이다. 분절화 및 파편화 상태로 존재하는 이용자 관심과 시청패턴을 통합적으로 이해할 수 있는 방법이기 때문이다.

그동안 기존 방송사업자들은 미디어 시장에 새로 진입한 모바일플랫폼 사업자들의 '신기술'에 주목해 혁신을 강조하며 '디지털'에서 가치를 찾으려 했던 것이 사실이다. 그러나 아무리 좋은 기술이라도 이용자가 쓰지 않으면 무용지물이 되기 마련이다. 사람들이 신기술로서 스마트폰을 선택하지 않았더라면 어떻게 되었을까. 스마트폰이 탄생 10여 년 만에 기존 미디어 지형과 질서를 '파괴'(*disruption*) 하고 있는 것 같은 착시가 든다. 하지만 사실상 기존 미디어 업계를 파괴한 주체는 신기술이 아닌, 스마트폰을 적극 수용한 소비자이자 고객이며 이용자인 '시청자'였다.

2) 플랫폼 디커플링

모바일은 신체기관처럼 우리 몸에 상시적으로 밀착되어 있다. 시청자를 비롯한 주요 행위자(방송사, 제작사, 광고주)는 플랫폼을 매개로 영속적 접속

〈표 9-3〉 플랫폼 디커플링의 예시

구분		가치 창출 부분		비가치 창출 부분	파괴자
TV 시청	=	{좋아하는 쇼 보기	+	광고시청}	넷플릭스, 유튜브
라디오 청취	=	{좋아하는 음악	+	싫어하는 음악}	멜론, 스포티파이
커뮤니케이션	=	{말하기·문자하기	+	연결}	스카이프, 페이스북
장비·물건	=	{이용	+	소유, 유지}	에어비앤비
게임하기	=	{게임 플레이	+	게임 구매하기}	슈퍼셀

출처: Teixeira & Jamieson, 2014.

(*perpetual contact*)을 유지하기 때문에 이용자·제작자·배급자 간 동시적·비동시적 상호작용이 끊임없이 발생한다. 새로운 플랫폼사업자들은 이러한 상호작용의 흐름에서 이용자가 신기술을 어떻게 이용하는지 패턴과 행태를 재빠르게 파악해 이른바 '디커플링'(*decoupling*) 방식으로 가치와 무가치한 활동을 분리하고, 해체하고, 끊어내는 것을 사업모델로 삼았다. 디커플링이란 기존 기업이 고객에게 제공하는 소비활동 사이를 끊어내는, 즉 고객가치사슬(CVC: *Customer Value Chain*) 중 '일부'를 분리하는 것을 뜻한다(Teixeira & Piechota, 2019).

〈표 9-3〉은 이용자와 고객 행태를 분리한 디커플링 개념을 설명한다. 가령 TV 시청자 입장에서 가치 창조적 활동은 좋아하는 프로그램을 방해받지 않고 편리하게 보는 것이다. 반면 제거하고 싶은 활동은 프로그램 시청을 방해하는 광고일 것이다. '디커플링'은 이용자 입장에서 가치를 창출하는 부분과 무가치한 부분을 분리하는 개념이다. 이렇게 이용자 입장에서 가치단계를 분리한 플랫폼 사례는 넷플릭스와 유튜브를 꼽을 수 있다.

넷플릭스는 구독료를 받고 광고 없는 동영상서비스를 제공하는, 이용자 가치에 충실한 플랫폼이다. 유튜브는 이용자 스스로가 가치를 선택하도록 고안된 플랫폼이다. 구독료를 지불할 경우 광고 없는 프리미엄 서비스를 이용할 수 있고, 무료로 콘텐츠를 볼 경우 약 6초의 광고를 봐야 하는 옵션이 있다. 나머지 분량의 광고시청 여부는 이용자에게 건너뛰기 선택 버튼을 제시해 광고시청의 자율성을 부여하는 것이다. 이용자의 편의와 가치를 무리하게 방해하지 않는 것이다.

또 다른 예로 라디오방송을 살펴보자. 청취자에게 가치 있는 것은 좋아하는 음악을 듣는 것이다. 반면 무가치한 활동은 좋아하지 않는 음악을 듣는 일이나, 좋아하는 음악을 듣기 위해 실시간으로 불필요한 정보를 들어야 하는 일이다. 라디오의 가치단계를 분리한 플랫폼이 멜론, 지니, 스포티파이 등과 같은 모바일 음악 스트리밍 앱이다. 이용자의 가치를 분리한 결과 음원이라는 새로운 개념의 시장과 네트워크를 창출했다.

기존의 모바일플랫폼에서도 디커플링을 고려해 볼 수 있다. 방송영상과 관련한 플랫폼 디커플링에는 어떤 사항이 있을까. 첫째, 화면이 작은 모바일 스크린에서는 이용자 직관과 행동을 유도하는 플랫폼 어포던스(affordance) 편의성을 높이는 것이 중요하다. 이용자 습관은 플랫폼의 운명을 결정하는 중요한 요인이기 때문에 이용자들이 자주 쓰는 기능에서부터 검토해 볼 수 있다. 보통 많은 모바일 OTT 사업자들은 콘텐츠 타이틀의 개수, 즉 양을 강조한다. 그러나 그보다 쉽고, 편하게 안정적으로 이용할 수 있는 차별화된 플랫폼 UI와 서비스가 가치창출에 유리하다. 우리는 입으로는 다양하고 많은 콘텐츠를 요구하지만 아이러니하게도 인지적으로 간단하고도 쉽게 판단할 수 있는 이용자 경험(UX: User Experience)을 추구한다.

둘째, 이용자 경험이 창의적 참여로 발현되고 연결될 수 있는 소통방식을 구조화하는 것도 디커플링으로 검토할 만하다. 예를 들어 넷플릭스 플랫폼에는 이용자들끼리 소통 가능한 탭이나 메뉴가 아예 없다. 이용자에게 '최고의 가치 있는 시청 환경'을 제공하는 것에 집중하기 때문에 콘텐츠 외의 불필요한 요소는 다 제거한 상태로 이해할 수 있다. 그렇기 때문에 '넷플릭스' 플랫폼 밖에서 콘텐츠와 관련된 논평이나 의견이 다양하게 발생한다. 즉, 브이로그와 커뮤니티, 소셜미디어, 밈을 통해 소통이 활발히 일어나도록 유도함으로써 이용자 중심의 홍보 마케팅을 지원하는 것이다.

반면 유튜브는 각각의 동영상클립마다 댓글 기능이 있다. 이용자끼리 개방적으로 직접 커뮤니케이션을 통해 소통할 수 있다. 조회수, 좋아요 버튼, 구독, 알람 등을 통해 참여 정도와 규모를 함께 경험한다. 채널 소유자와 직접 소통이 가능하기 때문에 마치 과거 텔레비전이 희귀하던 시절 마을사람들과 공동 시청하는 것 같은 느낌을 준다. 두 플랫폼의 이용자 경험은 상반되지만, 이용자들에게는 플랫폼과 콘텐츠를 중심으로 '소통'하는 새로운 즐거움의 가치를 창출했고, 플랫폼에는 이용자 '공동습관'이라는 가치를 창출했다는 점에서 유사하다.

셋째, 방송영상 소비의 경향이 구독경제(subscription economy)로 변화하고 있기 때문에 모바일처럼 상시 접속하는 매체에서의 디커플링은 차별화된 핵심 서비스가 뚜렷해야 한다. 넷플릭스의 구독 플랫폼 모델은 월구독료를 지불하면 플랫폼의 모든 영상콘텐츠를 별다른 저장장치 없이 무제한으로 스트리밍할 수 있는 점, 광고가 전혀 없다는 점에서 획기적인 디커플링 발상이다. 이외에도 거의 모든 사양의 모바일 스크린에서 서비스되는 고품질 영상과 이용자 이용 편의성을 높인 UI와 어포던스가 구독자 유지와 증가에 기여한 디커플링이다. 현재 많은 OTT 모바일플랫폼이 구독료 모델을 채택하지만, 이용자 중심의 '디커플링'을 이해하고 서비스하는 경우는 드물다.

3) 이용자·제작자·배급자 간 상호작용과 네트워크 효과

이제 모바일플랫폼에서 발생하는 행위자들 간의 상호작용과 네트워크 효과에 대해 살펴보고자 한다. 유튜브, 넷플릭스, 페이스북, 인스타그램 등 동영상서비스 중심의 글로벌 IT 기업은 제작·송출·설비와 같은 물리적 자원을 소유하고 있지 않다. 이들은 이용자 경험을 창출하고 행위를 유도하는 플랫폼 비즈니스 사업자이기 때문이다. 에릭 슈미트(Eric Schmidt) 구글 전 회장은 플랫폼을 "다면 시장을 형성하기 위해 사용자와 공급자 집단을 한데 모으는 일련의 제품과 서비스"라고 정의하며, "두 명 또는 그 이상의 사용자 집단이 서로 연결되어 유익한 서비스를 주고받는 곳"이 플랫폼 시장(*platform market*)이라고 설명하였다(Schmidt & Rosenberg, 2014: 122). 플랫폼은 물리적 재화가 오가도록 연결하고 서비스를 주고받게 해주는 거래방식이지 장비나 시설을 소유하는 곳은 아니다. 플랫폼에서의 수익은 상호작용의 네트워크 효과에 의해 생성된 가치로부터 나온다.

아이젠만과 파커, 알스타인은 플랫폼을 '양면 네트워크'(*two-sided networks*)로 설명하며 "플랫폼은 기술을 이용해 사람·조직·자원을 인터랙티브한 생태계에 연결하여 엄청난 가치를 창출하고 교환할 수 있게 해준다"고 강조한다(Eisenmann, Parker, & Alstyne, 2006). 그래서 플랫폼 작동은 기존 산업의 생산·유통 방식과 다르게 이해하는 것이 필요하다. 파커와 알스타인, 쵸더리는 미디어 제작·유통 생태계의 행위자들이 명확하게 확정된 기존 미디어 지형과 달리 플랫폼 생태계에서의 행위자 구분은 뚜렷하지 않다고 설명한다(Parker, Alstyne & Choudary, 2016).

플랫폼 행위자들은 서로 상호작용하면서 플랫폼이 제공하는 자원을 활용하여 방송영상 생산자가 이용자가 되고 이용자가 생산자가 되기도 하며, 이용자가 배급자가 되고 배급자가 이용자가 되기도 한다. 개인미디어 방송의 예를 살펴보면 쉽게 이해할 수 있다. 예컨대 '코리안 그랜드마마'로 유명한 박막례 씨의 경우 그 스스로 영상콘텐츠 생산자이자 크리에이터이다. 또 이른바 그의 '편들'인 구독자 팬들의 댓글과 영상을 보는 이용자이고, 다른 채널을 소유한 크리에이터와 협업하는 이용자이자 생산자이기도 하다.

매스미디어 시대에는 개별 이용자의 선호와 취향이 그리 중요하지 않았다. 그러나 모바일 시대에는 이용자 개인의 행동데이터가 중요한 자원이 된다. 이들의 이용행위는 피드백 루프에 의해 플랫폼 작동에 반영된다. 플랫폼이 개인화 맞춤형 서비스로 진화하는 까닭도 시청자 관심의 연결과 유지가 플랫폼 구조에서 생성되기 때문이다.

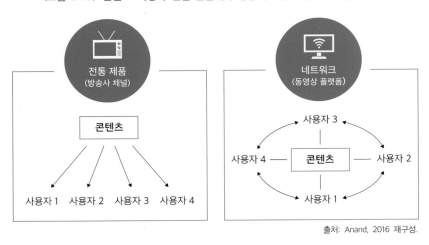

〈그림 9-10〉 콘텐츠·사용자 연결 관점에서 방송사 채널과 동영상 플랫폼 비교

출처: Anand, 2016 재구성.

〈그림 9-10〉은 전통 제품과 네트워크 제품으로 사용자 연결을 설명한 아난드의 도식을 토대로 재구성한 것이다(Anand, 2016). 미디어 구조로서 방송사 채널과 동영상 플랫폼의 시스템을 비교하면, 방송사 채널은 독점적이고 일회적이며 수직적인 송출방식인 반면, 동영상 플랫폼은 사용자 데이터를 중심으로 연결이 형성되고 네트워크가 지속되는 차이가 있다.

과거 텔레비전은 채널이라는 선형적 시스템을 통해 작동해왔다. 편성에 의한 프로그램 송출이 되고 나면 해당 채널에서 콘텐츠는 사라진다. 그러나 온라인동영상 플랫폼에서는 콘텐츠는 어딘가에 남아 있어서 이용자가 언제 어디서든 콘텐츠를 인출할 수 있다. 편성 시간대와 무관하게 하나의 기기에서 즉시 재생(streaming)이 가능하고 서로 다른 기기로 동일 동영상을 시청하다 멈춰도 시청기록이 유지되기 때문에 이어보기도 가능하다. 채널과 플랫폼은 이렇게 완전히 다른 개념의 미디어 구조다(최선영·고은지, 2018).

일방향 편성은 경쟁이 치열하지 않을 때는 유통효과가 크다. 그러나 다채널 경쟁상황이면서 온라인동영상 플랫폼이 많은 미디어 환경에서는 한계가 크다. 기존 방송사업자가 현재와 같이 송출 채널을 주요한 유통경로로 계속 유지하고 웹이나 OTT 동영상서비스를 보완재로 활용한다면 네트워크 효과

보다는 콘텐츠 효과에 크게 의존해야 한다. 이 경우 이용자와 콘텐츠 네트워크 효과를 주도적으로 발생시키기 어렵다. 반면 플랫폼은 데이터 기반 네트워크 효과(*data-driven network effects*)를 통해 수익을 창출하는 사업모델이라 설령 새로 업로드한 콘텐츠에 대한 이용자 반응이 좋지 않더라도 일정 규모의 이용자가 해당 플랫폼에 연결되어 있으면 손실이 크게 발생하지 않는다. 다른 콘텐츠를 이용할 수 있는 옵션이 있기 때문이다.

플랫폼에서는 콘텐츠와 시청자가 상호작용하면서 네트워크 효과라는 새로운 가치를 만들어낼 수 있다. 네트워크 효과는 이용시간과 이용자수뿐만 아니라 콘텐츠 연결에서도 크기가 결정된다. 따라서 사용자들을 계속 연결하고 유지하는 일은 중요하다. 플랫폼 내외부의 연결 활동을 통해 창출된 가치는 플랫폼 네트워크 효과로 나타나며, 이는 여러 플랫폼 사용자들이 각 사용자를 위해 창출한 가치에 미치는 영향이기도 하다. 그리고 플랫폼 커뮤니티가 각 플랫폼 사용자를 위해 가치를 생산해내는 능력이기도 하다(Parker, Alstyne & Choudary, 2016).

따라서 현재의 플랫폼 미디어 현상을 '언제 어디서나 콘텐츠를 쉽게 볼 수 있다'는 식으로 뭉뚱그려 이해하기보다 이용자의 선호와 행동을 미디어 구조에 어떻게 정교화했는지 행동유도성 관점에서 살펴볼 필요가 있다. 잘 구조화된 플랫폼은 이용자 습관과 미디어자원이 상호작용하는 관심의 시장 (*Marketplace of Attention*)을 형성하여 미디어이용자, 미디어 그 자체, 미디어 측정치가 동시에 상호작용한다. '대규모 중첩문화'(*massively overlapping culture*)로서 네트워크 효과가 발생하는 것이다(Webster, 2014).

미디어 시공간으로서의 모바일플랫폼은 이용자에게 고정(*static*)된 형태로 제시되지 않는다. 실시간으로 변화하고 역동적으로 움직이는, 이용자들이 주고받는 디지털 정보와 데이터 때문이다. 팰프레이와 개서는 이전 시대에 결코 겪어 보지 못한 디지털 상호연결 현상을 '상호호환'(*interoperability*) 개념으로 설명한다(Palfrey & Gasser, 2012). 즉, 디지털기술이 우리 삶을 편안하고 효율적으로 만들어 준 반면 돈과 시간, 주목이라는 정신적 노력과 비용이 많이 발생하고 있다고 지적했다. 실시간으로 쏟아지는 디지털 정보의 양이 엄청나게 많아짐에 따라 '관심'(attention)의 분배는 이용자나 산업 모두에게 이슈가 되고 있다(최선영·고은지, 2018).

4. 모바일 방송영상콘텐츠

스마트 모바일단말기의 사용 확대로 인터넷 이용이 PC에서 모바일로 전환되면서 방송동영상 시장은 '모바일 퍼스트'(Mobile First)와 '모바일 온리'(Mobile Only) 현상이 일반화되는 추세다. 이에 따라 방송영상 기획과 제작·유통에서도 구조적 변화가 일어나고 있다. 온라인플랫폼을 통해 동일 방송 프로그램을 다각도로 배포할 수 있게 되면서 방송사의 콘텐츠 전략도 소통, 공감, 취향을 고려해 모바일이용자 중심의 콘텐츠 기획으로 변화하고 있다. 이 절에서는 모바일 방송영상 생태계에서의 콘텐츠 기획과 포맷, 유통의 특징과 사례를 살펴보고자 한다.

1) 콘텐츠 IP 확장과 스핀오프

지식재산(IP: intellectual property)[5]으로서의 방송영상콘텐츠는 모바일생태계에서 핵심자원이다. 콘텐츠 IP란 "콘텐츠를 기반으로 다양한 장르 확장과 부가사업을 가능하게 하는 일련의 관련 지식재산권 묶음"을 뜻한다(이성민·이

---

5 지식재산이란 "인간의 창조적 활동 또는 경험 등에 의하여 창출되거나 발견된 지식·정보·기술·사상이나 감정의 표현, 영업이나 물건의 표시, 생물의 품종이나 유전자원, 그 밖에 무형적인 것으로서 재산적 가치가 실현될 수 있는 것"으로 정의된다(지식재산기본법, 제3조).

윤경, 2016). 디지털 테크놀로지에 의해 2차 생산과 유통에서 유연하게 변형할 수 있어, 하나의 방송프로그램 기획에서부터 다양한 파생 콘텐츠로 확장해 확산시킬 수 있다.

모바일동영상서비스 이용 증가에 따라 제작현장에서는 모바일에 최적화된 콘텐츠 포맷 개발을 필수적인 것으로 받아들이는 추세다. 예컨대 tvN의 〈삼시세끼〉와 〈응답하라 1997〉 시리즈는 본방송 전후 페이스북을 통해 예고편과 트레일러를 업로드해 성공했다. tvN은 이런 경험을 토대로 2019년 〈신서유기 외전: 삼시세끼 — 아이슬란드 간 세끼〉와 〈라끼남〉(라면 끼리는 남자)을 방송채널이 아닌 유튜브 숏폼 콘텐츠로 기획하여 큰 인기를 얻었다.

기존 방송사업자의 모바일 멀티플랫폼 사례는 점점 더 다양하게 나타나고 있다. MBC의 〈놀면 뭐하니〉와 〈같이 펀딩〉, JTBC의 〈사서고생〉과 룰루랄라스튜디오의 〈와썹맨〉, 〈워크맨〉, EBS의 〈자이언트펭 TV〉 등은 콘텐츠 IP를 스핀오프(*spin-off*) 한 좋은 사례이다.

〈그림 9-11〉 〈놀면 뭐하니〉, 〈와썹맨〉, 〈자이언트 펭 TV〉의 모바일 멀티플랫폼

출처: MBC·JTBC·EBS 홈페이지.

〈놀면 뭐하니〉와 〈같이 펀딩〉은 김태호 PD가 2019년 기획·연출한 프로그램이다. 이 두 프로그램은 시청자의 실시간 반응을 활용한 멀티플랫폼 기획이라는 공통점이 있다. 〈놀면 뭐하니〉는 정해진 구성이 없어 프로그램이 어떻게 전개될지 전혀 예상이 안 되는 상황 진화형 포맷이다. 첫 방송도 방송사 채널이 아닌 유튜브를 통해 선공개하는 파격을 택했는데, 예능인 유재석 씨가 새로운 캐릭터를 실험해가는 내용이 주를 이룬다. 이 과정에서 시청자들의 실시간 반응은 매우 중요한 역할을 한다.

김태호 PD는 한 인터뷰에서 "콘텐츠들은 온라인과 모바일을 통해 끊임없이 재생산되고 있다. 그래서 유튜브나 포털까지 계속 전개를 해보는 것을 생각했다"고 밝혔다(안태현, 2019). 시행착오 끝에 탄생한 '유산슬'은 모바일 음원사이트, 유튜브, 소셜미디어 등에서 끊임없이 재생산되면서 스스로 트로트 가수로 데뷔해 콘텐츠 IP를 확장하기도 했다. 이른바 '캐릭터 스핀오프' 전략의 성공사례다.

MBC 〈같이 펀딩〉은 "가치 있는 아이디어를 같이 만들어가는" 방송프로그램으로 타 채널과 플랫폼에 맞게 콘텐츠를 각색하여 스핀오프한 사례다. 방송프로그램 제작과정에서 나온 공익적 아이디어를 네이버 해피빈에서 크라우드펀딩을 통해 구체화하고, 홈쇼핑방송채널에서 기획상품을 판매하는 등 새로운 제휴를 시도를 했다는 점에서 방송영상콘텐츠 IP의 새로운 가능성을 보여줬다. 상품 크라우드펀딩, 홈쇼핑 상품 판매, 기부 등 일련의 콘텐츠 기획을 단계별로 이어나가며 콘텐츠 가치를 차별화했다. 특히 유준상의 태극기함은 큰 사회적 반향을 일으키고 홈쇼핑채널에서 완판을 기록하는 등 화제를 낳았다. 〈같이 펀딩〉도 시청자라는 팬이 참여를 통해 콘텐츠 IP를 확장시킨 트랜스미디어 스토리텔링이라 할 수 있다.

이와 유사한 포맷은 JTBC의 정규프로그램 〈사서고생〉에서 파생된 〈와썹맨〉과 〈워크맨〉이다. 방송에서는 볼 수 없었던 날것 그대로의 출연자 캐릭터를 활용한 유튜브 콘텐츠 기획이다. JTBC 디지털스튜디오인 룰루랄라스튜디오는 〈사서고생〉 출연자였던 박준형 씨를 발굴해 2018년 〈와썹맨〉을 기획했다. 그리고 콘텐츠를 누적하면서 카테고리를 확장해 '와썹맨 VLOG', '모르고와썹', '까봐썹', '만나러와썹', '학교와썹', '핫플레이스' 등 스핀오프 코너를 개발해 성공했다. 〈와썹맨〉 유튜브 채널은 2020년 1월 기준 구독자 230만 명으로 이 IP를 바탕으로 넷플릭스 콘텐츠로 제작된다.

룰루랄라스튜디오는 2019년 7월 〈와썹맨〉의 스핀오프라고 할 수 있는 직업체험 브랜디드 콘텐츠 성격의 〈워크맨〉을 기획했는데, 장성규 씨가 아르바이트와 직업체험을 경험하는 포맷이다. 〈워크맨〉은 채널 개설 6개월도 채 안 되어서 화제가 되었고, 370여만 명의 구독자를 확보하는 등 큰 성공을 거두었다. 이러한 콘텐츠 스핀오프 확장은 어떻게 단시간에 가능했을까?

이른바 '구독·좋아요·알람' 3종 세트를 통해 대규모 시청자들이 빠른 속도로 소통과 공감, 취향을 공유했기 때문으로 풀이된다. 시청자들은 콘텐츠에 대한 이른바 '킬링포인트'에 반응하는 댓글에서부터 섭외요청, 아이디어 제안, 오류지적 등 경쟁적으로 소통에 참여하는 경향이 있다. 제작진은 이런 실시간 댓글 반응을 콘텐츠 제작에 반영할 수밖에 없다.

룰루랄라스튜디오의 방지현 제작본부장은 인터뷰에서 "주로 댓글의 개수로 반응을 확인하고, 공통적으로 많이 나오는 의견을 반영한다. 유튜브는 콘텐츠를 보다가 시청자가 이탈하는 경우 어떤 지점에서 이탈했는지 데이터로 확인할 수 있기에 이용데이터 결과를 다음 기획에 적용하는 편이다. 모바일에서는 시청자와 구독자 참여가 중요한데, 구독자가 더 중요한 개념이다. 팬이 아니면 구독하기 어렵기 때문이다"라고 밝혔다. 결국 '팬덤'으로서의 시청자 규모와 충성도가 모바일콘텐츠 IP의 성패를 좌우한다고 볼 수 있다.

EBS 〈자이언트 펭 TV〉는 EBS의 기존 콘텐츠 IP와 협업을 통해 스핀오프해 플랫폼에서 팬덤을 만들어 성장한 사례다. EBS는 2018년 디지털모바일 스튜디오 개념의 모모(MOMOe) 유튜브 채널을 개설, 자사 지식콘텐츠나 콘텐츠 IP를 스핀오프하는 실험적 콘텐츠를 제작하고 있다. 〈강형욱과 빅마

<그림 9-12> 과거 콘텐츠 IP를 활용한 지상파방송사의 유튜브 채널

마의 개슐랭가이드〉, 〈혐망진창〉, 〈아버지 뭐하시노〉 등은 EBS가 프로그램에서 다루었던 내용을 확장해 모바일에서 스핀오프한 콘텐츠 기획이다. 〈자이언트 펭 TV〉의 박재영 PD도 이 채널에서 〈밥친부터 시작〉을 연출한 경력을 갖고 있다. 〈자이언트 펭 TV〉가 주목받게 된 계기는 '이육대-EBS 육상대회' 에피소드로 EBS 캐릭터 IP와 친숙한 세대가 온라인에서 공감을 공유하면서부터다. 펭수는 자사 프로그램 캐릭터와 협업하는 다양한 스핀오프를 시도할 뿐 아니라 여러 기관과 제휴 형식의 콘텐츠를 선보인다. 원래 "텔레비전과 모바일, 온라인과 오프라인을 넘나드는 어린이 교양예능"으로 기획되었지만, 시청자층 분석을 통해 "학원 다녀온 어린이 친구들과 퇴근한 어른이 친구들이 좀더 편한 시간대에 본방을 즐기도록" TV 채널편성과 유튜브 업로드 시점을 저녁시간대로 변경했다. 시청자 라이프사이클을 이해하고 적극적으로 소통하려는 노력이 돋보인다.

한편 과거 콘텐츠도 현재 이용자가 선택해 시청하면 새로운 가치가 생성된다. 시청자는 새로운 방송영상콘텐츠에만 반응하는 것이 아니라 좋은 콘텐츠에 반응하기 때문이다. 플랫폼에서 콘텐츠는 저작권에 문제가 있거나 게시자가 삭제(또는 비공개 전환)하지 않는 이상 계속 재생이 가능하기 때문에 과거 콘텐츠 IP를 잘 활용하면 현재 가치로까지 이어질 수 있다. 일례로 지상파방송사가 예전 예능방송과 가요프로그램 채널을 만들어 콘텐츠 자산인 IP 영상을 유튜브 클립으로 올리기 시작하면서 과거의 연예인과 아티스트가 재조명받는 일이 잦아졌다.

이른바 '미래에서 온 시간여행자'라는 별칭으로 주목받은 가수 양준일 씨나, 태사자 등이 출연했던 JTBC 〈슈가맨〉의 경우 온라인동영상 플랫폼을 통해 회자되고 있는 방송영상 IP를 출연자 아이템으로 활용한다. 동영상 이용자의 선호와 취향에 의한 시청흐름과 새로운 시청현상을 유튜브 알고리즘이 발견해 방송프로그램으로까지 제작할 수 있도록 콘텐츠의 새로운 가치를 창출했다고 평가할 수 있다.

2) 콘텐츠 프랜차이즈

모바일플랫폼을 활용한 콘텐츠 프랜차이즈도 콘텐츠 IP 가치를 확장하는 전략이다. 전통적으로 TV 장르였던 드라마가 모바일 웹드라마 포맷으로 자리잡은 지는 불과 몇 년밖에 되지 않았다. 웹드라마는 원래 PC를 토대로 생성된 포맷이지만, 스마트폰이 급속도로 확산되면서 모바일드라마가 전성기를 맞고 있다. 모바일드라마는 3~15분 내외의 시리즈 또는 에피소드 형식으로 주로 10~20대가 주인공인 작품이 많다. 정해진 포맷이나 길이가 없어 자유로운 실험이 가능하다. 제작비 면에서도 전통적 드라마 한 편의 제작비용으로 시즌 전체를 제작할 수 있다는 장점이 있다. 브랜디드 엔터테인먼트(*Branded Entertainment*) 포맷으로 기획되는 경우도 있다.

모바일플랫폼에서 글로벌 유통을 할 수 있는 강점 때문에 웹드라마 같은 숏폼 형식 모바일 영상을 전문적으로 만드는 개인과 창작자 집단이 주목받고 있다. 예능, 오락, 드라마, 다큐멘터리 등 장르적 특징을 혼합한 창의적 복합장르 콘텐츠도 많다. 이 분야에서 두드러진 플레이어는 이른바 디지털스튜디오 형식의 창작자 집단이다. 이들은 기존 외주형식의 독립제작사와 차이가 있다.

모바일세대 맞춤형 전략으로 성공한 와이낫미디어

'와이낫미디어'는 2016년 설립된 숏폼 웹콘텐츠를 전문적으로 만드는 디지털스튜디오다. 2017년 페이스북을 통해 공개했던 〈전지적 짝사랑 시점〉이 1억 뷰가 넘는 기록을 세우면서 프랜차이즈 포맷을 본격적으로 개발하기 시작했다. 이 웹드라마를 토대로 시즌제 시리즈물을 기획했고 출판, 굿즈, 브랜디드 콘텐츠 등으로 콘텐츠 IP를 확장했다. 이후 유튜브와 네이버 V 라이브를 주요 거점 채널로 활용하면서 지상파 채널과 협업하는 방식으로 숏폼 드라마 IP를 제작·유통하고 있다. 일본, 동남아 등 해외에서도 인기를 얻어 일본과 인도네시아 등에 모바일드라마를 선판매하는 성과를 만들어냈다. 이들은 스토리 IP를 활용한 브랜디드 콘텐츠 전략으로 '콘텐츠 프랜차이즈'라는 개념을 도입해 기존 방송프로그램 포맷 비즈니스와는 확연히 다른 사업영역을 개척하고 있다.

우선 소구대상을 좁게 설정해 20대가 아닌 24~25세 여성을 타깃으로 한 이야기를 기획하고, 그 연령대 창작자들에게 제작을 맡긴다. 그 세대 이야기를 그 세대가 만드는 전략이다. 2017년 〈전지적 짝사랑 시점〉의 PD 겸 작가도 당시 25세 여성 창작자였다. 그는 기존 드라마 문법을 잘 몰랐기 때문에 자기만의 방식으로 '원신 원컷' 포맷의 드라마를 만들었다. 결과는 대성공으로 20대 사이에서 폭발적 인기를 얻고 시즌 제작에 착수했다. 서투르지만 모바일세대가 하고 싶은, 듣고 싶은 이야기를 전하는 영상실험이 좋은 반응으로 이어진 것이다. 이는 또래의 참여와 경험을 토대로 이야기를 확장하는 IP 개발 방식의 좋은 사례가 되었다.

또 모바일세대 맞춤형 새로운 브랜디드 콘텐츠 개발을 적극적으로 펼친다. 〈오피스워치〉 시리즈의 경우 광고회사를 토대로 펼쳐지는 스토리 IP로, 연속성 있는 시즌 시리즈 개념의 브랜디드 스토리 포맷이다. 제작협찬이 이루어질 경우 극중에 해당 브랜드를 광고주로 설정하되 또래 이야기를 중심으로 스토리를 만들어나가 고유한 IP 특성을 유지한다. 모바일에서 수익모델이 창출되는 포맷이라 할 수 있다.

모바일세대를 이해하는 또래 연출자의 작업을 장려하는 소규모 디지털스튜디오의 개성과 문화가 곧 미래 모바일콘텐츠의 힘이다.

〈그림 9-13〉 와이낫미디어의 웹드라마 시리즈

출처: 와이낫미디어 홈페이지.

바로 콘텐츠 IP 개발과 제작을 통해 콘텐츠 프랜차이즈 방식으로 지형을 넓혀 간다는 것이다. 대표적 예는 tvN의 Z세대를 위한 디지털드라마 스튜디오 'tvN D STORY', JTBC의 '룰루랄라', 모바일드라마를 전문으로 제작하는 와이낫 미디어의 '콕 TV', 소셜모바일세대를 겨냥한 '딩고스토리', '치즈필름', 네이버 계열사 '플레이리스트' 등이다. 이들은 웹드라마나 웹콘텐츠를 기획해 반응이 좋으면 시리즈나 시즌 콘텐츠로 제작할 수 있는 콘텐츠 IP를 개발, 제작한다.

3) 콘텐츠 형식

하나의 프로그램은 장르가 무엇이든 '타이틀-도입부-전개부-결말'이라는 형식상의 완결성을 지닌다. 그러나 방송프로그램이 콘텐츠 형식으로 유통 되면서 시간규격이나 편성원칙은 사라지고 클립 형식으로 분절화되기 시작 했다. 목록으로 제시되는 콘텐츠 분절화를 통해 방송사업자는 개별 콘텐츠 단위로 광고를 배치할 수 있게 되어 수익창출 기회가 확장되었고, 이용자는 주요 장면만 짧게 볼 수 있게 되어 시간 효율성이 높아졌다.

모바일콘텐츠 형식은 매우 다양하기 때문에 기존 방송사들이 모바일을 활 용하는 몇 가지 특징적 현상을 짚어 보자. 우선 방송프로그램 본편 트레일러 나 예고편을 방송채널이 아닌 소셜미디어나 플랫폼을 통해 선공개하거나 라 이브로 홍보하는 경우가 많아지고 있다. 이 경우 모바일에 접속한 대규모의 시청자가 실시간으로 참여해 댓글과 의견을 남겨 즉각적으로 콘텐츠에 개입 할 수 있다. 이용자와의 소통을 통해 콘텐츠를 만들고 홍보하는 것이다.

속편이라는 뜻의 프리퀄(prequel)이나 미방송 하이라이트 클립도 새로운 모 바일콘텐츠 형식이다. 동일 콘텐츠에서 특정 출연자의 앵글만 강조한 동영상 클립도 모바일에 특화된 형식이라고 할 수 있다. 방송사 음악프로그램은 본방 송에서 여러 카메라 앵글로 구성한 화면을 보여주지만, 모바일플랫폼에서는 방송으로 송출한 영상이 아닌 '직캠' 형식의 촬영 콘텐츠가 따로 공개되는 경우

〈그림 9-14〉세로 동영상 예: BBC 뉴스앱과 방탄소년단 뮤직비디오

출처: 니먼랩(NiemanLab) · 빅히트 라벨스 유튜브 채널.

를 흔히 볼 수 있다. 넓은 화각의 앵글이라도 대부분 4K 화질 영상이기 때문에 이용자가 크로핑(cropping) 해 볼 수 있다. 특히 아이돌 그룹의 무대영상에서 특정 아티스트에 포커싱된 촬영앵글은 '원신 원컷 풀샷'(one scene one cut full shot) 으로도 제공된다. 아예 멤버별로 세로 카메라 앵글을 제공하는 LG유플러스 '아이돌라이브' 같은 앱이 출시되기도 했다. 모바일용 '세로 영상'(vertical video) 은 모바일 스크린을 이용할 경우 시각 경험이 편안해지는 장점도 있지만, 취향집단을 고려한 제작·유통전략이라 할 수 있다(〈그림 9-14〉 참조).

오락영상뿐 아니라 뉴스·정보 프로그램에서도 모바일 앵글이 잘 활용된 사례가 있다. 영국 공영방송 BBC는 2016년 뉴스앱에 '세로 동영상' 섹션을 운영한 이후 이용자수와 조회수 트래픽에서 상당한 성과가 있었다고 발표했다(〈그림 9-14〉 참조). 2018년 10월 기준으로 세로 동영상을 시청하는 이용자들이 그렇지 않은 이용자와 비교했을 때 약 3배가량 더 자주 BBC 뉴스 앱을 방문하는 것으로 조사되었다(한국전파통신진흥원, 2018). 모바일동영상 시청 확산은 TV의 가로 화면이 익숙한 사람들에게 형식의 변화를 촉진하고 있다. 2015년 유튜브에 게시된 동영상 중 50%가 세로 동영상이었다는 통계도 있었을 만큼 세로 동영상은 친숙한 모바일 형식이 되었다.

콘텐츠 분절화가 모바일 세상에 대세로 자리 잡으면서 장르나 영상문법도

302

변화하고 있다. 개인미디어 제작과 채널개설이 용이해져서 다양한 형식과 내용의 정보·뉴스 동영상이 생성되어 기존 미디어의 정보·뉴스프로그램에서는 잘 볼 수 없었던 논평, 의견, 토론 등 시사·정치 동영상이 제작되는 것도 새로운 현상이다. 이른바 '먹방', '쿡방', '잠방', '눕방'이라 부르는 1인 미디어 영상이나 'ASMR'(*Autonomous Sensory Meridian Response*)과 같은 새로운 접근도 모바일을 통해 파급된 새로운 영상 형식이라 할 수 있다.

5. 나가며

이 장에서는 변화의 핵심인 이용자와 플랫폼, 콘텐츠를 중심으로 모바일 방송영상 환경을 알아보았다. 가장 큰 변화는 모바일로 인해 시청자들은 수용자, 이용자, 구독자, 고객으로 그 개념이 다양해졌을 뿐 아니라 이용 맥락에서 중첩되어 존재한다는 것이다. 이들은 동시에 대규모 글로벌 시청을 할 수 있고, 동시에 소셜미디어를 통해 서로 댓글로 이야기하면서 놀이적 시청을 할 수 있다. 화제가 된 영상 링크를 복사해 이용자들끼리 공유하면서 단시간에 광범위한 파급력과 영향력을 행사할 수도 있다. 항상 스마트폰을 휴대하기 때문에 실시간 동시공유, 동시행동이 가능해진 것이다. 또한 인터넷에 접속하면 전 세계 어디서나 방송시청을 할 수 있기 때문에 방송의 지역적 경계도 무너졌다.

　모바일 세계에서 변화란 이토록 빠른 속도와 큰 규모로 진행되기 때문에 미래를 전망하기는 쉽지 않다. 클레이 셔키는 "혁명은 한 사회가 새로운 기술을 수용할 때 일어나는 것이 아니라, 새로운 습관이 사회에 확산될 때 일어난다"고 했다(Shirky, 2008). 분명한 사실은 모바일은 대규모의 '새로운 시청습관'을 만들어냈고, 이로 인해 '방송'의 개념 자체가 달라졌다는 것이다. 따라서 방송과 관련한 직업과 업무는 이용자들의 새로운 시청습관에 맞추어 접근하려는 노력이 필요하다.

김 숙·장민지(2015). 모두 IP의 시대: 콘텐츠 IP 활용 방법과 전략.
　　〈KOCCA 포커스〉, 17권 2호.

나스미디어(2019). 〈2019 인터넷 이용자 조사(NPR)〉. 서울: 나스미디어.

닐슨코리안클릭(2019). 〈세대별 모바일동영상 애플리케이션 이용행태 분석〉.
　　서울: 닐슨코리안클릭.

방송통신위원회(2019). 〈2018 방송매체 이용행태 조사〉. 과천: 방송통신위원회.

뉴스1(2019. 12. 7). N 초점: '신서유기'·'놀면 뭐하니', 세계관의 무한 확장을
　　보여주다. 서울: 뉴스1.

이성민·이윤경(2016). 《콘텐츠 지식재산활용산업 활성화 방안 연구》.
　　서울: 한국문화관광연구원.

정보통신정책연구원(2018). 〈인터넷동영상 콘텐츠 유통과 소비에 관한 실태조사〉.
　　진천: 정보통신정책연구원.

최선영(2014). OTT 서비스에서의 텔레비전 시청흐름 연구. 이화여대 일반대학원
　　박사학위 논문.

_____(2015). 변형 로그 분석 방법을 활용한 스마트폰 앱에서의 OTT 서비스
　　시청패턴 연구. 〈한국언론학보〉, 59권 3호, 125~156.

_____ 외(2015). 모바일 친화적 콘텐츠와 플랫폼 생태계. 《모바일과 여성》
　　(84~111쪽). 서울: 커뮤니케이션북스.

_____·고은지(2018). 넷플릭스 미디어 구조와 이용자 경험: 행동경제학 관점에서
　　본 이용자와의 관계 맺기. 〈방송문화연구〉, 30권 1호, 7~42.

최세경·박상호(2010). 멀티플랫폼 콘텐츠 포맷의 개발과 텔레비전 적용.
　　〈방송과 커뮤니케이션〉, 11권 1호, 5~47.

최홍규(2015). 《콘텐츠 큐레이션》. 서울: 커뮤니케이션북스.

한국방송통신전파진흥원(2018). 새로운 영상 포맷으로 주목받고 있는 세로 동영상.
　　〈미디어 이슈 & 트렌드〉, 2018. 2.

Anand, B. (2016). *The Content Trap: A Strategist's Guide to Digital Change.* New York: Random House Group.

Augé, M. (2008). *Non-Places: An Introduction to Supermodernity,* J. Howe, trans., London & New York: Verso.

Bolter, J. D. & R. Grusin(1999). *Remediation: Understanding New Media.* Cambridge, MA: The MIT Press. 이재현(역)(2006),《재매개: 뉴미디어의 계보학》. 서울: 커뮤니케이션북스.

Cunningham, S., Craig, D., & J. Silver(2016). YouTube, multichannel networks and the accelerated evolution of the new screen ecology. *Convergence,* 22(4), 376~391.

Eisenmann, T., Parker, G., & M. W. Van Alstyne(2006). Strategies for two-sided markets. *Harvard Business Review,* 84(10), 92.

Jauréguiberry, F. (2000). Mobile telecommunications and the management of time. *Social Science Information,* 39(2), 255~268.

_____(2014). Disconnecting from communication technologies. *Réseaux,* 4, 15~49.

Katz, J. E., & M. Aakhus(Eds.)(2002). *Perpetual Contact: Mobile Communication, Private Talk, Public Performance.* Cambridge University Press.

Palfrey, J. & U. Gasser(2012). *Interop: The Promise and Perils of Highly Interconnected Systems.* New York: Basic Books.

Parker, G. G., Van Alstyne, M. W., & S. P. Choudary(2016). *Platform Revolution: How Networked Markets Are Transforming the Economyand How to Make Them Work for You.* WW Norton & Company.

Picard, R. G. (2002). *The Economics and Financing of Media Companies.* New York: Fordham University Press.

Sheller, M. & J. Urry(Eds.)(2006). *Mobile Technologies of the City.* London: Routledge.

Shirky, C. (2008). *Here Comes Everybody: The Power of Organizing Without Organizations.* London: Penguin Books.

Schmidt, E. & J. Rosenberg(2014). *How Google Works.* Hachette UK.

Teixeira, T. S., & P. Jamieson(2014). *The Decoupling Effect of Digital Disruptors.* Harvard Business School.

Teixeira, T. S. & G. Piechota (2019). *Unlocking the Customer Value Chain*:
　　How Decoupling Drives Consumer Disruption. Currency.

Webster, J. G. (2014). *The Marketplace of Attention*: *How Audiences Take Shape*
　　in A Digital Age. Cambridge, Massachusetts: MIT Press. 백영민(역) (2016),
　　《관심의 시장: 디지털 시대 수용자의 관심은 어떻게 형성되나》.
　　서울: 커뮤니케이션북스.

Williams. R. (1990). *Television*: *Technology and Cultural Form.* 2nd ed.,
　　London: Routledge, 1990. 박효숙(역) (1996), 《텔레비전론》. 서울: 현대미학사.

강형철

1. 들어가며

뉴스란 새로운 소식이다. 그런데 이 새로운 소식은 언론과 언론인이 사실을 바탕으로 만들어낸다. '만들어낸다'라고 하여 없는 사실을 있는 것처럼 꾸민다는 뜻이 아니다. 사실 가운데 일부를 선택하여 여러 이유로, 예를 들면 이용자가 이해하기 쉽도록, 가공하여 전달하는 것이 뉴스이다. 그래서 게이터크만은 뉴스를 '구성된 현실'(*constructed reality*)이라고 하였다(Tuchman, 1978). 이 장에서는 방송영상 영역에서 뉴스가 어떻게 구성되는지 알아볼 것이다. 방송영상이라는 미디어적 특성과 최근의 미디어 환경, 한국의 언론 현실과 관행 등 방송영상 뉴스가 현재 모습으로 구성되게 한 요인들을 중심으로 살펴보겠다.

2. 방송영상 뉴스의 정의

1) 변화하는 방송영상 뉴스의 정의

방송영상 뉴스란 신문처럼 '읽는 뉴스'가 아니라 '보고 듣는 뉴스'이다. 뉴스의 사전적 정의가 "일반에게 잘 알려지지 아니한 새로운 소식"이나 "새로운 소식을 전하여 주는 방송의 프로그램"이므로(《표준국어대사전》참조), 방송영상 뉴스는 "방송영상으로 보고 듣는 새로운 소식이나 프로그램"으로 정의할 수 있다. 한국 방송법은 '뉴스'가 아니라 '보도'라는 말로 이것이 "국내외 정치·경제·사회·문화 등의 전반에 관하여 시사적인 취재보도·논평·해설 등의 방송프로그램을 편성하는 것"(제2조)이라고 규정한다.

과거에는 라디오나 지상파 TV 또는 YTN 등 뉴스전문 케이블채널에서 보여주는 것이, 그리고 더 오래전에는 영화관의 '대한 늬우스'에서 보여주는 최신 소식이 방송영상 뉴스였다. 뉴스의 사전적 정의도 미디어와 연결하여 이뤄졌다. 예컨대, 《아메리칸 헤리티지 사전》(*American Heritage Dictionary*, 1992)에서는 아래와 같이 뉴스에 대한 세 가지 정의 중 두 정의가 라디오, TV, 신문, 방송 등 매스미디어와 연관된 내용이었다. 하지만 이제 TV 단말기를 넘어 PC로, 모바일로, 인터넷을 통해, 유튜브를 통해 새로운 소식을 보고 듣게 되면서 뉴스 전달 미디어가 다양하게 변화하였다.

뉴스 형식도 변하고 있다. 예컨대 KBS 2 TV 예능프로그램 〈사장님 귀는 당나귀〉(2019. 10. 6)에 정치인 원희룡 제주지사가 출연해 자신의 일상을

뉴스의 정의
- 신문, 잡지, 라디오, TV 등이 제공하는 최신 사건이나 사태에 대한 정보(Information about recent events or happenings, especially as reported by newspapers, periodicals, radio, or television)
- 이러한 정보를 신문이나 뉴스 방송을 통해 표현하는 일(A presentation of such information, as in a newspaper or on a newscast)
- 모든 종류의 새로운 정보(New information of any kind)

보여주는 것은 뉴스일까? 특히, 원 지사가 자신이 추진한 버스노선 개편 정책의 실효성을 현장에서 확인하는 장면은 오락이라기보다 뉴스로 볼 수 있지 않을까? JTBC 〈뉴스룸〉(2018. 1. 17)에 가수 아이유가 출연해 손석희 앵커와 나눈 대담은 뉴스일까? 그렇다면 그녀가 SBS 오락프로그램 〈한밤의 TV 연예〉(2013. 10. 23)에서 김일중 아나운서와 나눈 대담도 뉴스라고 해야 할 것이다. 같은 이야기가 뉴스프로그램에서 다뤄지면 뉴스가 되고 오락프로그램에서 나오면 오락이 된다는 논리는 수긍하기 어렵다. 이제 방송영상 뉴스는 장르, 프로그램, 채널 등에 종속된 것이 아니라 그 자체로 새로운 소식을 가리킨다.

이미 1990년대에 "할리우드 영화와 TV 영화, 팝뮤직과 팝아트, 대중문화와 연예잡지, 타블로이드 방송, 케이블 TV와 홈비디오가 어지럽게 혼합된" 형태를 '새 뉴스'(new news)라고 부른 바 있다(Katz, 1992). 새 뉴스란 KBS, MBC, SBS, YTN 등 기존 방송의 전통적 뉴스 형식을 빌리지 않고 정보를 전달하는 것을 의미한다. 예를 들어, 1992년 미국 지상파방송 NBC에서 코미디언 아세니오 홀(Arsenio Hall)이 진행하는 심야 토크쇼에 당시 대선후보였던 빌 클린턴(Bill Clinton)이 출연했다. 이 프로그램에서 클린턴은 자신의 신변에 대한 이야기를 나누고, 색소폰으로 재즈곡을 연주해 젊은층의 인기를 끌었는데 이것이 바로 전형적인 새 뉴스다. 앞서 언급한 원희룡 지사가 오락프로그램에 출연한 사례도 마찬가지다.

〈그림 10-2〉 새 뉴스의 예: 클린턴이 출연한 〈아세니오 홀 쇼〉

출처: 톤데프-더브래그 홈페이지 (tonedeaf.thebrag.com)

미국 컬럼비아대학 저널리즘스쿨 연구팀(Project for Excellence in Journalism, 1998) 은 〈변화하는 뉴스의 개념 정의〉(Changing Definition of News) 라는 보고서에서 이런 변화는 "뉴스를 보다 줄거리 중심으로 만들며, 언론인의 지위를 기자에서 이야기꾼이나 중계자로 변화시키고 있다"고 분석했다. 뉴스는 기존 방송미디어에서 가장 흔들리고 있는 부분인 것이다.

2019년 조국 전 법무부 장관에 대한 〈유시민의 알릴레오〉 보도 사례는 이러한 상황을 잘 보여준다. 2019년 10월 8일 유튜브 서비스 〈유시민의 알릴레오〉는 조국 전 법무부 장관 관련 사건 관계자인 김 모 씨를 인터뷰했다. 이 서비스의 진행자 유시민 씨는 이 인터뷰를 바탕으로, KBS가 한 달쯤 전에 김 씨와 인터뷰했지만 방송하지 않고 그 내용을 검찰에서 흘렸다는 취지의 주장을 했다. 김 씨는 조국 전 장관 부인의 자산관리인으로서 조국 부인 관련 범죄 의혹의 핵심 진술인이었다. 그는 KBS 등 기성 언론을 더는 믿지 못하게 된 상태에서 자신의 말을 바로 전해 줄 곳을 찾았고, 대안으로 〈유시민의 알릴레오〉를 선택한 것이었다.

310

그 후 KBS의 김 씨 인터뷰 녹취록 전문이 공개됐다. 유시민 씨의 말과 달리 KBS가 김 씨 인터뷰 내용을 보도한 사실이 있었다. 그러나 인터뷰 녹취록을 본 많은 사람들은 KBS가 조국 교수에게 유리할 것으로 해석되는 중요한 내용은 빼고 검찰의 주장에 도움이 되는 것만 방송했다며 비난했다. 이일이 사내외에서 문제가 되자 KBS 시청자위원회는 KBS 보도가 '방송제작 가이드라인'을 위배했다고 선언하고, 검찰에 의존하는 취재·보도 등 기존의 관행 등을 혁신하는 쇄신안을 마련할 것을 권고했다. 최민희 전 더불어민주당 의원은 한 집회 현장에서 "김 씨가 〈유시민의 알릴레오〉를 찾아갔을 때 한국 언론은 이미 사형선고를 받은 것"이라고 주장했다.

기성 뉴스가 독과점 상황에서 그동안 '큰 문제 없이' 관행적으로 유지해왔던 뉴스 취재 및 전달방식이 새로운 대안 미디어들의 등장으로 심각하게 도전받고 있다. 현실적으로, 〈유시민의 알릴레오〉를 방송으로 볼 것인지 논할 필요가 없다. 마찬가지로 이것이 뉴스프로그램인지, 뉴스방송인지 따질 필요도 없다. 위의 사례가 이미 방송법에서 언급된 방송과 뉴스의 정의가 현실에서는 무의미하다는 것을 명확히 드러낸다.

뉴스프로그램 형식도 파괴되고 있다. 지상파방송에서는 아직도 넥타이를 맨 남자 앵커와 단정한 정장을 한 여자 앵커가 두 손을 모으고 책상에 앉아 뉴스를 진행하는 것을 뉴스프로그램이라고 한다. 그러나 유튜브에는 개인 뉴스서비스도 많고, 자유스러운 형식의 '영상화 라디오 뉴스'도 많다. 이들은 스튜디오 안에 카메라를 설치하고 유튜브를 통해 현장을 보여준다. 이른바 멀티미디어 뉴스다.

아침 프로그램인 CBS 〈김현정의 뉴스쇼〉와 TBS 〈김어준의 뉴스공장〉이 대표적 예로, 대담 위주의 라디오 뉴스와 유튜브 생중계를 동시에 서비스한다. 두 프로그램 모두 프로그램이 끝나면 유튜브에서 앞의 뉴스를 더 이어가거나, 그것을 소재로 새로운 이야기를 끌어가는 이른바 '스핀오프'를 운영한다. 〈댓글쇼〉는 〈김현정의 뉴스쇼〉가 끝나면 그 자리에서 김현정 앵커가 라

디오 프로그램을 이어 진행하며, 〈뉴스공장 외전 ― 더룸〉은 〈김어준의 뉴스
공장〉과 다른 진행자가 저녁시간에 서비스한다. 아침에 두 프로그램에 등장
한 정치인 등 주요 뉴스메이커들의 발언 내용은 인터넷 뉴스의 주요 기사로
온종일 올라 있는 경우가 많다.

〈그림 10-3〉 멀티미디어 뉴스 〈김어준의 뉴스공장〉

〈그림 10-4〉 〈김현정의 뉴스쇼〉 유튜브 스핀오프 〈댓꿀쇼〉

2) 방송영상 뉴스의 이용

사람들은 다매체 시대에 방송영상 뉴스를 얼마나 좋아할까? 〈그림 10-5〉는 "온라인이든 오프라인이든 관계없이 어떤 유형의 뉴스를 선호하는가?"라는 물음에 대한 미국인의 답이다. 이를 살펴보면, 방송영상 뉴스라고 할 수 있는 '보는 뉴스'가 여전히 가장 선호되고 있다. '읽는 뉴스'에 대한 선호도는 보는 뉴스에 비해 낮지만, 시간에 따른 변화는 크지 않다. '듣는 뉴스'에 대한 선호도는 가장 낮지만 안정적이다. 이러한 결과는 미디어와 관계없이 뉴스에 대한 선호가 강하고 안정적이라는 사실을 보여준다. 다만, 문제가 되는 것은 이용자가 이런 선호를 어떤 미디어를 통해 충족하느냐이다.

〈그림 10-5〉 미국인들이 선호하는 뉴스 유형 (2018)

보는 뉴스
46% 47%
2016 2018

읽는 뉴스
35% 34%
2016 2018

듣는 뉴스
17% 19%
2016 2018

출처: Pew Research Center, 2018.

〈그림 10-6〉 미국인들이 선호하는 뉴스 이용 미디어 (2018)

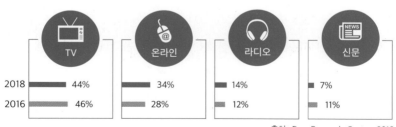

TV
2018 44%
2016 46%

온라인
34%
28%

라디오
14%
12%

신문
7%
11%

출처: Pew Research Center, 2018.

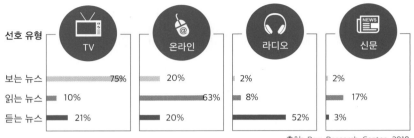

〈그림 10-7〉 미국인들의 선호 뉴스 유형에 따른 미디어 선택 (2018)

선호 유형	TV	온라인	라디오	신문
보는 뉴스	75%	20%	2%	2%
읽는 뉴스	10%	63%	8%	17%
듣는 뉴스	21%	20%	52%	3%

출처: Pew Research Center, 2018.

과거 방송영상 뉴스 이용은 지상파 및 케이블 방송 위주로 이뤄졌지만, 이제 유튜브 등 온라인 미디어의 확장으로 이용 미디어와 플랫폼이 다원화되고 있다. 〈그림 10-6〉은 미국인들이 뉴스 이용 시 선호하는 미디어를 보여준다. 미국의 성인들에게 "뉴스를 시청할 때 다음 중 어떤 미디어를 선호하십니까?"라고 물었다. 2016년에 성인 46%가 TV를 선호한다고 답했는데 2년 만에 44%로 2%p 줄었다. 반면 온라인은 2016년 28%에서 34%로 6%p나 늘었다. 같은 기간 라디오는 2%p 소폭 상승했으며 신문은 5%p나 줄었다. TV와 신문 이용 감소 현상은 인터넷 등장 이후 계속되고 있지만, TV는 여전히 가장 많이 선호되는 뉴스 이용 수단이다. 온라인 뉴스 이용은 지속적으로 늘고 있다. 그렇다면 온라인 선호 이용자들은 인터넷 공간에서 '보고 듣는' 방송영상 뉴스와 '읽는' 문자 뉴스 중 어느 것을 더 선호할까?

위의 질문에 대한 간접적인 답은 〈그림 10-7〉에서 유추할 수 있다. 〈그림 10-7〉은 읽는 뉴스, 보는 뉴스, 듣는 뉴스를 각각 선호하는 사람들이 뉴스 이용에 어떤 미디어를 선택하는지 보여준다. 보는 뉴스를 선호하는 사람 중 75%가 TV에서 뉴스를 보길 원했고, 20%만이 온라인에서 뉴스 이용 욕구를 해소한다. 그런데 읽는 뉴스를 선호하는 사람들은 기존 미디어인 신문과 잡지를 선호하는 사람이 17%에 불과하고 63%가 뉴스 이용 욕구를 온라인에서 충족하려 한다. 이는 신문과 잡지가 뉴스미디어로서 퇴조하는 현상을 보여주며, 반대로 온라인에 이용자를 많이 빼앗겼지만 TV가 여전히 중요한 뉴스미디어임을 드러낸다.

  한국에서도 TV는 뉴스 이용을 위한 주요 수단이다. 한국언론재단이 조사한 결과를 살펴보면, 〈그림 10-8〉과 같이 온라인미디어를 이용하는 사람이 TV를 이용하는 사람보다 더 많았다. 물론 이 조사는 온라인상에서 이루어졌으므로 온라인 이용 편향 조사일 수 있다. 이에 비추어 TV는 한국에서도 여전히 중요한 뉴스미디어임을 추정할 수 있다. 물론, 시간이 지날수록 TV 뉴스 의존도는 약화되는 것은 사실이다.

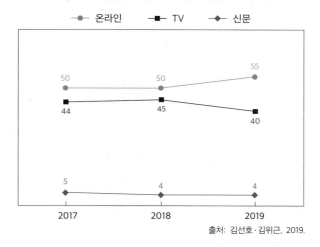

〈그림 10-8〉 한국인들이 지난 1주일간 이용한 미디어 (2019)

출처: 김선호·김위근, 2019.

〈그림 10-9〉 한국인들의 온라인플랫폼 뉴스 이용률 (2019)

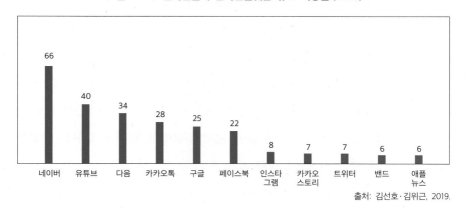

출처: 김선호·김위근, 2019.

확장하고 있는 온라인 뉴스미디어 중에서 이용자들은 구체적으로 어떤 플랫폼과 서비스를 많이 이용할까? 〈그림 10-9〉를 보면, 한국 온라인 뉴스 플랫폼 중에서 네이버를 이용하는 사람이 66％로 가장 많았다. 소셜플랫폼인 유튜브가 그다음으로, 뉴스를 보기 위해 유튜브를 이용했다는 사람이 40％에 달했다. 페이스북은 22％로 어느 정도 뉴스미디어로서의 역할을 하는 것으로 보인다.

3) '보고 듣는' 방송영상 뉴스

과거에는 신문과 잡지 등 읽는 뉴스와 텔레비전과 라디오 등 보고 듣는 방송영상 뉴스는 각각 장단점을 지녔다. 그러나 오늘날은 보고 듣는 뉴스가 읽는 뉴스의 장점을 급속히 흡수하고 있다. 예전엔 읽는 뉴스인 신문과 잡지는 한번 써 놓은 것이 오래 지속되어 나중에 찾아볼 수 있는 기록성을 지녔지만, 방송 뉴스는 그렇지 못했다. 라디오든 텔레비전이든 뉴스는 방송시간에 '뿌려지고 마는 것'이기 때문에 그때 듣거나 보지 않으면 다시 접하기 어려웠다. 하지만 전자기록 매체의 엄청난 발전으로 디지털화된 오늘날의 방송영상 뉴스는 기록성을 갖는다. 인터넷에서 어제는 물론 오래된 뉴스도 다 찾아볼 수 있다.

과거에 읽는 뉴스는 이용자가 필요한 정보를 필요한 시간에 스스로 찾아 선별적으로 접할 수 있는 '이용자 자유도'가 높았지만, 방송영상 뉴스는 그렇지 못했다. 그러나 현재 이용자는 지상파 뉴스 시간에 흘러가는 뉴스를 수동적으로 보고 들을 수도 있고, 해당 뉴스 사이트나 유튜브에 가서 원하는 뉴스 리포트나 기사를 선별해 볼 수도 있게 되었다. 또한, 예전에 신문과 잡지는 매우 중요한 뉴스가 발생하는 등 필요한 경우 지면을 얼마든지 늘릴 수 있었지만, 방송영상 뉴스는 방송시간 제약에 묶여 있었다. 그러나 이제 방송영상 뉴스도 이론상으로 무한대 뉴스 송출이 가능해졌다.

물론, 인터넷 발달은 뉴스 생산과 이용 사이의 시간 간격을 줄이는 동시성의

〈표 10-1〉 방송영상 뉴스의 이중성 특성

구분	정통 저널리즘적 특성	방송영상적 특성
장르	보도영역	제작영역
언어	문어적	구어적
매체	언어적	영상적
저널리즘	객관적	주관적·가치추구적
기능	정보적	오락적

출처: 강형철, 2007.

혜택을 읽는 뉴스에도 주었다. 하지만, 방송영상 뉴스는 읽는 뉴스가 지녔던 장점을 거의 모두 흡수하고, 읽는 뉴스에 비해 지닌 장점을 더 발전시켰다. 그 장점은 무엇보다 '보고 듣는다'라는 사실에서 나온다. 방송영상 뉴스는 말을 들을 뿐만 아니라 화면을 볼 수 있기 때문에 더욱 실감나고 이용자도 자신이 마치 그곳에 있는 듯한 현장감을 느낀다. 또한, 방송영상 뉴스는 이용하기 쉽고 편하다는 장점이 있다. 이용자는 학력이나 지식에 크게 관계없이 많은 인지적 노력 없이도 최신 정보를 습득할 수 있다.

방송영상 뉴스는 근본적으로 이중적인, 때로는 상호배타적 특성을 보인다. 장르적 측면에서, 방송영상 뉴스는 '기자(記者)적' 취재, 보도와 함께 '프로듀서적' 제작의 측면이 중요하다. 언어적 측면에서, 방송영상 뉴스는 쓰는 '기자적', 즉 문어적인 동시에 말하는 '화자(話者)적', 즉 구어적이다. 매체적 측면에서, 방송영상 뉴스는 언어로 말하지만 동시에 화면으로도 말한다. 저널리즘적 측면에서 객관성은 기본적으로 확보돼야 하지만, 방송영상 뉴스에서는 해설적 주관성과 가치 추구적 도덕성도 중요한 요소로 간주된다. 방송영상 뉴스는 충실한 정보가 생명이지만 오락적 특성 또한 간과될 수 없다.

그러나 바로 방송영상 뉴스의 이러한 특성 또는 장점은 연성화라는 단점으로 변화하기 쉽다. 연성화란 뉴스 제공자가 개인적 또는 사회적으로 중요한 뉴스보다 재미있고 흥미로운 뉴스 아이템을 주로 선택하거나, 중요한 뉴스 아이템을 재미있고 흥미롭게만 만들며 필요한 내용은 생략하는 경향을 말한다.

구어를 사용하고 영상을 쓰는 방송영상 뉴스의 특성은 이용자가 쉽게 뉴스를 이해할 수 있도록 하는 것이 덕목이다. 그러나 내용을 잘 전달하기 위해 음성적·시각적 기법을 사용하는 것이 아니라 시선을 끌기 위해서만 그렇게 한다면 정보성이 약화된 오락이 될 우려가 크다. 또한 이 과정에서 객관성을 잃고 주관적이고 선정적인 내용으로 현실을 왜곡해 전달할 수 있다.

3. 방송영상 뉴스의 구성

1) 뉴스기사 형식

방송영상 뉴스는 형식적 차원에서 일반적으로 단신, 리포트, 인터뷰, 영상구성으로 나뉜다. 여기서 단신이란 기사내용을 앵커나 아나운서가 짧게 낭독하며 관련된 화면을 동시에 내보내는 것이다. 라디오의 경우 물론 화면은 없이 기사내용만 읽는다.

〈표 10-2〉 단신뉴스의 예: KBS 〈뉴스 9〉의 '미 정찰기 한반도 비행'

구분	내용
기사	북한이 '초대형 방사포'를 발사하고 이틀 뒤인 어제 미군 정찰기가 또 한반도 상공을 비행한 것으로 파악됐습니다. 앞서 북한이 방사포를 발사하기 전에도 미군 정찰기 3대가 한반도 상공에서 임무를 수행했습니다.
화면	

〈그림 10-10〉 영상구성의 예: KBS 〈뉴스광장〉의 '올림픽공원의 가을'

리포트는 기자가 내레이션 및 인터뷰, 관련화면 등을 섞어 자신의 이름으로 뉴스를 전달하는 방식이다. 기자가 이러저러한 요소를 엮어 만들었다고 하여 영어로는 원래 리포터 패키지(*reporter's package*)라고 하는데 한국으로 건너와 '리포트'라는 한국식 현장 용어로 바뀌었다. 인터뷰는 뉴스 관련인물에게 질문하고 답을 얻어내는 장면으로 구성된 뉴스이다.

영상구성은 관련영상을 생생하게 보여주기 위해 내레이션보다 관련장면을 위주로 편집한 뉴스이다. 전통적 영상구성은 카메라 기자가 계절의 변화 등 가벼운 소재로 영상을 만들어 현장 소리와 함께 보여주는 것이다.

그러나 2003년에 YTN 노종면 기자가 〈돌발영상〉이라는 장르를 선보이며 영상구성은 새로운 차원을 맞는다. 〈돌발영상〉은 이슈가 되고 있는 정치인 등 유명인의 현장 발언이나 행동을 현장음과 자막과 함께 엮어 풍자적 분위기로 방송하는 영상구성 뉴스로 큰 사회적 반향을 일으켰다.

2010년 '보온병 포탄 발언'이 대표적 예다. 같은 해 11월에 북한의 연평도 포격 도발 직후 현장을 찾은 당시 여당 대표가 보온병을 가리켜 포탄이라고 잘못 설명하는 장면을 방송한 것이 사회적 논란을 낳은 것이다. 같은 영상에서 야당 출신 시장은 포탄을 맞은 술병들을 보고는 "이것이 폭탄주"라고 농담하여 빈축을 사기도 했다.

〈그림 10-11〉 새로운 차원의 영상구성의 예: YTN 〈돌발영상〉

〈돌발영상〉은 이명박 정부에 대한 비판적 내용으로 제작진이 사내 징계 등의 탄압을 받다가 2013년 폐지되었다. 그러나 노종면 등 해직됐던 기자가 복귀한 뒤 2018년 12월부터 다시 방송되고 있다.

이제 기존 방송 및 유튜브 등 인터넷 공간에서도 〈돌발영상〉과 같은 기법을 쓰는 화면을 쉽게 발견할 수 있다. 또한 〈돌발영상〉이 폐지되었던 동안 발달한 개인미디어는 현장음과 화면, 그리고 자막을 엮어 새로운 형식의 뉴스를 활발하게 전파하고 있다. 유튜브의 개인 크리에이터 또는 '독립기자'들은 시사, 경제, 연예, 스포츠 등 다양한 주제에 대해 짧은 영상구성으로 자신이 만든 '뉴스'를 펼쳐낸다. 〈돌발영상〉이 기존의 관행을 따르는 기자들이 중요하지 않다고 생각하여 방송에 내보내지 않은 화면 조각들을 모아 이용자가 알고 싶었던 빈자리를 채워 주었던 것과 마찬가지다.

2) 뉴스 구성 요소

방송영상 뉴스는 기본적으로 영상과 음성으로 이루어진다. 그리고 영상은 움직이거나 정지한 현장화면, 그래픽, 자막으로 구성한다. 이러한 영상에 내레이션이나 현장음 등의 음성이 더해지는 것이 방송영상 뉴스이다. 과거에는 문어적으로 관련사안에 대해 기사를 '쓰고', 그것을 '읽은' 후 그에 맞는 화면이나 그래픽, 자막을 '붙이는' 것이 일반적이었다. 그러나 오늘날 방송영상 뉴스는 화면이 음성보다 더 무게를 갖는 공감각적 장르로서의 특성이 강하다.

방송영상 뉴스는 화면이 중요하다. 화면 자체가 뉴스인 경우가 많다. 문재인 대통령과 김정은 북한 국방위원장이 판문점 도보다리에서 대화를 나누는 현장화면을 실시간으로 보여줄 때 특별히 다른 말이 필요 없었다. 화면과 음성을 재료로 해서 가장 최선의 새로운 정보를 제공하는 것이 방송영상 뉴스다. 화면으로 '보여주면서' 때로는 '보여주면서 말하는' 뉴스가 방송영상 뉴스다.

〈표 10-3〉의 신문기사와 방송영상 뉴스의 비교 사례는 방송영상 뉴스에서 화면과 음성이 어떻게 조화를 이루며 이용자가 더 쉽고 생생하게 뉴스를 접할 수 있게 하는지 보여준다. 신문기사는 육하원칙에 맞추어 사실을 건조하게 전달하지만, 방송영상 뉴스는 화면과 기사가 서로 연결된 구조를 갖는다.

〈표 10-3〉 신문기사와 방송영상 뉴스의 비교 사례

구분	내용
신문기사	17일 오전 3시께 경남 통영시 욕지면 국도 남동쪽 1.5마일 해상에서 조업하던 경남 사천 선적 138t 쌍끌이 대형 기선저인망 어선이 침몰했다. 이 사고로 어선에 타고 있던 선원 10명 중에서 박모(50·경남 고성군) 씨가 숨지고 강모(47·부산) 씨 등 3명이 실종됐다 (연합뉴스, 2012. 1. 17).
방송영상 뉴스	광양만 일대가 기름으로 뒤덮였습니다. 유조선 바지선 금동호와 파나마 선적 화물선 아산호가 부딪치는 바람에 유조선에서 흘러나온 기름입니다. … 생선상자 수백 개가 바다 위를 둥둥 떠다닙니다. 검은 기름띠는 파도를 타고 계속 번져나갑니다. 오늘 새벽 3시쯤 경남 통영 앞바다에서 138톤급 어선이 침몰했습니다. 선장 65살 함모 씨 등 6명은 주변을 지나던 어선에 구조됐지만, 50살 박모 씨가 숨지고, 3명은 실종됐습니다(KBS, 2012. 1. 17).

4. 한국 방송뉴스의 특성

1) 양식적 특징

형식은 내용에 영향을 준다. 한국 뉴스의 특징을 알아내기 위해 여러 연구자가 뉴스의 형식적 측면에 주목해왔다. 이재경은 "뉴스를 담는 그릇"을 곧 '양식'이라고 하며, "그릇의 모양과 디자인에 따라 그 속에 담기는 내용물인 기사의 성격이 결정된다"라고 말했다(이재경, 2004: 7). 이준웅과 황유리는 뉴스형식이 사회적으로 구성되는 측면을 강조하며, "정형화된 구성적 패턴"을 '뉴스 도식'(*news scheme*)이라고 명명했다(이준웅·황유리, 2004: 236). 이들에 따르면, 뉴스 도식은 뉴스 생산 및 소비 과정에서 효율화를 위한 목적으로 활용된다. 즉, 뉴스 도식은 제작과정에서 정형화를 통해 안정된 생산물을 내놓을 수 있도록 하며, 소비자들이 "조직된 텍스트에 반복적으로 노출되면 뉴스 텍스트의 형식적 특성을 내재화하게 되고 이를 이용해서 뉴스를 더욱 효과적으로 이해"하도록 하는 기능을 한다(이준웅·황유리, 2004: 240).

이재경은 뉴스 양식의 핵심요소를 '시간', '뉴스 전달방식', '편집'으로 나누어 설명한다. 그리고 이 요소를 분석하여 한국 뉴스의 양식적 특성이 외국과는 다르다는 사실을 발견했다(이재경, 2004). 이준웅과 황유리도 한국의 메인뉴스 프로그램이 선진국 방송뉴스보다 훨씬 많은 일일 평균 35건의 아이템을 다루고, 평균 기사 길이는 77초로 짧다는 연구결과를 발표했다(이준웅·황유리, 2004). 뉴스 제시방식도 앵커가 등장한 뒤 7문장의 기자

한국 뉴스의 양식적 특성
- 전체 뉴스프로그램 시간이 길다.
- 뉴스기사에 나타난 취재원 수가 적다.
- 개별 기사 보도시간이 짧다.
- 전체 뉴스 시간을 마치 신문 면을 나누듯이 약 3~4개 단락으로 구분해 기사를 배치한다.
- 음성적 측면에서, 뉴스에 등장하는 취재원들의 육성 길이가 짧다.
- 음향효과 등 효과 활용이 많다.
- 영상적 측면에서, 단위전환에 사용하는 컷의 수가 매우 많다(이재경, 2004).

〈표 10-4〉 한국형 방송뉴스의 양식

구분		특성
형식	보도시간·건수	• 77초·일일 평균 35건
	제시방식	• 앵커 도입 + 기자 리포팅 7문장 + 2개 인터뷰 구성 • 자료화면 및 현장연결 부족
내용	뉴스주제	• 정치·경제 중심
	기사 복합성	• 과정·결과 위주 • 원인·반응·대안 제시 미흡
	정보채널	• 보도자료와 인터뷰 중심의 자료구성 • 기자의 자료조사와 심층분석 부족
	뉴스가치	• 부정성이 높고 영향성과 갈등성이 낮음

출처: 이준웅·황유리, 2004.

리포트와 2개의 인터뷰로 구성되며, 자료화면과 실시간 현장연결이 부족하다. 뉴스 주제도 정치·경제 중심이며 전개방식도 심층적이지 못하다.

최영재와 손영준은 이런 한국 뉴스의 양식적 모습을 실제로 선진국의 그것과 비교해 보았다(최영재·손영준, 2005). 실증분석 결과, 이재경(2004)과 이준웅·황유리(2004)의 주장이 지지되었다. 한국 방송뉴스는 영국, 미국, 일본의 메인뉴스 프로그램에 비해 리포트 방송시간이 길고 꼭지수가 많지만, 리포트 길이는 짧았다. 또한, 뉴스 전개도 분석가 논평보다 사실보도 위주이며, 인터뷰 길이도 짧고, 기사 제시방식도 앵커와 리포트, 인터뷰라는 전형적 스타일을 사용한다.

영상적 측면에서, 한국 뉴스는 크로마키와 효과를 많이 사용하는 편으로 조사되었다. 김수정도 영상적 측면에서 한국과 미국에서 방영된 뉴스 사례를 분석한 결과, 한국 뉴스는 급격하고 빈번한 카메라 움직임을 통해 생동감과 현장감을 살리는 경향이 있다고 했다(김수정, 2003). 반면, 미국 뉴스는 안정적 영상이미지 구성을 위해 카메라 조작을 최소화하는 특징이 있었다. 윤호진의 실증분석 결과도 한국의 방송뉴스가 선진국 뉴스에 비해 영상 전환이 빠르고, 그래픽 등 다양한 화면구성 기법을 사용함을 드러냈다(윤호진, 2006).

방송영상 뉴스 생산의 변화와 과제 323

〈표 10-5〉 한국과 선진국의 뉴스양식 비교

구분	한국	영국 · 미국 · 일본	특이사항
뉴스 방송시간	36~51분	27~35분	-
리포트 꼭지수	24~27개	11~14개	-
리포트 길이	80~96초	113~142초	-
앵커멘트 길이	13~14초	18~23초	-
뉴스 주제	경제 · 복지	다양	-
뉴스 전개방식	사실보도	분석논평	NHK는 사실보도
인터뷰 길이	10~11초	16~26초	-
리포트 컷 길이	3.9~4.7초	5.4~14초	-
기사 제시방식	앵커 + 리포트	다양성	-
크로마키 · 자막	많이 사용	적게 사용	NHK 많이 사용
리포트 내 효과	많이 사용	적게 사용	CBS 많이 사용

출처: 최영재 · 손영준, 2005.

이처럼 공통적으로 나타나는 한국 뉴스의 양식은 선진국 지상파방송 메인 뉴스보다 자원조달 능력이 약한 지역뉴스의 그것과 더 유사하다. 2019년 말 현재, KBS와 MBC 등 공영방송사를 중심으로, 프로그램 내에서 꼭지수를 줄이고, 리포트 길이를 늘리는 방식으로 심층적 뉴스를 하려는 움직임이 있다. 그런데 이렇게 뉴스를 진행하기 위해서는 더 많은 예산과 인력이 필요하다. 매일 방송하는 뉴스에서 한 아이템에 대해 심층적 방송을 하려면 평소에 모든 분야에 여러 전문기자를 배치해 두어야 하기 때문이다. 그러나 제한적 인원으로 '그날의 사안'을 다루려면 '깊이 있는 소수'보다 '표피적인 다수'를 선택하게 되는 것이 우리 방송계의 현실이다.

앞서 논의했듯이 오늘날 수많은 미디어와 플랫폼이 이용자의 주목을 놓고 경쟁하고 있다. 뉴스는 그 어느 분야보다 '주목의 경제'(Economy of Attention) 하에 놓여 있다. 이러한 상황에서 '깊이 있는 뉴스'로 주목을 끌기는 더욱 어려워졌다. 과거에 독과점 지위를 누리던 전통 미디어는 주목이 분산되면서 수익이 급격히 낮아졌기 때문에 뉴스에 더 많은 인력과 재원을 배정하기 힘들다. 그런데 안타깝게도 독과점 상황이던 과거부터 이어온 '표피적 뉴스'로는 오늘날 뉴스 시장에서 경쟁력을 갖기 어렵다. 그렇다고 해서 심층뉴스를 강화하는 것도 쉽지 않다. '좋았던 시절'에 쉽게 뉴스를 만들어 높은 점유율을 올리는 데 익숙했던 한국 방송이 '어려운 시절'에 새로운 국면을 맞아 고민하고 있는 것이다.

2) 내용적 특징

(1) 한국 뉴스의 7가지 문제

한국 방송기자들의 모임인 '방송기자연합회'는 KBS, MBC, SBS 등 지상파 방송사와 YTN 등 뉴스전문 채널 기자들이 속한 전문인 단체이다. 2012년 이 단체는 현장기자와 방송학자로 '저널리즘 특별위원회'를 구성, 한국 방송 저널리즘의 현주소를 진단하는 작업을 했다. 그 결과물로 이 위원회는《방송뉴스 바로 하기: 저널리즘의 7가지 문제와 점검 목록》(심석태 외, 2014)이라는 서적을 발행하였다. 이 책에 나타난, 현업 방송기자와 방송저널리즘 연구자가 공감하는 한국 방송저널리즘의 문제를 통해 한국 방송저널리즘의 특성을 알아보자.

① 사실관계 확인 부족

사실관계 확인 부족은 "기사작성을 위한 가장 기본적인 요건인 사실관계 확인이 제대로 안 된 것"을 뜻한다. 뉴스가 사실을 보도해야 한다는 것은 말할 필요도 없는 이야기다. 그러나 현실에서 사실관계 확인이 부족한 뉴스는 많다. 그리고 사실 확인이 부족한 것이 아니라 애초부터 사실을 이야기하려는 의도가 없는 만들어낸 뉴스, '억지뉴스', '가짜뉴스'도 많다.

사실관계 확인이 부족한 경우는 빨리 보도해야 한다는 압박에 충분히 사실을 확인하지 않은 상태에서 발생한다. 한편, 기사를 쉽게 쓰거나 내용에 대한 책임을 지지 않기 위해 취재원이 말한 것을 그대로 옮기기 때문에 생겨나기도 한다. 이른바 '따옴표 저널리즘'이 그러하다. 사실관계가 부족하거나 아예 사실을 무시한 뉴스는 다음에 살펴볼 정치적 편향, 광고주 편향, 출입처 동화, 자사이기주의, 시청률 집착, 관습적 기사작성 등의 다른 문제 유형과도 관련이 있다.

② 정치적 편향

정치적 편향은 "특정한 정파나 진영에 일방적으로 유리하거나 불리한 방향으로 기사를 작성하는 것"이다. 구체적으로 • 유리한 방향의 기사를 더 크게 과장하거나 확대하고 • 불리한 사안의 경우 되도록 그 의미를 줄여 보도하거나 심지어 뉴스를 빠뜨리는 경우도 있다. 또, • 해당 사안의 비중이나 본질에 어울리지 않는 방식으로 기사를 만들거나 • 엉뚱한 내용과 연관지어 이른바 '물타기'를 하는 때도 있다. • 전혀 다른 사안들을 같은 비중으로 묶어서 처리하거나 • 비중이 다른 사안을 균형이라는 이름으로 동등하게 취급하기도 한다.

〈그림 10-12〉 방송기자들이 생각하는 한국 방송뉴스의 정파성 정도

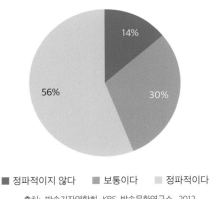

현재의 우리 방송보도가 지나치게 정파적이라는
의견에 대해 어떻게 생각하십니까?

14%
30%
56%

■ 정파적이지 않다 ■ 보통이다 ■ 정파적이다

출처: 방송기자연합회·KBS 방송문화연구소, 2012.

실제로 '방송기자연합회'와 'KBS 방송문화연구소'는 2012년 9월 방송기자
연합회 전체 회원을 대상으로 실시한 설문조사 결과는 이러한 편향성을 실
감하게 한다. "현재의 우리 방송보도가 지나치게 정파적이라는 의견에 대해
어떻게 생각하십니까?"라는 질문에 응답자 56%가 "정파적이다"라고 답했
다. "정파적이지 않다"라는 응답은 14%에 불과했다. 이 조사는 2012년에
실시되었는데, 종합편성채널이 등장하고 많은 경쟁매체가 등장한 현재는
정파적이라는 응답 비율이 더 높을 것으로 예상된다.

③ 광고주 편향

광고주 편향은 "경제 권력이나 자본 권력에 일방적으로 유리한 방향으로 기사
를 작성하는 것"이다. 모든 조직은 생산물을 만들어내기 위한 자원에 의존한
다. 배정근은 뉴스조직이 정보와 광고라는 두 가지 자원에 의존해 뉴스라는
생산물을 만들어내는 과정을 '자원의존이론'으로 설명한다(배정근, 2018). 반
드시 뉴스프로그램에 광고를 내는 광고주가 아니더라도 뉴스조직은 소속 방

〈그림 10-13〉 방송기자들의 재벌 및 대기업 비판 보도 좌절 경험

재벌이나 대기업에 대해 비판적인 보도를 하려다
압력으로 좌절된 경험이 있습니까?

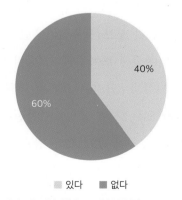

출처: 방송기자연합회·KBS 방송문화연구소, 2012.

송사의 광고 스폰서에 취약하게 될 가능성이 크다. 공정해야 할 뉴스를 불공정한 상태에 빠뜨릴 위험이 있는 가장 위협적인 존재가 광고주다.

　광고주 편향은 "단순히 광고주인 재벌, 대기업, 대자본을 칭찬, 미화하는 것만이 아니라 그들의 주장을 검증 없이 받아들이는 행위, 관련된 개인들을 미화하거나 신비화하는 행위 등도 포함될"수 있다(심석태 외, 2014). 이런 광고주 편향이 다음에 살펴볼 출입처 동화와 연결되면 더 큰 문제가 된다. 이런 경향은 노사갈등 상황에서 사측에 편향된 뉴스를 내보낸다든지, 성장과 안정, 시민 불편 등 다른 문제에 대해 관성적으로 기사를 작성하는 행태로도 이어진다. 앞서 인용한 설문조사에서 "재벌이나 대기업에 대해 비판적인 보도를 하려다 압력으로 좌절된 경험이 있습니까?"라는 질문에 방송기자 40%가 그렇다고 답하였다(방송기자연합회 · KBS 방송문화연구소, 2012).

④ 출입처 동화

출입처 동화는 "기자가 담당하고 있는 출입처의 입장에 동화되어 균형감을 잃고 기사를 작성하는 것"이다. 출입처는 뉴스제작 조직의 자원 중 가장 중요한 정보자원을 공급하는 주요 공급처이다. 기자들은 안정된 정보자원을 편리하게 얻기 위해 출입처를 두는데, 자신이 담당하는 출입처와 가치를 공유하면서 균형감을 상실한 편향된 뉴스를 만들 가능성이 생기는 것이다. 특히 청와대, 정당, 대기업 등 정치 및 자본 권력이 강한 곳에서 이런 현상이 나타난다.

　2014년 세월호 사고 당일의 오보는 출입처에만 의존하는 보도가 얼마나 큰 해악을 낳을 수 있는지 여실히 보여주었다. 당일 오전 11시 1분 종합편성 채널 MBN을 시작으로 지상파 KBS와 MBC가 세월호 학생들 전원이 구조됐다고 오보했다. 아울러 오후 2시에 중앙재난안전대책본부는 "오후 1시 기준으로 368명이 구조됐다"고 공식 발표했고, 방송뉴스는 이 발표를 자막 등으로 급히 옮겼다. 그뿐 아니라 현장에 투입된 인력과 장비 등을 부풀린 발표도 그대로 전하며 마치 구조가 대규모로 신속하게 이뤄지는 것처럼 보이게 했다. 당시 목포 MBC 기자가 '전원 구조'가 오보임을 본사에 전달했으나 회사는 현장기자의 말보다 출입처 발표를 믿었다. 아울러, 현장에 투입된 잠수사가 발표된 대로 500명이 아니라 16명이라는 기자의 단독취재 내용도 묵살했다고 한다.

앞서 사례로 든 조국 전 법무장관 관련 사건에서 검찰 출입기자들은 소송의 한 측인 검찰에서 제공하는 정보나 사건 프레임만을 수용, 방송하고 피의자 측의 그것은 소홀히 한다는 비판을 받았다. 검찰이 주목하는 사안은 뉴스가 되지만, 검찰이 관심을 두지 않는 뉴스는 기사화되기 어렵다는 사실이 출입처 동화 현상을 방증한다. 물론 권력 출입처 외에 문화 및 스포츠 등 대부분의 출입처에서 기자가 심리적 거리를 유지하지 못하고 취재원에 동화되는 일이 일어날 수 있다.

이른바 '출입처 관리'라는 미명 아래 취재원과 좋은 관계를 맺는 것이 취재에 도움이 될 수 있다. 하지만 이렇게 작성된 기사는 편향적 뉴스를 만들어낼 가능성이 크다. 그리고 그 결과는 신뢰의 상실로 이어질 수 있다.

⑤ 자사이기주의

자사이기주의는 "정책적 사안에서 자기 회사의 일방적 이해를 반영한 기사를 내보낸다든지, 회사의 다른 프로그램을 홍보하기 위해 뉴스를 이용하는 것"이다. 뉴스조직이 속한 방송사는 일반적으로 안정적 수익구조를 확보해야 하는 상업조직인 동시에 공적 가치인 뉴스를 생산해내는 공적 조직이다. 그러므로 경영적 판단이 뉴스가치 판단에 우선할 수는 없는 것이 저널리즘의 원칙이다. 하지만 현실에서 뉴스조직은 소속기업의 이해를 위해 뉴스가치를 저버리는 경우가 있다. 심지어 기업이익을 위해 사실관계까지 왜곡하기도 한다. "사고(社告)의 형식으로 쟁점이 되는 사안에 대한 자사의 입장을 표명하는" 수준을 넘어 "기자를 '동원'해서 뉴스 시간에 자사의 입장을 일방적으로 전달하는 것은 보도기능의 명백한 남용"이다(심석태 외, 2014).

〈그림 10-14〉한국 방송기자들이 생각하는 방송의 자사이기주의

'현재의 우리 방송 보도는 자사이기주의적 경향이 심하다'는
의견에 대해 어떻게 생각하십니까?

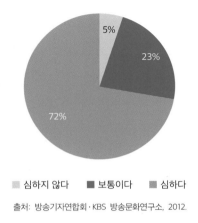

■ 심하지 않다 ■ 보통이다 ■ 심하다

출처: 방송기자연합회·KBS 방송문화연구소, 2012.

앞에서부터 언급한 여론조사에서도 "'현재의 우리 방송보도는 자사이기주의적 경향이 심하다'는 의견에 대해 어떻게 생각하십니까?"라는 질문에 방송기자 72%가 심하다고 응답하였다(방송기자연합회·KBS 방송문화연구소, 2012) (〈그림 10-14〉참조).

기자가 저널리즘적 가치보다 조직원으로서 자신이 속한 기업의 이해를 추구해야 한다는 의식을 가지면 실제로 경영진에게 좋은 평가를 받을 가능성이 높다. 심지어 기업에 속한 회사원으로서의 기자는 출입처에서도 취재가 아닌 회사의 이해를 위한 정보활동 및 정책로비를 위한 일에 동원될 가능성도 있다. 자신이 아닌 조직, 또는 기업을 위한 것이라는 명분으로 이런 일에 동원되고 순응하다 보면 언론인으로서의 공정성 의식은 무뎌지게 된다. 뉴스조직도 신뢰를 잃게 된다. 결국 이런 행위는 장기적으로 뉴스조직 및 기업 자체에 부정적 영향을 줄 것이다.

⑥ 시청률 집착

시청률 집착은 "합리적이고 정당한 기사 판단 기준을 시청률로 대체하는 현상"이다. 좋은 뉴스로 더 많은 사람을 끄는 일은 바람직하다. 그러나 앞서 논의한 방송영상미디어의 오락적 특성에 대한 집착이 지나쳐 중요한 사회 의제나 진실 전달을 소홀히 하고 자극적 화면이나 소모적 눈요깃거리를 우선하는 것은 저널리즘 원칙에 어긋난다. 이러한 시청률 집착은 소재나 화면 자체가 이용자에게 해롭다기보다, 더 중요한 의제와 사안이 충분한 시간을 배정받지 못하고 뒷전으로 밀리거나 생략되는 문제를 야기한다.

실제로 선정적이고 잔혹한 영상을 반복 노출하거나, 단신으로 처리해도 함의가 부족한 소식인데 자극적 화면이 확보됐다는 이유로 리포트로 만들어 보도하는 경우가 많다. 극단적 사례는 2018년 노회찬 국회의원이 사망했을 때 한 종합편성채널에서 중계차를 동원해 주검을 이송하는 경찰차량과 구급차량을 쫓아가며 생중계하는 뉴스를 내보냈다. 한 뉴스전문 채널은 중국에서 발생한 투신자살 소식을 전하며 이를 묘사한 삽화와 투신 영상을 방송하기도 했다. 또 다른 종합편성채널은 놀이기구인 '디스코 팡팡'에서 벌어진 성추행 사건을 보도하면서, 사건과 관계없는 자료화면을 동원하여 디스코 팡팡을 타던 여성의 상의가 벗겨지는 모습을 반복 방송하였다.

재난방송이라고 하면서 태풍으로 파도가 거칠게 이는 장면 등 자극적 화면만을 반복 방송하거나, 재난이 거쳐간 현장을 찾아 참혹한 모습만을 보여주는 것도 시청률 집착의 한 형태다. 재난방송은 재난을 예방하고 피해를 복구하는 데 도움이 되도록 만들어야 한다. 아무리 많은 시간을 재난방송에 투여해도 이 목적에 맞지 않으면 재난을 시청률에 이용한 선정방송일 뿐이다. 뉴스 연성화도 시청률 집착이 야기한 현상이다. 귀엽거나 신기한 동물, 진기명기의 모습, 병영 체험 등의 눈요깃거리는 다른 중요한 뉴스 아이템을 밀어낸다.

선정성과 정파성이 결합할 때 방송뉴스는 매우 강력한 경향성을 띤다. 저널리즘 영역에서 경향성은 "공정한 판단을 방해하는 찬성과 반대의 의향"(an inclination for or against that inhibits impartial judgment) 이다. 미디어 학자들은 경향성을 "기사를 통해 이용자의 이해를 특정한 방향으로 몰아가는 것"이라고 정의한다(이준웅·황유리, 2004: 188). 즉, 경향성은 방향을 말하는 당파성(*partiality*)에 표현방식을 말하는 선정성(*sensationalism*)이 더해진 현상이다. 선정성(*sensationalism*)은 "특별히 과장되거나 극도의 자세함으로 강한 호기심, 관심 또는 반응을 불러일으키려는"(arousing or intended to arouse strong curiosity, interest, or reaction, especially by exaggerated or lurid details) 소재나 방식의 사용을 뜻한다. 당파성과 선정성이 결합할 때 경향성이 증폭하여 강력한 불공정성이 나타난다.

⑦ 관습적 기사작성

관습적 기사작성은 "방송기자 조직 내에서 공식처럼 전해져 내려오는 무의미한 보도행태"를 말한다. 별 의미도 없는 휴일 스케치 기사를 습관적으로 제작하는 것이 대표적 예다. 한편, 국제대회 유치의 경제효과나 새로운 휴대폰 등 신문물의 사회문화적 '충격'에 대해 정밀하게 살펴보지도 않은 채 장밋빛 분석을 내놓는 경우도 관습적 기사작성이자 사실관계 확인 부족의 사례다.

앞서 말한 '구성된 현실'로서의 뉴스의 한 측면은 중요한 뉴스가 많은 날이든 적은 날이든 상관없이 정해진 뉴스 시간을 '메워야 한다'는 것이다. 이처럼 주어진 시간을 메워야 하는 조건은 아무리 중요한 뉴스라도 이보다 더 중요한 뉴스가 발생하면 그날의 뉴스 시간을 충분히 확보하지 못하거나 심지어는 빠질 수도 있게 한다. 반대로 중요한 뉴스나 의미 있는 뉴스거리도 별로 없는 휴일에는 '뉴스 같지도 않은 뉴스'가 방송시간을 채우게 하는 문제가 있다.

"손에 손을 맞잡고 녹음 진 공원을 산책하는 가족의 모습은 정겹기만 합니다", "온 식구가 모처럼 함께 모여 조상께 절하며 감사한 마음을 전합니다", "고향마을을 찾은 귀성객들과 고향사람들 사이엔 웃음꽃이 그칠 줄 모릅니다" 등의 기사가 그 예다. 이러한 스케치성 기사는 출입처와 기자가 대부분

쉬고 다른 뉴스가 없는 휴일에는 메인뉴스 시간 아이템으로 버젓이 선정되어 가치가 거의 없는 뉴스를 만들어낸다. 또한 감정이입이나 '전지적 작가 시점'의 기사작성으로 객관적 글쓰기를 해치는 문제도 있다. 특히, 초년기자 시절에 휴일에 업무가 배당되어 이런 유의 스케치 기사를 쓰던 버릇이 굳어지면 후일 다른 기사에서도 주관적 표현을 삼가지 않을 위험이 있다.

(2) 문체와 전달방식의 문제

위의 내용적 측면의 문제 외에 아래의 문체나 기사 구성의 문제도 한국 방송 저널리즘이 취약한 부분이다.

첫째, 비판의 대상이 되는 객체에게 충분한 반론의 기회를 주지 않는다. 신문도 그렇지만 방송뉴스는 기자가 세운 줄거리에 맞춰 기사를 쓰고 줄거리에 반대되는 내용은 최대한 생략하거나 약화시킨다. 이렇게 하면 시청자가 쉽게 이해할 수 있고 기사 목적을 분명히 달성할 수 있지만, 이용자가 사안의 다면적 측면을 알 수 없게 된다. 이것이 정파성의 원인이 되기도 한다. 반론이 있다면 형식적으로 한마디 넣어 주거나 "연락을 취했으나 답을 하지 않았습니다"라는 식으로만 처리하지 말고 그들의 주장(논리)을 최대한 설명해 주어야 한다. 그렇다고 해서 양시양비론을 펼치라는 것이 아니다. 만약 잘못을 고발할 때도 고발당하는 측의 주장을 충분히 실어도 잘못된 것이 드러날 수 있도록 뉴스를 만들어야 한다는 것이다.

둘째, 표현상의 문제로, 한국 언론 대부분이 그렇듯이 방송뉴스도 객관을 가장하며 피동형 문장이나 주어 없는 비문을 동원해 기자의 주관적 표현을 숨기는 경향이 심하다. 이것은 사실중심 보도 습관을 해치는 문제이다. 다음의 사례를 살펴보자.

아래 기사에서 "포석으로 보입니다"는 사실 기자가 그렇게 보고 있다는 사실을 숨기고 주어 없는 수동태로 만들어 객관을 가장하는 것이다. 두 번째 문장 중에서 "받아들여지고 있습니다"는 그야말로 주어가 누구인지 전혀 알 수 없는

표현이다. 기자가 그렇게 받아들인다는 것인지, 제삼자가 그렇다는 것인지
알 수 없다. 이 밖에 "지적입니다", "알려졌습니다", "분석입니다" 등은 겉으로
객관적인 듯하나 주어를 생략함으로써 기자의 생각을 전하거나, 부실한 취재
를 숨기는 표현이다.

예를 들어, "안개 발생 시 여객선 출항 여부를 결정하는 기준이 모호하다는
지적도 나오고 있습니다"라는 문장은 누가 지적하는지 주어가 없다. 이것은
"전문가들은 안개 발생 시 여객선 출항 여부를 결정하는 기준이 모호하다고
지적합니다"라고 말하고 전문가 인터뷰를 증거로 제시하는 방식이어야 한다.
다른 예로, "이에 따라 오늘 밤에서 내일 새벽 사이에 단둥을 지나 북한 신의주
로 넘어갈 거라는 게 대체적 관측입니다"도 누가 관측하는지, 신뢰할 만한 전
문가 관측인지 아닌지 알 수 없다.

셋째, 자료화면에 대한 정보가 부실하다. 방송뉴스는 리포트하는 기자가
현장에 갔고, 촬영기자도 그곳에 있었다는 것을 전제로 한다. 그렇지 못할 경
우 반드시 말이나 문자로 그 사실을 시청자가 식별할 수 있도록 알려야 한다.
그러나 현재 한국 방송뉴스는 이런 원칙을 무시하고 현장에 가지 않은 기자가
마치 자신이 간 것처럼 리포트하는 경우가 적지 않다. 그리고 남의 화면이나
지난 화면을 기사에 맞추어 잘라 붙이는 경우도 많다. 객관 저널리즘의 원칙에
매우 어긋나는 일이다.

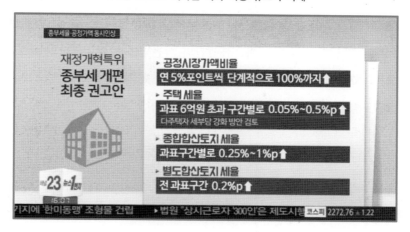

넷째, 전달방식의 문제로 기자들이 말하는 것이 아니라 원고를 읽거나 소리치는 경향이 강하다. 방송기자는 '쓰는 사람'인 기자(記者)라기보다 '말하는 사람'인 화자(話者)이다. 그런데 한국 방송기자는 평소에 말하는 방식으로 리포트하는 것이 아니라 글을 읽는 경향이 강하다. 때로는 마치 변사처럼 말에 음조를 넣어 읽는 경우도 비일비재하다. 오락 및 교양, 다큐멘터리 등 모든 방송 장르가 미리 짜 놓은 방식에서 자연스러운 방식으로 급격히 변화하고 있지만, 방송뉴스 장르만 시대의 흐름에서 동떨어져 과거 스타일을 반복하고 있다. 우리가 북한 방송뉴스를 보면서 느끼는 어색함도 바로 이러한 부자연스러움에서 비롯된 것이다. 뉴스 이용자들은 고함이나 일정한 음조로 원고를 끊어 읽는 등의 오디오에 피곤함을 느낄 수 있다.

다섯째, 한국 뉴스는 자막을 매우 많이 쓴다. 이것도 다른 나라 방송과 크게 구별되는 모습이다. 서구 선진국 뉴스는 자막이 거의 없다. 장소 고지나 자료 화면일 경우 표시해 주는 정도다. 이와 극히 대비되게 한국 뉴스는 말로 할 수 있는 것을 문자로 하고, 심지어 말로 설명하면서도 같은 내용의 자막을 동시에 내보낸다. 요약 자막을 치고, 리포트 제목을 넣고, 스크롤을 배치하는 등의 화면구성을 한다. 움직이는 화면에 자막이 떠다니는 경우도 있다.

〈그림 10-15〉를 살펴보자. 한 방송사 뉴스 화면을 캡처한 것이다. 아무리 눈이 빠른 시청자라도 단 10초 이내에 저렇게 많은 글자를 다 읽어낼 수 없을 것이다. 좌상단의 기사 제목, 좌하단의 회전박스 로고, 하단의 헤드라인 스크롤 및 코스닥 지수 문자들이 '난무'하는데, 또 글자로 가득 찬 그래픽을 넣는 것은 방송영상 뉴스에 적합하지 않다.

〈그림 10-16〉 국가별 뉴스 신뢰도 (2019)

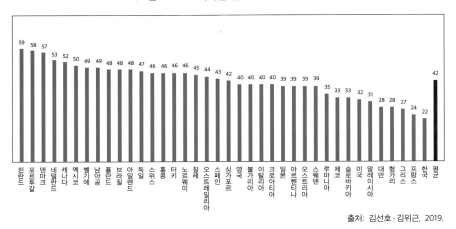

출처: 김선호·김위근, 2019.

〈그림 10-17〉 언론사별 뉴스 신뢰도 (2019)

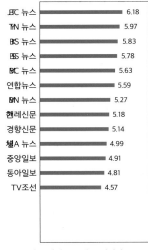

주: 10점을 만점으로 한 수치이다.

출처: Newman et al., 2019.

물론 좋은 뉴스도 많지만, 전반적으로 한국 방송영상 뉴스는 개선해 가야
할 부분이 많다. 〈그림 10-16〉에서 보듯이 뉴스에 대한 시민 신뢰도는 조사
대상 42개국 중 한국이 꼴찌다. 물론, 이것은 신문과 방송영상미디어 모두
를 합친 일반적 뉴스에 대한 것이다.

　　〈그림 10-17〉을 보면 전반적으로 한국의 지상파나 뉴스전문 채널 뉴스 신
뢰도는 신문보다 높은 편이다. 그러나 영국의 지상파나 뉴스전문 채널 점수
와 비교하면 여전히 낮다고 볼 수 있다.

5. 파편화 시대의 과제

앞서 이야기했지만, 현재 한국은 기존 미디어 수가 늘어나고 있을 뿐만 아니
라, 새로운 유형의 온라인 미디어가 속속 등장하고, 1인 미디어도 만개하고
있다. 그런데 이러한 미디어 경쟁은 방송영상 저널리즘의 고질적 문제들이
더해져 시장경제 이론과 달리 부정적 결과를 낳고 있다는 비판을 받는다. 사
람들은 이러한 환경에서 자신들이 원하는 내용만 골라서 보려는 선택적 심
리기제를 발동하여, 기존 취향과 이념 등에 맞는 뉴스미디어만 접하기 때문
이다. 특히 온라인 미디어는 방송법에 명시된 규제를 받지 않기 때문에 "절

〈그림 10-18〉 정파성을 극명히 내세우는 뉴스의 예: 〈고발뉴스〉와 〈펜앤뉴스〉

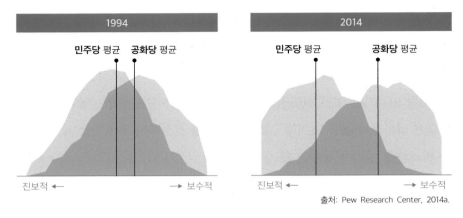

〈그림 10-19〉 정당 지지에 따른 이념 차이 변화(1994 vs. 2014)

출처: Pew Research Center, 2014a.

제되지 않은 자유"를 만끽하는 이용자들이 넘쳐난다.

오늘날 사회에서 시민들은 이데올로기적으로 정파적으로 더욱 양극화되는 추세다. 퓨리서치센터의 조사 결과, 〈그림 10-19〉에서 보듯이 1994년에 미국 공화당 지지자 23%는 민주당원 평균보다 더 자유주의적이었으며 민주당 지지자 17%는 공화당원 평균보다 더 보수적이었다. 그러나 2014년에 이 수치는 각각 4%와 5%로 줄었다. 상대 당을 싫어하는 정도도 두 배 이상 늘었다. 그만큼 지지하는 정당이 다르면 이념 차이도 커지고 있다(Pew Research Center, 2014a).

이러한 이념적 양극화 현상은 정치 환경 변화의 탓도 있겠지만 미디어 분화의 결과이기도 하다. 사람들은 서로 다른 뉴스 소스에 의존하여 서로 다른 세계에서 살고 있다. 〈그림 10-20〉이 보여주듯이 미국에서 진보적 이념을 가진 시민과 보수적 이념을 지닌 시민이 이용하는 미디어는 크게 다르다. 그런데 자신의 사고를 강화해 주는 미디어, 자신의 태도와 가치에 맞는 내용만 노출하려는 경향은 진보적 또는 보수적 성향이 강할수록 더욱 커진다(Pew Research Center, 2014b). 〈그림 10-21〉은 미국에서 조사한 결과로, 26%에 달하는 사람들이 정치견해가 다르다는 이유로 페이스북 친구를 차단한다. 자신과 견해가 다른 사람을 차단하면 다른 견해는 어떻게 들을 수 있겠는가. 결국 자신이 가진 기존 신념과 가치가 공고화될 뿐이다.

　이렇게 가치와 이해, 관심이 파편화된 시대에 그에 맞춰 파편화된 저널리즘은 사회통합을 마비시킬 우려가 있다. 이것은 서로 다른 가치와 취향, 이념을 지닌 사회집단들은 토론하면 할수록 오히려 차이가 더 벌어진다는 '집단 양극화의 법칙'(*The Law of Group Polarization*) 이 미디어를 통해 더 극명하게 작용함을 보여준다(Sunstein, 1999).

〈그림 10-20〉 정치성향에 따른 미디어 이용 (2014)

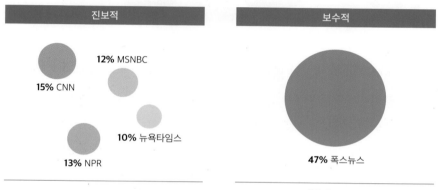

출처: Pew Research Center, 2014b.

〈그림 10-21〉 정치성향에 따른 정치견해가 다른 페이스북 친구 차단 비율 (2014)

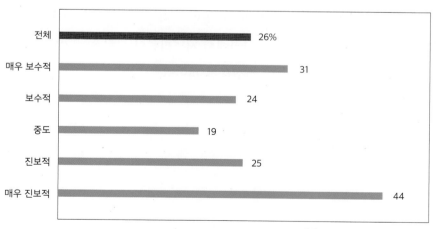

출처: Pew Research Center, 2014b.

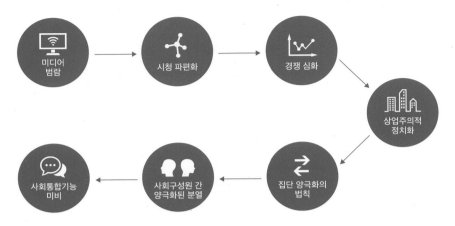

〈그림 10-22〉 파편화 시대의 저널리즘

미디어 범람 → 시청 파편화 → 경쟁 심화 → 상업주의적 정치화 → 집단 양극화의 법칙 → 사회구성원 간 양극화된 분열 → 사회통합기능 미비

　각종 미디어와 콘텐츠가 범람하는 시대에 이용자의 주목은 분산되고 있고 주목을 끌기 위한 경쟁에서 뉴스도 예외일 수 없다. 이때 많은 뉴스 서비스가 상업주의적 정치화의 길을 선택하는데, 이는 집단 양극화의 법칙에 따라 사회를 양극화된 분열 상태에 이르게 할 수 있다. 앞서 잠깐 언급한 선택적 심리기제에 따라 사람들은 자신에게 심리적 불편함을 주는 내용과 미디어를 멀리하고 그에 따라 기존 생각을 강화하게 된다. 뉴스 서비스는 생존을 위해 이런 심리를 이용해 정파성을 더욱 강화하여 집단의 생각을 양극화하려 할 수 있다. 그런데 이는 미디어에 기대해왔던 사회통합 기능을 완전히 거꾸로 실행하는 것을 의미한다. 이런 상황에서 저널리즘의 원칙을 지키면서 주목을 끄는 뉴스 서비스의 기능이 절실해진 것이다.

6. 나가며

홍수가 나면 가장 귀한 것이 물이라고 한다. 사방천지가 물로 덮여 있는데 정작 마실 물이 없다는 것이다. 이 장에서 살펴본 대로 오늘날은 다양한 뉴스 형태와 서비스로 그야말로 뉴스가 홍수를 이루는 시대다. 그런데 이 상황에서 오히려 이용자들은 공정하고 신뢰할 수 있는 양질의 뉴스에 목말라하고 있다. 다양하고 새로운 뉴스 서비스가 속속 등장해 이용자의 주목이 파편화되었을 뿐, 뉴스에 대한 수요는 여전한 것이다.

그런데 이 수요에 부응해 선택되는 것은 양질의 뉴스가 아니라는 데 우리의 고민이 있다. 더 선정적이고 더 정파적인 뉴스가, 더 자극적인 제목의 뉴스가 선택되는 것이 현실이다. 이 시대에 저널리즘 원칙에 충실한 '정통 뉴스'는 선택받기 어렵다며 포기한 기자도 있을 것이다. 그러나 지금 더욱 귀해지는 것, 시장경제 원리에 의해 값비싼 것은 신뢰할 만한 뉴스 서비스와 신뢰할 만한 뉴스다. 이 비어 있는 '틈새시장'을 노리는 것이 현명한 선택이 될 수 있을 것이다.

참고문헌

강형철(2007). 탐사보도프로그램의 내용 다양성에 관한 연구: 한국 주요
　　　　탐사보도 프로그램 내용분석. 〈한국방송학보〉, 21권 1호, 7~46.
김수정(2003). 뉴스객관성의 영상화: 한국과 미국의 환경뉴스 사례의 비교연구.
　　　　〈한국언론학보〉, 47권 5호, 363~384.
배정근(2018). 방송사의 소유와 재원 구조 차이에 따른 기자의 자율성 인식 비교:
　　　　자원의존이론을 중심으로. 〈한국콘텐츠학회논문지〉, 18권 3호, 148~159.
심석태·김호성·김재용·정필모·최문호·임장혁·강형철·윤태진·이민규·임대근
　　　　(2014). 《방송뉴스 바로 하기: 저널리즘의 7가지 문제와 점검 목록》.
　　　　서울: 컬처룩.
윤호진(2006). 《디지털미디어 환경과 방송뉴스의 대응전략》. 서울: 한국방송영상산업진흥원.
이재경(2004). 〈한국 TV뉴스 양식과 취재 시스템〉. 서울: 한국언론학회
이준웅·황유리(2004). 한국형 방송 뉴스 도식의 발견. 〈한국방송학보〉,
　　　　통권 18권 3호.
최영재·손영준(2005). 〈한국방송뉴스 양식의 관행 연구〉. 서울: 한국방송학회.

Armaoo, R. (2000). The history of investigative reporting. In M. S. Greenwald
　　　　& J. Bernt(Eds.), The Big Chill: Investigative Reporting in the Current Media
　　　　Environment(pp. 35~49). Ames: Iowa State University Press.
Bourdieu, P. (1998). On Television and Journalism. London: Pluto.
Ehrlich, M. C. (2000). Not ready for prime time: Tabloid and investigative
　　　　TV journalism. In M. S. Greenwald & J. Bernt(Eds.), The Big Chill:
　　　　Investigative Reporting in the Current Media Environment(pp. 103~119).
　　　　Ames: Iowa State University Press.
Eichholz, M(2003). What's news: News definitions across cultures.
　　　　Ph. D. thesis at the University of Syracuse.

Hallin, D. C. (1996). Commercialism and professionalism in the American news media. In J. Curran & M. Gurevitch(Eds.), *Mass Media and Society* (pp. 243 ~262). New York: Arnold.

Houghton Mifflin(1992). *The American Heritage Dictionary of the English Language*, 3rd ed., Houghton Mifflin.

McManus, J. H. (1994). *Market-Driven Journalism: Let the Citizen Beware?* London: Sage.

Newman, N., Fletcher, R., Kalogeropoulos, A., & R. Nielsen(2019). *Reuters Institute Digital News Report 2019* (vol. 2019). Reuters Institute for the Study of Journalism.

Pew Research Center(2014a). Political polarization in the American public: How increasing ideological uniformity and partisan antipathy affect politics, compromise and everyday life. Available at: https://www.pewreserch.org.

_____ (2014b). Political polarization & media habits: From Fox News to Facebook: How liberals and conservatives keep up with politics. Available at: https://www.pewreserch.org.

_____ (2018). Americans still prefer watching to reading the news: And mostly still through television. Available at: https://www.pewreserch.org.

Project for Excellence in Journalism(1998). Changing definition of news. Available at: https://www.pewreserch.org.

_____ (2004). The state of the news media 2004: An annual report on American journalism. Available at: https://www.pewreserch.org.

Schudson, M. (1996). The sociology of news production revisited. In J. Curran & M. Gurevitch(Eds.), *Mass Media and Society* (pp. 141~159). New York: Arnold.

Sunstein, C. R. (1999). The law of group polarization. John M. Olin Program in Law & Economics Working Paper No. 91.

Tuchman, G. (1978). *Making News: A Study in the Construction of Reality*. New York: Free Press.

강신규

1. 들어가며

이 장에서는 방송영상미디어 광고가 방송과 시청자, 나아가 우리 사회와 일상에 얼마나 중요한 의미를 갖는지에 주목한다. 방송영상미디어 광고는 광고를 목적으로 하는 방송영상 내용물로, 사적 재화임에도 공적 책임을 갖는 방송사의 주된 재원으로 기능한다. 그렇기에 방송영상미디어 광고는 '방송영상미디어'와 '광고'라는 단어의 합 이상의 가치를 지닌다. 이 장의 구조는 다음과 같다. 먼저 방송영상미디어 광고가 가진 고유의 특성과 의미를 끄집어낸다. 다음으로 방송영상미디어 광고가 플랫폼별·유형별로 어떤 차이를 갖고, 어떤 절차를 통해 집행되는지 살핀다. 마지막으로 방송영상미디어 광고에 현재 어떤 변화가 닥치고 있으며, 앞으로 방송영상미디어 광고는 어떻게 될지, 그리고 그것을 우리는 어떻게 이해해야 할지 논의한다.

2. 방송영상미디어 광고의 정의와 가치

1) 방송영상미디어 광고의 정의

방송영상미디어 광고란 광고주가 특정 상품이나 서비스에 관한 정보를 방송영상미디어를 통해 시청자에게 전달하여 구매행동을 유발함으로써 판매를 촉진하는 설득 커뮤니케이션의 일환이다. 특정 상품 판매를 위해 상품의 개념과 속성, 특징 등을 수용자에게 널리 알리는 것이 방송영상미디어 광고의 일차적 목적이다. 하지만 이렇게 협의로만 정의한다면 방송영상미디어 광고는 다른 광고들과 크게 다를 바가 없다. 더 넓은 관점에서 방송영상미디어 광고를 논의하기 위해서는 방송영상미디어 광고가 지닌 고유의 가치들에 주목할 필요가 있다. 방송영상미디어 광고가 다른 광고들과 다른 이유는, 당연하게도 그것이 '방송영상미디어'를 통해 전달되기 때문이다.

물론 모든 방송영상미디어 광고가 유사한 가치를 갖는 것은 아니다. 플랫폼에 따라서도 다르게 접근 가능하다. 동일한 내용의 광고도 그것이 지상파 방송의 광고냐 유료방송의 광고냐에 따라 다른 가치를 지니고 다르게 평가될 수 있다. 이는 방송영상미디어 광고가 무엇을 보여주느냐보다 무엇을 통해 보여주느냐에 따라 다른 속성을 가짐을 의미한다. 최근에는 인터넷에 기반한 미디어들까지 전통적 의미의 방송을 위협하고 있는 실정이다. 변화하는 미디어 환경 속에서도 방송영상미디어 광고가 갖는 가치는 이전과 같지 않을 수 있다. 이처럼 방송영상미디어 광고의 가치는 불변의 것이 아니다. 시대에 따라, 사회·문화·정치적 상황에 따라, 그리고 기술이나 미디어 환경 변화에 따라 언제든 모습을 달리할 수 있다(강신규, 2019).

2) 방송영상미디어 광고의 가치

(1) 경제적 가치

방송영상미디어 광고는 광고주에게 제품판매 및 이미지 제고 수단으로, 시청자에게 정보전달 및 구매촉진 채널로 기능해, 소비수요를 진작하고 내수시장 활성화에 기여한다. 광고주를 시청자와 연결하는 매개체는 방송사다. 방송사는 콘텐츠에 대한 시청자의 관심을 구매하는 광고주로부터 수익을 얻는다. 특히 지상파방송사나 방송채널사용사업자(PP)에게 있어 광고는 주된 재원으로 기능한다. 2018년 기준 방송사업 매출 대비 광고매출 비중은 지상파방송사가 34.3%, 일반 PP가 59.7%(협찬 포함)였다. 수신료로 운영되는 KBS 1 TV가 KBS 수치에 포함돼 있음을 감안하면, 지상파방송 사업 매출에서 광고매출이 차지하는 비중은 더 높으리라고 추측할 수 있다. 한편, 유료방송의 전체 매출에서 광고매출이 차지하는 비중은 미미한 수준이다(과학기술정보통신부·방송통신위원회·정보통신정책연구원, 2019). 특히 수신료를 받지 않는 지상파방송(MBC, SBS 등)에서 광고가 매우 중요할 수밖에 없는 이유다.

〈그림 11-1〉 매체별 방송사업 매출 구성비 (2014 vs. 2018)

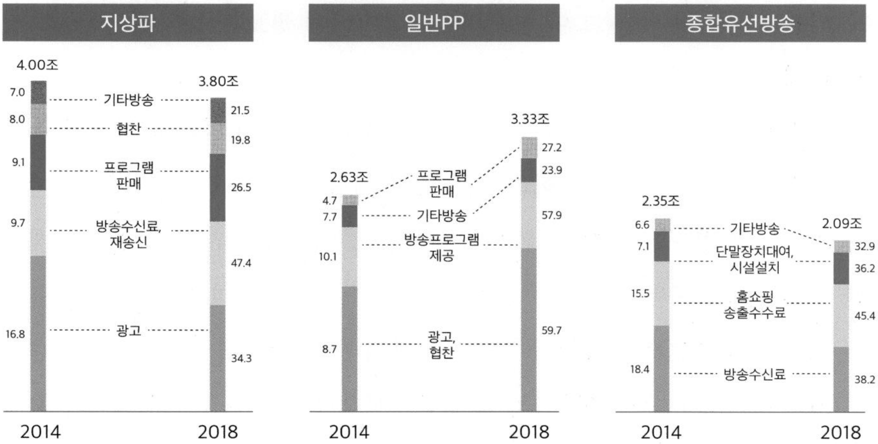

출처: 과학기술정보통신부·방송통신위원회·정보통신정책연구원, 2019.

방송영상미디어 광고매출은 양질의 콘텐츠 제작을 위한 근간이 되고, 양질의 콘텐츠는 생산유발・부가가치유발・취업유발 등의 경제적 파급효과를 갖는데, 이는 국내 문화산업뿐 아니라 한류로까지 나아간다. 하지만 경제적 이익이나 효과로 인해 방송영상미디어 광고가 비판이나 규제의 대상이 돼온 측면도 있다. 지나칠 경우 "방송콘텐츠의 상업화와 시청률지상주의로 이어진다", "긍정적이지 못한 경쟁을 심화하거나 과대광고로 인해 제품・서비스 가격 상승을 초래한다", "그 내용이 시청자들의 물질만능주의를 조장하고 잘못된 소비관을 형성하며 과소비를 조장할 수 있다" 등의 비판이 따라다녔다. 그로 인해 전통적 방송광고는 프로그램과의 분리・허용범위・시간・횟수・방법 등에 대한 규제를 받아왔다(강신규, 2019).

(2) 공익적・공공적 가치

방송영상미디어 광고를 통해 공익적・공공적 가치를 실현할 수 있다. 방송의 공익성・공공성이 구체적으로 무엇인지에 대한 사회 차원의 합의나 공감대는 형성돼 있지 않다. 현상 형태의 하나로서 방송을 바라보는 관점의 차이에 따라 공익성・공공성을 다르게 규정하기 때문이다(심영섭・허찬행・전기철・김선아, 2013). 공익성・공공성을 방송영상미디어 광고에 적용한다 해도 마찬가지다. 아니, 그 이전에 방송영상미디어 광고는 공익적・공공적인지에 대한 질문을 던져 볼 필요가 있다.

공익광고가 아닌 이상 방송내용물로서 방송영상미디어 광고 자체가 공익성・공공성을 지닌 영상물이라고는 보기 어렵다. 오히려 방송영상미디어 광고는 일반 방송프로그램들과 달리 사적 이익을 얻기 위해 광고주가 제작한 영상물로 간주된다(고민수, 2011). 다만 방송프로그램 사이사이 혹은 안에 포함되는 광고를 방송영상미디어와 분리해 생각할 수 없으므로, 방송영상미디어 광고가 갖는 본질과 쓰임새를 구분해 공익적・공공적 성격을 논의할 수 있을 뿐이다(심영섭・허찬행・전기철・김선아, 2013).

광고주의 사적 이익을 위한 영상물이라 해도, 방송영상미디어 광고는 양질의 콘텐츠 제작을 위한 재원으로 기능하면서 콘텐츠 이용에 대한 경제적 부담 경감을 통해 시청자 후생을 증대한다. 콘텐츠 질 담보와 보편적 서비스 제공을 위해 적정 수준의 광고매출 확보는 필수적이다. 이처럼 쓰임새를 고려했을 때, 방송영상미디어 광고는 방송산업 발전을 통해 사회 전반의 이익을 위한 재정적 기반이 된다는 점에서 공익적·공공적이다. 또, 광고 결합판매를 통해 지역·중소 방송사를 지원함으로써 지역성과 다양성 구현에 기여하기도 한다(강신규, 2019).

반면, 광고가 방송영상미디어의 공익성·공공성을 오히려 훼손하는 경우도 있다. 가령 과도하거나 적절하지 못한 간접광고나 중간광고는 시청흐름을 끊고 시청자의 콘텐츠에 대한 몰입을 방해한다. 콘텐츠를 만드는 입장에서도 광고에 대한 고려는 창작의 필수요소임과 동시에 장애요소로 기능할 수 있다. 저널리즘 차원에서는 광고주 편향도 문제다. 광고주 편향은 단순히 광고주를 칭찬·미화하는 것뿐 아니라 그들의 주장을 검증 없이 받아들이는 행위, 관련된 개인들을 신비화하는 행위도 포함된다. 노동자 등 다른 세력과의 갈등관계에서 경제·산업성장이나 안정, 시민들의 불편을 내세우는 것도 광고주 편향이라 할 수 있다(심석태 외, 2013).

방송영상미디어 광고의 공익적·공공적 가치는 경제적 가치와 상반되는 것처럼 보이지만 실은 상보관계에 있다. 때문에 중요한 것은 둘 중 어느 가치에 우선순위를 두느냐가 아니라 어떻게 사적 이익과 사회적 이익을 조화롭게 만들어 갈지에 대해 고민하는 일이다. 다른 한편으로, 방송영상미디어 광고의 공익성·공공성 제고는 당장 경제적 이익으로 환원되지 않는다 해도, 사회의 건강한 발전과 관련된 영역이면서 중·장기적으로는 방송산업 성장에도 기여할 수 있다.

앞서 언급했듯 방송영상미디어 광고의 공익적·공공적 가치는 방송의 공익적·공공적 역할에서 비롯되는데, 이는 시장주의 가치가 확대하는 상황에서 위축되는 공공부문의 유지를 위해 방송에 책무성을 담보하여 그 존재의 정당성을 확보하려는 기획에서 비롯되었다(오하영·강형철, 2015). 따라서 공익성·공공성은 지금까지 그래왔듯 향후에도 변함없이 지속되어야 할 방송영상미디어 광고의 가치이면서, 방송영상미디어 광고가 존재하는 중요한 이유라 할 수 있다. 그리고 방송영상미디어 광고의 공익적·공공적 가치의 제고는 그것이 방송산업 발전과 시청자에게 기여하는 공적이익을 확대하고, 광고로 인해 발생하는 공익성·공공성 훼손 가능성을 축소 혹은 차단함으로써 달성할 수 있다(박찬표, 2002).

(3) 문화적 가치

광고는 동시대 사회의 문화를 반영한다. 광고 안에는 지금 여기를 살아가는 사회구성원의 욕구, 신념, 규범, 행동양식 등이 담겨 있다(de Mooij, 2013; Hung, Tse, & Cheng, 2012). 그리고 동시에 광고는 그 사회의 문화에 영향을 미친다(Pollay, 1986; Schudson, 1984). 때문에 광고에는 사회구성원들이 무엇을 필요로 하는지, 무슨 생각을 하며 어떻게 살아가는지가 녹아들어 있다. 이처럼 광고는 문화와 상호연관된다. 광고를 사람들의 일상과 가치관에 영향을 미치는 중요한 문화구성체라 봐야 하는 이유다.

광고가 이처럼 광범위한 영향력을 펼칠 수 있는 것은 다음과 같은 이유 때문이다. 첫째, 광고는 의도적으로 설득성이 강하다. 둘째, 다양한 매체를 통해 반복적으로 전달된다. 셋째, 전문적으로 고안된다. 광고업계는 시장조사와 카피연구, 매체계획 조사 등을 통해 더욱 정교한 설득을 하고자 한다(김민환·김광수·심재웅·장은영, 2001).

문화와의 관련성이 큰 만큼, 잘못 제작되거나 그릇된 메시지를 담은 광고는 동시대 문화에 좋지 않은 영향을 미친다. 가령, 인간의 존엄성 및 생명을 경시하거나, 폭력·범죄·반사회적 행동을 조장하거나, 지나친 공포감이나 혐오감을 조성하거나, 음란·선정적이거나, 특정 젠더를 비하하는 등의 내용을 포함하는 광고는 수용자의 윤리적 감정이나 정서를 해칠 우려가 있다. 이상적 사회상, 가족상, 인간형 등에 대한 지나친 강조는 자칫 수용자의 바람직하지 못한 가치관 형성이나 문화수준의 획일화로 이어질 수 있다. 설득효과가 강한 만큼, 광고가 초래할 우려가 있는 문화적 역기능에 대해서도 관심을 갖고, 그것을 비판적으로 읽어내기 위한 능력을 길러야 하는 이유다.

위의 내용들이 광고 전반이 갖는 특수성에서 비롯된다면, '방송'광고가 갖는 특수성은 다음에서 비롯된다. 첫째, 방송의 보편성과 대중성이다. 거의 모든 사람들이 하루의 많은 시간을 (의도하든 의도하지 않든) 방송과 함께한다. 출퇴근길 교통수단에서도, 잠깐 들어간 커피숍에서도, 그리고 식당에서도 방송을 보고 들을 수 있다. 아무리 시청률이 예전 같지 않다고 해도 방송은 여전히 불특정 다수에게 특정 메시지를 도달하게끔 하는 데 있어 강력한 미디어다. 방송콘텐츠는 꼭 TV 수상기가 아니라 해도 다른 기기를 통해 언제 어디서든 시청 가능하다. 그런데도 실시간 TV 수상기를 통해서만 시청률이 측정되기 때문에 그 이용 정도가 실제보다 과소평가되는 측면이 존재한다. 둘째, 즉시성과 시의성이다. 전파를 타는 순간 즉각적이면서도 시의적절하게 퍼지기에, 다른 미디어들에 비해 상대적으로 효과가 높다. 셋째, 인쇄광고(문자+영상)나 라디오광고(음향)와 달리 방송영상미디어 광고는 영상과 음향을 동시에 전달한다. 훨씬 직접적이면서 감각적으로 메시지를 전달할 수밖에 없다. 때문에 방송영상미디어 광고는 다른 미디어에서 내보내는 광고들보다 수용자에게 더 큰 영향을 미친다.

이상에서 언급한 세 가치들은 독립적으로 논의 가능하면서도 상호배타적이지 않다. 방송영상미디어 광고는 서로 어울릴 것 같지 않은 경제적 가치와 공익적·공공적 가치 그리고 문화적 가치를 동시에 지니는 혼성적 존재다. 그리고 경제적 가치가 방송영상미디어 광고의 효과와 관련된다면, 공익적·공공적 가치는 활용, 문화적 가치는 의미와 더 관련된다.

경제적 가치에 비해 나머지 두 가치는 상대적으로 관찰하고 측정하기가 용이하지 않다는 특성도 지닌다. 두 가치가 추상적이면서도 합의되지 않은 여러 뜻을 포함하기에, 경제적 가치가 방송영상미디어 광고 논의에서 더 빈번하게 앞서기도 한다. 하지만 그것이 경제적 가치가 다른 두 가치에 비해서 우선시해야 할 가치임을 의미하지는 않는다. 모두가 상호작용하며, 문화·사회·정치적 상황에 따라 하나의 가치가 다른 가치보다 앞서거나 뒤처지는, 때로는 조금씩 때로는 많이 변화하는 것이 세 가치의 관계다(강신규, 2019).

3. 플랫폼별 방송영상미디어 광고

1) 지상파 TV 방송광고

지상파 TV 방송광고는 오랜 시간 전체 미디어·플랫폼 광고시장에서 규모에 있어서나 영향력에 있어서나 왕좌를 차지해왔다. 하지만 제작비 투자 감소, 경험 많은 연출자와 스타 이적, 일부 PP의 상대적 약진, 시청환경 변화(젊은 층의 TV 이탈, 온라인동영상서비스 이용 증가 등)와 같은 상황이 원인과 동시에 결과로 작용하면서 지상파 TV 방송광고는 조금씩 PP나 온라인 미디어·플랫폼 광고에 자리를 내주고 있다(강신규·박성철, 2018). 그 증거로 케이블·종편, IPTV 광고가 꾸준히 성장 중이라면, 지상파 TV와 라디오방송광고는 축소되고 있다. 한편, 전체 방송 광고비가 조금씩 줄어드는 반면, 온라인광고비는 크게 늘고 있다(과학기술정보통신부·한국방송광고진흥공사, 2019).

지상파 TV 방송광고는 다른 미디어·플랫폼 광고에 비해 제작·편성단가가 비싼 편이나, 여전히 다른 미디어들에 비해 광범위한 도달을 주된 특징으로 한다. 그리고 이런 높은 진입장벽과 광범위한 도달력으로 다른 미디어·

플랫폼에 비해 해당 제품이나 브랜드에 대한 위신과 사회적 영향력을 쉽게 제고한다. 진입장벽이 높을 뿐, 단가 대비 도달률을 감안하면 오히려 다른 광고들에 비해 저렴한 편이기도 하다. 시각적 요소와 청각적 요소를 동시에 동원해, 메시지 전달효과도 높고 다양한 내용물 제작(컴퓨터그래픽 활용 광고, 휴먼드라마 형식의 광고 등)이 가능하다.

〈표 11-1〉 방송과 온라인 광고비 비교 (2016~2019)

구분	매체	광고비			
		2016년	2017년 (증감률)	2018년 (증감률)	2019년 (증감률)
방송	지상파 TV	1,745,314	1,551,679 (-11.1%)	1,421,935 (-8.4%)	1,235,195 (-13.1%)
	지상파 DMB	7,247	5,287 (-27.0%)	4,404 (-16.7%)	3,564 (-19.1%)
	라디오	239,915	253,015 (5.5%)	207,309 (-18.1%)	194,261 (-6.3%)
	PP	1,895,123	1,853,673 (-2.2%)	1,712,965 (-7.6%)	1,664,577 (-2.8%)
	SO	134,585	139,124 (3.4%)	140,775 (1.2%)	127,465 (-9.5%)
	위성방송	28,300	47,972 (69.5%)	51,130 (6.6%)	50,358 (-1.5%)
	IPTV	84,586	99,307 (17.4%)	116,113 (16.9%)	116,615 (0.4%)
	계	4,135,069	3,950,057 (-4.5%)	3,654,632 (-7.5%)	3,392,035 (-7.2%)
온라인	인터넷(PC)	2,173,087	1,909,192 (-12.1%)	2,055,449 (7.7%)	1,961,360 (-4.6%)
	모바일	1,981,637	2,865,945 (44.6%)	3,661,755 (27.8%)	4,567,759 (24.7%)
	계	4,154,724	4,775,137 (14.9%)	5,717,205 (19.7%)	6,529,120 (14.2%)

출처: 과학기술정보통신부·한국방송광고진흥공사, 2019.

반면, 광고 메시지의 길이가 짧다는 점, 광고주가 자사 제품·서비스나 브랜드에 적합한 시청자를 선택하기 어렵다는 점 등이 단점으로 꼽힌다. 10대 타깃 음악프로그램에 교복, 등산의류 등이 집중되는 것처럼 유사한 소비층을 가진 광고주가 특정 프로그램에 몰릴 가능성도 있다. 다음 시즌 광고판매가 미리 이뤄지므로, 광고집행의 유연성이 높지 않다. 예를 들어, 다음 시즌 모델이 부적절한 일로 사회적 지탄을 받을 경우 대처가 어렵다.

2) PP 광고

전파의 공공성·회소성 등을 이유로 지상파방송광고에 높은 수준의 많은 규제가 이뤄졌다면, 상대적으로 PP 광고는 약하게 규제받았다. 때문에 편성과 내용에서 PP 광고는 비교적 자유로운 편이다. 지상파방송에는 허용되지 않는 중간광고가 가능하고, 같거나 유사한 광고를 연속적으로 배치할 수 있다. 푸티지 광고(*footage advertisement*)와 같은 변형광고도 특히 PP 광고에서 자주 발견된다. 푸티지 광고는 드라마나 예능프로그램의 실제 장면을 삽입하는 광고다. 원래 있는 장면을 활용하기에 제작비가 적게 들고, 인기 프로그램에 대한 호감을 그대로 제품에 연결할 수 있다는 이점을 지닌다.

다른 무엇보다 PP 광고의 가장 큰 특징은, 특정 시청자에게 소구할 수 있다는 점이다. 종합편성채널을 제외하면 대부분의 PP는 특정 분야의 콘텐츠를 만드는 데 집중한다. 예컨대 tvN은 오락, OCN은 영화, Mnet은 음악, 올리브는 요리, YTN은 보도 콘텐츠 제작에 주력한다. 그냥 재핑하다가 특정 PP 채널에 머물 수도 있지만, 많은 시청자들은 전문분야 콘텐츠를 보기 위해 해당 채널을 방문한다. 그렇기에 광고주 입장에서는 지상파방송에 비해 타깃팅된 광고를 내보내는 일이 가능하다. 예를 들어 Mnet에 음악관련 기기나 서비스 광고를 내보냄으로써 구매나 이용효과 제고를 기대할 수 있다. 광고비 또한 상대적으로 저렴하고 프로그램과 연계한 기획도 용이하기 때문에, 신제품을 테스트하고 광고효과를 측정하며 다양한 광고기획을 시행하기에 적합하다.

특정 시청자에게 소구하기 유리하다는 점은, 일반 시청자에게 소구하는 데는 한계가 있다는 점으로도 연결된다. PP 광고는 지상파 TV 방송광고에 비해 그 효과가 제한적일 수밖에 없다. 또, 유효한 광고효과를 거두기 위해서는 다수의 채널에서 광고를 집행해야 하는데, 여러 PP 채널에 광고를 함께 집행하는 경우 채널 간 간섭효과로 인해 광고효과가 떨어질 우려도 있다.

3) 라디오방송광고

라디오방송광고는 PP 광고보다 더 분명한 타깃을 대상으로 광고를 집행할 수 있다. 프로그램이 비교적 전문화되어 있어, 해당 채널별로 특정 청취자를 대상으로 한 광고를 기획할 수 있다. 시각적 요소를 활용하지 않고, 성우에 의한 낭독이나 효과음과 같은 청각적 요소들만 구성돼 제작·편성단가가 방송영상미디어 광고 중 가장 저렴하다. 비용이 적게 들기 때문에 지역 내 중소기업들도 비교적 쉽게 광고를 집행한다. 광고 메시지의 반복 송출 또한 가능하다. 미디어 특성상 높은 이동성을 가지기에, 공간의 제약에서 벗어나 자연스럽게 청취자에게 다가간다.

하지만 시각을 동원하지 않는 광고라는 점은 메시지 표현과 전달 차원에 있어 명확한 한계를 드러낸다. 라디오 청취자층이 비교적 고정돼 있고 꾸준히 청취가 이뤄진다고는 해도, TV 시청자에 비해서는 그 규모가 훨씬 작다. 다른 일을 하면서 듣는 라디오광고가 당장의 소비로 연결되기 어렵다는 측면도 있다.

<표 11-2> 플랫폼별 방송영상미디어 광고의 장단점 비교

구분	장점	단점
지상파 TV 방송광고	• 광범위한 도달 • 해당 제품 및 서비스나 브랜드에 대한 위신과 사회적 영향력을 쉽게 제고 • 시청각적 요소를 동시에 동원하여, 메시지 전달효과도 높고 다양한 내용물 제작 가능 • 메시지의 지속적 반복을 통해 시청자에게 전달됨	• 다른 미디어에 비해 제작비와 편성비가 비싼 편임 • 광고 메시지의 길이가 짧음 • 광고주가 자사 제품 및 서비스, 브랜드에 적합한 시청자를 선택하기 어려움 • 유사 소비층을 가진 광고주가 특정 프로그램에 몰릴 가능성이 있음 • 광고집행의 유연성이 높지 않음
PP 광고	• 광고 편성과 내용이 지상파방송에 비해 자유로운 편 • 중간광고, 연속광고, 변형광고와 같은 다양한 형태의 광고편성이 가능 • 특정 시청자에게 소구할 수 있음 • 광고비가 상대적으로 저렴하고 프로그램과 연계한 기획도 용이하기 때문에, 신제품을 테스트하고 광고효과를 측정하며 다양한 광고기획을 시행하기에 적합함	• 지상파방송에 비해 광고효과가 제한적임 • 유효한 광고효과를 거두기 위해서는 다수의 채널에서 광고를 집행해야 하는데, 이 경우 채널 간 간섭효과로 인해 광고효과가 떨어질 우려가 있음
라디오 방송광고	• 보다 분명한 타깃을 대상으로 광고집행 • 프로그램이 비교적 전문화되어 있어, 해당 채널별로 특정 청취자를 대상으로 한 광고를 기획할 수 있음 • 성우에 의한 낭독이나 효과음과 같은 청각적 요소들만 구성돼 제작 및 편성 단가가 방송영상미디어 광고 중 가장 저렴함 • 지역 내 중소기업들도 비교적 쉽게 광고를 집행 • 광고 메시지의 반복 송출 가능 • 공간의 제약에서 벗어나 자연스럽게 청취자에게 접근	• 청각만을 동원하므로 메시지 표현과 전달 차원에서 명확한 한계가 드러남 • TV 시청자에 비해 규모가 훨씬 작은 청취자를 가짐 • 다른 일을 하면서 듣는 라디오광고가 당장의 소비로 연결되기 어렵다는 측면도 존재

4. 방송영상미디어 광고의 유형

1) 프로그램광고

프로그램광고는 말 그대로 방송프로그램 전후에 편성되는 광고다. 방송프로그램 시작 타이틀 고지 후부터 본방송프로그램 시작 전까지, 본방송프로그램 종료 후부터 방송프로그램 종료 타이틀 고지 전까지 편성된다. 광고주가 프로그램의 스폰서로 참여, 언제든 광고시간을 구매할 수 있으며, 타깃시청자, 광고편성 등에서 상당 수준의 유연성 확보가 가능하다는 이점이 있다. 반면, 광고주가 프로그램 내용을 통제할 수 없고, 인기 프로그램의 경우 대규모 자본을 소유한 소수 광고주에 의해 매점될 수 있다는 제한점을 가진다

2) 토막광고

토막광고는 방송프로그램과 프로그램 사이에 편성되는 광고다. 방송프로그램 종료타이틀 고지 후부터 다음 프로그램 시작타이틀 고지 전까지 송출된다.

〈그림 11-2〉 토막광고와 프로그램광고의 흐름

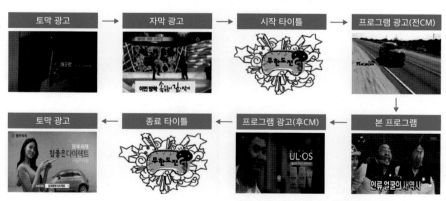

출처: 과학기술정보통신부·한국방송광고진흥공사, 2019: 3.

지상파방송에서는 20~30초간 집행되며, 프로그램광고와 달리 방송 권역별로 제한해 광고를 집행할 수 있기 때문에, 지역광고의 비율이 상대적으로 높은 편이다. 단점으로는 프로그램광고와 달리 지역광고, 공공서비스 공지 등과 같은 광고가 송출돼 시청자들이 혼란을 느낄 수 있다는 점, 토막광고가 방송되는 프로그램 사이의 시간대에는 시청자들이 TV 시청으로부터 휴식을 취하려는 경향이 있다는 점 등을 꼽을 수 있다.

3) 자막광고

자막광고는 방송프로그램과 관계없이 자막 형태로 나타내는 광고로, 흔히 방송순서 고지("곧이어")나 방송국 명칭 고지와 함께 내보낸다.

4) 시보광고

시보광고는 현재 시간고지 시 함께 방송되는 광고다. 시간을 알리는 화면을 내보내면서 광고주를 표기하는 방식을 취한다. 특정 시간에 반복적으로 광고 메시지를 전달함으로써 시청자들에게 각인되며, 시간을 정확히 알려 준다는 신뢰성으로 인해 광고효과 또한 비교적 높은 편이다.

〈그림 11-3〉 시보광고의 사례

5) 가상광고

가상광고는 프로그램에 컴퓨터그래픽을 이용해 만든 가상의 이미지를 삽입하는 형태의 광고로, 다음과 같이 세분화된다. 첫째, 소품형 가상광고다. 실제 존재하는 소품이나 배경을 대체한 이미지를 노출하거나, 실제로 존재하지 않는 소품이나 배경을 노출한다. 둘째, 자막형 가상광고로, 문자, 숫자, 도형, 기호 등을 자막 형태로 노출한다. 셋째, 동영상형 가상광고인데, 이는 이미지, 문자 등의 모양, 크기, 위치를 변화시키는 등 상당한 움직임을 수반한다. 넷째, 그밖에 기술발전에 따라 새롭게 등장하는 가상광고들이 있다.

  가상광고는 오락프로그램, 스포츠 중계 및 보도프로그램에 한해 허용된다. 반면, 담배, 사행행위 등 방송광고가 금지되거나, 주류, 대부업 등 방송광고의 허용시간을 제한받는 상품 등에 대해서는 가상광고가 불가하다.

〈그림 11-4〉 소품형·자막형·동영상형 가상광고의 사례

출처: 방송통신위원회·시청자미디어재단, 2018: 21.

6) 중간광고

중간광고는 하나의 동일한 방송프로그램이 시작한 후부터 종료 전 사이에 해당 방송프로그램을 중단하고 편성하는 광고를 말한다. 현재 지상파방송을 제외한, SO, PP, 위성방송, 디지털멀티미디어방송(DMB: *Digital Multimedia Broadcasting*)에서 허용된다. 단, 지상파방송에서도 운동경기, 문화예술행사 등 중간에 휴식 또는 준비시간이 있는 프로그램을 송신하는 경우에는 제한적으로 중간광고를 송출할 수 있다.

지상파방송 중간광고 도입에 대해서는 찬반 입장이 첨예하게 대립해왔다. 찬성하는 입장은 양질의 방송프로그램을 제작하기 위한 하나의 재원으로서 중간광고의 필요성을 제기한다. 프로그램 전후에 배치되는 프로그램광고나 토막광고가 시청자의 재핑을 유도할 수 있으므로, 중간광고를 통해 프로그램에 대한 몰입을 재정비하고 효율적인 프로그램 시청이 가능하다고도 주장한다. 전 세계적으로 실시하고 있는 방송광고 유형인데, 한국에서만 규제하는 것은 옳지 않다는 입장도 있다. 유료방송에서는 중간광고를 이미 시행하고 있기 때문에, 지상파방송에서만 금지하는 것은 방송서비스별 균형이라는

〈그림 11-5〉 중간광고의 흐름

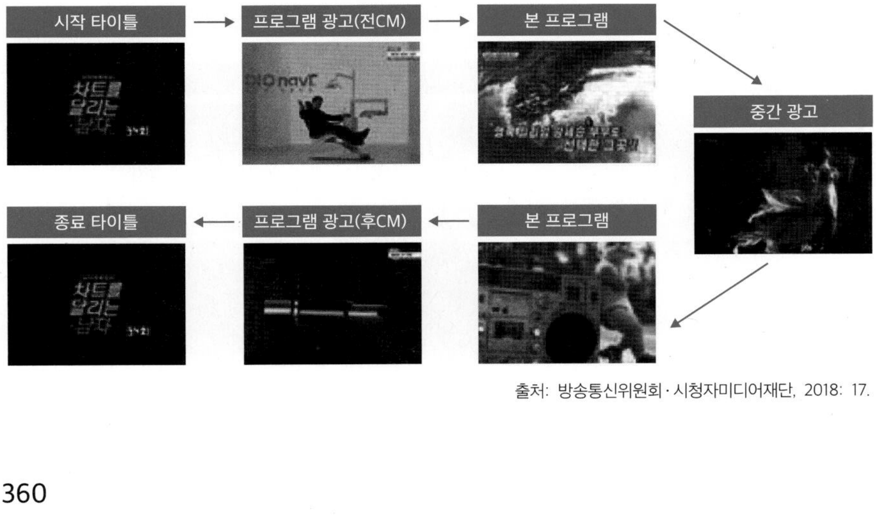

출처: 방송통신위원회·시청자미디어재단, 2018: 17.

측면에서 봤을 때 바람직하지 않다는 논의도 펼친다.

반면, 반대 측은 중간광고가 시청률지상주의를 심화시켜 방송의 공익성·공공성을 위협하고 시청자의 권익을 훼손할 수 있다고 우려한다. 중간광고 편성에 적합한 방식으로 프로그램 제작·편성이 이뤄지면서 방송광고에 대한 프로그램의 종속이 가속화될 것이라고도 말한다.

따라서 중간광고 도입으로 인한 긍정적·부정적 효과뿐 아니라, 미디어 환경과 이용행태 변화와 같이 방송을 둘러싼 맥락들에 대한 종합적인 고려가 요구된다 할 수 있다.

7) 간접광고

방송프로그램 안에서 상품을 소품으로 활용, 해당 상품을 노출시키는 광고를 말한다. 상품을 알 수 있는 표시에는 브랜드명, 로고, 브랜드명 및 로고가 모두 포함된다. 간접광고는 교양과 오락프로그램에서만 허용된다. 어린이를 주 시청대상으로 하는 프로그램, 그리고 보도·시사·논평·토론 등 객관성·공정성이 요구되는 프로그램의 경우에는 간접광고를 할 수 없다.

5. 방송영상미디어 광고의 집행

1) 지상파방송광고 판매구조

2012년에 '방송광고 판매대행에 대한 법률'(이하 미디어렙법)이 발효되기 전까지 지상파방송광고 판매는 한국방송광고진흥공사(KOBACO: Korean Broadcast Advertising Corporation)가 단독으로 행했다. KOBACO가 광고대행사를 통해 방송사와 광고주를 연결하고, 일정 수수료를 공익자금 명목으로 징수하였다. 광고주는 KOBACO만을 통해 지상파방송에 광고를 내보내고, KOBACO에 등록된 광고대행사를 통해 간접적으로 광고시간을 구매하였다. KOBACO의 설립목적은 방송의 (광고주로부터의) 독립성 확보를 통해 공공성·공익성을 유지하고, 광고 결합판매를 통해 중소·지역방송사의 경영을 유지하며, 광고요금 인상 억제를 통해 물가수준을 안정화하는 것이었다.

하지만 2008년 헌법재판소가 KOBACO의 지상파방송광고의 단독 판매대행에 대해 불합치 선고를 내린 이후, 2012년 미디어렙법이 발효됐다. 여기에는 KOBACO가 KBS, MBC, EBS, 라디오방송사의 광고판매를 계속 대행하되, SBS의 경우는 독립적으로 광고영업을 한다는 내용이 포함됐다. 이에 대한 후속조치로 SBS는 신규 민영 미디어렙인 '미디어크리에이트'의 사업허가를 받아 SBS, 지역민방 등의 광고판매를 맡았다. 이로써 방송광고 판매시장에 민영 미디어렙과의 경쟁, 종합편성채널의 직접영업 등 기존과는 다른 경쟁구도가 형성됐다.

미디어렙 체제에 대해서는 미디어렙법 이후에도 논쟁이 지속되었다. 논쟁은 크게 1공영 1민영 현 체제를 유지하자는 '제한경쟁론'과, 1공영 다민영 체제로 변화가 이뤄져야 한다는 '완전경쟁론'으로 구분된다. 완전경쟁론은 방송광고가 광고의 내용과 관련 없는 재화의 거래이므로, 방송광고 판매시장에도 완전경쟁이 도입돼야 한다고 주장한다. 한 번 민영 미디어렙을 추진했으므로, 또 다른 민영 미디어렙을 설립하는 것 역시 자연스럽다는 입장을 취한다.

미디어렙(Media Representative)
방송사를 대신해 광고주나 광고회사에 광고시간을 판매하고, 방송사와 광고주로부터 판매대행 수수료를 받는 주체를 의미한다.

미디어렙 제도는 방송사의 보도편성과 광고영업을 분리해 방송과 자본의 결탁을 방지하고, 방송의 공공성과 다양성을 담보하기 위한 것이다.

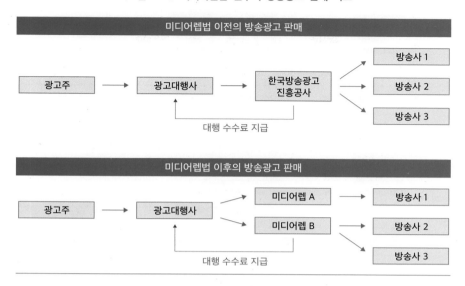

〈그림 11-6〉 미디어렙법 전후의 방송광고 판매 비교

미디어렙법 이전의 방송광고 판매

광고주 → 광고대행사 → 한국방송광고진흥공사 → 방송사 1 / 방송사 2 / 방송사 3

대행 수수료 지급

미디어렙법 이후의 방송광고 판매

광고주 → 광고대행사 → 미디어렙 A → 방송사 1 / 미디어렙 B → 방송사 2 / 방송사 3

대행 수수료 지급

반면, 제한경쟁론은 방송의 물적 기반으로서 광고가 방송의 공공성·다양성 확보에 중요한 영향을 미치므로, 방송광고 판매를 시장의 완전한 자율에 맡길 수는 없다고 본다.

분명한 것은, 하나의 변화가 굉장히 많은 관련 주체들에게 영향을 미친다는 사실이다. 때문에 미디어렙 체제의 미래 논의에 있어 그동안 제도가 만들어지고 변화해왔던 맥락들, 관련 주체들의 이해관계, 방송영상미디어와 광고의 철학 재정립 등에 대한 고려가 종합적으로 이뤄질 필요가 있다.

2) 지상파방송광고 판매비용

지상파방송광고 판매비용 책정의 기준이 되는 것은 광고시급이다. 흔히 방송프로그램의 시청률·요일·시간에 따라 등급(SA, A, B, C)을 매겨 구분한다. 광고비용은 일반적으로 시청률이 가장 높은 SA급이 가장 비싸고 C급이 가장 저렴하다. 또, 저녁 프라임 시간대가 가장 비싼 편이고, 프라

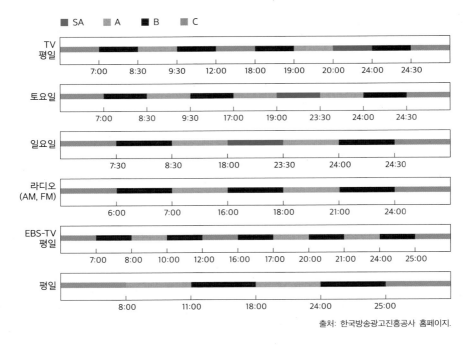

〈그림 11-7〉 지상파방송광고 시급

출처: 한국방송광고진흥공사 홈페이지.

임 시간대 전후, 이른바 프린지(*fringe*) 시간대도 상대적으로 비용이 비싸게 책정된다.

하지만 이러한 비용책정이 실시간 방송시청이 점진적으로 줄어들고, 언제 어디서든 다양한 기기로 방송을 볼 수 있게 된 상황 속에서도 여전히 유효한지에 대한 질문을 던져볼 수 있다. 속단을 내리기는 어렵겠지만, 유료방송이나 OTT 등을 통해 복잡한 방식으로 시청되는 방송콘텐츠에 대해 어떻게 적합한 광고비를 매길 수 있을지에 대한 고민이 결실을 맺고 있지 못한 것은 사실이다. 물론 이러한 질문은 단순히 광고판매 비용 책정뿐 아니라, 디지털미디어 시대에 방송영상미디어 광고의 전통적 화폐라 할 수 있는 시청률을 어떻게 측정할지에 대한 고민과도 맞닿아 있다.

6. 방송영상미디어 광고의 변화와 미래

1) 광고 패러다임 변화

미디어 환경 및 이용행태 변화와 영향을 주고받으며 광고의 패러다임 역시 변화하고 있다. 대표적인 변화내용을 정리하면 다음과 같다.

(1) 방송영상미디어 광고의 정체와 온라인광고의 급성장

2016년 온라인광고비(4조 1, 547억 원)는 그동안 전체 미디어 광고에서 가장 큰 비중을 차지해왔던 방송영상미디어 광고비(4조 1, 351억 원)를 처음으로 추월하였다. 그리고 온라인광고비 중에서도 모바일광고비는 그 어떤 다른 유형의 광고비보다 성장폭이 크다(과학기술정보통신부·한국방송광고진흥공사, 2019).

그러나 아직까지 모바일단말기 이용시간이 TV 시청시간을 넘어서지는 못하고 있다. 물론 TV 시청시간은 조금씩 줄어들고 있고, 모바일 이용시간은 모바일광고비가 그렇듯 꾸준히 큰 폭으로 증가하고 있다. 인터넷(모바일 + PC)의 경우는 2018년 130. 2분으로, 2019년에는 TV 시청시간을 따라잡을 것으로 보인다(한국언론진흥재단, 2018).

하지만 방송영상미디어 광고와 온라인광고를 경쟁관계로만 바라볼 일은 아니다. 새로운 미디어를 위시한 광고의 등장이 언제나 기존 미디어광고의 쇠락을 뜻하지도 않는다. 설사 그렇다 해도 그 현상이 계속된다고 장담할 수 없음은 물론이다. 하나의 미디어는 다른 미디어들과 끊임없이 서로 영향을 주고받으며 변화한다. 기존 미디어도 자신의 입지를 높이거나 새로운 미디어의 입지를 낮추기 위해 지속적으로 노력한다. 미디어 광고시장도 마찬가지다.

2019년 3월 13일부터 5월 16일까지 개최된 미국 광고계약 행사 '업프론츠

2019'에서는 온라인 광고시장을 노리는 기존 미디어 진영의 반격 시도가 두드러졌다. 기존 미디어 진영의 온라인 광고시장 침투는 레거시·온라인 광고 간 경계를 약화시키는 요인으로 작용하는 듯했다. 하지만 이에 질세라 업프론츠의 대항마이자 뉴미디어사업자들의 광고계약 행사인 '뉴프론츠 2019'에서는 방송영상미디어 광고시장으로의 영역 확대를 꾀하는 시도들이 발견되었다.

이러한 사례에서 볼 수 있듯이, 기존 미디어와 뉴미디어 간 광고의 경계는 점점 희미해지는 추세다. 그리고 당연하게도, 광고주들은 둘이 가진 고유의 강점들을 모두 얻고자 한다. 방송영상미디어 광고는 매체와 콘텐츠 신뢰도가 높아 브랜드 안정성이 보장되고, 전국단위로 도달할 수 있으며, 시장 확대 및 시장 내 메가트렌드 형성이 용이하다. 온라인광고의 경우 더욱 정교한 타깃팅뿐 아니라, 소비자 간 커뮤니케이션이나 브랜드 커뮤니케이션과 같은 지속적인 관계 형성을 통한 브랜드 자산 축적이 가능하다(권예지·이희준, 2019).

이와 같이 각각의 광고가 지닌 강점들을 살리고 단점들을 최소화하여, 광고비를 기존 미디어와 뉴미디어에 함께 혹은 효율적으로 나눠 집행하는 것이 바람직하다. 이는 전통적 미디어의 생존을 통한 미디어 시장의 적정한 경쟁상황 조성, 광고효과 상승을 토대로 한 광고산업 전반의 발전, 그리고 나아가 미디어와 광고 생태계의 지속가능성을 담보하는 일이다(권예지·강신규, 2019).

업프론츠(UpFronts) 미국 주요 지상파방송사, 광고주, 미디어기업들이 참여하는 연례행사다. 이 행사를 통해 지상파방송사들은 가을시즌 프라임 타임대의 TV 편성 스케줄을 공표하고, 광고주들은 특정 TV 프로그램이 방영되기 전에 미리 광고시장을 선점할 수 있다.

2017년부터는 3월부터 5월까지, 비교적 긴 기간에 걸쳐 행사가 진행되고 있다.

뉴프론츠(NewFronts) 구글, 야후, 마이크로소프트, 훌루 등의 주도로 2012년에 설립된 뉴미디어의 광고계약 행사. 업프론츠의 대항마 격이다.

(2) 양방향·개인화·맞춤형 광고로의 변화

TV·라디오방송광고, 신문광고와 같은 전통적 광고는 일 대 다수 노출 중심으로, 대형 광고주 중심의 헤드(head) 시장을 형성했다. 하지만 인터넷이 보편화되면서 이용자 의사개입을 통한 검색 중심의 정보전달 광고가 빠르게 성장한다. 이는 기존의 매스(mass)형 광고에 비해 진입장벽이 낮았으므로, 자연스럽게 중소광고주 중심의 롱테일[1] 시장 형성으로 이어졌다. 최근의 광고는 스마트미디어를 중심으로 이용자 의사개입 없이 능동적 광고나 필요정보를 제공한다. 정보전달뿐 아니라 직접구매를 유도하는 광고도 많다. 이러한 광고시장은 중소광고주뿐 아니라 개인까지 포괄하는 롱테일드 마이크로[2] 시장으로서의 특징을 가진다(이종관, 2011).

롱테일드 마이크로 광고의 구체적 전략은 이용자 데이터에 기반해 맞춤형 광고를 제공하는 것이다. 이용자 데이터 활용 광고는 대화(후기, 트윗, 공유, 댓글, UGC 등), 쇼핑(검색, 블로그, 위치 및 맥락정보 등), 이용(사물인터넷, 모바일, 블로그 등) 등의 이용자 행위데이터를 브랜드 활동(광고·PR 메시지, 프로모션, 콘텐츠, 트리거 이벤트, 온라인 고객지원 및 접촉기록 등)과 연결함으로써 특정 결과(관심 유발, 구매, 충성도 형성 및 제고, 고객 및 브랜드 자산 축적 등)를 발생시킨다(Malthouse & Li, 2017). 그렇게 수집된 1차 데이터 외에도 2차 데이터(미디어 이용행태, 검색어, 웹 및 앱 방문 등), 3차 데이터(전자상거래, 구매이력, 성향 및 태도 등)를 결합해 타깃의 세분화뿐 아니라 정교한 개인화·맞춤형 광고집행이 가능해진다.

프로그래매틱 광고(programmatic advertising)는 이용자 데이터 기반 맞춤형 광고의 대표적 사례다. 말 그대로 '자동화된 방식의 프로그램으로 디지털 광고를 거래하는 것'을 의미하며, 프로그램이 자동적으로 이용자의 검색경로,

---

1 롱테일(long-tail)은 시장의 법칙이 바뀌면서 꼬리에 있던 틈새상품들이 중요해지는 현상이다.
2 롱테일드 마이크로(long-tailed micro)는 롱테일과 동시에 세분화되는 현상이다.

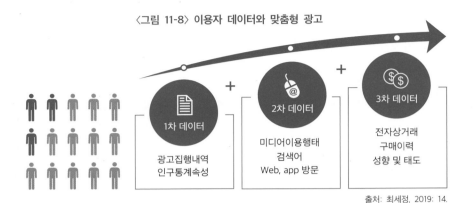

1차 데이터
광고집행내역
인구통계속성

2차 데이터
미디어이용행태
검색어
Web, app 방문

3차 데이터
전자상거래
구매이력
성향 및 태도

출처: 최세정, 2019: 14.

검색어 등의 데이터를 분석해 이용자가 필요로 하는 광고를 띄워 주는 방식을 취한다. 애드테크(ad-tech), 하이테크(high-tech) 광고라고도 부른다. 개인정보를 활용하지 않아 프라이버시 침해 우려가 없으며 쿠키를 활용하기 때문에 개인 맞춤형 광고를 제공할 수 있다. 이용자가 숙소예약 사이트에서 몇몇 숙소를 검색한 후, 다른 사이트를 방문했을 때 배너에 검색한 숙소 광고가 나오는 식이다. 프로그래매틱 광고는 온라인 플랫폼 다양화, 스마트기기 보편화, 데이터 활용 확대, 온라인광고 증가 등과 함께 그 규모가 더 커질 것으로 전망된다.

2) 신유형 방송영상미디어 광고의 등장

방송통신 환경변화는 방송에서 노출되는 광고유형에도 새로운 움직임을 가져다준다. 새로운 유형의 방송영상미디어 광고는 이미 포화상태에 이른 전통적 방송광고 시장의 한계를 극복할 대안 중 하나로 빈번하게 언급되었다. 기존 광고가 지상파방송사업자와 PP의 전유물이었다면, 신유형 광고는 가입자 접점 기반을 보유한 플랫폼사업자에게 새로운 수익원으로 기능할 수 있다는 것이다(안종배·김명준·임현수·오익재·임성락, 2008). 뿐만 아니라 신유형 광고로 인해 발생하는 수익은 미들웨어, PP, 유통사업자 등 관련업계와의 분배과정을 통해 연관수익을 창출할 가능성이 기대되기도 한다(김희경, 2010).

하지만 다른 한편으로 신유형 광고가 이용자에게 당혹감을 주고 시청흐름을 방해한다는 논의들도 존재한다(예를 들어 이시훈(2010), 최순희(2014) 등). 신유형 광고가 제도 밖에서 이뤄지는 경우가 많아 현행 제도로 규제하기 어렵다는 측면도 부각된다. 그렇다면 이러한 신유형 방송영상미디어 광고에는 무엇이 있고, 그것들은 어떤 특징을 지니며, 그것들을 어떻게 이해해야 할까?

신유형 광고에는 첫째, 주문형비디오(VOD) 광고가 있다. VOD 서비스 이용에 수반되는 광고로, 콘텐츠를 선택한 결과로서 노출된다. 현재 제공되는 VOD 광고는 VOD 콘텐츠를 선택한 후 콘텐츠가 제공되기 전까지 노출되는 사전광고(pre-roll, pre-play)가 대부분이다. 한편, 양방향 VOD 광고는 콘텐츠를 시청하는 과정에서 트리거 형태로 노출되는 인터랙티브 광고로, 광고주 웹페이지로 연결된다.

둘째, 채널변경(재핑) 광고로, 디지털케이블 TV, IPTV 등의 재핑 시 발생하는 1∼2초의 지연시간에 검은 화면 대신 이미지 광고를 노출시키는 형식을 취한다. 인터넷망(IP)을 통해 셋톱박스에 광고정보가 미리 입력되고, 채널전환 시 셋톱박스에서 TV 수상기로 미리 저장된 광고화면이 노출된다.

셋째, EPG 트리거(electronic program guide trigger) 광고다. 말 그대로 EPG와 함께 노출되는 트리거광고다. EPG는 TV 화면상에 편성시간 등이 기재된 채널목록이나 채널정보를 알려 주는 기능을 제공한다. 트리거광고는 데이터방송 환경을 바탕으로 시청자가 능동적으로 광고정보의 탐색여부를 통제할 수 있는 광고를 의미한다. 전용 또는 부가적 데이터방송 화면에 배너나 트리거 등의 형태로 이미지를 노출하고, 그것을 클릭하면 추가적 기업 및 제품정보를 제공하는 식이다.

이들은 현 방송법의 개념 규정상 방송광고로 보기 어렵지만, TV에서 노출되는 광고라는 공통점을 갖는다. 방송영상미디어 광고와 유사한 광고라는 점에서 '유사 방송영상미디어 광고'라고도 할 수 있다. 이러한 유사 방송영상미디어 광고를 논의하는 데 있어 중요하게 고려해야 할 점은, 유사 방송영상미디어 광고로부터 시청자들의 권익을 보호하고, 방송영상미디어 광고 관련법령에 근거해 규율받는 다른 방송사업자와의 차별 문제를 해소해야 한다는 것이다. 또한, 앞서 살펴본 세 가지 외에도 앞으로 얼마든지 기존에 없던 광고가 등장할 수 있으므로, 유사 방송영상미디어 광고를 폭넓게 규정하여 대비할 필요가 있다(박종구·안재형·조성동·강신규, 2015).

3) 방송영상광고의 미래: 사라지는 광고들 혹은 모든 것의 광고화

방송법상 방송광고는 "광고를 목적으로 하는 방송내용물"(제2조 21호)로, "방송프로그램과는 혼동되지 않도록 명확하게 구분"(제73조 1호) 돼야 한다. 때문에 프로그램광고나 토막광고처럼 프로그램 전후나 사이에 붙는 광고뿐 아니라 간접광고나 가상광고처럼 프로그램 안에 삽입되는 광고의 경우에도, 광고와 프로그램의 구분이 불명확한 경우는 드물다. 하지만 이는 방송이 아닌 미디어에서도 크게 다르지 않았다. 신문에서나, 잡지에서나, 인터넷사이트에서나 광고는 다른 콘텐츠들과 대체로 구분되었다.

하지만 새로운 미디어 환경의 도래와 함께 광고들은 전통적 의미에서 벗어나 콘텐츠와의 경계를 허물고 있다. 대표적 예가 '브랜디드 콘텐츠'(Branded Contents)다. 기존 광고처럼 브랜드가 원하는 설득적 메시지를 전달하는 것이 아니라, 콘텐츠에 브랜드를 담아내는 것이다. OTT 및 SNS의 (라이브 스트리밍을 포함한) 동영상 기능 확대, 1인 창작자의 스타화·대형화, 모바일을 통한 짧은 동영상의 생산·소비 증가 등이 브랜디드 콘텐츠의 성장을 가속화하고 있다(최세정, 2018). (무형의) 콘텐츠에서 파생된 (유형의) 상품을 판매로 직결시키는 '미디어 커머스'(Media Commerce)도 화두다. 콘텐츠 안과 밖 광고, 콘텐츠 속 상품에 대한 홈쇼핑채널 판매 등을 통해 콘텐츠 기획 단계에서부터 제작 이후까지 커머스에 대한 고려가 이루어진다. 하나의 지식재산권이 방송·음악·출판은 물론 라이선싱 사업, 오프라인 매장 및 상품 사업 등으로까지 활용된다(매일경제, 2019. 2. 25).

이렇듯 광고가 사라지고 있다. 광고는 콘텐츠 속으로 자연스럽게 녹아든다. 이제 광고는 특정 미디어를 통해 수용자에게 다가가는 구체적 대상만을 의미하지 않는다. 눈에 보이지 않는 광고라는 현상 자체가 우리에게 스며든다. 그리고 우리는 광고를 인식하지 못하게 된다. 콘텐츠의 광고화로 광고 아닌 콘텐츠를 찾기 어려워진다. 과거 우리가 광고와 함께(with) 살았다면, 이제 우리는 광고 속에서(in) 산다.

광고화는 광고와 함께 살던 시대에서 광고 속에 사는 시대로 바뀌는 과정 한복판에 자리한다. 이러한 광고화의 확산은 광고가 우리의 미디어·콘텐츠 이용에 영향을 미치는 중요한 하나의 틀 혹은 방식이 됨을 나타난다. 광고의 영향력이 점증하는 현실에서 광고가 갖는 의미도 이전과는 달라질 수밖에 없다. 광고가 미디어·콘텐츠에 관여하고, 광고에 따라 미디어·콘텐츠의 입지와 구조가 재편되기도 하며, 광고가 연결하는 미디어·콘텐츠 환경이 우리 주변에 형성된다. 포스트 광고의 시대, 즉 광고를 넘어서는 광고의 시대가 오고 있는 것이다(강신규, 2019).

강신규(2019). 디지털미디어 시대, 방송광고 가치의 재구성. 〈방송문화〉,
　　　통권 416호, 48~63.

_____ · 박성철(2019). 한국 방송산업의 재편: tvN과 JTBC를 중심으로.
　　　〈미디어 이슈 & 트렌드〉, 통권 14호, 51~67.

고민수(2011). 미디어렙 제도에 관한 쟁점과 입법적 과제. 〈헌법판례연구〉,
　　　통권 12호, 105~135.

과학기술정보통신부 · 한국방송광고진흥공사(2019). 〈2019 방송통신광고비 조사
　　　보고서〉. Available at https://adstat. kobaco. co. kr.

_____ · 방송통신위원회 · 정보통신정책연구원(2019). 〈2019년 방송산업 실태조사
　　　보고서〉. Available at https://www. kisdi. re. kr.

권예지 · 강신규(2019). 'UpFronts 2019'와 'NewFronts 2019'를 통해서 본 통합 마케팅의
　　　필요성. 〈미디어 이슈 & 트렌드〉, 통권 22호, 47~60.

김민환 · 김광수 · 심재웅 · 장은영(2001). 광고의 문화적 가치연구: 개화기부터
　　　현재까지. 한국방송광고공사(편), 《한국방송광고의 역사와 문화》
　　　(149~227쪽). 서울: 한국방송광고공사.

김희경(2010). 선택형 서비스로서의 양방향 방송광고에 대한 법적 규제의 타당성
　　　고찰. 〈한국방송학보〉, 24권 4호, 47~86.

매일경제(2019. 2. 25). 콘텐츠 · 유통 최강자 CJ ENM '미디어 커머스' 글로벌
　　　전략 돌입. 서울: 매일경제.

박종구 · 안재형 · 조성동 · 강신규(2015). 〈신유형 방송광고 등장에 따른 규제방안
　　　수립연구〉. 과천: 방송통신위원회.

박찬표(2002). 〈방송광고의 공공성 · 공익성 확보를 위한 주요국의 법 · 제도연구〉.
　　　서울: 한국방송광고공사.

방송통신위원회 · 시청자미디어재단(2018). 〈알기 쉬운 방송광고 · 협찬고지
　　　모니터링 기준〉. Available at https://www. gov. kr.

심석태 외(2013). 《저널리즘의 7가지 문제》. 서울: 컬처룩.

심영섭·허찬행·전기철·김선아(2013). 방송광고판매의 공익적 특성과 제도화.
〈한국방송학보〉, 27권 3호, 51~88.

안종배·김명준·임현수·오익재·임성락(2008). 〈방송통신융합시대 양방향
방송광고 효과에 관한 연구: IPTV와 디지털케이블방송을 중심으로〉.
과천: 방송통신위원회.

오하영·강형철(2015). 공적 가치 인식에 따른 시청자 유형과 공영방송 제도 및
수신료에 대한 태도. 〈한국언론정보학보〉, 통권 69호, 139~169.

이시훈(2010). 온라인 행태정보 분석에 기반한 맞춤형 광고의 규제 정책에 관한
연구. 〈언론과 법〉, 9권 2호, 49~73.

이종관(2011). 〈스마트미디어 시대의 광고산업 변화〉. 서울: 서울연구원.

최세정(2018). 광고와 영상콘텐츠의 화학적 결합: 브랜디드 콘텐츠의 현황과
전망. 〈방송트렌드 & 인사이트〉, 통권 17호.

_____(2019). OTT 시대의 광고의 진화와 방송광고의 방향 모색:
크로스 미디어·플랫폼 광고 중심으로. 한국언론학회 창립 60주년
기념 학술대회. 광주: 국립아시아문화전당.

최순희(2014). 디지털 양방향 방송광고 이용자 보호를 위한 현행 법령의 특성.
〈한국언론학보〉, 58권 6호, 419~442.

한국언론진흥재단(2018). 〈2018 언론수용자 의식조사〉. 서울: 한국언론진흥재단.

de Mooji, M. (2013). On the misuse and misinterpretation of dimensions of national
culture. *International Marketing Review*, 30(3), 253~261.

Hung, K. Tse, C. H., & S. Y. Cheng(2012). Advertising research in the
post-WTO decade in China. *Journal of Advertising*, 41(3), 121~146.

Malthouse, E. C. & H. Li(2017). Opportunities for and pitfalls of using big data
in advertising research. *Journal of Advertising*, 46(2), 227~235.

Pollay, R. W. (1986). The distorted mirror: Reflections on the unintended
consequences of advertising. *Journal of Marketing*, 50(2), 18~36.

Schudson, M. (1984). *Advertising: The Uneasy Persuasion*. New York: Basic Books.

심미선

1. 들어가며

이 장에서는 미디어이용자를 어떻게 측정하고, 이렇게 측정된 데이터를 어떻게 활용하는지를 다룬다. 방송미디어에서 가장 보편적으로 활용되는 시청률은 프로그램의 성과를 나타내는 중요한 지표로 인식되었다. 시청률 경쟁이 치열해지고 프로그램의 품질 저하를 우려하는 목소리가 제기되면서 방송문화 수준을 나타내는 지표로 프로그램 품질평가지수도 개발되었다. 시청률이 광고수입을 올리기 위한 성과지표로 의미를 가졌다면, 품질평가지수는 방송문화 수준을 나타내는 지표로 사용되었다. 프로그램에 대한 수용자의 관심은 미디어의 영향력으로 인식되기 때문이다.

그런데 방송기술의 발달로 미디어를 둘러싼 환경도 변화하고 있다. 국내미디어뿐만 아니라 해외 미디어 채널까지 가세해 무한 경쟁에 돌입하였다. 이런 환경에서 미디어이용자의 측정과 활용방식에도 새로운 변화가 필요하다. 시청률이 과거에 비해 프로그램 영향력을 나타내는 성과지표로서의 의미가 반감되었고, 프로그램이 방영된 이후에 성공요인 또는 실패요인을 파악하는 것도 의미가 없어졌다. 이제는 온라인상에 남아있는 이용자들의 흔적을 찾아 이들의 취향을 찾아내고, 이를 반영하는 것이 중요해졌다. 빅데이터가 미디어생태계에서 중요한 위치를 차지하게 된 것이다.

여기서는 한국 방송시장에서 미디어이용자 측정지표로 사용되어온 시청률조사와 프로그램 품질평가지수에 대해 알아보고, 새로운 미디어 환경에서 이들 조사방식의 한계를 짚어 보며 빅데이터의 활용 가능성을 생각해 보겠다.

2. 텔레비전 시청률조사

1) 텔레비전 시청률조사 현황

미디어이용자를 측정하여 편성 및 제작에 처음 반영한 것은 1990년 피플미터에 의한 시청률조사를 시작한 이후였다. 피플미터 시청률조사를 하기 전에 텔레비전방송국은 시청자를 측정할 필요가 없었다. 전 국민이 시청할 수 있는 TV 채널이 KBS 1, KBS 2, MBC, 3개 채널에 불과했기 때문에 누가 TV를 시청하는지, 시청자를 끌어들이기 위해 어떤 노력을 해야 하는지 고민할 필요가 없었다. 프로그램이 재미있든 재미가 없든 프로그램 시청자수는 늘 안정적으로 유지되었다. 그래서 TV는 "황금알을 낳는 거위"에 비유되곤 했다.

TV 매체에서 이용자 측정에 관심을 갖게 된 계기는 지상파 중심의 미디어환경에 유료방송이 새롭게 진입하면서부터다. 나라마다 차이는 있지만, 한국의 경우 공영방송 중심의 지상파 독과점 체제하에서 1991년 12월 상업방송 SBS가 개국하면서 피플미터 방식의 시청률조사도 함께 시작했다. 매일매일

전날 방영된 프로그램 시청률이 발표되면서 채널 간 시청률 경쟁은 심화되었고, 프로그램 제작자에게 시청률은 가장 중요한 지표가 되었다. 당시 한 방송사의 PD가 시청률을 유행가 가사에 빗대어, " … 열여덟 딸기 같은 어린 내 순정. 너마저 몰라 주면 나는 나는 어쩌나 … "라고 표현한 것을 보아도 프로그램 제작자에게 시청률이 어떤 의미를 갖는지 알 수 있다.

이렇게 시청률 경쟁이 치열하다 보니 시청률조사 본래 목적의 하나인 수용자 욕구를 파악하여 프로그램 편성 및 제작에 반영한다는 수용자 복지의 측면은 간과하는 것이 아닌가 하는 사회적 비판도 제기되었다. 그러나 이러한 비판에도 불구하고 방송프로그램 제작 및 편성에서 시청률 자료의 활용가능성을 제시했다는 점에서 피플미터 방식의 시청률조사는 분명히 한국 방송 수용자조사의 전환점이 되었다.

당시 시청률이 중요시된 이유는 피플미터라는 기계식 방식이 갖는 조사방식의 정확성 때문이었다. 피플미터(*people meter*) 방식으로 프로그램 시청률을 측정하기 전에도 전화나 일기식 방식 시청률조사는 있었다. 그러나 일기식 방식은 조사대상자 스스로 자신의 방식으로 시청행위를 기록하는 과정에서 정확성이 떨어질 수 있고, 전화조사는 조사 당시 시청한 채널만을 확인하는 방식으로 방법론적 한계가 있었다. 무엇보다 전화나 일기식 방법에 의한 시청률조사는 일정 기간 동안 한시적으로 이루어져 지속적인 시청률 확인이 불가능했다.

물론 피플미터 방식의 시청률조사도 한계가 없었던 것은 아니다. 시청자는 자신이 시청한 채널의 버튼을 눌러 주어야 한다. 조사참여자가 조사에 얼마나 충실히 참여하느냐에 따라 데이터의 질이 결정된다. 그럼에도 불구하고 순간순간 일어나는 시청자들의 채널 이동을 파악할 수 있고, 분단위 시청률까지 계산할 수 있으며, 프로그램 시청률을 매일 받아 볼 수 있다는 점에서 상대적으로 정확하고 안정적인 조사방식으로 인식되었다. 이런 이유로 피플미터에 의한 시청률 측정은 방송미디어 시장에서 중요한 측정방식으로 자리 잡았다.

피플미터 방식의 시청률 관련 주요 개념들

Q 1. 시청률은 어떻게 측정되나요?

A 1. 시청률은 1분 단위로 시청률을 계산해서 평균한 값이다. 가령 20분짜리 프로그램이 있다면 분단위 시청률을 모두 합산하여 20으로 나누면 평균 시청률을 구할 수 있다.

Q 2. 가구시청률, HUT란?

A 2. HUT란 Household Using Television의 약자로 특정 시간대에 텔레비전을 켜 놓은 가구수를 말한다. 가령 프라임타임대 HUT가 60%라고 하면 프라임타임대 100가구 중 60가구는 텔레비전을 켜 놓았다는 의미이다. 계산식을 보면, 분모는 '총 가구수'가 되기 때문에 변하지 않고, 분자만 시청한 가구수로 바뀌게 된다. 따라서 시청률은 시청한 사람과 시청하지 않은 사람을 모두 포함한 개념으로 이해하면 된다.

$$HUT = \frac{TV\text{-}ON \ 가구수}{총 \ 가구수} \times 100$$

$$\langle 동백꽃 \ 필 \ 무렵 \rangle \ 가구시청률 = \frac{\langle 동백꽃 \ 필 \ 무렵 \rangle \ 시청가구수}{총 \ 가구수} \times 100$$

Q 3. 개인시청률이란?

A 3. 개인시청률은 4세 이상 인구 중에서 특정 채널이나 프로그램을 시청한 사람들의 비율을 나타낸다. 개념적으로 가구시청률 계산방식과 동일하다. 다만 개인시청률은 4세 이상 총 개인이 분모가 되므로 가구시청률에 비해 낮게 나온다.

$$\langle 동백꽃 \ 필 \ 무렵 \rangle \ 개인시청률 = \frac{\langle 동백꽃 \ 필 \ 무렵 \rangle \ 시청자수}{총 \ 인구수} \times 100$$

Q 4. 점유율이란?

A 4. 점유율은 텔레비전을 시청한 사람 중에서 특정 채널 및 프로그램을 시청한 사람의 비율을 말한다. 시청률이 텔레비전을 시청한 사람뿐만 아니라 시청하지 않은 사람까지 모두 포함한 개념이라면 점유율은 특정 시간대에 텔레비전을 시청한 사람 중에서 특정 채널 및 프로그램을 시청한 사람의 비율을 말한다. 점유율 계산은 가구단위로 계산하든 개인단위로 계산하든 차이가 없다.

$$KBS \ 1TV \ 점유율 = \frac{KBS \ 1TV \ 시청가구 \ 또는 \ 시청자}{총 \ 시청가구 \ 및 \ 시청자} \times 100$$

2) 방송미디어 환경 변화와 통합시청률 논의

시청률이 방송미디어 시장에서 프로그램의 성과를 나타내는 타당한 지표인가에 대한 의문이 제기된 것은 미디어 환경이 급격하게 변화하면서부터다. 2010년 스마트미디어가 도입되면서 사람들의 미디어 이용패턴은 바뀌기 시작했다. 가장 큰 변화는 시청률조사의 근간이 되는 TV를 통한 시청은 감소하고 대신 다른 플랫폼을 통한 시청이 늘어난 것이다. 이런 변화가 의미하는 것은 기존의 미디어이용자 측정방식이 미디어 이용패턴의 변화를 반영하지 못한다는 것이다. 시청률의 경우 텔레비전 단말기를 통한 본방송 시청 이외에 다른 플랫폼에서 하는 시청행위를 포함하지 못한다. 사람들의 미디어 이용패턴은 시간과 공간의 구애됨 없이 다양한 플랫폼을 통해 프로그램을 시청하는 방향으로 바뀌고 있는데 시청률조사는 여전히 텔레비전 단말기를 통한 본방송 시청을 측정하는 데만 머물러 있다.

정확한 시청률을 산출하기 위해서는 TV뿐만 아니라 모바일과 PC를 통한 시청률을 모두 포함해야 한다. 그런데 3개 스크린을 이용하는 TV 시청행위를 모두 포함하는 것이 방법론 측면에서나 비용 면에서 쉬운 일은 아니다. 방법론 측면에서는 표본의 대표성 문제를 해결해야 하고, 비용 면에서는 통합시청률 산출에 소요되는 추가비용을 마련해야 한다. 문제는 시청률이 하락하고 광고수입 감소로 적자재정에 어려움을 겪는 방송사들이 통합시청률 측정을 위해 추가비용을 지불하는 것은 어려울 것으로 보인다. 이는 비단 국내 미디어 시장에서만 제기되는 문제는 아니다. 해외에서도 여러 플랫폼에서 동시다발적으로 이루어지는 텔레비전 시청행위를 어떤 기준으로 통합할 것인가에 대한 논의는 계속되고 있다.

통합시청률을 기대하기 어렵고, 현재 TV 중심 시청률조사는 정확성이 떨어지고, 이런 문제를 해결할 수 있는 대안을 마련하기 어려운 환경에서 프로그램 성과지표로서의 시청률의 영향력은 많이 줄어들었다. 시청률이 높

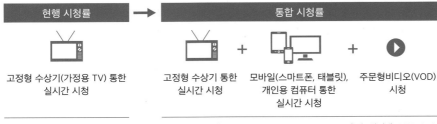

〈그림 12-1〉 통합시청률 개념

현행 시청률	→	통합 시청률		

| 고정형 수상기(가정용 TV) 통한 실시간 시청 | 고정형 수상기 통한 실시간 시청 | 모바일(스마트폰, 태블릿), 개인용 컴퓨터 통한 실시간 시청 | 주문형비디오(VOD) 시청 |

출처: 한겨레, 2015. 6. 8.

아도 광고판매가 되지 않거나 시청률은 낮아도 화제가 되어 광고주가 선호하는 프로그램이 생기기 시작한 것이다. 그 대표적 예가 바로 2012년 tvN에서 방영된 〈응답하라 1997〉이다.

〈응답하라 1997〉의 평균시청률은 5.1%로 당시 드라마 시청률로는 높은 수준은 아니었지만, 사회적 반향성은 큰 드라마였다(닐슨코리아 홈페이지 참조). 이후 〈응답하라 1994〉, 〈응답하라 1988〉 등 후속 시리즈물이 제작되었고, tvN은 이를 통해 상당한 광고수입을 벌어들인 것으로 알려졌다. 언제부턴가 광고주들은 시청률의 영향력이 크지 않음을 알게 되면서 시청률은 낮아도 화제성 있는 프로그램을 선호하기 시작했다. 시청률만으로 프로그램의 성과를 이야기할 수 있는 시대는 끝났다는 것이다. 현재 한국에는 피플미터 방식으로 시청률을 측정하는 조사기관으로는 AGB닐슨과 TNS코리아, 두 곳이 있다.

3) 화제성 지수의 도입

시청률이 프로그램의 성과를 나타내는 지표라면 프로그램의 영향력은 어디에서 나올까? 과거에 시청률은 프로그램의 성과인 동시에 영향력으로 인식되었다. 그러나 미디어 환경이 급변하면서 시청률은 프로그램의 성과를 보여주는 하나의 지표이지만 프로그램의 영향력을 보여주지는 않는 것으로 인식되었다. 그 이유는 20대 젊은층이 텔레비전을 떠나면서 이들의 시청률이 1~3%대로 떨어졌기 때문이다. 20대 젊은층을 겨냥한 광고매체로 텔레비전은 더 이상 장점이 없어진 것이다. 그래서 개발된 지표가 바로 화제성 지수다. 화제성 지수는 스마트미디어 환경에서 시청률만으로 해석하기 어려운 소비자의 행동을 측정함으로써 콘텐츠 가치를 평가하는 데 그 목적이 있다.

가끔 언론에서 발표하는 프로그램 시청률과 일반인이 체감적으로 느끼는 프로그램 시청률이 차이가 날 때가 많다. 왜 이런 차이가 나타날까 하는 문제의식에서 개발된 것이 화제성 지수이다. 즉, tvN 프로그램에 대한 시청자의 반응은 나쁘지 않은데, 시청률은 좀처럼 올라가지 않자 시청률을 보완 또는 대체할 지표로 화제성 지수를 개발한 것이다.

CJ E&M의 화제성 지수는 CVI (*Content Value Index*) 와 CPI (*Content Power Index*) 로 구성되는데, CVI는 콘텐츠 단위로 시청자 혹은 소비자들의 반응을 측정한 것이고, CPI는 시청률과 프로그램 온라인 검색량 및 프로그램 버즈량으로 측정한 것이다. 두 지표 모두 시청, 행동, 공유의 유형으로 화제성 지수를 측정하는데, 온라인에서의 영향력과 시청자 인식에 기반한 평가에 바탕을 두고 있다는 점이 특징적이다 (심미선 외, 2014). 이후 한국방송광고공사를 비롯하여 MBC, KBS 등의 방송사에서도 독자적인 화제성 지수를 개발하여 프로그램을 평가하는 데 활용해왔다.

방송통신위원회도 2018년 1월부터 방송콘텐츠 가치정보 분석시스템 (RACOI) 에서 주요 TV 프로그램의 화제성 지수를 누구나 로우데이터 (*raw data*) 로 조회할 수 있게 서비스를 제공하기 시작했다. RACOI (www. Racoi. or. kr) 는 온라인에서의 시청자 반응을 파악하기 위해 주단위로 각 프로그램의 미디어 버즈와 시청자 버즈를 조사하는데, 방송국 스스로 만든 미디어 측면의 화제성 (버즈) 은 뉴스 기사수, 동영상수라는 항목으로, 시청자 측면의 화제성 (버즈) 은 댓글수, 게시글수, 동영상 조회수라는 항목으로 확인할 수 있다.

<그림 12-2> <돈꽃>과 <슬기로운 감빵생활> 포스터

　가령 2018년 1월에 방송된 <돈꽃>(MBC)과 <슬기로운 감빵생활>(tvN)은 <돈꽃>이 개인시청률 8.3%로 <슬기로운 감빵생활>(5.6%)보다 1.5배 더 높았으나 <슬기로운 감빵생활>의 광고비가 더 높게 완판되었다. 그래서 방송통신위원회의 RACOI 시스템에서 <돈꽃>과 <슬기로운 감빵생활>의 화제성 지수를 확인한 결과, 미디어 버즈와 시청자 버즈를 기반으로 한 화제성 지수는 <슬기로운 감빵생활>이 <돈꽃>을 압도하는 것으로 나타났다. 본방·재방 시청률이 낮았던 <슬기로운 감빵생활>은 TV를 통해 시청한 총 시청자수에서는 <돈꽃>의 70%에 머물렀지만 인터넷 버즈의 다섯 가지 항목에서는 적게는 1.2배에서 많게는 6.8배까지 많은 화제성을 낳았음을 확인할 수 있었다(박준우, 2018).

　시청률의 한계를 극복하기 위해 만들어진 화제성 지수는 사회적으로 주목을 받았지만 시청률만큼 공인된 지수로 자리 잡지는 못했다.

3. 프로그램 품질에 대한 질적 평가, KI

1) 프로그램 품질평가지수 개발 배경 및 현황

시청률지수, 화제성 지수 외에 중요한 이용자 측정으로 프로그램 품질평가
지수가 있다. 방송에서 미디어 이용을 측정하는 다양한 방식의 지표가 있는
데 방송통신위원회의 프로그램 품질지수(KI: *Korea Index*)가 그중 하나다.
KI는 방송평가에 반영된다는 법적 위상을 갖고 있고, 방송평가에 반영되기
때문에 매년 정례적 조사가 이루어진다. 그렇다면 이러한 프로그램 품질평
가지수가 만들어진 배경은 무엇일까?

　피플미터 시청률조사 초기에 시청률은 프로그램 성과를 나타내는 지표로
중요한 의미를 가졌다. 시청률에 따라 프로그램광고가 완판되기도 하고, 광
고를 채우지 못하는 경우도 발생했다. 물론 요즈음은 지상파방송광고가 완
판되는 경우는 거의 없다. 그러나 당시에는 특정 프로그램의 시청률이 높으
면 방송사 전체적으로 광고판매에 어려움이 없었다. 그렇기 때문에 방송사
들에게 시청률은 무엇과도 바꿀 수 없는 지표가 되었다. 그런데 방송사가 프
로그램 시청률을 높이기 위해 노력할수록 시청률 경쟁에 따른 프로그램의
질적 하락을 비판하는 의견도 많아졌다. 시청률 경쟁 폐해의 하나로 프로그
램의 질적 하락을 우려하는 목소리가 커지자 시청률로 평가할 수 없는 프로
그램 품질평가지수의 필요성이 제기되기에 이른다.

　(구)방송위원회는 프로그램 평가지수 AI(*Appreciation Index*) 조사를 실시
하기 시작했다. AI 지수는 영국 BBC가 프로그램의 품질과 특징을 평가하기
위해 개발한 지수로 시청한 프로그램이 "얼마나 재미있거나 유익했는가?"를
묻는 하나의 설문문항으로 측정한다. 이런 측정방식은 방법론적으로 몇 가
지 문제를 제기할 수 있다. 우선 프로그램 품질을 하나의 설문문항으로 측정
할 수 있는가 하는 것이고, 다른 하나는 재미있거나 유익한지를 묻는 평가문

항이 프로그램의 품질을 평가하기에 적합하지 않다는 것이다. 가령 시청자가 생각하기에 프로그램이 재미는 있지만 유익하지는 않은 경우, 반대로 재미는 없지만 유익한 경우 어떻게 평가해야 할지 혼란스러울 수 있다.

이러한 문제로 인해 영국의 AI를 차용한 프로그램 품질평가 방식은 한국의 상황에 맞게 개선되고 체계화된다. 우선 명칭을 AI에서 KI로 바꾸었다. 또 (구) 방송위원회가 방송통신위원회로 바뀌면서 2001년 8월 제정된 '방송평가에 관한 규칙'에서 방송사 재허가 평가에 방송내용 영역에 대한 평가결과를 반영할 것을 적시해 놓았다. 2005년 첫 조사를 시작한 이래, 2007년 방송평가의 내용영역 평가항목으로 KI 점수가 반영되었고, 2008년 현행 조사체계가 완비되었다.

이후 2010년부터 계절성을 고려해 매년 4회 분기별 조사를 실시하고 있다. 분석대상 프로그램은 전국단위 지상파방송사업자(KBS 1, KBS 2, MBC, SBS)와 종합편성 4개 채널(JTBC, 채널A, MBN, TV조선)에서 방송되는 프로그램이다. 프로그램 평가지수는 11점 척도(0~10점)의 '품질평가척도'(QI: *Quality Index*)와 '만족도 평가척도'(SI: *Satisfaction Index*)로 구성되는데, 최종 평가점수는 이 두 척도의 측정값을 합산, 평균하여 산출한다. 프로그램 평가지수 결과는 방송평가에 반영된다.

2) 방송환경의 변화와 프로그램 품질평가지수의 문제

KI 평가지수 측정과 관련한 문제점은 꾸준히 제기되고 있다. 우선 조사방법상의 문제로 만족도와 품질이라는 두 문항만으로 구성된 KI 지표가 너무 단순해서 방송프로그램의 품질을 정확하게 측정하는 데 한계가 있다는 것이다. 이러한 지적은 일견 타당해 보인다. 그러나 프로그램 품질평가 대상 프로그램이 너무 많다 보니 프로그램 품질을 측정하기 위한 문항을 더 늘리는 것도 현실적으로 쉽지 않다.

두 번째 지적은 KI 평가가 프로그램 품질을 반영하기보다는 응답자의 거주지역, 세대 및 정치적 성향의 영향을 많이 받는다는 것이다. 특히 보도프로그램의 경우 응답자의 지지 정당에 따라 평가점수의 차이가 큰데, 종합편성채널에서 이런 현상이 더욱 두드러지게 나타난다.

원래 품질평가지수는 시청한 프로그램의 품질을 묻는 방식이다. 시청할 수 있는 채널이 많지 않았을 때는 선호해서 보는 프로그램도 있지만, 우연히 시청하게 되는 프로그램도 많았다. 그런데 채널이 늘어나면서 우연히 프로그램을 시청하기보다는 선호에 따라 프로그램을 선택해 시청하는 경우가 많아졌는데, 선호해서 챙겨 보는 프로그램에 대한 평가는 좋을 수밖에 없다. 즉, 프로그램 품질평가가 프로그램의 질에 대한 객관적 평가가 아닌 충성시청자의 평가가 되고 있다는 것이다.

가령 TV조선을 주로 시청하는 사람들은 TV조선 프로그램의 품질을 높게 평가할 것이며, JTBC 주 시청자들은 JTBC 프로그램의 품질을 높게 평가한다는 것이다. TV조선 시청자가 JTBC도 같이 보면서 프로그램을 비교하며 평가한다면 프로그램 품질평가는 타당성을 가질 수 있다. 그러나 현재와 같이 각 채널의 주 시청자층이 서로 겹치지 않고 자신이 시청한 프로그램에 대해서만 평가를 한다면 품질평가 결과는 보편성을 갖기 어렵다. 수용자 세분화 (segmentation) 와 분극화 (polarization) 에 따른 미디어 이용패턴의 변화는 프로그램 품질평가에서도 이런 근본적인 문제를 제기한다.

미디어 환경이 수용자의 세분화・분극화가 더욱 심화되는 방향으로 변화하고 있다. 시청할 수 있는 매체와 채널이 많다 보니 미디어이용자는 자신의 선호에 따라 매체 및 채널을 선택해 시청한다. 보는 채널은 열심히 보지만, 보지 않는 채널로는 넘어가지 않는다. 매체 및 채널이 늘어날수록 이런 분극화는 점점 더 심해진다. 또 TV를 보는 시청자 규모는 일정하거나 줄어드는 경향을 보이는데, 시청 가능한 프로그램은 계속 늘어난다. 그래서 시청자는 세분화될 수밖에 없다.

시청이 곧 프로그램에 대한 선호를 의미하는 미디어 환경에서 시청한 프로그램에 대한 품질평가는 지상파 독과점 체제하에서의 프로그램 품질평가와는 그 의미가 다를 수밖에 없다. 미디어 이용행태의 변화가 이용자 측정방식의 변화를 요구하고 있는 것이다.

이상으로 세 가지 기존 미디어이용자 측정방식에 대해 알아보았다. 세 측정방식의 공통점은 과거지향적이라는 것이다. 물론 데이터가 만들어지고 쌓이면 그 데이터는 과거를 말해 준다. 우리는 과거 이용자 데이터를 토대로 현재의 모습을 보았고, 미래를 예측하기도 했다. 그러나 과거의 데이터로 미래를 이야기할 수 없을 정도로 미디어 이용환경이 변화하고 있다. 새로운 미디어이용자 측정방식이 필요한 이유이다. 우리에게 필요한 것은 과거만을 보여주는 데이터가 아니라 미래를 예측할 수 있는 데이터이기 때문이다.

4. 미디어 이용과 빅데이터 활용

미디어 환경의 변화는 미디어 이용패턴을 변화시키고 궁극적으로는 이용자 측정방식의 변화를 가져왔다. 기존의 측정방식이 여러 문제를 드러내면서 새로운 측정방식에 대한 고민이 필요해졌다. 바로 빅데이터 분석이다. 빅데이터는 다가올 4차 산업혁명을 주도해 나갈 핵심자원이다. 사물인터넷, AI가 모두 빅데이터를 기반으로 하기 때문이다. 빅데이터 없이는 사물인터넷도 AI도 구현하기 어렵다.

빅데이터는 한마디로 스마트폰을 비롯해 미디어가 매일 생산해내는 우리들의 데이터이다. 스마트폰이나 인터넷에서 어떤 행동을 하면 그 행동은 모두 데이터로 저장된다. 이렇게 매일 쌓이는 데이터의 양은 엄청난데, 과거에는 이런 데이터를 저장하고 활용할 기술이 없었다. 그런데 기술의 발전으로 엄청난 양의 데이터를 저장하고 활용하여 분석할 수 있게 되면서 데이터가 중요해졌다. 이런 사회를 우리는 데이터 사회라고 한다.

1) 빅데이터란 무엇인가?

빅데이터란 단순히 데이터양의 폭발적 증가만을 의미하지는 않는다. '컴퓨터 연산'(computationality)을 근간으로 하는 디지털 정보처리와 네트워크 테크놀로지의 발전이 만들어낸 '기술지형'(technoscape)의 변화를 지칭하는 상징적 표현이다. 여기서 중요한 것은 기술지형의 총체적 변화를 상징하는 빅데이터가 인간의 삶과 세계에 의미를 부여한다는 것이다(이재현, 2013: 128). 빅데이터는 데이터로서의 가치만 갖는 것이 아니라 인간의 삶에 밀접히 관련된다는 점에 주목할 필요가 있다. 그 이유는 빅데이터라고 말하는 그 데이터가 우리 행동의 집합체이기 때문이다.

가령 스마트폰 앱에서 구글 히스토리로 들어가면 나의 활동 흔적을 확인할 수 있다. 시간대별로 나의 이동경로가 구글 히스토리에 고스란히 저장된다. 내가 동의하지 않았는데, 어떻게 나의 데이터가 저장됐는지 의아해할 수도 있다. 그런데 구글 앱을 무료로 사용하는 대가가 바로 나의 개인정보라고 생각하면 된다. 나의 데이터가 인터넷의 바다에서 뭐 그리 중요할까 생각하며 동의했던 그 모든 사이트들이 나의 활동내역을 데이터로 저장해 활용한다. 빅데이터는 이렇게 만들어진다.

가정에서 가입한 IPTV도 매일매일 가족 구성원들의 콘텐츠 이용내역을 저장한다. 예컨대 어느 지역에 거주하는 4인 가족이 요일별로 어떤 프로그램을 시청하며, 어떤 영화나 콘텐츠를 검색하고 선택하는지를 기록한다. IPTV에 가입한 모든 가구의 시청기록은 미디어 이용패턴이 비슷한 사람끼리 유형화되고, 마케팅 자료로 활용된다. 또 이용자의 취향을 파악해 콘텐츠를 추천해 주기도 한다.

2) 빅데이터는 왜 중요한가?

미국에서 비디오 대여시장에 후발주자로 뛰어든 넷플릭스가 기존의 1위 업체인 블록버스터를 제치고 선두를 차지한 데는 '이용자 맞춤형 추천서비스'가 중요한 역할을 했다. 국내 OTT 사업자 왓챠도 빅데이터 기반의 개인화 '추천알고리즘'으로 성공한 경우다. 추천알고리즘은 이용자 취향을 분석해 기호에 맞는 콘텐츠를 추천하는 방식으로, 왓챠 이용자의 추천서비스 만족도는 넷플릭스보다 높다. 그 이유는 왓챠는 넷플릿스보다 더 정교한 태그를 가지고 있기 때문이다. 콘텐츠를 분석하는 데 요구되는 최소 단위인 태그, 예컨대 주인공의 직업이나 장소 등을 넷플릭스는 7만 6,000여 개 보유하는 데 비해 왓챠플레이는 이보다 월등히 많은 17만 개 이상을 갖고 있다. 태그가 많다는 것은 그만큼 정교한 검색과 추천이 가능하다는 것이다.

왓챠는 2019년 7월 새로운 실험을 시작한다. 왓챠의 콘텐츠 프로토콜은 지상파방송사 MBC와 시청 빅데이터 분석서비스를 제공하는 데이터 대시보드 개발에 협력하기로 했다(벤처스퀘어, 2019. 7. 29). 이 프로젝트의 목표는 왓챠플레이를 통해 MBC의 드라마, 예능 등 TV 콘텐츠를 감상한 이용자들의 취향데이터와 감상데이터를 활용해 다양한 콘텐츠 분석방법을 개발하는 것이다. 또 MBC는 해당 서비스에 대한 자문을 통해 데이터 분석서비스를 콘텐츠 제작 및 배급에 활용 가능한 수준으로 고도화하는 것이다.

물론 기존의 시청률 및 평가지표도 프로그램의 성과를 볼 수 있는 유용한 지표였고, 프로그램 배급에도 활용되었다. 그러나 이들 지표 속에는 미디어 이용자의 취향 및 감상데이터가 없다. 화제성 지수도 시청률로 드러나지 않는 프로그램의 화제성을 입증해 광고판매에 활용하고자 하는 의도로 개발되었지 미디어이용자의 취향을 알아보기 위한 목적은 아니었다. 즉, 기존의 미디어이용자 측정데이터는 대부분 프로그램의 성과를 확인해 광고판매에 활용할 목적으로 수집되고 분석되었다. 그렇기 때문에 이들 데이터를 통해 미디어 이용패턴을 살펴볼 수는 있지만 이용자의 마음속에 숨겨진 콘텐츠 취향 및 선호를 읽어내기는 어렵다.

실제로 기존의 시청률에 기대어 프로그램 성과를 이야기했던 지상파 TV에서는 감히 기획하지 못했던 프로그램 내용 및 포맷에 도전한 tvN은 텔레비전 시장에서 확고한 위치를 차지할 수 있었다. tvN 드라마를 살펴보면 일반적인 드라마의 성공공식으로 알려진 불륜, 신데렐라, 출생의 비밀 등을 드라마 스토리에 포함하지 않았다. 대신에 보통 드라마에서 다루기 힘든 사회적 이슈들을 담아내려는 시도를 했다. 2014년에 방영된 〈미생〉이 대표적인 예다. 스토리에서 자극적 내용을 줄이고 사람들의 일상을 잔잔하게 담아냈는데, 자칫 지루할 수 있는 이런 스토리 전개가 사람들의 공감을 얻어냈다. 드라마는 자극적이어야 시청률이 올라간다는 공식을 깨뜨린 것이다. 이제 시청자들이 어떤 콘텐츠에 어떻게 반응할지 예측하기 어려워졌다. 미디어이용자에 대한 측정이 정교하고 미래지향적이어야 하는 이유다.

오늘날 미디어 시장은 국내 콘텐츠들 간의 경쟁에서 벗어나 글로벌 시장으로 확장되었고, 무한경쟁 시대로 돌입했다. 모바일 데이터 조사업체 와이즈앱에 따르면, 넷플릭스의 국내 유료가입자는 2018년 2월 40만 명에 불과했으나 2019년 10월 200만 명을 돌파한 것으로 추정된다(지디넷코리아, 2019. 11. 12). 2020년에는 디즈니가 국내 미디어 시장에 진입할 예정이고, 이후 아마존프라임도 한국 시장에 진출할 준비를 하고 있다. 국내 미디어이용자 시장은 한정되어 있는데, 매체와 채널은 계속 늘고 있다. 채널 간 경쟁이 치열해질 수밖에 없다.

이런 상황에서 미디어이용자 측정은 이용자의 마음속에 숨겨진 취향, 선호 등을 파악해 콘텐츠를 기획하고 유통시키는 데 유용한 기초자료로 활용할 수 있어야 한다. 콘텐츠가 미디어 시장에 나온 이후에 콘텐츠의 성공요인과 실패요인을 찾아내는 것은 "소 잃고 외양간 고치는" 격이다.

3) 빅데이터 활용사례 1: 넷플릭스

미디어 시장의 변화는 미디어이용자 측정의 변화를 가져왔다. 바로 빅데이터를 활용하게 된 것이다. 특히 넷플릭스는 빅데이터를 활용해 성공한 사례로 유명하다. 비디오 대여업계의 골리앗으로 불렸던 '블록버스터'를 무너뜨리고 미디어 지형과 판도를 흔드는 사업자로 성장한 넷플릭스의 경쟁력은 바로 빅데이터에 있었다.

넷플릭스 성공의 첫 번째 열쇠는 영화 추천서비스 '시네매치'다. 시네매치는 장르별로 분류한 영화 10만 편에 대한 2,000만 건의 고객영화 평점을 활용한다. 각 회원의 웹사이트 내에서의 클릭 패턴이나 검색어 입력 등 행동 패턴, 실제 콘텐츠 대여 이력, 시청 영화에 부여한 평점 등을 분석하여 고객 취향에 맞춰 영화를 추천한다. 가령 영화 〈해운대〉, 〈괴물〉의 평점을 높게 매긴 고객이 〈7번방의 선물〉에도 점수를 높게 주었다면, 〈해운대〉와 〈괴물〉을 재미있게 본 고객에게 〈7번방의 선물〉을 추천하는 방식이다.

넷플릭스는 시네매치를 활용하여 시청자에게 영화를 추천하고, 소셜미디어, 위치정보 등도 분석해 가입자에게 맞춤형 서비스를 제공한다. 넷플릭스 가입자가 추천 콘텐츠를 이용하는 비율은 75%에 달할 정도로 높다. 넷플릭스에서 추천알고리즘 개발을 담당했던 볼린스키는 넷플릭스가 가진 강력한 무기이자 원동력으로 시네매치, 즉 데이터를 꼽았다(머니투데이, 2016. 1. 11).

넷플릭스의 성공 비결을 얘기할 때 빼놓지 않고 거론되는 사례가 또 있다. 미국 정치스릴러 드라마 〈하우스 오브 카드〉이다. 보통 방송사들은 신규 프로그램을 방영할 때 막대한 광고비를 퍼붓는다. 영화사도 마찬가지다. 그런데 넷플릭스는 신규 콘텐츠를 광고하거나 홍보하는 대신 빅데이터를 활용했다. 넷플릭스는 드라마가 성공하려면 사람들이 어떤 작품을 좋아할지 알아야 한다고 생각했다. 그리고 사람들의 선호를 파악하기 위해 엄청난 양의 데이터를 분석했다.

　　넷플릭스의 〈하우스 오브 카드〉는 1990년 영국 BBC에서 방송됐던 드라마를 새롭게 각색한 것이다. 리메이크 작을 제작하기 전에 넷플릭스는 원작 드라마를 시청한 3,000명, 이 작품을 평가한 400명, 그리고 이 작품을 검색한 적이 있는 300명의 데이터를 수집, 분석했다. 분석 대상자들이 넷플릭스에 남긴 영화평, 스트리밍 기록, 별점 기록 등이 〈하우스 오브 카드〉의 흥행 여부를 분석하는 데 실질적으로 활용된 데이터들이다. 이 데이터 분석을 통해 넷플릭스는 몇 가지의 주요한 사실들을 발견한다.

　　첫째, BBC에서 방영되었던 〈하우스 오브 카드〉는 대중들의 많은 사랑을 받았던 작품이라는 것. 둘째, 많은 넷플릭스 이용자들은 〈소셜네트워크〉, 〈벤자민 버튼의 시간은 거꾸로 간다〉 등을 제작한 데이비드 핀처(David Fincher) 감독의 작품들을 좋아한다는 것. 셋째, 〈하우스 오브 카드〉의 원작 팬이었던 이용자들은 케빈 스페이시(Kevin Spacey)가 출연한 영화와 데이비드 핀처가 감독을 맡은 영화를 함께 시청했다는 것이다.

　　넷플릭스는 이런 분석결과를 바탕으로 〈하우스 오브 카드〉 리메이크작 주인공 역에 케빈 스페이시를, 감독으로 데이비드 핀처를 캐스팅했다. 〈하우스 오브 카드〉 원작 팬들의 취향을 완전히 저격한 것이다. 그 결과 〈하우스 오브 카드〉는 별도의 마케팅을 하지 않았음에도 불구하고 인기작으로 떠올랐다. 전체 넷플릭스 이용자의 85% 이상이 〈하우스 오브 카드〉를 시청했고, 이 작품을 보기 위해 넷플릭스에 가입한 사람들도 많았다. 또 〈하우스 오브 카드〉의 첫 시즌이 공개된 이후 미국 넷플릭스 가입자수는 10% 이상 증가했고, 전 세계에서 2,000만 명 이상의 신규 가입자가 발생했다(티스토리, 2018. 3. 28).

미디어 분야에서 프로그램의 기획 및 제작은 제작자의 '감'이나 '운' 정도로 인식되었다. 그런데 이제는 미디어이용자의 취향, 욕구 등을 분석할 필요성이 제기되었고, 빅데이터를 활용하면서 더 정확히 사람들의 취향을 파악할 수 있게 되었다. 미디어 분야에서 빅데이터는 주로 콘텐츠 기획에 많이 활용되었고, 많은 경우 성공적인 결과를 이끌어냈다. 그리고 앞으로도 빅데이터의 가치는 더 커질 것이다. 그 이유는 시간이 지날수록 더 많은 데이터가 쌓이고, 데이터가 많을수록 현실을 더 잘 보여주기 때문이다. 충분한 데이터가 주어지면 숫자는 스스로 말한다고 한다.

4) 빅데이터 활용사례 2: 미국 대선과 영국 브렉시트 국민투표

군이 넷플릭스의 성공사례를 보지 않아도 온라인 데이터가 현실을 얼마나 잘 반영하는지 알 수 있는 두 가지 사례가 더 있다. 하나는 2016년 11월에 치러진 트럼프와 클린턴의 미국 대선이고, 다른 하나는 2016년 6월에 실시된 영국 브렉시트 찬반 국민투표이다. 두 사례의 공통점은 온라인 빅데이터 분석이 오프라인 조사보다 현실을 더 잘 예측했다는 것이다.

우선 도널드 트럼프와 힐러리 클린턴이 경쟁한 미국 대선 당시 오프라인 여론조사에서는 클린턴이 트럼프를 앞서는 것으로 나왔다(〈그림 12-4〉 참조). 그러나 구글의 SNS 빅데이터 분석에서는 트럼프가 승리하는 것으로 예측되었다(〈그림 12-5〉 참조). 당시 온라인은 편향된 사람들의 놀이공간이라는 인식이 많았고, 따라서 온라인 데이터에 기반한 빅데이터 예측을 사람들은 믿지 않았다. 그러나 결과는 빅데이터가 예측한 대로 트럼프가 대통령에 당선되었다.

〈그림 12-4〉 미국 대통령 후보자에 대한 여론조사 결과 추이 (2016)

힐러리 클린턴
45.3%

전국 여론조사 평균

도널드 트럼프
43.0%

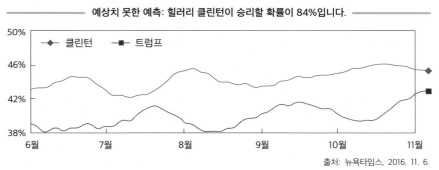

예상치 못한 예측: 힐러리 클린턴이 승리할 확률이 84%입니다.

출처: 뉴욕타임스, 2016. 11. 6.

〈그림 12-5〉 구글트렌드로 분석한 트럼프와 클린턴 버즈량 (2016)

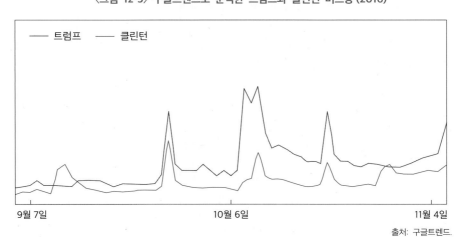

출처: 구글트렌드.

영국 브렉시트 관련 국민투표에서도 동일한 현상이 나타났다. 오프라인 국민 여론조사에서는 일관되게 브렉시트를 반대하는 의견이 많이 나왔다. 그러나 온라인에서는 브렉시트 찬성 의견이 더 많이 나왔다. 그리고 실제 국민투표에서는 브렉시트를 찬성하는 의견이 반대하는 의견보다 더 많이 나와 빅데이터 예측이 현실로 드러났다.

5) 빅데이터 제대로 이해하기

이제 미디어기업에서 빅데이터 분석은 선택이 아닌 필수가 되었다. 그러나 여전히 빅데이터는 전문가의 영역이고 일반인들은 접근하기 힘든 분야로 인식된다. 시청률은 분석 툴을 단순화하여 누구나 쉽게 이용할 수 있는 소프트웨어가 개발되었으나 빅데이터를 분석하려면 전문적인 소프트웨어를 알아야 한다는 부담감, 여기에 데이터가 너무 많아 무엇을 어떻게 분석할지 모르겠는 막연함 때문에 빅데이터를 활용할 생각을 하지 못하는 경우도 많다. 빅데이터를 활용하기 위해서는 빅데이터를 제대로 이해할 필요가 있다.

이재현은 빅데이터 분석 시 중요하게 고려해야 하는 네 가지 요인을 제시했다(이재현, 2013). 첫째는 빅데이터 분석 목적을 명확히 해야 한다. 빅데이터는 데이터의 양이 엄청난데, 분석의 목적을 명확히 하지 않으면 데이터의 바다에 빠져 헤어 나오기 어렵다. 따라서 내가 무엇을 분석하고 싶은지가 명확해야 필요한 정보를 얻을 수 있다.

두 번째는 데이터 속에 담긴 사람들의 욕구와 필요를 이해해야 한다. 그날 그날 수집되어 쌓인 데이터는 아무런 의미를 갖지 못한다. 데이터에 의미를 부여하는 것은 분석자의 몫이고, 의미가 부여된 데이터만이 가치 있는 정보가 될 수 있다. 그리고 그런 유용한 정보를 통해 인간의 욕구와 필요, 행동의 동기 및 이유를 찾아낼 수 있다. 빅데이터 분석은 쓸모없는 데이터의 바다에서 의미 있는 데이터를 뽑아내어 데이터에 가치를 더하는 작업이다.

세 번째는 데이터리터러시(*data literacy*)가 필요하다. 데이터리터러시는 데이터 활용 및 해석의 과정을 말한다. 데이터에 의미를 부여하는 작업은 데이터의 가치를 높여준다. 동일한 데이터라도 사람들이 어떻게 해석하느냐에 따라 의미가 달라진다. 빅데이터의 가치를 높이기 위해서는 데이터를 보는 통찰력을 길러야 한다. 그것이 바로 데이터리터러시다.

네 번째는 데이터를 시각화하는 능력이다. 통계정보를 쉽게 이해하기 위해서는 데이터를 시각화하여 제공하는 것이 무엇보다 중요하다.

미래 사회에서 빅데이터가 얼마나 중요한지에 대한 논의를 시작한 지도 몇 년이 흘렀다. 시간이 지났다는 것은 기술의 발전을 의미하기도 한다. 빅데이터의 중요성을 인식하기 시작하면서 사람들은 빅데이터를 분석하기 위한 몇 가지 툴을 학습했다. 빅데이터를 분석하기 위해서는 파이션이나 R을 사용해야 한다. 그런데 이 툴을 숙련되게 사용하는 것이 그리 쉽지는 않다. 그러다 보니 사회 전체적으로 빅데이터 활용이 활발하지 않았다.

그런데 요즈음 이렇게 직접 프로그래밍을 하지 않고도 빅데이터를 간편하게 분석할 수 있는 툴이 개발되고 있다. 내가 분석하기를 희망하는 몇 개의 키워드를 입력하고, 기간을 설정하기만 하면 자동으로 분석되는 것이다. 포털기업인 구글과 네이버, 다음에서 이런 키워드 빅데이터 분석 서비스를 제공한다. 이외에도 한국언론진흥재단에서는 뉴스기사 빅데이터 분석을 용이하게 해주는 빅카인즈를 제공한다. 이 역시도 몇 개의 키워드만으로 특정 분야의 뉴스기사 트렌드를 확인할 수 있다. 또 SNS상에서의 실시간 트렌드를 분석할 수 있는 썸트렌드(SomeTrend), 키워드로만 통계분석을 할 수 있는 블랙키위 등이 있다. 이렇게 빅데이터 분석사이트는 매년 증가하는 추세를 보이고 있다.

각 사이트마다 제공하는 데이터는 다르다. 그러나 이 사이트들의 공통점은 분석하고자 하는 몇 개의 주제어 키워드만 입력하면 자동으로 분석된다는 것이다. 키워드 분석이기 때문에 누구나 쉽게 이용할 수 있다. 한 사이트에서는 하나의 결과만 나오지만, 분석하고 싶은 스토리에 맞게 여러 개의 사이트를 함께 활용할 수도 있다. 가령 구글트렌드는 국외 트렌드를 확인할 수 있다는 장점이 있다. 이런 정형화된 사이트를 이용해 빅데이터 분석을 할 경우 데이터의 성격에 따라 분석대상이 제한된다는 한계는 있지만 뚜렷한 목적을 가지고 분석하면 상당히 흥미로운 결과를 도출해낼 수 있다.

6) 빅데이터와 인문학적 통찰력

정형화된 사이트를 이용해 빅데이터를 분석할 때 가장 어려운 점은 무엇을 어떻게 분석할 것인가 하는 기획 부분이다. 키워드만으로 분석이 가능하기 때문에 어렵지는 않으나 의미 있는 결과를 도출해내기란 쉽지 않다. 키워드 분석을 하지 않아도, 빅데이터 분석을 할 경우 그 많은 데이터에서 무엇을 뽑아낼지 결정하는 일이 가장 어렵다. 즉, 데이터 분석을 통해 의미 있는 스토리를 만들어내기란 생각만큼 쉽지 않다. 여기서는 통계적 마인드보다는 인문학적 통찰력, 창의력이 필요하다.

가령 나는 다양한 종류의 빅데이터를 사용할 수 있다. 또 나는 이런 빅데이터를 자유자재로 분석할 수 있는 능력이 있다. 그렇다면 내가 가지고 있는 빅데이터로, 나의 분석역량으로 무엇을 분석할 수 있을까? 빅데이터 분석은 여기서 출발한다. 내가 프로그램 제작자이고, 내가 기자라면 빅데이터를 활용해 어떤 콘텐츠를 만들어낼 수 있을까 한번 생각해 보자. 나의 인문학적 통찰력은 바로 여기서 나온다.

앞으로 우리 사회에서 데이터의 중요성은 더욱 커질 것으로 보인다. 또 기술이 발전하면서 간단한 키워드만으로도 빅데이터를 분석할 수 있는 사이트가 지금보다 더 많아질 것이다. 빅데이터 분석이 간편해질 것이라는 주장은 통계 소프트웨어의 발전 과정을 보면 잘 알 수 있다. 사회과학에서 가장 많이 쓰이는 통계 소프트웨어인 SPSS의 경우 처음에는 프로그램을 직접 짜야

했다. SPSS를 배우는 첫 단계는 SPSS 프로그램 언어를 익히는 것에서 시작했다. 그런데 윈도우버전이 출시되면서 SPSS 분석은 간편해지고 빨라졌다. 분석자에게 요구되는 것은 분석결과를 의미 있게 해석하는 것뿐이다.

빅데이터 분야에서도 전문적인 프로그램을 사용하지 않고도 간편하게 분석할 수 있는 툴이 많이 제공될 것이다. 그렇다면 빅데이터를 분석할 때 가장 중요한 역량은 무엇을 어떻게 분석할 것인가 하는 연구 목적을 설정하는 능력이 될 것이다. 데이터를 분석하는 데 있어 인문학적 소양이 필요하다는 것이다.

7) 빅데이터와 데이터저널리즘

현재 미디어 영역에서 빅데이터 활용이 비교적 활발한 분야는 바로 저널리즘 영역이다. 물론 빅데이터가 활용되기 이전에도 데이터저널리즘은 존재했다. 그러나 빅데이터를 쉽게 접할 수 있는 미디어 환경에서 데이터저널리즘의 영역은 더 확대될 것으로 예상된다.

데이터저널리즘을 다른 언론사보다 일찍 시작하고 활발하게 지속해온 사례로 SBS의 카드뉴스, 〈마부작침〉 팀을 들 수 있다. 〈마부작침〉 팀은 빅데이터를 분석해 기사를 작성한다. 원래 '마부작침'(磨斧作針)이란 도끼를 갈아 바늘을 만든다는 뜻으로, 방대한 데이터와 정보 속에서 송곳 같은 팩트를 찾는 저널리즘을 지향한다는 의미를 담고 있다(〈마부작침〉 홈페이지 참조). 2019년 SBS 〈마부작침〉 팀이 빅데이터를 분석한 보도를 보면 "불법촬영 판결문 분석", "초미세먼지 데이터 분석", "국회 예산회의록 분석" 등이 있다. 모두 정형·비정형 데이터를 분석해 그 결과를 기사화한 것이다.

저널리즘 관련 빅데이터로는 한국언론진흥재단에서 운영하는 '빅카인즈'(Big Kinds)가 있다. 2016년 4월 20일부터 서비스를 시작한 빅카인즈는 기존에 언론진흥재단에서 운영하던 기사정보서비스 '카인즈'(KINDS: Korean

Integrated News Database System)를 바탕으로 새롭게 구축한 서비스다. 카인즈에는 1990년 이후 축적된 기사 수천만 건이 있다. 기존 카인즈가 뉴스 저장에 그쳤다면, 빅카인즈는 뉴스를 재가공이 가능한 데이터가 될 수 있게 체계적으로 정리하고 수집해 일정 수준의 분석이나 시각화까지 가능하게 했다는 점이 특징이다.

빅카인즈를 이용하면 키워드와 관련해서 기사에 나타난 인물, 장소, 조직, 이슈 흐름과 관계망을 분석할 수 있다. 빅카인즈 사이트에 들어가면 빅카인즈 뉴스데이터를 기반으로 작성된 뉴스보도를 볼 수 있다. 예컨대 〈한국일보〉는 2019년 12월부터 '데이터로 본 한국인'이라는 기획특집을 연재하고 있다. 일부는 빅카인즈 뉴스기사를 활용했고, 일부는 공공포털 데이터를 활용했다. 뉴스보도가 이렇게 데이터에 기반해 바뀌는 경향을 보면 이제 빅데이터 분석은 빅데이터 전문가의 몫이 아니라는 것을 알 수 있다. 데이터에는 우리 사회의 모습을 담겨 있기 때문에 누구나 데이터로 우리 사회의 다양한 모습들을 펼쳐 볼 수 있다.

데이터저널리즘에 관한 대표적인 해외 사례는 영국 〈가디언〉의 오픈저널리즘 기사 "영국 폭동에 대한 진실 찾기"(Reading the Riots)[1]를 들 수 있다. 〈가디언〉이 데이터저널리즘을 중요하게 생각한 이유는 진실이 무엇인지 알기 어려운 시대에는 '주장'보다는 '증거'가 필요하다고 생각했기 때문이다.

영국에서는 2011년 8월 6일부터 10일까지 영국 런던 북부 토트넘에서 폭동이 발생했는데, 이 폭동은 잉글랜드 지방 각지로 퍼져나갔다. 당시 캐머런 영국총리는 이 폭동이 범죄조직의 소행이라고 했으나 이를 액면 그대로 믿는 사람은 많지 않았다. 폭동사태의 원인을 두고 의견이 분분했다. 이런 상황에서 〈가디언〉은 누구의 말도 믿을 수 없었다. 그래서 폭동 참여자 270명을 인터뷰

---

[1] 이 기사는 2012년 5월 31일, 글로벌에디터네트워크(Global Editors Network)와 구글이 함께 선정한 제1회 데이터저널리즘어워드(Data Journalism Awards 2012)에서 '데이터 시각화·스토리텔링' 부문 1위를 차지했다(티스토리, 2012. 6. 25).

하고, 영국 폭동사태와 관련된 257만 건의 트윗을 분석했다. 데이터가 보여준 진실은 캐머런 총리의 주장과 달랐다. 폭동의 원인은 바로 경찰에 대한 불신과 반감 그리고 사회적 불평등 때문이었다. 데이터의 중요성과 함께 언론의 역할이 무엇인지 보여주는 사례라 할 수 있다.

8) 빅데이터 시대 데이터리터러시

결국 빅데이터 활용은 데이터리터러시 역량을 갖추는 것에서부터 시작한다. 데이터리터러시는 데이터를 기술적으로 다루는 것에서부터 데이터에 숨겨진 의미 있는 인사이트를 도출해내는 등 데이터 활용 전반에 필요한 역량을 말한다. 데이터리터러시는 크게 다섯 가지로 나눠 이야기할 수 있다. 데이터 수집, 데이터 관리, 데이터 가공 및 분석, 데이터 시각화, 데이터 기획 등의 역량이 그것이다.

• 데이터 수집 역량이란 필요한 데이터를 빠른 시간 내에 검색, 선별해 확보할 수 있는 능력을 말한다. • 데이터 관리 역량이란 데이터를 분석 가능한 형태로 구조화, 정제하는 것을 말한다. • 데이터 가공 및 분석 역량은 데이터를 목적에 맞는 분석방법을 사용해 의미 있는 결과로 도출하는 능력이다. • 데이터 시각화 역량은 데이터를 다른 사람이 이해할 수 있도록 그래프, 차트 등의 시각화 형태로 표현하는 것이다. • 데이터 기획 역량은 전반적인 데이터 간의 관계를 이해하고 데이터 활용을 위한 계획을 세우는 능력을 말한다. 직접 데이터를 분석하지는 못해도 어떤 데이터가 필요하고, 필요한 데이터를 어떻게 수집할 수 있는지, 그리고 데이터 간 연결을 통해 어떻게 의미 있는 결과를 도출해낼 수 있는지 전체적인 데이터 패턴을 읽는 능력이 중요하다.

우리 사회에서 빅데이터는 없어서는 안 될 중요한 자원임이 분명하다. 과거 시청률조사가 방송미디어의 편성과 제작에 활용되었다면, 빅데이터는 활용범위가 훨씬 넓다. 무엇보다 빅데이터로 만들 수 있는 콘텐츠의 범위가 무궁무진하다. 빅데이터를 기획하고 분석하기 위한 인문학적 통찰력이 강조되는 이유다.

9) 빅데이터와 개인정보 보호

빅데이터와 관련된 사회적 이슈로는 개인정보 보호 문제가 있다. 방송미디어에서 없어서는 안 될 자원이 바로 빅데이터이지만, 빅데이터가 초래하는 문제가 없는 것은 아니다. 개인정보보호에 취약한 것이 가장 큰 문제다. 우리 일상이 데이터로 저장되는데, 개인정보를 보호할 수 있는 제도적 장치가 제대로 마련되어 있지 않다. 기술의 발달로 온라인상에서 한 번 만들어진 데이터는 쉽게 삭제되지 않는다. 잊힐 권리에 대한 문제도 심도 있는 논의가 필요한 부분이다.

　어느 사회나 데이터의 주체는 개인인 경우가 많다. 개인데이터가 모이고 쌓여서 빅데이터로 분석이 가능해지는 것이다. 빅데이터를 활용하는 것이 산업적으로 중요하지만, 산업발전을 위해 개인정보를 희생시킬 수는 없다. 유럽연합에서는 개인정보보호법 (GDPR: General Data Protection Regulation) 가이드라인을 만들어 2018년 5월 25일부터 시행하고 있다. GDPR의 기본 요지는 기업 등은 개인이 정보 삭제를 요청하면 바로 삭제해야 하는 등 개인정보에 대한 관리를 개인에게 위임했다는 것이 특징이다. [2]

　한국도 빅데이터 시대를 맞아 개인정보 보호를 위한 '데이터 3법'이 2020년 1월 9일 국회 본회의에서 통과됐다. 데이터 3법은 개인정보보호법, 신용정보보호법, 정보통신망법의 세 축으로 구성되었는데, 핵심쟁점은 사전동의를 하면 추가동의를 받지 않아도 가명정보를 활용할 수 있도록 허용한 부분이

---

[2] GDPR 가이드라인의 구체적 내용은 한국인터넷진흥원 홈페이지(https://www.kisa.or.kr)의 주요 사업 중 개인정보보호 항목을 참고하길 바란다.

다. 가명정보는 추가정보를 사용하지 않으면 누구인지를 식별할 수 없는 정보를 말하나 익명정보와 비교하면 구체적이다. 가령 익명정보는 개인의 연령대가 30대인지 40대인지만 제공된다면 가명정보에서는 정확한 나이를 알 수 있다. 또 익명정보에서는 서울시에 거주하는 정도만 파악할 수 있다면 가명정보에서는 서울시 무슨 구 무슨 동에 거주하는지 알 수 있다. 시민단체가 데이터 3법을 반대하는 이유는 바로 가명정보라고는 하나 구체적인 개인정보가 제공된다는 점 때문이다.

한편 정부차원에서는 개인정보 보호를 위해 마이데이터(My Data) 사업을 펼치고 있다. 마이데이터 사업은 개인데이터를 개인이 관리하고 사용할 수 있도록 하는 것이 목표이다. 즉, 개인에게 데이터 주권을 주어 서비스 이용에 필요한 정보만 개인이 선택적으로 제공하도록 하자는 움직임이다.

4차 산업혁명시대 빅데이터 활용은 피할 수 없는 대세가 되었다. 하지만 개인정보 통제권을 희생시킬 수는 없다. 데이터의 가치를 높이면서도 개인정보를 보호할 수 있는 법과 제도의 정착이 필요하다.

참고문헌

머니투데이(2016. 1. 11). 넷플릭스가 강한 이유, '계산된' 〈하우스 오브 카드〉의
　　성공. 서울: 머니투데이.

벤처스퀘어(2019. 7. 29). 왓챠 콘텐츠 프로토콜·MBC '시청 빅데이터 분석서비스
　　개발 맞손'. Available at https://www.venturesquare.net.

박준우(2018). TV 시청률과 화제성 지수. 〈광고계동향〉, 2018년 8월호.

심미선(2015). 《텔레비전과 시청률》. 서울: 커뮤니케이션북스.

_____ 외(2014). 〈KI 지수 추가개선 연구〉. 과천: 방송통신위원회.

이재현(2013). 빅데이터와 사회과학: 인식론적, 방법론적 문제들. 〈커뮤니케이션
　　이론〉, 9권 3호, 127∼165.

지디넷코리아(2019. 11. 12). 넷플릭스, 국내 이용자 200만 명 돌파 추정.
　　Available at http://www.zdnet.co.kr.

티스토리(2012. 6. 25). 〈가디언〉 오픈저널리즘: ⑤ 257만 건의 트윗 분석,
　　영국 폭동의 진실을 밝히다. Aavailable at https://peak15.tistory.com.

_____(2018. 3. 28). 넷플릭스 빅데이터 활용사례: 〈하우스 오브 카드〉는
　　최초의 빅데이터 드라마, Available at http://subinne.tistory.com.

한겨레(2015. 6. 8). 통합시청률경쟁 자칫 '오락방송 경쟁' 될라. 서울: 한겨레.

강형철

1. 들어가며

공영방송은 우리에게 '정상'과 다른 무엇이라고 생각하게 하는, 우리를 다소 '불편하게 하는' 미디어 유형이다. 상업 경쟁을 하고, 그것에서 나오는 이익을 사업주가 갖는 것이 자본주의 시장의 원리인데 공영방송은 이런 일반성에서 벗어나 있다. 그래서 이런 존재양식의 '다름'은 이것이 서비스하는 내용과 방식의 '다름'을 요구한다. 공영방송이 무엇이냐는 질문에 답하기 어려워하는 일반인도 이것이 적어도 다른 방송과 차이가 있어야 한다는 생각을 지닐 것이다. "공영방송이라면", "공영방송으로서 어떻게 그렇게 …" 등의 표현은 이것이 다른 방송과 달라야 한다는 함의를 갖는다. 이 장에서는 공영방송이 일반적 방송영상서비스와 어떻게 다르며, 현재에 어떤 '다름'의 의미를 지니는지 알아보고자 한다.

2. 공영방송의 의미

1) 왜 공영방송인가?

한국의 공영방송 KBS, MBC, EBS는 방송영상 영역에서 여전히 중요한 위치를 차지한다. 2018년 한국 내 수많은 방송사업자가 내보내는 전체 방송의 시청시간 중 이들 단 3개 공영방송사의 시청시간이 차지하는 비율, 즉 시청점유율은 39%나 된다(〈표 13-1〉 참조). 여기서 시청점유율은 한 방송사의 시청점유율에 자회사 등 관계 방송사의 시청점유율을 합산해 구한다. 예컨대, KBS의 시청점유율은 KBS 1, KBS 2 채널 점유율에 KBS 조이 등 자회사 케이블채널 점유율을 합한 것이다.

한국언론진흥재단(2019)이 실시한 〈2019 언론수용자 조사〉 결과를 보면 가장 영향력 있는 매체를 묻는 질문에 시민 29%가 KBS를 꼽았다(〈그림 13-1〉 참조). 11.4%가 MBC를 선택했고, 7.4%가 YTN, 1.5%가 연합뉴스 TV를 지목했으니, 이들 '범공영방송'의 영향력 합은 50%에 육박한다.[1]

유럽도 마찬가지다. 전체 유럽 내 공영방송사의 시청점유율은 25%에 달한다. 특히 선진국일수록 공영방송사의 점유율은 높다. 덴마크 공영방송사들의 시청점유율은 70%를 훨씬 넘으며, 아일랜드와 영국은 모두 50% 내외다(〈그림 13-2〉 참조).

〈표 13-1〉 한국 공영방송사 시청점유율(2018)

방송사	시청점유율(%)
KBS	25
EBS	2
MBC	12
합계	39

출처: 방송통신위원회, 2019.

---

1 KBS와 MBC 외에 YTN과 연합뉴스 TV를 포함하여 '범공영방송'이라고 한 이유는 뒤에서 설명하겠다.

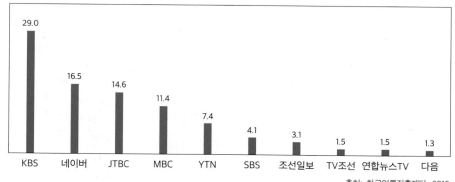

〈그림 13-1〉한국인들이 뽑은 가장 영향력 있는 매체(2019)

출처: 한국언론진흥재단, 2019.

〈그림 13-2〉유럽 주요 공영방송사 시청점유율(2017)

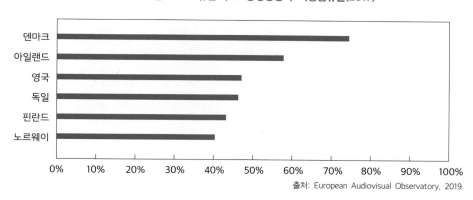

출처: European Audiovisual Observatory, 2019.

〈그림 13-3〉유럽 방송영상 시장 20대 그룹 내 공영 비중(2017)

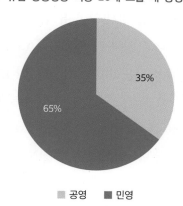

출처: European Audiovisual Observatory, 2019.

유럽 전체 방송영상 시장 내 20대 그룹 중에서 공영방송사는 35%의 비율을 차지한다(〈그림 13-3〉 참조). 한국이든 유럽이든 방송영상 영역에서 공영방송사의 위상은 높다. 디지털기술로 늘어난 수많은 채널에 더해 OTT 등 온라인플랫폼이 폭발적으로 늘어나는 상황에서도 공영방송은 여전히 중요 부분을 점유한다.

공영방송은 공적 소유이며, 대부분 자국 시민에게 수신료를 받는다. 국어사전에서 수신료(受信料)는 '방송을 수신(受信)하는 요금(料)'이란 뜻이다. 영어사전에서 수신료(licence fee)는 '방송 수신기를 소지하는 데 필요한 면허료'란 뜻이다. 한국에서는 TV 방송을 수신하기 위해 TV 수상기를 소지한 사람은 KBS에 그것을 등록하고 수신료를 내야 한다. 원래 수신료 징수는 KBS가 해야 하지만 현재 KBS는 그 일을 한국전력에 위탁하여, 각 가구는 전기료에 합산하여 자동으로 납부한다. 영국의 경우 반드시 TV 수상기가 아니더라도 BBC 프로그램을 보거나 다운로드할 수 있는 PC, 노트북, 이동전화, 태블릿 PC, 게임기, DVD 녹화기 등을 소지하면 면허료, 즉 수신료를 내야 한다.

믿기 어렵겠지만 영국은 수신료 미납으로 감옥에 갈 수도 있는 나라다. 정확히 말하면, 수신료를 미납한 시민은 기소되고 1,000파운드(153만 원) 벌금형을 받는데 이 벌금을 내지 않으면 감옥에 간다. 실제로 2016년 한 해에만 영국 시민 16만 명이 수신료를 내지 않아 유죄판결을 받고 벌금형에 처해졌고, 그중 90명이 벌금을 내지 않아 감옥에 갔다(Corfield, 2017. 7. 17).

BBC를 보기 위해 영국 시민은 2019년 한 해 동안 154.5파운드(24만 원)의 수신료를 냈다(〈그림 13-4〉 참조). 독일 시민은 공영방송 ZDF와 ARD 시청에 연간 210유로(27만 원)를, 노르웨이 시민은 공영방송 NRK 시청에 연간 2,681크로네(35만 원)를 냈다. 일본 공영방송 NHK는 지상파방송만 볼 경우 14,545엔(15만 원)을, 위성방송 서비스도 함께 본다면 25,320엔(27만 원)을 납부한다. 월별로 계산해 보면 이들 나라 대부분은 공영방송이 한 달 수

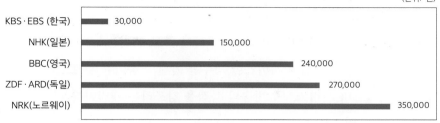

<그림 13-4> 공영방송사 연간 수신료(2019)

(단위: 원)

KBS·EBS (한국)	30,000
NHK(일본)	150,000
BBC(영국)	240,000
ZDF·ARD(독일)	270,000
NRK(노르웨이)	350,000

출처: 각 나라 공영방송사 홈페이지.

신료로 한국 돈 2만 원 이상을 받는 셈이다. 한국 공영방송 KBS와 EBS가 한 달에 2, 500원(연간 3만 원)을 받는 데 비해 많게는 10배가 넘는 수신료를 받는 것이다.

자유시장 경제 내에서 이렇게 공공부문이 중요한 위치를 차지하는 산업은 흔치 않다. 그리고 수신료 수입이라는 일종의 국가보조금을 받고 시장에서 다른 민간 사업자와 경쟁하는 산업도 드물다. 공영방송은 어떤 이유로 자유 경제 시대에도 존재하며, 심지어 비중 있는 방송사업자로 수신료를 받아가 며 남아 있는가? 그리고 어떻게 선진국에서 공영방송 수신료를 내지 않아 감 옥에 가는 것이 가능할까? 이것이 바로 우리가 공영방송을 알아야 할 이유일 것이다.

2) 공영방송의 정의와 유형

공영방송은 공적으로 소유·운영되며 공공서비스 의무를 지닌 방송을 뜻 한다. 앞서 살펴본 한국의 KBS, 영국의 BBC, 독일의 ARD, 노르웨이의 NRK 등이 모두 공영방송에 속한다. 공영방송은 영어로 'public service broadcasting'(PSB)인데 이를 다시 한국어로 직역하면 '공공서비스 방송'이 된다. 'public service broadcasting'의 일반적 번역어는 '공영방송'이지만 '공공서비스 방송'이라는 말도 함께 쓴다. 그런데 이 두 단어는 각각 개념상 강조하는 바가 다르다.

한국에서 많이 사용되는 '공영방송'은 공공기구에서 운영하는 방송이란 의미로 소유권을 강조한다. 한편, 서구에서 주로 쓰이는 '공공서비스 방송'은 공공 또는 공중을 위해 서비스할 의무를 가진 방송이란 뜻으로 소유권이나 경영방식보다 서비스, 즉 방송의 목적을 강조하는 개념이다.

두 표현이 비슷하다고 느낄 수 있지만, 공공기구가 소유하면서 공공이 아닌 사익이나 정권을 위해 서비스하는 방송도 존재하기 때문에 서구의 '공공서비스 방송'이 더 명확한 표현이다. 한국 공영방송이 오랫동안 정권의 부당한 관여에서 벗어나지 못한 데는 '공영방송'이란 명칭도 한몫했다고 볼 수 있다. 만약 '공공서비스 방송'이라고 했다면 "왜 공공과 공중에 서비스하지 않고 정권에 서비스하느냐"며 자성을 촉구하는 여론이 더 강했을 것이기 때문이다.

많은 사람이 MBC가 공영방송인지 의문을 갖는다. 그러나 MBC는 방송문화진흥회법에 따라 설립된 공익재단으로 방송문화진흥회가 대주주이므로 공영방송인 것이 자명하다. 그런데 MBC는 수신료를 받지 않으며 주 재원이 광고수익이기 때문에 일부 사람들은 MBC가 공영방송이 아니라고 한다. 하지만 세계로 눈을 돌려 보면 광고수익으로 재원을 충당하는 공영방송사는 의외로 많다.

가장 일반적인 경우는 '수신료 징수와 광고를 병행하여 운영하는 공영방송사'(복합재원 공영방송, *hybrid public service broadcasting*) 이다. '수신료로만 운영하는 공영방송사'(공공재원 공영방송, *public-funded broadcasting*) 가 오히려 이례적이다. 또한, MBC처럼 수신료를 전혀 받지 않고 '광고수익으로만 운영하는 공영방송사'(상업재원 공영방송, *commercial PSB*) 도 있다. 영국의 '채널 4'(Channel 4) 라는 지상파방송이 그 예다. 채널 4는 BBC와 같은 공영방송이지만 수신료를 받지 않고 광고수익으로만 운영된다. 〈표 13-2〉는 재원구조에 따른 공영방송의 여러 유형을 보여준다.

<표 13-2> 재원구조에 따른 공영방송의 유형

구분	복합재원 공영방송	상업재원 공영방송	공공재원 공영방송
광고수익	O	O	X
수신료 수익	O	X	O
콘텐츠 판매수익	O	O	O
공적 소유	O	O	O
공공서비스	O	O	O
각국 사례	KBS(한국) CBC(캐나다) ZDF(독일) F2(프랑스) NOS(네덜란드) RTP(포르투갈)	MBC(한국) 채널 4(영국)	BBC(영국) NHK(일본) NRK(노르웨이)

출처: 강형철, 2012.

　〈표 13-2〉에 포함되지 않는 독특한 재원구조를 가진 공영방송이 미국의 PBS(Public Broadcasting Service)와 NPR(National Public Radio)이다. PBS와 NPR은 각각 공영 TV와 공영 라디오 네트워크다. 미국에서 네트워크는 전국에 산재해 있는 지역방송국을 하나로 묶어내는 브랜드로, 지역의 가맹 방송국들에 단일한 프로그램을 공급하는 역할을 한다.

　미국의 공영방송은 국가기구가 아니다. 대학이나 시민단체 등이 소유한 지역방송사들의 연합체로서 미국 공영방송은 연방기금, 개인후원, 재단협찬 등의 불안정한 재원으로 운영된다. 상업방송이 강한 미국에서 공영방송은 연방기금을 국회 허가를 받고 쓰는데, 다른 나라와 마찬가지로 공영방송에 부정적인 보수정당(공화당)이 다수일 때는 재원 확보에 더욱 어려움을 겪기도 한다. 상업방송이 주를 이루는 독특한 선진국인 미국에서 PBS와 NPR의 점유율은 매우 미미하지만 구별성 높은 다큐멘터리와 시사프로그램으로 좋은 평가를 받고 있다.

3) 한국의 공영방송

한국에서는 안타깝게도 법적으로 공영방송을 정의한 사례가 없다. 단, '공직
선거법'에서 "공영방송사는 그의 부담으로 대담·토론회를 TV 방송을 통하
여 중계방송하여야" 한다며 공영방송을 '간접적으로' 정의하고 있을 뿐이다.
즉, 이 법은 공직선거 때 후보자 토론방송 등의 의무를 공영방송에 부가했는
데 이런 공영방송이 바로 KBS와 MBC라고 특정했다. 굳이 의미를 부여하자
면 한국에서 공영방송의 유일한 법적 정의는 "공직선거 후보자 토론방송을 하
는 방송"이다. 법적으로 EBS는 공영방송인지 확인할 수 없지만, 앞서 살펴본
일반적 정의로는 KBS, MBC와 함께 공영방송에 포함시킬 수 있다. 또한
YTN과 연합뉴스TV와 같이 민간회사이지만 공공기관이 소유하거나 경영권
을 행사할 정도의 지분을 지닌 방송사가 있는데 이들을 편의상 '준공영방송'이
라고 할 수 있다.

(1) KBS(한국방송공사)

한국의 방송법은 KBS를 '국가 기간방송'이라고 정의해 놓았다. 공영방송이
라는 표현이 없이 '기간방송'이라고 한 것이 특이하다. '기간'(基幹)은 "어떤
분야나 부문에서 가장 으뜸이 되거나 중심이 되는 부분"이므로, 기간방송이
란 한국 방송의 중심이라는 의미로 이해할 수 있을 것이다. 방송법에 따라
KBS는 ① 공적 책임, 방송의 공정성과 공익성을 실현하여야 하고, ② 국민
이 지역과 주변 여건에 관계없이 양질의 방송서비스를 제공받을 수 있도록
노력하여야 하며, ③ 시청자의 공익에 기여할 수 있는 새로운 방송프로그
램·방송서비스 및 방송기술을 연구하고 개발하여야 한다. 아울러 ④ 국내
외를 대상으로 민족문화를 창달하고, 민족의 동질성을 확보할 수 있는 방송
프로그램을 개발하여 방송하여야 한다.

KBS의 시초는 1927년 조선총독부 지원으로 개국한 라디오방송인 경성방

송국(JODK)이다. 일제 패망 후 미군정 공보국 산하 군정방송이었다가 1948년 대한민국 정부 수립으로 국영방송이 됐다. 1961년 12월 31일부터 TV 방송을 개시하였으며, 1973년 3월 1일 한국방송공사로 출범했다. 그러나 국영에서 공사로 법적 지위만 바뀌었을 뿐 시초부터 계속된 정권의 통제는 변함없었다. 1980년에는 언론통폐합 지침에 따라 동양방송(TBC) 등 사영방송을 인수하여 지금의 지상파 TV 채널 2개와 라디오 채널 7개를 운영하게 됐다. 이 밖에도 KBS는 국제위성방송인 'KBS 월드 TV', 'KBS 월드 24'를 운영한다. 아울러 자회사 'KBS N'을 통해 'KBS 조이' 등 케이블채널 7개도 보유하고 있다.

〈표 13-3〉 KBS 실시간 방송채널

매체		운영 채널
지상파 TV	1TV(HD/UHD)	보도, 시사정보, 스포츠, 교양
	2TV(HD/UHD)	건전한 가정·문화 채널(연예, 오락)
지상파 라디오	1R	시사, 교양 등 종합편성채널
	2R	대중음악 채널(광고)
	3R	장애인과 사회적 약자의 권익 향상을 위한 채널
	1FM	국내 유일 클래식·국악 전문 채널
	2FM	젊은 예능·음악 채널(광고)
	한민족방송	북한 전문 및 한민족 네트워크 채널
	KBS 월드 R	세계로 통하는 한국의 창 채널
국제 위성방송 TV	KBS 월드 TV	진입국가: 100여 개국, 확보가구수: 1억 가구 이상
	KBS 월드 24	미국(지상파: 시카고, LA, 애틀랜타), 뉴질랜드(IPTV)
		아프리카·유럽(위성 안테나 설치가구 개별 시청)
케이블·IPTV 채널 (KBS N)	KBS 드라마	드라마·버라이어티 전문 채널
	KBS 조이	드라마·예능 전문 채널
	KBSN 스포츠	스포츠 전문 채널
	KBS W	여성 전문 채널
	KBS 키즈	어린이 전문 채널
	KBSN 라이프	중장년층 전문 채널
	KBSN 플러스	OTT 플랫폼 전용 24시간 채널

출처: KBS 홈페이지.

한국 방송법 제1조에서 법의 목적이 "방송의 자유와 독립을 보장"하는 것이라고 표현할 정도로 공영방송 KBS를 필두로 하여 한국 방송은 오랫동안 지속된 정부의 통제에서 벗어나는 것이 큰 과제다. 이에 방송법은 여러 가지 독립보장 장치를 마련했는데 그중 하나가 공영방송 경영진 임명방식이다. 법에 따라 KBS 사장은 이사들이 뽑고, 이들 이사 11명은 각 분야의 대표성을 고려하여 방송통신위원회에서 추천하고 대통령이 임명한다.

그런데 법에 없는 관행으로 방송통신위원회는 이사 후보 중 7명은 정부와 여당이, 나머지 4명은 야당이 제안한 인물로 추천한다. 이것이 가능한 이유는 5명의 방송통신위원회 자체가 3명 중 2명은 대통령이 지명하고 1명은 여당이, 나머지 2명은 야당이 추천하여 구성되기 때문이다. 즉, 여야 3 대 2로 나뉜 방송통신위원회의 정파적 구도가 KBS 이사진의 정파적 구성으로 귀결된다는 것이다.

이러한 정파적 구도는 결국 정부 여당의 독주나 야당의 당파적 이해 대변으로 이어진다는 비판이 지속되었다. 2020년 초 현재 이를 해소하기 위한 여러 대안이 제시되고 있다. 그러나 공영방송이 정부와 정당의 압력에서 독립함과 동시에 책임 있는 운영을 하기 위한 방법에 대한 합의가 적절한 수준에서 이뤄지지 않는 것이 현실이다. 어떤 이는 제도를 바꾸면 된다고 말하지만 서구 모범적인 공영방송을 둘러보면 반드시 제도의 문제 같지도 않다. 다른 이는 제도가 문제가 아니라 사람이 문제라고 말하며 인적 쇄신을 촉구하기도 한다.

(2) MBC(문화방송)

MBC는 수신료 없이 상업재원으로만 운영하는 공영방송사 그룹이다. 1961년 2월 21일 창립하여 별도 법인인 지역 MBC 방송사들을 자회사로 두고 있다. MBC는 2020년 1월 현재 1개의 지상파 TV 방송과 FM4U 및 표준 FM 라디오 방송을 하며, 자회사 'MBC플러스'를 통해 'MBC에브리원' 등 케이블채널 5개를 운영한다.

앞서 설명했듯이 MBC 대주주는 공익재단 방송문화진흥회이므로 공영방송이다. 공사인 KBS 및 EBS와 달리 상법상 주식회사이다. 방송문화진흥회가 MBC 지분의 70%를 소유하며 나머지 30%는 정수장학회 지분이다. 정수장학회가 MBC 지분을 소유하고 있다는 사실은 이 공영방송사가 독특한 한국 정치사의 영향 아래 발전했음을 시사한다. MBC의 시작은 사업가 김지태가 운영하던 사영방송이었다. 그러나 1962년 박정희 쿠데타 정부는 MBC를 김지태에게 강압적으로 '헌납' 받아 관변단체 '5·16 장학회' 소유로 만듦으로써 민영방송이면서도 정부의 지배를 받는 특이한 방송 모델을 탄생시켰다. 5·16 장학회는 쿠데타 정부가 김지태의 '부일장학회'를 빼앗아 만든 것이다. 설립 초기부터 5·16 장학회는 박정희의 동서 등 친인척이 관리했다.

1980년 또 다른 쿠데타로 집권한 신군부는 '언론통폐합' 과정에서 5·16 장학회가 가졌던 MBC 본사 주식 30%를 제외한 나머지 민간보유 주식을 주주들의 '자진 헌납' 형식으로 국가에 귀속시키고, 이 주식을 다시 정부가 KBS에 출연하도록 하여 MBC를 공영방송으로 만들었다. 그리고 5·16 장학회는 1982년 박정희의 '정'(正)과 육영수의 '수'(修)를 딴 '정수장학회'로 개명하였다. 그 이후에도 이 장학회는 박근혜 전 대통령 및 그의 측근들이 관리해왔다. 1987년 6월 민주항쟁 이후인 1988년에 국회는 '방송문화진흥회법'을 통과시킴으로써 정부가 KBS에 위탁해 관리하던 주식 70%를 공익기관인 방송문화진흥회에 출연하도록 했다. 현재 방송문화진흥회가 MBC의 대주주이지만 정수장학회도 여전히 30% 지분을 가진 주주로서 이익배당을 받고 있다.

MBC 사장은 방송문화진흥회 이사들이 실질적으로 선임하는데, 이들 이사는 방송통신위원회가 임명한다. KBS와 마찬가지로 방송통신위원회 구성의 정파화에 따라 방송문화진흥회 이사 9명 중 6명은 정부 여당, 나머지 3명은 야당이 추천한 인물이 임명되는 것이 법조항에 없는 관례다. 방송통신위원회의 정파성이 방송문화진흥회 구성의 정파성으로, 그리고 다시 MBC 경영진에 대한 영향력 행사로 이어지는 문제는 KBS와 유사하다.

(3) EBS(한국교육방송공사)

EBS는 교육전문 공영방송이다. 대부분의 나라는 교육을 공영방송의 주요 서비스 내용으로 삼기 때문에 교육전문 방송을 별도로 둔 한국은 이례적이라고 할 수 있다. EBS는 신군부 언론통폐합 작업의 일환으로 개국 준비작업에 착수, 1981년 KBS 3TV로 출범하였다. 하지만 KBS와 KEDI(한국교육개발원)가 함께 운영하는 방식이었고, 당시 지상파방송 주파수였던 VHF가 아닌 UHF 채널로 별도 방송하여 난시청지역 많았기 때문에 운영 안정화를 이루지 못했다. 1987년에 VHF 13번으로 채널을 변경한 데 이어 1990년에는 KBS, 1997년에는 KEDI와 독립한 방송기관이 되었다가, 2000년 현재와 같이 한국교육방송공사로 공사화되었다.

2020년 초 현재 EBS는 지상파인 EBS 1TV, EBS 2TV 및 FM 라디오, 케이블·위성·IPTV 채널인 플러스 1(수능·내신·논술)과 플러스 2(초등·중학·직업교육), EBS 잉글리시, EBS 키즈 등을 운영한다. 특히, 한국 지상파방송 중 유일하게 디지털 전환 후 기존 TV 채널 한 개를 두 개(EBS 1TV, EBS 2TV)로 분할해 활용하는 MMS(지상파 다채널방송) 방식을 채택하고 있다.

EBS의 가장 큰 문제는 재원의 불안정성이다(강형철 외, 2008). 현재 가구당 2,500원씩 내는 수신료 금액 중 3%가 EBS에 할당되며, KBS는 EBS의 방송 송출을 무료로 대행해 준다. 그러나 EBS 예산에서 수신료, 방송발전기금, 그리고 국고보조금 등 공적 재원이 차지하는 비율은 30%에도 못 미치며 나머지 70% 이상을 교재판매, 광고, 협찬 등 상업재원으로 충당한다. 더구나 방송발전기금의 경우 방송통신위원회가 관리하기 때문에 기본적으로 독립성의 문제가 발생하며, 방통위의 연간 예산책정이 이루어진 후에야 집행할 수 있으므로 운용 탄력성 및 안정성이 떨어진다. 뿐만 아니라 방송발전기금은 방송통신위원회, 기획재정부, 국회 문광위원회의 관여를, 국고보조금은 교육부와 기획재정부 및 국회 교육위원회 등의 관여를 받아 일관된 예산집행 목표를 설정하기 어렵다는 문제도 크다.

(4) 기타 범공영방송

공영방송이라고 확정하긴 어렵지만, 소유나 설립목적 등이 다른 사영방송과 구별되는 방송이 몇 개 있다.

소유의 공공성을 기준으로 하면 공영방송에 가까운 것이 YTN과 연합뉴스TV다. 우선, 뉴스전문 채널 YTN은 코스닥 상장회사이지만 한전 KDN, 한국인삼공사, 한국마사회, 우리은행 등 공기업 또는 준공기업이 주요 주주로서 50% 이상의 지분을 가지고 있다.

연합뉴스TV는 공영 뉴스통신사 연합뉴스가 소유한 뉴스전문 채널이다. 연합뉴스는 '뉴스통신 진흥에 관한 법률'에 의거한 '국가기간 뉴스통신사'로서 공영통신사라고 할 수 있다. 연합뉴스 대표이사는 공익재단인 뉴스통신진흥회의 추천을 받아 연합뉴스사 이사회의 의결로 선임된다. 그러므로 연합뉴스TV 또한 공영방송의 범주에 넣을 수 있다.

그밖에 문화체육관광부 산하 재단법인 '아리랑 TV'(아리랑국제방송)와 '국악방송'도 준공영방송이라고 할 수 있다. 다만, 문화체육관광부 소속인 정보홍보 채널 'KTV 국민방송'은 앞에 언급한 방송사들과 달리 명확한 정부기관이므로 공영방송이라기보다 관영방송이라고 하는 것이 정확하다.

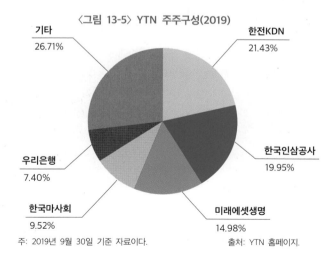

〈그림 13-5〉 YTN 주주구성(2019)

기타 26.71%
한전KDN 21.43%
한국인삼공사 19.95%
미래에셋생명 14.98%
한국마사회 9.52%
우리은행 7.40%

주: 2019년 9월 30일 기준 자료이다. 출처: YTN 홈페이지.

3. 공영방송의 의무와 역할

공영방송이 어떤 역할을 수행해야 하는지에 대한 생각은 시대에 따라, 사회에 따라, 그리고 개인에 따라 다를 수 있다. 그러나 언제 어디서든 누구에게든 변하지 않는 생각은 이 장의 서두에서 언급했듯이 "공영방송은 달라야 한다"는 것이다. 서구의 많은 학자들은 이러한 공영방송의 '다름'을 '구별성'(*distinctiveness*)이라고 표현한다(Jakubowicz, 2003; Goddard, 2017; Bardoel & Lowe, 2007). 여기서 구별성은 사영방송과 "같지 않고, 뛰어남"을 뜻한다. 공영방송의 서비스와 콘텐츠가 사영방송과 같다면 그것은 공영방송이 뜻하는 바가 아니다. 또한, 공영방송의 서비스와 콘텐츠가 사영방송보다 뛰어나지 못한 것도 우리가 공영방송에 바라는 바라고 할 수 없다.

사영방송 vs. 민영방송

이 글에서는 공영방송의 반대 개념을 '민영방송'이 아니라 '사영방송'이라고 보았다. 우리가 관례상 '공영'의 반대말로 '민영'을 써왔기 때문에 이것이 어색하다고 생각할 독자도 있을 것이다. 그러나 그 개념을 자세히 살펴보면 적절치 않은 표현임을 알 수 있다. '공'(公)의 반대말은 '사'(私)이다. 영어에서도 'public'의 반대는 'private'이고, 'public broadcasting'의 반대는 'private broadcasting' 또는 일상적으로 'commercial broadcasting'(상업방송)이라고 한다. 한편, '민'(民)의 반대는 '관'(官)이므로, 민영의 반대는 관영이다("민관이 함께"라는 표현을 생각해 보자). 예를 들어, 정부정책을 홍보하는 채널 KTV는 문화체육관광부 산하 정부기관이므로 관영방송이다. 중국의 CCTV도 관영방송이다. 관영방송의 반대가 민영방송이다. 그러므로 공영방송(公營放送)의 반대말은 사영방송(私營放送)이라고 보는 것이 정확하다.

1) 시대별 구별성의 구현

그렇다면 공영방송은 어떤 측면에서 사영방송과 "같지 않고, 뛰어나야" 할까? 우선, 공영방송이 방송서비스의 주류를 이루어온 서유럽에서 이것이 실행해야 하는 구별성 의무가 다음과 같이 시대에 따라 변해왔다는 사실에 주목해야 한다(강형철, 2007: 19~22).

(1) 1단계: 대중의 취향향상 프로그램

공영방송이 최초로 등장한 1920년대 초부터 1960년대까지 서유럽 공영방송의 구별성은 "대중의 취향을 고양하는 양질의 프로그램"(*good taste-cultivating programming*)으로 정의되었다(Pilkington Committee, 1962). 초대 영국 BBC 사장 존 리스 경(Sir John Reith)에 의해 대변되는 공영방송의 구별성은 천박한 미국식 상업방송과 차별되는 매우 품격 높은 교양을 의미했다. 그에 따라 공영방송이 서비스해야 할 고품격 방송은 뉴스, 교양, 교육 등 일부 장르에 해당하는 것으로 인식되었다.

이 시기는 처음 등장한 라디오방송의 신기효과가 유지되던 때로서, 청취자들은 라디오방송에서 무거운 내용이 나오든 정보적 내용이 나오든 신기해하고 관심이 있었다. 더구나 다른 경쟁방송 서비스가 없으므로 공영방송의 시청점유율은 어느 프로그램이든 100%였다. 존 리스 등 사회 엘리트들은 이러한 관심과 대안부재 상황을 이용하여 공영방송을 국민교육의 매체로 활용할 수 있다고 생각하였다.

(2) 2단계: 비엘리트적 대중선호 프로그램

공영방송 콘텐츠의 품격과 교육적 기능을 강조하던 정의는 민영 경쟁자의 등장과 함께 위기를 맞고 그 자체로서 엘리트주의라는 비판을 받는다. 대중의 관심을 더 끌며 더 창의적인 대안이 생긴 상황에서, 관료적이고 고답적인 공영방송프로그램의 의미에 대해 회의론이 대두된 것이다. 품격 면에서는 구별되지만, 방송영상의 특성을 애써 외면한 채 '콧대만 높이고 있는' 공영방송의 이미지로는 사영방송과의 경쟁에서 정당성을 얻기 힘들게 되었다. 더구나 시민의 입장에서는 좋은 내용이더라도 자신이 실제로 잘 보지 않는 방송에 비싼 수신료를 낼 필요성을 못 느끼게 되었다.

이런 이유에서 "다양한 계층이 선호하는 비엘리트 프로그램"(*non-elite popular programming*)으로 구별성 의무가 재정의된다(Annan Committee, 1977; Peacock, 1986). 또한, 사영 지상파 경쟁자뿐만 아니라 케이블이나 위성방송 등 수많은 대안을 예상해 공영방송의 존재가치를 재정립해야 할 필요성도 구별성 의무 개념 변화를 가속화했다. 특히, 다채널 시대에 상업방송의 목표집단이 구매력을 가진 일부 계층에 편중된다면, 공영방송의 지향점은 이들과 달리 다양한 계층이 즐길 수 있는 비엘리트 프로그램이어야 한다는 인식이 확산되었다.

(3) 3단계: 창의적 대중 프로그램

미디어 융합으로 도래한 오늘날의 다매체 · 다플랫폼 시대에는 다양한 계층이 각자 선호하는 별도의 매체와 서비스를 선택할 수 있다. 그리하여 다양성을 제공하는 비엘리트 프로그램이라는 대안도 한계에 봉착했다. 어린이, 노인, 청소년, 중년, 20대, 30대, 싱글족 등 세분화된 계층은 그에 호소하는 세분화된 전문채널(*theme channel*)은 물론, 유튜브 등 분화된 비선형 온라인서비스를 즐기게 되었기 때문이다. 이런 상황에서 공영방송의 구별성 의무는 무엇일까?

결국, 융합미디어 시대에 공영방송의 목표는 비상업적인 동시에 대중성을 확보하려는 방향으로 이동했다(〈표 13-4〉의 좌상단 유형). 과거 공영방송은 시청률을 포기하고라도, 즉 비대중적이라도 다큐멘터리 등 비상업적 프로그램을 방송함으로써 자신의 임무가 완성된다고 생각했다. 이것은 BBC 초대 사장인 존 리스의 방송관이자, 현재에도 미국 공영방송 PBS에서 극명히 드러나는 가치관이다. 그러나 다채널 시대에 이런 비대중적 공영방송은 존재 의미를 상

<표 13-4> 방송서비스별 지향점

구분	비상업적	상업적
대중적	21세기 공영방송	상업 지상파방송 베이직 케이블채널
비대중적	미국 PBS	프리미엄 케이블채널 OTT 등 비선형 서비스

실하며, 존속하더라도 '게토화'될 뿐이다(Blumler, 1993: 2). 실제로 미국 PBS는 비상업적이며 비대중적인 매우 구별적인 콘텐츠를 서비스하는 공영방송이지만 시청률이 1% 내외로 미국 방송문화에 큰 영향을 주지 못한다.

여기서 비상업적이란 사영방송이 서비스하길 꺼린다는 뜻이며, 반대로 상업적이란 사영방송이 서비스하길 원한다는 뜻이다. 예를 들어, 정통사극의 경우 전투장면 촬영, 전통의상 제작 등에 엄청난 비용이 투입되지만, 그만큼의 수익이 보장되기 어렵다. 이런 측면에서 정통사극은 비상업적이며 비대중적 프로그램이고 사영방송은 꺼리는, 공영방송이 서비스해야 할 영역이다.

많은 제작비가 드는 프로그램을 공영방송사가 만든다는 것은 그 사회의 제작능력을 키울 뿐만 아니라 사회 정체성 유지라는 중요한 목표를 달성하는 일이다. 하지만 현실적으로 고비용의 콘텐츠 제작은 규모의 경제에 따라 넷플릭스와 같이 넓은 세계시장을 무대로 활약하는 강대국 사업자만이 시도할 수 있다. 실제로 현재 한국의 주요 방송사들은, 심지어 공영방송사들까지 넷플릭스가 발주한 드라마를 만들어 제공하고 있다. 물론 이런 국제적 콘텐츠에서는 한민족만이 공감할 수 있는 민족 정체성을 드러내기 어렵다.

게토(*ghetto*) 소수집단이 경제적·사회적·정치적 이유로 도시 주변으로 밀려나 실제적으로 고립된 지역을 뜻한다. 예를 들어, 제2차 세계대전의 홀로코스트 기간 동안 나치는 유태인 게토를 1,000여 곳을 만들어 그들을 고립시키고 살육했다.

게토화(*ghettoization*) 일차적으로 소수집단 등을 격리하고 고립시킨다는 뜻이고, 비유적으로는 어떤 지역이나 집단, 가치 등을 고립시킨다는 의미이다. 여기서는 공영방송의 역할 축소를 비유적으로 이르는 말이다.

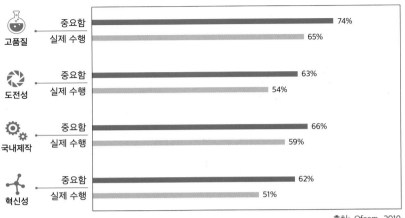

〈그림 13-6〉 공영방송 구별성 가치의 중요성과 수행에 대한 시민평가(영국, 2018)

고품질
　중요함 74%
　실제 수행 65%

도전성
　중요함 63%
　실제 수행 54%

국내제작
　중요함 66%
　실제 수행 59%

혁신성
　중요함 62%
　실제 수행 51%

출처: Ofcom, 2019.

또 다른 예로, 권투 세계 챔피언 매치의 경우 특정인들은 매우 강한 관심을 갖지만 많은 대중이 원하는 것은 아니다(비대중적). 그러나 이러한 분야는 프리미엄 케이블채널 등에서 관심을 둔다(상업적).

이러한 이유로 21세기 공영방송은 "사회의 방송문화를 선도하는 다양성과 창의성을 갖춘 대중적 프로그램"(*diversity & creativity-orientated popular programming*)을 구별성의 주요 가치로 삼아야 한다는 주장이 나오는 것이다. 방송문화를 선도하는 프로그램은 특정 장르 유형이 아니라 예컨대 위와 같이 구별성 있는 콘텐츠를 의미한다.

〈그림 13-6〉는 영국 공영방송 규제기관 Ofcom이 조사한 공영방송 콘텐츠에 대한 시민평가 결과 중 일부다(Ofcom, 2019). 응답자들이 10점 만점에 동의 정도를 표시했는데, 이 그래프의 비율(%)은 응답자들 중 7점 이상을 준 사람들의 비중이다. 영국 시민 중 고품질 콘텐츠가 7점 이상으로 중요하다고

고품질(*high quality*) 잘 만든, 고품질 프로그램
도전성(*challenging*) 시청자가 잠시 멈추고 생각하게 하는 프로그램

국내제작(*original*) 자국에서 만든 프로그램
혁신성(*innovative*) 새로운 아이디어나 색다른 접근을 보여주는 프로그램

<표 13-5> 공영방송 구별성 개념의 변화

시기	전송방식	수용자	콘텐츠 유형	콘텐츠 가치	공영방송 구별성
독과점 시대 (1920~1960년대)	제한된 주파수	대중	보편적 교양	대중에게 필요한 것	대중의 취향을 고양하는 양질의 프로그램
다채널 시대 (1970~1990년대)	케이블, 위성방송	분할	다양한 장르	수용자가 원하는 것	다양한 계층이 선호하는 비엘리트 프로그램
융합미디어 시대 (21세기)	IPTV, OTT, 소셜미디어	파편화	개별기호 충족 콘텐츠	이용자가 선택하는 것	사회의 방송문화를 선도하는 다양성과 창의성을 갖춘 대중적 프로그램

출처: 강형철, 2007.

생각한 사람의 비중이 74%였다. 그래프에 나타난 응답을 종합적으로 해석해보면 영국 시민들은 공영방송 콘텐츠가 고품질, 도전성, 국내제작, 혁신성의 순으로 중요하다고 생각했다. 아울러 공영방송의 실제 수행에 대한 평가는 국내제작에 대한 것이 가장 높았고, 혁신성에 대한 것이 가장 낮았다.

2) 책무성과 투명성의 과제

공영방송은 주어진 사회적 자원을 합리적으로 운영하고, 위에서 살펴본 맡은 바 임무를 충실히 이행하였는지 증명할 것을 요구받는다(Picard, 2002). 많은 대안이 존재함에도 불구하고 수신료 등 사회적 지원을 받는 공영방송은 사영방송과 '구별되는' 서비스를 하고 있는지 스스로 증명해야 함은 당연하다. 특히, 시청자들이 지불한 수신료가 합리적이고 효과적으로 쓰이는지 보여주는 것이 중요하다. 이렇게 자신이 수행한 바를 사회에 설명하는 것을 '책무성' (accountability)이라고 한다.

공영방송의 책무성이란 공영방송 조직이 시민들에게 "자신들의 활동을 해명하도록 의무를 맡기는 과정"이다(Pritchard, 2000). 맥퀘일(Denis McQuail)은 책무성을 수행하는 방식을 '법적 책임 모델'(Liability Model)과 '응답 책임 모델'(Answerability Model)로 구별하였다(McQuail, 2003). 여기서 법적 책임은 법적 장치와 절차를 통해 공영방송이 수행한 바를 평가하고 책임을 묻는 방식이다. 응답 책임은 이와 달리 스스로 평가하고 자신의 행위를 설명하는 것이다. 두 가지 방법 중에 정부나 정치권으로부터 독립성을 지킬 수 있는 것은 당연히 응답 책임 모델이다. 법적 장치와 절차는 곧 정부와 정치권의 관여를 뜻하고 이 과정에서 언론의 자유를 위축될 수 있기 때문이다.

이런 이유로 KBS와 EBS는 현재 공공기관의 책무성을 보장하기 위해 법적 책임 모델인 '공공기관 운영에 관한 법률'(공공기관운영법)에서 제외되었다. MBC는 상법상 주식회사로서, 공공기관이 아니므로 애초부터 이 법의 적용대상이 아니다. 그리고 이들 공영방송사는 다른 일반 방송사들과 함께 방송법에서 정한 방송평가 등을 같이 적용받는다. 공영방송이 구별되게 실천해야 할 것들에 대한 평가가 별도로 이루어지지 않는다는 것이다.

그렇다면 KBS와 MBC, EBS는 자율적 개념인 응답 책임 모델을 스스로 충실히 수행해야 한다. 그런데 현재 이들 방송이 외부에 공개하는 〈경영평가 보고서〉 등 공표 내용의 범위와 질적 수준이 일반 공공기관에 미치지 못하고 있다. KBS와 EBS를 공공기관운영법에서 제외한 것은 방송이라는 재화가 수도, 전기 등과 같이 취급되기 어렵고, 공공기관운영법에 따라 기획재정부장관의 관할하에 두는 것이 부적절하기 때문이다. 특히, 재정문제로 기획재정부의 관여를 받는다면 독립성을 침해받을 수도 있다.

그러므로 이들 공영방송은 스스로 다른 공공방송에 비해 더 큰 투명성을 확보해야 한다. 수신료 등 재원을 얼마나 합리적이고 효과적으로 쓰고 있는지를 설명해야 하며, 시청률만이 아니라 공영방송에만 맡겨진 구별적 역할을 얼마나 잘 수행하고 있는지 증명해야 한다. 만약 이런 투명성 장치에 시민들이 만족하지 못한다면 국가가 관여하는 법적 책임 모델 적용을 피할 수 없을 것이다.

4. 융합미디어 시대의 공영방송: 딜레마와 출구

공영방송의 존재 의미 자체에 대한 도전이 거세지고 있다. 많은 선형채널은 물론 유튜브 등 비선형 서비스에서 평생 보아도 다 볼 수 없을 만큼 많은 콘텐츠가 쏟아지고 있다. 개인의 취향에 맞출 뿐만 아니라 품격까지 갖춘 콘텐츠가 즐비하다. 어찌 보면 오늘날의 시청자들은 공영방송까지 볼 시간이 없다.

더구나 앞서 살펴보았듯이 서유럽 대부분의 공영방송은 한 달에 2만 원 내외 수신료를 낸다. 그런데 넷플릭스 프리미엄은 한 달에 14,500원이면 가족이 모두 함께 TV를 포함한 거의 모든 기기로 UHD 화질의 수많은 양질의 콘텐츠를 즐길 수 있다. 함께 보기와 혼자 보기가 가능하다. 여기에 만 원 정도 더 내고 한국 지상파통합 OTT인 웨이브에 가입하면 지상파를 포함한 국내 주요 콘텐츠를 같은 방식으로 볼 수 있다. 굳이 비싼 수신료를 내고 공영방송 서비스를 받을 이유를 찾기 힘들다.

앞서 살펴보았듯이 공영방송의 목적은 과거 오랫동안 다수를 위한 '좋은 방송'을 하는 것이었다. 공영방송의 전통적 가치는 영국의 BRU(Broadcasting Research Unit)가 잘 정리했다(BRU, 1986). BRU가 제시한 공영방송 8개 원칙은 당시 보수당 대처 정부가 공영방송에 '적대적' 태도를 보이는 데 대한 대응의 일환이었다. 지금도 공영방송의 역할을 논할 때 이 원칙이 자주 인용된다.

〈표 13-6〉 넷플릭스 요금제별 서비스(2020)

서비스	베이직	스탠더드	프리미엄
HD 화질 지원	×	○	○
UHD 화질 이용 가능	×	×	○
동시접속 가능 인원	1	2	4
노트북, TV, 스마트폰, 태블릿으로 시청	○	○	○
영화와 TV 프로그램 무제한 시청	○	○	○

주: 2020년 1월 1일 자료이다.   출처: 넷플릭스 홈페이지.

출처: BRU, 1986.

　　BRU가 제시한 원칙은 공영방송이 내용적 차원에서 보편적 소구(*universal appeal*)를 충족시키는 좋은 품질의 프로그램이어야 하며, 전송적 차원에서 보편적 서비스(*universal service*)를 해야 한다는 것으로 요약된다. 첫째 지리적 보편성은 전송적 차원의 보편적 서비스를 뜻하고, 둘째 소구의 보편성은 내용 차원의 보편적 소구를 말한다. 셋째 소수자와 소외계층의 특별 서비스도 보편적 소구를 이루는 한 방편이다. 소수자와 소외계층의 취향과 관심도 담아내야 보편적 소구가 완성되기 때문이다. 나머지 넷째에서 여덟째까지는 내용적 차원에서 좋은 품질과 그것을 달성하는 방법을 말한다.

　　그런데 융합미디어 시대에 공영방송이 수행해야 할 원칙은 새로 제시되어야 한다. 그것은 바로 위에서 살펴본 내용과 전송수단으로 나누어 고찰해야 한다. 즉, 필요한 내용이 무엇이며, 그 수단은 무엇인지, 이것들이 과거와 다른 점은 무엇이며 왜 그러한지를 설명해내야 한다.

1) 융합미디어 시대의 공영방송 수행원칙

융합미디어 시대에 공영방송의 수행원칙은 품질, 보편적 소구, 보편적 서비스 등 세 가지 측면 모두에서 〈표 13-7〉과 같이 다른 방식으로 변화하고 있다.

(1) 구별적 품질의 변화: 장르 중심적 구별성에서 창의성 견인의 구별성으로

오늘날 셀 수 없는 플랫폼에서 수많은 콘텐츠가 넘쳐나지만 오히려 과소 공급되는 것이 창의적 프로그램이다. 앞에서도 이야기했지만, 이 시점에서 부족한 것은 특정 장르가 아니다. 좁은 시장의 경쟁 상황에서 대부분의 방송사들은 대규모 제작비가 들어가거나 소규모 시청자를 대상으로 하는 프로그램의 편성을 꺼린다. 일반적으로, 좁은 시장 안에서 투입된 금액만큼 수익을 얻기 어렵고, 많은 제작비를 투입한 창의적 프로그램이 성공하리라는 보장이 없기 때문이다. 그리하여 좁은 시장일수록 경쟁은 오히려 전체적 방송품질을 떨어뜨린다.

방송과 미디어가 디지털화되고 융합되면서 방송영상 부문의 진입장벽이 무너졌다. 그런데 이런 변화 속에서 많은 채널과 플랫폼이 등장해 방송시장 경쟁이 치열해지면 좋은 콘텐츠가 늘어나리라고 생각하는 것은 섣부른 기대다.

〈표 13-7〉 공영방송 의무의 변화

구분	아날로그 시대	디지털 시대
프로그램 품질	• 장르 중심적 차별성	• 고품질 방송을 통한 방송문화의 창의성 견인
보편적 소구 (내용의 보편성)	• 플랫폼 내 보편성 - 프로그램 내 다양성 - 프로그램 간 다양성	• 플랫폼 간 보편성 - 프로그램 내 다양성 - 프로그램 간 다양성 • 플랫폼 간 다양성
보편적 서비스 (물리적 보편성)	• 지상파 채널 커버리지 확대	• 수용자가 선택 가능한 플랫폼 확대

출처: 강형철, 2012.

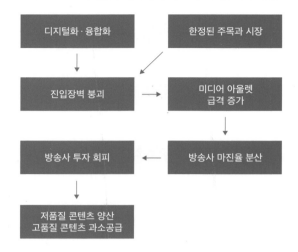

〈그림 13-7〉 디지털화·융합화에 따른 방송품질 저하 양상

선택지가 많더라도 한정된 시간을 가진 사람이 이용할 수 있는 콘텐츠는 제한적이다. 더구나 한국과 같이 언어인구가 많지 않은 제한된 규모의 시장에서는 좋은 품질이 경쟁에서 성공을 거두기 힘들다. '주목의 경제'가 작동하는 시장에서 방송영상 사업자들은 투입한 만큼의 돈을 회수하기 쉽지 않기 때문이다. 즉, 취향과 관심이 흩뿌려진 상황에서 마진율이 분산되어 막대한 제작비를 들여 만든 콘텐츠도 과거와 같이 많은 이용자를 모으기 어렵게 된 것이다. 결국, 수많은 저품질 콘텐츠가 양산되고 고품질 콘텐츠가 과소 공급되는 현실에 직면하게 되었다.

결국, 이런 상황에서 창의적 프로그램 공급이 줄어들게 된다. 또한 자국 시장이 클 뿐 아니라 영어의 이점으로 세계시장에서 '범위의 경제'(*Economy of Scope*)를 발휘하는 미국과 같은 강대국에서 프로그램을 수입하거나, 다양한 콘텐츠를 종합적으로 제공하는 넷플릭스와 유튜브 등 글로벌 OTT에 의존하는 경향이 커진다. 공영방송이 이러한 문제를 타개하려면 이윤 폭을 줄이더라도 제작비 지출을 과감히 늘려 우수한 자국 콘텐츠를 많이 생산함으로써 사회 전체의 방송 경쟁력을 향상시키는 선순환 구조를 만들어내야 한다.

(2) 보편적 소구의 변화: 플랫폼 내 보편성에서 플랫폼 간 보편성으로

과거에 공영방송에 요구되었던 의무는 프로그램 내 다양성과 프로그램 간 다양성을 통해 보편적 소구(내용의 보편성)를 달성하는 것이었다(강형철·심미선·안민호, 2005). 여기서 프로그램 내 다양성이란, 한 채널 내 개별 프로그램이 다양한 시청자층을 아우르는 내용을 다룸으로써 보편적 소구를 이루는 것을 뜻한다. 한편으로, 프로그램 간 다양성은 특정 계층이나 선호에 부응하는 각기 다른 프로그램들이 조합을 이루어 종국에는 전 계층과 선호에 부응하는 채널편성을 구성하여 보편적 소구를 이루는 것을 뜻한다.

공영방송은 다양한 계층을 아우르는 개별 프로그램(예: KBS 〈1박 2일〉)을 편성하여 프로그램 내 다양성을 이루거나, 특정 계층이나 세대에 소구하는 개별 프로그램(예: KBS 〈뮤직뱅크〉, 〈유희열의 스케치북〉, 〈가요무대〉 등)을 편성하여 프로그램 간 다양성을 이루어 종국에는 플랫폼(채널) 내 보편성을 달성하는 방식으로 소구의 보편성 의무를 수행해왔다. 그런데 채널수가 무수히 증가하고 플랫폼이 다양해지는 시점에서 공영방송이 과거 몇 개의 채널에만 머물러 자신의 역할을 수행한다면 사회적 필요에 부응하는 공적 의무의 분량도 축소되는 셈이 될 것이다. 실제로 공영방송의 기반인 지상파 채널을 통한 시청점유율은 국내외를 막론하고 점차 하락하는 추세다.

이제 공영방송은 기존의 지상파 채널을 통한 보편성 실현의 차원을 넘어 다양한 플랫폼에 고품질의 프로그램을 제공함으로써 사회의 창의력을 견인하는 역할을 해야 한다. 즉, 단위 프로그램 내 소구의 보편성과 단위 채널 내 소구의 보편성을 이룰 뿐만 아니라, 다양한 종류의 PC, IPTV, 위성방송, 케이블TV, 온라인서비스 등 새로운 매체들을 활용하여 이용자들이 더욱 편리하고 효율적으로 고품질 프로그램을 접할 수 있도록 해야 할 것이다.

(3) 보편적 서비스의 변화: 지상파에서 멀티플랫폼으로

과거, 공영방송에 요구되던 보편적 서비스(물리적 보편성)의 의무는 '지상파 전파'를 통한 보편적 서비스를 의미하였다. 아직 많은 사람들이 지상파를 애용하지만 최근 젊은층을 필두로 지상파방송으로부터의 이탈이 가속화되고 있다. 공영방송은 이제 지상파뿐만 아니라 새로운 미디어 플랫폼을 적극적으로 활용해 좋은 품질의 콘텐츠를 서비스해야 한다. 과거에 공영방송의 역할을 지상파로 달성하였던 것은 활용할 전송수단이 지상파방송밖에 없었기 때문이다. 오늘날 이처럼 다양한 미디어와 플랫폼으로 서비스 수단이 확장된 공영방송을 가리켜 '공영미디어'(*public service media*)라고 한다.

서구의 공영방송들도 이미 적극적으로 미디어와 플랫폼을 확장하고 있다. 영국 BBC도 '프리뷰', '프리샛', '아이플레이어', '유뷰' 등 다채널플랫폼, 인터넷 다시보기 서비스, IPTV 서비스 등 각종 신매체로 서비스 영역을 넓히고 있다. 우선, '프리뷰'(Freeview)는 2002년 BBC가 주도해 만든 무료 디지털 지상파 다채널방송 서비스다. 시청자는 한국 돈 6~8만 원 정도의 셋톱박스를 구입해 기존 TV에 연결하기만 하면 50여 개의 TV 채널과 20여 개의 라디오 채널을 무료로 즐길 수 있다. '프리샛'(Freesat)은 프리뷰의 위성방송 버전으로, 지상파 채널 신호가 잡히지 않는 지역에서 위성방송 수신 접시와 셋톱박스를 달면 마찬가지로 수많은 디지털 채널을 무료로 시청할 수 있다.

'아이플레이어'(iPlayer)는 컴퓨터나 스마트폰으로 실시간 방송이 끝난 BBC TV 및 라디오 프로그램을 7일간 무료로 보거나 들을 수 있는 서비스다. 이 서비스는 수신료를 내는 시민만 영국 내에서 사용할 수 있는 것이 원칙이지만 라디오 프로그램은 해외 청취도 가능하다. '유뷰'(YouView)는 IPTV 서비스다. 이 서비스는 BBC가 ITV 등 다른 지상파방송사 및 네트워크 회사들과 손잡고 TV 및 라디오 지상파 채널은 물론 VOD 프로그램을 인터넷상에서 제공하는 것이다. 이용자들은 셋톱박스만 구매해 인터넷에 연결하면 TV 수상기로 무료서비스를 제공받을 수 있다.

2) 공영방송과 신뢰의 가치

앞의 10장에서 사회가 정치·사회·문화 등 거의 모든 측면에서 점차 양극화되고 있는데, 이는 정치 환경 변화의 탓도 있지만 미디어 분화 현상의 결과이기도 하다는 이야기를 했다. 이런 상황에서 공영방송은 다른 방송과 구별되는 길을 걸어 양극화 문제를 개선해야 한다. 즉, 공영방송이 신뢰성 있는 정보와 뉴스로 정치적·이데올로기적 반목과 갈등을 조정하고 완화하는 기능을 해야 한다. 역사적 관점에서 볼 때 "공영방송은 전통적으로 당파적 신문에 대해 균형을 맞추는 것으로 폭넓게 인식돼왔다"(Voltmer, 2016: 1069). 당파적 미디어가 공격적이고 악의적인 수사로 정적을 흠집 내며 증오와 불관용을 전파할 때, 공영방송은 사안의 복합성을 충실히 전달하고 논의의 장을 만들어 시민들이 집단사고의 늪에 빠지지 않도록 구해내야 한다.

서구 선진국에서는 일반적으로 공영방송에 대한 신뢰도가 사영방송에 비해 월등하게 높다. 〈그림 13-8〉에서 보듯이 영국 시민 57%가 가장 신뢰하는 언론으로 BBC를 꼽았다. 미국 시청자들도 자국 공영방송인 PBS와 NPR 뉴스뿐만 아니라 영국 공영방송 BBC 뉴스를 자국의 다른 민영 뉴스 서비스

〈그림 13-8〉 영국인들이 가장 신뢰하는 언론(2017)

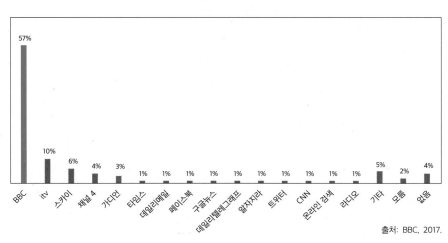

출처: BBC, 2017.

들보다 더 신뢰했다(Pew Research Center, 2015).

　나아가 공영방송의 신뢰성이 높으면 전체 사회의 신뢰수준도 오른다는 연구결과도 있다. 공영방송이 전체 시민에게 긍정적 영향을 준다는 것이다 (Newton, 2016). '레인메이커 효과'(*rainmaker effect*)는 공영방송이 활성화된 국가에서는 개인 간 믿음이 강하며, 시민의 태도가 긍정적이고, 민주기구에 대한 신뢰도 높을 뿐 아니라, 민주정치 과정에 참여하려는 의지가 높다는 사실을 보여준다. 한국을 비롯한 6개국의 실증분석 결과는 같은 시간을 상업방송에 할애한 시청자보다 공영방송에 할애한 사람들이 하드 뉴스에 대해 더 많이 학습하는 경향이 있음을 드러낸다(Soroka et al., 2012). 56개국을 대상으로 조사한 한 연구는 "신뢰받는 공영방송은 수용자 분화 시기에도 번창할 수 있음"(Tambini, 2015: 1, 405)을 발견했다고 보고한다. 즉, 공영방송에 대한 신뢰는 이 사회적 기구에 대한 존속 여부를 결정짓는 요인인 것이다.

5. 나가며

공영방송에 대해 생각하는 사람들은 크게 두 범주로 나눌 수 있다. 한쪽은 공영방송이 사회에서 좋은 역할을 해야 한다고 기대하는 사람들이고, 다른 쪽은 공영방송에 대한 기대가 없는 사람들이다. 물론, 좋은 사회적 역할을 기대하는 사람들 중에도 공영방송의 수행 결과에 실망해 실제적으로 이것이 존속할 수 있을지 회의적인 사람들도 많다. 공영방송에 대한 기대가 없는 사람들은 이 기구가 표방하는 '다름'의 가치가 공영방송을 유지하는 데서 이득을 얻는 사람들만을 위한 눈속임에 불과하다고 말하기도 한다.

　어느 쪽이 맞는지 확인하려면 명확한 임무 부여와 그 결과에 대한 냉정한 평가가 필요하다. 그리고 다시 우리가 공영방송에 명확한 임무를 주고, 그 결과를 냉정하게 평가하려면 무엇보다 공영방송에 대해 잘 알아야 할 것이다.

참고문헌

강형철(2007). 공영방송의 새로운 정체성. 〈방송연구〉, 여름호, 7~33.

_____(2012).《공영방송재창조: 공영방송에서 공영미디어로》. 파주: 나남.

_____·안민호·심미선(2005).〈방송프로그램의 공익성 지수개발에 관한 연구〉. 서울: 한국방송광고공사.

_____·오하영·김효진·배정근(2008). 경합형 공공방송기금론의 전개와 함의. 〈언론정보연구〉, 45권 1호, 69~101.

방송통신위원회(2019).〈2018년도 방송사업자 시청점유율 산정 결과〉. 과천: 방송통신위원회.

한국언론진흥재단(2019).〈2019 언론수용자 조사〉. 서울: 한국언론진흥재단.

Annan Committee(1977). *Report of the Committee on the Future of Broadcasting.* Annan Committee.

Bardoel, J. & G. F. Lowe(2007). From public service broadcasting to public service media: The core challenge. In F. Lowe & J. Bardoel(Eds.), *From Public Service Broadcasting to Public Service Media*(pp. 9~26). Göteborg, Sweden: Nordicom.

BBC(2017). Public perceptions of the impartiality and trustworthiness of the BBC. Available at https://downloads. bbc. co. uk.

Blumler, J. (1992). Public service broadcasting before the commercial deluge. In J. G. Blumler(Ed.), *Television and the Public Interest: Vulnerable Values in West European Broadcasting*(pp. 7~21). London, Newbury Park & New Delhi: SAGE.

Broadcasting Research Unit(1985). *The Public Service Idea in British Broadcasting: Main Principles.* London: BRU.

Corfield, G. (2017. 7. 17). Nearly three-quarters of convicted TV licence non-payers are women. *The Register.* Available at https://www. theregister. co. uk.

Donders, K. , & H. Van den Bulck(2016). Decline and fall of public service

media values in the international content acquisition market:
An analysis of small public broadcasters acquiring BBC Worldwide
content. *European Journal of Communication*, 31(3), 299~316.

European Audiovisual Observatory (Council of Europe) (2019). *The Internationalization
of TV Audience Markets in Europe*. European Audiovisual Observatory.

Goddard, P. (2017). 'Distinctiveness' and the BBC: A new battleground for public
service television?. *Media, Culture & Society*, 39(7), 1089~1099.

Jakubowicz, K. (2003). Bringing public service to account. In G. F. Lowe &
T. Hujanen (Eds.), Broadcasting and Convergence: New articulations of
the public service remit (pp. 147~167). Goteborg: Nordicom.

McQuail, D. (2003). *Auditing Public Broadcasting*. Javnost-the public.
강형철 (2006) (역), 《디지털 시대 공영방송의 책무수행 평가》, 서울: 한울.

Newton, K. (2016). Public service and commercial broadcasting: Impacts on
politics and society. *The Political Quarterly*, 87(1), 31~38.

Ofcom (2019). *Media Nations UK 2019*. London: Ofcom.

Peacock, A. (1986). *Report of the Committee on Financing the BBC*. HMSO.

Pew Research Center (2015). Political polarization in the American public:
How increasing ideological uniformity and partisan antipathy affect politics,
compromise and everyday life. Available at http://www.pewreserch.org.

Pilkington Committee (1962). *Report of the Committee on Broadcasting*. Pilkington
Committee.

Soroka, S. et al. (2012). Auntie knows best? Public broadcasters and current
affairs Knowledge. *British Journal of Political Science*, 43, 719~739.

Tambini, D. (2015). Public service media five theses on public media and digitization:
From a 56-country study. *International Journal of Communication*, 9(25), 1400~1424.

Voltmer, K. (2016). Political communication research in Europe, In G. Mazzoleni,
K. G. Barnhurst, K. Ikeda, H. Wessler, & R. C. M. Maia (Eds.),
The International Encyclopedia of Political Communication (pp. 1~11).
Emerald Group Publishing Limited

Willsher, K. et. al. (2015. 7. 19). How public service broadcasting shapes up
worldwide. Available at https://www.theguardian.com.

강형철

1. 들어가며

오랫동안 사회적 · 문화적 자산으로 여겨졌던 방송영상에 경제적 측면이 더 강력해지고 있다. 사회적 또는 문화적인 것이라면 국가의 개입이 정당성을 얻을 수 있지만, 경제적인 것이라면 국가규제는 독과점 등 불공정행위를 막는 수준으로 최소화해야 한다는 것이 자본주의 사회의 원칙이다. 그런데 현 시점에서도 방송영상은 왜 여전히 규제하는 것일까? 이 장에서는 방송영상 규제란 무엇이고 어떠한 이유 또는 어떠한 근거를 바탕으로 하는지, 그리고 그 방식들은 어떤 것들이 있는지에 대해 살펴본다. 이어서 이러한 근거를 가진 방송영상 규제의 방식이 최근 들어 급변하고 있는 이유를 알아보고, 그 변화의 방향에 대해 이야기하겠다.

2. 방송영상 규제의 논리

1) 방송영상 규제의 의미

(1) 사례 1: 방송통신심의위원회 방송심의소위원회 의결

방송통신심의위원회(방심위)의 방송심의소위원회(방송소위)는 2020년 1월
15일 '청소년 관람불가' 등급으로 개봉했던 영화 〈범죄와의 전쟁: 나쁜 놈들
전성시대〉를 '15세 이상 시청가' 등급으로 조정해 방송하며, 흡연장면을 여과
없이 반복적으로 노출한 EBS 1TV 〈한국영화 특선〉, 출연자들이 태국에서 멸
종위기종인 '대왕조개'를 채취하고 먹는 장면을 방송한 SBS TV 〈정글의 법칙〉
2부에 대해 해당 사업자의 의견진술을 청취하고 행정지도인 권고를 의결했다.

또, 여성들이 단체로 한복 저고리를 벗거나 탈의한 상태로 누운 남성의 등에
올라가 마사지하는 장면 등을 15세 이상 시청가 등급으로 방송하고, 청소년시
청보호 시간대에 재방송한 SBS TV 〈배가본드〉, 북한에서 사용하는 단어 뜻
을 맞히는 퀴즈를 진행하면서 남성 성기를 연상시키는 출연자들의 발언을 방
송한 채널A 〈이제 만나러 갑니다〉, 국내 프로농구 중계방송에서 중계진이 경
기 중인 외국인 선수에 대해 "피부색도 그렇고", "힘이 좋아 보인다" 등의 발언
을 한 SPOTV 2 〈2019-2020 프로농구〉에도 행정지도인 권고를 의결했다.

'권고' 또는 '의견제시'는 방송심의 관련 규정 위반 정도가 경미한 경우 내려
지는 행정지도로서, 심의위원 5인으로 구성되는 소위원회가 최종 의결하며,
해당 방송사에 대해 법적 불이익이 주어지지는 않는다. 반면, 방송심의 관련
규정 위반의 정도가 중대한 경우 내려지는 '과징금' 또는 '법정제재'는 소위원
회의 건의에 따라 심의위원 전원(9인)으로 구성되는 전체 회의에서 최종 의결
되며, 지상파, 보도·종편·홈쇼핑 PP 등이 과징금 또는 법정제재를 받는 경
우 방송통신위원회(방통위)가 매년 수행하는 방송평가에서 감점을 받게 된다
(방송통신심의위원회, 2020).

(2) 사례 2: 성추행 장면 송출한 인터넷방송진행자 수사의뢰

일반인을 무작위로 섭외해 인터넷방송을 진행하는 일명 '헌팅방송'에서 술 취한 여성을 성추행하는 모습을 송출한 인터넷방송진행자에 대해 방심위가 '이용해지'를 결정하고 경찰에 수사를 의뢰하기로 했다. 방심위 통신심의소위원회는 2019년 7월 26일 회의에서 섭외된 여성이 술에 취해 상의를 탈의하는 등 의식을 잃어가는 상황에서도, 유료채널을 개설하고 해당 여성의 특정 신체부위를 만지는 등 성추행하는 장면을 송출한 인터넷방송에 대해 심의한 후 이같이 결정했다.

방심위는 "설령 진행자의 주장처럼 사전에 양해를 구했더라도, 해당 인터넷방송은 범죄행위인 성추행에 이르는 과정을 보여주는 내용으로, 유사방송의 재발 및 모방 방지를 위해 강력한 조치가 필요하다"고 지적했다. 이에, 방심위는 인터넷방송진행자에 대해 • 해당 인터넷방송사의 이용을 영구히 정지하는 '이용해지'의 시정요구를 결정하고 • 경찰에 수사를 의뢰하기로 했다.

방심위는 "자극적 콘텐츠로 인터넷방송 조회수를 올리기 위한 경쟁이 심화되는 가운데, 이른바 헌팅방송을 통한 초상권 침해나 성추행 관련 신고가 지속되고 있어 이용자들의 각별한 주의가 요구된다"며, 관련 콘텐츠에 따른 피해 발생 시 방심위에 신고해 줄 것을 요청했다(방송통신심의위원회, 2020).

(3) 사례 3: 유럽 방송영상미디어, 소수에 집중

유럽위원회(Council of Europe)가 유럽 유료방송 시장의 집중도를 '허핀달-허쉬만 지수'(HHI)로 조사한 결과, 2014년 거의 모든 나라가 '매우 집중'된 상태였다. 일반적으로 HHI가 1,800을 넘으면 '매우 집중' 상태로 평가한다. 그런데 조사대상 27개국 가운데 23개국이 '매우 집중'이었다. 나머지 중 3개국만이 '약한 집중'(1,000~1,800) 상태였으며, 단 한 나라(오스트리아)만이 '집중 아님'(1,000 이하)이었으며, 이탈리아는 HHI가 6,000에 달했으며 영국은 4,500이 넘었다. 특히 각국에서 4대 미디어기업의 가입자 지분은 2011~2014년 사이에 평균 3.9% 증가했다(European Audiovisual Observatory, 2015).

1920년대 초 방송미디어가 등장한 이래 방송영상에 대한 규제는 항상 존재해왔다. 프로그램 내용에 대한 규제에서부터 누가 방송국을 소유할 것인가에 이르기까지, 정도의 차이는 있지만 방송영상은 국가규제의 대표적 대상이다. 앞에서 언급한 세 가지 사례는 방송영상 규제의 근거가 되는 전형적 예이다. 소극적으로는 방송영상의 내용이 유해하기 때문에(예: 사례 1, 사례 2), 적극적으로는 방송영상을 통해 '건전한 문화를 전파'하거나 '국가목표를 실현'하기 위해서 방송을 규제한다. 또한, 이 같은 내용적 측면과는 달리 사례 3에서 볼 수 있듯이 경제적 측면에서는 방송영상의 집중화(독점화)에 대한 우려 때문에 규제가 이루어지기도 한다.

방송기술이 급격히 발전하고 정치적으로는 자유주의 무역이 옹호되는 현시점에서 방송영상에 대한 탈규제(또는 재규제)[1]에 대한 논의가 한창이다. 우리가 규제 문제를 중요하게 짚어 보아야 하는 이유는 이것이 한 사회 내에서 방송영상이 존재해가는 방식을 결정하는 요인이기 때문이다.

2) 규제란 무엇인가?

규제란 공익(*public interest*)을 촉진하기 위해 국가가 사적 활동을 제한하는 것을 말한다(Francis, 1993: 5~10). 좁은 의미에서의 규제란 경제활동 영역에 대한 것으로 국한될 수도 있지만, 넓은 의미에서는 국가가 민간인의 사회·경제적 상호작용에 개입하는 것까지도 포함한다.

규제는 국가가 어떤 행위를 완전히 금지하는 것(*prohibition*)과 완전히 방

---

1 '탈규제'(*deregulation*)는 '규제의 완화 또는 제거'를 뜻하고 '재규제'(*re-regulation*)는 규제방식의 변화를 뜻한다. 보통 탈규제라고 하면 규제가 완전히 없어지는 것을 연상한다. 그러나 뒤에서 살펴보겠지만, 규제가 없는 상황은 현실적으로 불가능하고 과거의 가부장적 규제에서 합리적·경제적 규제로 규제의 방식이 바뀌고 있다. 따라서 탈규제보다 재규제라는 용어가 적절하다고 볼 수 있다.

〈그림 14-1〉 방송규제의 위상

완전방임　　　규제　　　완전금지

임하는 것 사이에 위치하는 개념이다. 대부분의 나라에서 마약 판매와 소비는 완전히 금지된다. 반면, 특별한 경우를 제외하고는 연필 같은 일반적 물품의 판매나 남녀 간의 사랑에 국가가 개입하지는 않는다.[2] 그러나 현실적으로 대부분의 사적 활동에 대해 완전금지와 완전방임보다는 정도의 차이는 있지만, 직간접적으로 정부규제가 이루어지는 것이 일반적 현상이다. 연필 생산자는 그것을 만드는 데 법이 요구하는 생산 환경, 사용상 안전성 등의 조건을 맞추어야 한다. 남녀 간의 사랑에 국가가 개입해서는 안 되겠지만, 결혼이라는 제도로 표현된 규제는 그 테두리 안에 들어온 관계만을 보호해 줄 뿐이다.

국가가 민간의 상호작용 영역에 개입하게 되는 이유로는 크게 두 가지가 있다. 첫 번째는 경제적 이유로서, 공공재나 독점 등 자유경쟁 시장의 원칙이 지켜지지 않는 시장실패(*market failure*) 상황의 경우 이를 개선하여 경제적 효율성을 회복하려는 것이다. 두 번째는 사회적 이유다. 사회적 가치의 보전, 경제적 형평성의 추구 등 개인의 이익추구 측면보다 사회 전체 이익을 우선시하여 국가가 사적 활동에 개입하는 경우가 바로 그것이다.

2　물론 연필처럼 일반적 물품일지라도 사회적 필요에 따라, 예를 들어 외환 유출을 억제하기 위해서 외제 연필을 사용하지 못하도록 하는 경우, 규제가 이루어지는 경우도 있다. 또한 남녀 간의 사랑이 사회적으로 부정적 의미를 가질 때, 예를 들어 혼외정사의 경우, 나라에 따라 이에 개입하여 규제를 가하기도 한다.

3) 방송영상 규제의 근거

그렇다면 방송영상은 어떠한 속성 때문에 규제를 받게 되는 것일까? 일반적으로 공공성과 공익이 근거로 제시된다.

(1) 공공성

공공성은 "개인이나 특정 집단의 사적 이해를 넘어 형성되는 국가 혹은 사회공유의 특성"이다(조대엽, 2007: 5). 더 쉽게 말하자면 국가나 사회가 관여의 권리를 가능하게 하는 것이다. "공적 권한이 작용하는 것"이 공공성이라면, 이의 반대 개념은 "시장의 경제적 권한이 작용하는 민간성"이라고 할 수 있다(임의영, 2010: 4).

전통적으로, 전달수단인 전파가 제한되어 있다는 점에서, 즉 전파가 사회공유의 특성을 보인다는 점에서 규제를 받아왔다. 지상파방송을 하기 위해서는 전파를 이용해야 하고 특히 일정한 수준의 대역폭(bandwidth)이 요구된다. 전파가 공중에 떠다니는 보이지 않는 물체라고 하여 누구나 다 이를 이용하게 되면 커뮤니케이션 혼잡이 발생한다. 따라서 한 지역 내에 가능한 방송 숫자는 제한되어 있다.

물론 케이블TV나 위성방송 등 신매체의 등장과 광케이블, 디지털 전송 등 전송수단의 발전과 인터넷을 이용한 무수한 온라인플랫폼은 과거 지상파방송에 적용되었던 '전파의 희소성' 개념을 의미 없게 만들고 있다. 하지만 아직도 지상파방송은 영향력이 큰 방송영상미디어이고 이를 위한 대역폭은 제한되어 있다. 이에 따라, 제한된 전파는 사회 전체의 것이며 이를 개인에게 줄 수는 없다는 논리가 성립되는 것이다. 아울러 13장에서 살펴본 바와 같이 공적으로 소유한 공영방송 또는 공영미디어의 사회적 필요성을 생각한다면 방송영상의 공공성은 완전히 폐기할 수 있는 가치가 아니다.

방송영상의 공공성은 경제학적 입장에서는 방송영상이라는 재화의 공공재적 특성에서 비롯된다. 앞서 일반적 규제논리에 대한 설명에서 언급했듯이 공공재는 시장실패 상황의 하나로 국가규제의 근거가 된다. 사실, 방송영상미디어별로 공공재적 특성을 띠는 정도는 다르지만,[3] 현재 지상파방송은 대표적 공공재로 분류된다. 지상파방송은 한 사람이 이를 소비(시청)하면서 동시에 다른 사람도 소비(시청)할 수 있는 비경합성과, 값을 지불하지 않은 사람이 값을 지불한 사람과 함께 동시에 소비(시청)하는 것을 막을 수 없는 비배제성을 가지고 있기 때문이다. 국가가 나서서 적절한 공급과 가격을 통제하지 않으면 혼란이 발생하기 때문에 규제의 논리가 성립된다.

(2) 공익

공익(public interest)은 말 그대로 공중의 이익이다. 국어사전에서 공중은 '사회의 여러 사람' 또는 '일반 사람들'이라는 뜻을, 영어사전에서는 '사람들 전체'(people in general)라는 뜻을 지닌다. 공중을 '일반 사람들'이나 '사람들 전체'와 같이 지역이나 시대에 국한하지 않는다면 시공을 초월하는 보다 보편적인 인간 전체를 뜻하게 된다. 그에 따라 미디어 학자 제이 블럼러는 공중의 이익을 현재에 대한 개인 이해의 합이 아니라 지역적 특수성을 뛰어넘으며, 후세의 이해까지도 염두에 두는 개념으로 정의하였다(Blumler, 1992). 결국, 공익은 어떠한 정치행위나 결정, 또는 사업이나 개인의 이득에 국한되는 것이 아니라 지역과 시간을 뛰어넘는 사회구성원 전체의 이득이 되는 것을 뜻한다.

공익 개념은 방송영상의 기능적 특성에서 비롯된다. 기능적 특성은 방송내용의 전파속도와 생생한 전달능력 등으로 인해 그 영향력이 크다는 것이다. 방송의 막대한 영향력을 전제한다면, 앞서 언급한 바와 같이 소극적으로는 방송내용이 건전한 문화나 정서를 해칠 우려가 크기 때문에, 그리고 적

---

3 예를 들어, 케이블 TV 방송은 비경합성은 가지고 있지만, 시청료를 내지 않은 사람의 시청을 제한할 수 있다는 점(배제성)에서 비순수 공공재로 분류할 수 있다.

극적으로는 올바른 가치관이나 국가목표를 실현할 수 있는 수단으로 활용할 수 있기 때문에 공익, 즉 공공의 이익에 봉사할 것이 요구된다.

공익 논리의 근거인 방송영상의 영향력에 대하여는 매스컴 효과이론의 전개사에 따라, 그 효과가 막대하다는 '탄환이론'에서 출발해 그렇지 않다는 '제한효과 이론', '중효과 이론'을 거쳐 다시 '강력효과 이론'으로 변화해가면서 논란이 계속되고 있다(Severine & Tankard, 1997: 297~317). 그러나 방송영상이 어떤 사안에 대한 수용자의 태도와 행동에 영향을 직접 미칠 수는 없지만 적어도 어떤 사안이 중요한 것인지 알게 한다는 이른바 미디어의 중효과 이론은 특정 사안의 강조만으로도 그로 인해 이득을 보는 사람과 그렇지 못한 사람이 구별되어 결국은 중대한 결과가 초래될 수 있음을 시사한다. 한 걸음 양보하여 방송영상의 영향력이 전혀 없다고 가정할지라도, 적어도 사회 내 대부분의 사람이 방송은 강력한 영향력을 행사한다는 데 인식을 같이하고 있기 때문에 방송영상의 공익에 대한 요구는 현실적 규제의 논리가 된다.

그런데 공익에 대한 요구는 불가피하게 언론자유의 명제와 충돌한다. 그러나 언론자유가 공급자의 자유만을 뜻하는 것이 아니라 이용자의 자유, 즉 다양한 목소리를 충분히 듣고 자신들도 목소리를 낼 수 있는 자유까지 포함된 개념이라고 볼 수도 있다.

4) 방송영상 규제의 유형

방송영상 규제는 보통 진입규제, 소유규제, 내용규제, 기술규제 등 세 가지 형태로 나누어 이해할 수 있다.

(1) 진입규제

진입규제는 '누가 방송영상 행위를 할 수 있는지'를 규제하는 것이다. 즉, 방송영상 시장에 진입하는 단계에서 국가가 개입하는 일이다. 넓게 보면 바로 뒤에 설명할 소유규제 안에 포함된다고 할 수 있지만, 방송영상 영역에 들어오는(진입) 단계에서 사업자를 제한하는 것과 그것을 얼마만큼 할 수 있는지(소유)는 구별된다.

진입규제는 첫째, 경제적 측면에서 공공재로서의 방송영상을 상정해 일부 허가를 받은 사람에게만 할 수 있도록 하는 것과, 둘째, 사회적 측면에서 공익성을 보장하기 위하여 소유자(예를 들면, 사적 이익에만 충실한 사람들)를 제한하는 것을 말한다. 다시 말해, 진입규제는 누구나 다 자유스럽게 방송영상 행위를 할 수 있는 것이 아니라 그 자격을 설정해 놓고 이에 부합하는지를 판단한다. 어느 개인이라도 자유롭게 영상을 만들어 유튜브 등 개방형 플랫폼에 올리는 현시점에 방송영상 행위를 제한한다는 것은 매우 부적절한 것 같다. 하지만 여전히 전통적 방송영상미디어에 대한 진입은 규제되고 있다.

전통적으로 방송영상을 운영할 주체를 정하기 위해 두 가지 방법을 활용해 왔다. 첫째는 국가(또는 사회)가 이를 소유하여 운영하거나(한국의 KBS, 영국의 BBC 등 공영방송), 둘째는 어떠한 허가기준을 가지고 이를 맡아 운영할 민간업자를 정하는 것이다(대부분의 미국 방송국, 한국의 SBS). 많은 나라에서 지상파와 케이블TV 방송국은 허가제로 되어 있다. 한국에서는 지상파방송과 케이블TV뿐만 아니라 위성방송은 물론 IPTV도 진입규제 대상이다. 방송영상사업을 하기 위해서는 허가 또는 재허가 신청을 하고 심사를 거쳐 허가권을 얻어야 한다. 예를 들어, KBS, MBC, 지역 민방 등 지상파방송사의 경우 방통위 주관으로 3~5년 단위의 허가(재허가) 심사가 이루어진다.

이에 더해 한국만의 특이한 것은 방송채널(PP)도 진입을 제한받는다는 사실이다. 앞의 6장에서 보았듯이 방송채널사용사업자는 사실상 케이블TV에 자신의 채널 이용권리를 파는 사업이다. 한 채널이 경쟁력이 있으면 수요자인 케이블TV 등 다채널방송사업자가 많은 돈을 주고 이용권리를 확보하고자 할 것이고, 그렇지 못하다면 시장에서 도태되고 말 것이다. 그런데 한국에서는 보도채널, 종합편성채널, 홈쇼핑채널을 제외하고는 모두 정부에 '등록'을 하여야 한다. 여기서 등록이란 "장부에 이름을 올리는 일"로서 일정한 자격을 갖추면 되는 것이다(방송법 제9조). 그런데 이렇게 자본금 규모 등 일정한 자격을 정하는 것 자체가 진입을 제한하는 일이 된다. 그뿐 아니라 등록한 이후에도 등록한 전문분야 이외 편성을 할 수 없다.

바로 위에서 "보도채널, 종합편성채널, 홈쇼핑채널을 제외하고"라고 표현하였는데, 이것들은 아무나 할 수 있다는 뜻이 아니라 오히려 이 채널들은 정부 '승인'을 받아야 한다는 말이다. 승인은 그 사실을 "인정 또는 동의하는 일"인데 사실상 허가와 크게 차이가 나지 않는다. 미국 등 서양에서는 원하는

방송채널사용사업의 등록요건(방송법 제9조의 2)

1. 제9조 제5항 본문에 따라 방송채널사용사업의 등록을 하려는 자는 다음 각 호의 요건을 갖추어야 한다.
   ① 납입자본금과 실질자본금(해당 방송채널사용사업만을 위한 자본금을 말한다)이 각각 5억 원 이상일 것. 이 경우 '자본금'은 주식회사 외의 법인의 경우에는 '출자금'으로 본다.
   ② 주조정실(방송프로그램의 편성 및 송출 등을 종합 조정하는 장소를 말한다), 부조정실(개별 방송프로그램의 제작을 조정하는 장소를 말한다), 종합편집실(음성·영상·음향 등을 편집하여 개별 방송프로그램을 완성하는 장소를 말한다) 및 송출시설을 갖출 것
   ③ 해당 방송채널사용사업을 영위할 수 있는 사무실을 보유할 것
   ④ 방송사업자가 사용하고 있는 다른 채널명과 동일한 채널명 또는 시청자가 동일한 채널로 오인할 수 있는 채널명을 사용하지 아니할 것
2. 동일인이 여러 개의 방송채널사용사업을 겸영(兼營)하는 경우 제1항 제1호에 따른 자본금 요건의 적용기준 등에 관하여 필요한 사항은 대통령령으로 정한다.

사업자가 마음대로 해당 채널을 서비스하면 되지만 한국에서 이런 채널을 소유하기란 매우 어렵다. 보도채널은 현재 YTN과 연합뉴스TV 단 두 개이며, 종합편성채널은 JTBC, TV조선, 채널A, MBN 등 단 4개다. 홈쇼핑채널은 현대홈쇼핑 등 7개다. 드라마, 오락, 영화, 스포츠 등 어떤 주제든 전문적 방송을 하는 채널은 등록만 하면 되는데 이것들은 승인(사실상 허가)을 받아야 한다.

이렇다 보니 사업에 진입한 것 자체가 특혜가 된다. 선진국에서 보도채널을 제한하는 일은 거의 불가능하다. 언론자유를 침해할 소지가 있기 때문이다. 종합편성채널도 한국에서는 보도기능 때문에 승인제도를 적용하고 있는데, 마찬가지로 언론자유 침해 소지뿐만 아니라 시장 왜곡의 가능성도 있다. 한국에서는 2012년 종합편성채널을 처음 허가하면서 정부가 이들 사업자에게 케이블채널에서 좋은 번호를 받도록 지원을 해주었다. 서양에서 종합편성이 특혜가 아닌 지상파에만 부여된 의무라는 점에서 한국은 독특한 사례다. 한국처럼 특혜가 없다면, 방송채널은 종합편성을 하는 것보다 전문편성을 하는 것이 더 경제적이기 때문에 이 사업에 진입하지 않는 게 합리적일 것이다.

(2) 소유규제

소유규제는 '누가 얼마만큼 소유할 수 있는지'에 대한 문제다. 방송영상 소유에 대한 규제도 진입규제와 마찬가지로 두 가지 이유, 즉 경제적 이유와 사회적 이유로 이루어진다. 특히, 여기서 경제적 이유란 시장실패의 한 형태인 독과점을 막기 위해 이루어진다. 방송영상 사업자를 하나의 기업으로 본다면 방송의 독과점은 이를 제한하는 일반적 법률로 통제된다. 미국의 '반트러스트법'(Antitrust Law), 일본의 '독점금지법'(사적 독점금지 및 공정거래의 확보에 관한 법률)이 그것이다. 한국은 '공정거래법'(독점규제 및 공정거래에 관한 법률)으로 독과점을 통제한다. 이러한 법은 개별 기업이나 기업 간의 담합이 자유시장 경쟁구도를 해치는 행위를 제한하는 목적이 있다. 한국의 경우 공정거

<표 14-1> 한국 방송법에 따른 지분한도(2020)

(단위: %)

구분	대기업	일간신문·뉴스통신	외국자본	1인*
지상파방송	10	10	소유 금지	40
종합편성채널	30	30	20	40
보도전문 채널	30	30	10	40
위성방송	제한 없음	49	49	제한 없음
케이블 TV(SO)	제한 없음	49	49	제한 없음
방송채널(PP)	제한 없음	제한 없음	49	제한 없음

주: KBS, EBS, MBC 등 공영방송은 예외이다.

래법에서는 대통령령으로 대기업(대규모 기업집단)을 지정하고 이들의 산업 활동을 엄격히 제한함으로써 대기업의 독점행위를 방지한다.

일반 산업에 적용되는 소유규제와 별도로 방송영상산업 자체 내의 소유집중에 대한 규제도 이뤄진다. 이것은 크게 복수소유(*multiple station ownership*)와 교차소유(*cross ownership*)에 대한 규제로 나누어 볼 수 있다. 복수소유란 같은 유형의 플랫폼을 두 개 이상 소유하는 것이고, 교차소유란 다른 유형의 플랫폼을 동시에 소유하는 것이다. 예를 들어, 어느 사람이 서울 지역의 지상파방송과 대전 지역의 지상파방송을 동시에 소유한다면 그것은 복수소유다. 그리고 서울 지역 지상파방송과 케이블TV, 또는 신문을 동시에 소유한다면 그것은 교차소유다.

많은 나라에서 방송사의 복수소유는 여러 가지 형태로 제한된다. 한국 방송법에도 이 규제방침이 적용되어 대기업은 지상파방송국 지분의 10%만을 소유할 수 있을 뿐만 아니라 종합편성채널과 보도채널 지분도 각각 30%만을 소유할 수 있다. 아울러, 현 방송법과 인터넷멀티미디어 방송사업법(IPTV 법)은 소유제한을 넘어, 독과점을 방지하기 위한 서비스 한도를 설정한다. 이에 따라 한 사업자는 케이블TV, 위성방송, IPTV를 포함한 유료방송 시장에서 전체 가입자수의 3분의 1을 초과하여 서비스할 수 없다.

소유에 대한 제한은 지금까지 설명한 것과 같은 경제적 이유, 즉 한 산업이 독과점적으로 운영됨으로써 시장질서를 해치고 부당이득을 취하는 것을 방지하기 위한 것이 목적이었다. 그러나 복수소유 제한은 진입 제한과 마찬가지로 일방의 목소리만 방송됨으로써 공익성, 공공성을 해치는 일이 없도록 하기 위한 목적도 있다.

한국의 경우 복수소유뿐만 아니라, 지상파의 경우 한 사람이 방송법인의 지분을 40% 이상 소유할 수 없게 한 것이나, 신문사와 방송사업의 겸영을 특정 한도로 제한하는 등의 법조항은 물질적 자유시장을 보호하기 위한 것이라기보다 바로 '의견의 자유 공개시장'(*the free market place of idea*) 질서가 깨지는 것을 막기 위해서다. 이에 더해 방송사업자의 시청점유율[4]이 30%를

〈표 14-2〉 방송사업자 시청점유율(2018)

(단위: %)

구분	방송사업자	전체 시청점유율	본인	특수관계자	구독률 환산
지상파	한국방송공사	25.0	21.7	3.3	-
	㈜ 문화방송	12.1	4.0	8.2	-
	㈜ SBS	8.5	5.1	3.5	-
	한국교육방송공사	2.2	2.1	0.1	-
종편 PP	㈜ JTBC	9.0	4.9	1.1	3.0
	㈜ 조선방송	8.4	2.9	-	5.4
	㈜ 채널A	5.8	2.7	-	3.2
보도 PP	㈜ 매일방송	5.0	3.8	-	1.2
	㈜ YTN	2.4	2.4	-	-
일반 PP (SO계열 포함)	㈜ 연합뉴스 TV	2.3	2.3	-	-
	㈜ CJ ENM	12.6	11.6	-	-
	㈜ 티캐스트	2.9	2.1	0.8	-
	㈜ IHQ	1.5	1.3	0.2	-
위성	㈜ KT스카이라이프	1.2	0.0	1.1	-

출처: 방송통신위원회, 2019.

---

4 전체 TV 방송에 대한 시청자의 총 시청시간 중 특정 방송채널에 대한 시청시간이 차지하는 비율이다.

초과할 수 없다. 한 방송사업자의 시청점유율은 자회사 등 특수관계자들의 시청점유율을 합산하여 계산한다. 특히, 신문사의 경우 구독률을 일정 비율의 시청률로 환산하여 더하는 것은 의견의 독점을 막고 다양성을 보호하기 위한 목적이 명확히 드러난다.

(3) 내용규제

① 내용규제와 표현의 자유

방송영상에 대한 내용규제는 다른 규제형태들에 비하여 더욱 많은 논란의 대상이 된다. 진입규제와 소유규제는 경제학 이론을 바탕으로 그 근거를 찾을 수 있고, 뒤에 설명할 기술규제는 커뮤니케이션 혼잡을 방지하기 위한 객관적 목적을 가진다. 그러나 내용규제는 가치판단을 근거로 하므로 쉽게 논란의 대상이 된다.

특히 내용규제는 천부인권으로 간주하는 표현의 자유의 개념과 정면으로 부딪치는 문제다. 표현의 자유는 대부분의 자유민주주의 국가에서 헌법에 규정되어 있는 국민의 권리다. 따라서 특정한 가치를 전파하거나 기존 가치를 보존하기 위한 내용규제의 정당성은 점차 힘을 잃어가고 있다. 다만, 사생활 침해 등 개인 표현의 자유가 다른 사람의 권리를 침해했을 때 한해서 제한하여야 한다는 주장이 많다. 이에 따라 미디어 소유에 대한 제한은 완화되고 있으나 선정적 프로그램이나 폭력물로부터 어린이들을 보호하기 위한 규제는 여전히 강조된다.

② 내용규제의 형태

방송영상 내용에 대한 규제는 법적 규제, 자율적 규제, 사회적 규제 등 세 가지로 구분해 볼 수 있다.

우선 법적 규제는 한국의 방송통신심의위원회와 과학기술정보통신부, 미국의 FCC, 영국의 Ofcom 등 규제기관을 중심으로 법적 근거에 따라 이뤄지는 것을 말한다. 법에 따라 내용을 규제하더라도 자칫하면 표현의 자유를 제한하게 되기 쉬우므로 각 나라는 국가기구가 아닌 조직을 만들거나 위원회 제도를 만드는 등의 간접적 방식을 취한다.

한국의 경우 방송영상의 내용에 대해 방심위가 공정성과 공익성을 심의한다. 방심위는 9인의 심의위원으로 구성하는데 정부 여당 추천 인사 6명, 야당 추천 인사 3명으로 위촉된다. 방심위가 심의하는 주된 대상은 방송법에 명시된 방송사업자의 방송내용(제32조)과 정보통신망법(제44조)이 명시한 인터넷 개인방송 등 정보통신을 통한 금지사항이다. 예를 들어, 방심위는 2019년

방송내용에 대한 방송통신심의위원회 심의대상
(방송법 제33조)

1. 헌법의 민주적 기본질서의 유지와 인권존중에 관한 사항
2. 건전한 가정생활 보호에 관한 사항
3. 아동 및 청소년의 보호와 건전한 인격형성에 관한 사항
4. 공중도덕과 사회윤리에 관한 사항
5. 양성평등에 관한 사항
6. 국제적 우의 증진에 관한 사항
7. 장애인 등 방송소외계층의 권익증진에 관한 사항
8. 인종, 민족, 지역, 종교 등을 이유로 한 차별 금지에 관한 사항
9. 민족문화의 창달과 민족의 주체성 함양에 관한 사항
10. 보도·논평의 공정성·공공성에 관한 사항
11. 언어순화에 관한 사항
12. 자연환경 보호에 관한 사항
13. 건전한 소비생활 및 시청자의 권익보호에 관한 사항
14. 법령에 따라 방송광고가 금지되는 품목이나 내용에 관한 사항
15. 방송광고 내용의 공정성·공익성에 관한 사항

3월 31일 인터넷 개인방송 중 채팅을 통해 마약류 매매정보를 게시한 진행자와 이를 송출한 인터넷 개인방송사업자에 대한 '이용 해지'를 결정한 바 있다.

위의 방송영상 내용의 직접적 규제 이외에도 실시간 방송을 하는 지상파나 채널사용사업 (PP) 의 경우 편성상의 규제가 주어진다. 지상파방송과 종합편성채널은 "보도·교양 및 오락에 관한 방송프로그램을 포함하여야 하고, 그 방송프로그램 상호 간에 조화를 이루도록 편성하여야" 하는 반면에, 전문편성 채널은 "주된 방송분야가 충분히 반영될 수 있도록" 전문편성을 해야 한다 (방송법 69조).

정보통신 내용에 대한 방송통신심의위원회 심의대상
(정보통신망법 제44조)

1. 음란한 부호·문언·음향·화상 또는 영상을 배포·판매·임대하거나 공공연하게 전시하는 내용의 정보
2. 사람을 비방할 목적으로 공공연하게 사실이나 거짓의 사실을 드러내어 타인의 명예를 훼손하는 내용의 정보
3. 공포심이나 불안감을 유발하는 부호·문언·음향·화상 또는 영상을 반복적으로 상대방에게 도달하도록 하는 내용의 정보
4. 정당한 사유 없이 정보통신시스템, 데이터 또는 프로그램 등을 훼손·멸실·변경·위조하거나 그 운용을 방해하는 내용의 정보
5. 〈청소년 보호법〉에 따른 청소년유해매체물로서 상대방의 연령확인, 표시의무 등 법령에 따른 의무를 이행하지 아니하고 영리를 목적으로 제공하는 내용의 정보
6. 법령에 따라 금지되는 사행행위에 해당하는 내용의 정보
7. 이 법 또는 개인정보 보호에 관한 법령을 위반하여 개인정보를 거래하는 내용의 정보
8. 총포·화약류(생명·신체에 위해를 끼칠 수 있는 폭발력을 가진 물건을 포함)를 제조할 수 있는 방법이나 설계도 등의 정보
9. 법령에 따라 분류된 비밀 등 국가기밀을 누설하는 내용의 정보
10. 〈국가보안법〉에서 금지하는 행위를 수행하는 내용의 정보
11. 그 밖에 범죄를 목적으로 하거나 교사(敎唆) 또는 방조하는 내용의 정보

〈표 14-3〉 편성규제의 종류에 따른 매체별 규제적용 여부

편성규제의 종류	지상파방송사업				방송채널사용사업					지상파 및 위성 DMB	비고
	공영 KBS MBC	민영		지상파 PP	종합편성 PP	보도전문 PP	종교전문 PP	교육전문 PP	일반 PP		
		SBS	지역민방								
국내제작 대중음악의 편성	○	○	○	○	○	○	○	○	○	○	공통규제
1개 국가 외국제작물 편성비율	○	○	○	○	○	○	○	○	○	○	
종합편성 방송사업자의 편성기준	○	○	○	○	○						지상파와 신규 미디어 간 차등규제
주시청시간대 특정 방송분야 편중제한	○	○	○	○	○						
전문편성 방송사업자의 편성기준				○		○	○	○	○		
방송사업자의 채널구성과 운영										○	
국내제작 방송 프로그램의 편성	○	○	○	○	○	○	○	○	○	○	
국내제작 애니메이션의 편성	○	○	○	○	○	○	○	○	○	○	
국내제작 애니메이션 신규 편성비율 규제	○	○		○			○	○		○	
국내제작 영화의 편성	○	○	○	○	○	○	○	○	○	○	
특수관계자 외주제작 프로그램 비율 규제	○	○	○	○							
주시청시간대 외주제작 비율 규제	○	○	○	○	○						
외주제작비율 규제	○	○	○	○	○						공영과 민영 지상파 간 차등규제
지역 민영방송 자체편성비율 규제			○								전국과 지역 간 차등규제

출처: 김병선, 2011: 26.

그 밖에도 방송법은 〈표 14-3〉에서 보듯이 사업자에 따라 여러 형태의 편성상 규제를 정해 놓았다. 그것은 방송사업자가 일정 정도 이상의 외주제작물을 편성해 방송플랫폼의 개방화와 제작산업 생태계의 건전화에 이바지하라는 것과 국내제작 애니메이션, 영화, 대중음악을 편성해 국내 창의산업을 보호하고 국가 정체성을 지키라는 것 등이다.

〈표 14-4〉 폐기된 미국 지상파방송 주요 규제내용

규칙·지침	내용	지속 여부	이유
종합편성의 원칙	FCC는 1946년 일명 '블루 북' (Blue Book)이라는 문건으로 종합편성의 의무 부여하고, 광고 한도도 제시	폐지 (1984)	방송사는 시장 수요에 맞춰 스스로 편성하면 되고, 광고시간 또한 시장에 의해 저절로 결정될 것임
공평의 원칙	1949년부터 시작한 것으로 논란이 되는 중요한 이슈에 대해 보도해야 하며 이때, 대립하는 양자의 견해에 합리적인 기회를 주어야 한다는 것	폐지 (1987)	공평의 원칙은 제1수정헌법이 보장한 언론자유에 위배됨
지역 필요사항 확인	FCC는 1971년에 지역성 강화 방안의 하나로, 방송사가 지역 프로그램을 개발할 때나 공공서비스에 대한 정책을 만들 때 지역 지도자와 일반 공중에게 상의할 것을 요구	폐지 (1984)	시장 조건에 따라 지역방송 편성의 필요성을 결정하면 됨
프라임 타임 접근 규칙	FCC는 1971년부터 지역 자체제작 방송을 보장하기 위해 저녁 7시에서 11시까지의 프라임타임 대 중 1시간을 네트워크가 아닌 자체 제작이나 자체 조달 프로그램으로 편성하도록 함	폐지 (1996)	지역방송사 대부분이 거대 외주사의 프로그램이나 네트워크 자회사의 프로그램으로 이 시간을 편성해 규칙의 실효성이 없음
공개 규칙	방송사가 프로그램 제작을 위해 광고주 등 스폰서를 이용하는 것은 자유지만 그 스폰서가 누구인지 밝혀야 함	유지, 무용화	스폰서 고지 의무 위반에 대한 벌금이 4,000달러 정도로 낮고, 은밀한 간접광고를 밝혀내기도 어려움

출처: 강형철, 2016.

〈그림 14-2〉 방송영상미디어 규제모델 비교

법적 책임 모델 VS 응답 책임 모델

법적 책임 모델	응답 책임 모델
사회적 또는 도덕적 토대	법적 토대
자발적	강제적
대화와 토론	공적 판결
협력관계	적대관계
비물질적 처벌	물질적 처벌
품질에 대한 관심	피해에 대한 관심

출처: MacQuail, 2003.

미국의 경우 내용에 대한 직접적 규제는 사실상 불가능하다. FCC는 프로그램을 검열하거나 지시할 수 없고 방송국에 대한 재허가권을 무기로 각종 제한 규정을 준수하도록 유도할 뿐이다. FCC는 허가갱신 시기에 방송국 실적에 대한 종합 심의를 통해 권한을 행사할 수 있다. 그러나 실제론 위협만 할 뿐 방송 내용을 문제 삼아 재허가가 이뤄지지 않는 경우는 거의 없다. 이런 FCC 정책을 '눈만 부릅뜨기 정책'(raised eyebrow approach) 이라고도 평가한다 (Head et al., 1994: 466~467). 더구나 미국 방송규제 철학이 이른바 '수탁모델'에서 '시장모델'로 이행하면서 과거의 주요 내용규제 대부분을 폐지했다(〈표 14-4〉 참조).

자율적 규제는 앞서 말했듯이 법적 제재를 받기 전에 방송사 또는 방송인들이 자체적으로 기준을 만들어 규제하는 것을 말한다. 한국의 '기자협회 윤리강령', 미국의 '방송뉴스 윤리강령' 등은 방송인 스스로가 만든 규제의 기준이다. 또한, 각 방송사는 심의 부서 운영 등 자율적 규제방식을 취하고 있다.

앞서 13장에서도 잠시 살펴본 바와 같이, 맥퀘일은 법적 책임 (liability) 과 응답 책임 (answerability) 이라는 개념으로 자율규제의 중요성을 설명한다 (McQuail, 2003). 여기서 법적 책임이란 공적으로 규정된 의무사항들을 어겼을 경우 벌이 주어지는 외부 규제를 말한다. 이에 반해 응답 책임은 미디어에 대한 요구와 불만이 제기되는 많은 상황에서, 미디어가 스스로 해명하고, 이를 방지할 수 있는 장치를 마련하는 것이다. 이것이 언론자유와 충돌을 없애는 가장 좋은 방법이다.

시민단체들이 방송내용을 감시하고 항의, 로비, 시청거부 운동을 벌이거나 문제가 되는 방송사에 광고를 내는 업체의 제품구매를 거부하는 형태로 수용자 운동, 즉 사회적 규제가 이루어지기도 한다. 한국여성민우회 미디어 운동본부, 민주언론시민연합, YMCA 시청자운동본부, 매비우스(매체비평 우리 스스로), 영국의 VLV(the Voice of the Listeners and Viewers) 등은 모두 방송내용을 사회적으로 규제하는 시청자 운동기구다.

(4) 기술규제

국가가 방송영상에 대해 기술규제를 하는 이유는 세 가지로 구분해 볼 수 있다. 첫째는 커뮤니케이션 혼잡을 방지하고, 둘째는 제한된 전파 등 방송영상 자원을 최대한 많은 이용자가 활용할 수 있게 하려는 것이다. 셋째는 국가의 방송영상산업을 보호, 성장시키기 위한 것이다.

가장 오래된 방송영상 규제형태인 기술규제는 기본적으로 제한된 전파가 혼잡 없이 최대한 많은 수용자에게 전달될 수 있도록 주파수를 할당하고 신호의 형식을 정하는 것이다. 방송전파는 그 희소성으로 인해 커뮤니케이션 혼잡현상이 일어나기 쉽다. 이를 방지하기 위해 국가는 주파수와 출력을 제한함으로써 전파를 통제한다.

또한, 정부는 이용자가 방송영상 사업자의 신호를 쉽게 받을 수 있도록 방송영상 신호의 형식과 수신기의 형식을 규정해 놓았다. 만약 방송영상 사업자마다 특정한 형식의 신호를 송출한다면 시청자는 각각의 신호를 받을 수 있는 수상기를 별도로 사야 할 것이다. 반대로, 가전사마다 특정 형식의 신호만 받을 수 있도록 수상기를 만들면 방송영상 사업자와 이용자 모두 신호방식 선택에 어려움을 겪을 것이며 가전사도 수상기 판매에 제한이 있을 것이다. 이런 혼란과 비효율 방지를 위해 국가는 방송영상 신호 형식을 규제한다. 한국의 경우 HD 방송에서 영상신호를 북미식인 ATSC(Advanced Television Systems Committee) 방식으로 만들어 보내고, 그에 따라 가전사들은 이 신호를 받을 수 있도록 수상기를 만들고 있다. UHD 방송 또한 ATSC 3.0 방식을 도입했다.

두 번째로, 한 나라의 방송영상산업을 안정시키고 다른 나라와의 교류에서 우위를 점하도록 하기 위한 목적으로 방송기술을 규제한다. 자신이 정한 방송영상 기술의 표준이 세계적으로 통용되게 하도록 선진국들은 치열한 싸움을 벌였다. 과거 아날로그 컬러 비디오 시스템 방식을 보면, 미국에서 개발된 NTSC 방식은 한국과 일본, 그리고 남미 등에서 표준기술 방식으로 채택된 바 있다. 독일에서 발명한 PAL 방식은 영국과 일부 유럽국가에서, 프랑스에서 개발한 SECAM 방식은 유럽의 일부 국가들과 러시아에서 사용했다.

그런데 디지털로 넘어오면서 한국은 미국과 함께 ATSC를 선택했으나 일본은 이 연합에서 떨어져 나가 독자적인 디지털 표준 ISDB를 사용하고 있다. 유럽국가들은 디지털로 넘어오면서 DVB-T 방식으로 통일하였으며, 이 방식은 현재 유럽 이외에도 가장 많은 나라가 채택하고 있다. 중국 또한 DTMB라는 자체 방식을 개발해 사용하고 있다. 자기 나라와 같은 방식을 쓰는 나라와는 방송프로그램은 물론 방송 기자재와 수상기까지 수출과 수입이 편리하기 때문에 기술방식을 정하는 것은 국가의 정책적 차원의 문제가 된다.

5) 규제기관

각국이 방송영상을 규제하는 데 독립된 위원회형 규제기구를 두는 것은 일반적이다. 행정부의 직접적 통제를 피하고자 위원들은 보통 의회의 추천으로 대통령이 임명하거나, 대통령이 임명한 뒤 의회의 동의를 얻는 방식을 사용한다. 이 기구들은 보통 준입법권과 사법권을 가진다. 시행령과 규칙 제정 등 법 테두리 내에서 준입법권과 사법권을 가지는 것은 정부기구의 일반적 권한으로서, 독립 규제기구에만 해당하는 것은 아니다.

규제는 공익을 위한 국가의 역할인데 방송영상의 언론적 속성으로 인해 국가에서 독립돼야 하는 가치와 충돌한다. "정부에 의해 통제됨과 동시에 통제되지 않아야 하는" 딜레마에 봉착하는 것이다(Etziony-Halevy, 1987: 7). '개입'과 '독립'이라는 상반된 가치의 충돌 상황에서 선택한 것이 간접적 방식을 취하는 것이었다. 즉, 방송의 규제 목표는 의회나 정부가 결정하지만, 그것의 실행은 독립행정위원회(independent administrative committee)가 규율하는 것이다.

행정부에서 독립되면서도 사법적 판단 기능을 지니며, 때로는 법규 제정 기능까지 보유한 독립행정위원회는 헌법에 어긋난다는 지적을 받기도 한다. 아울러 사실상 이런 위원회가 정부에서 실제로 '독립'되었는지 자체에도 의문이 제기된다. 방송통신위원회는 "대통령 직속 합의제 행정기구"라고 스스로 명명하고 있는데, 대통령 직속이란 뜻과 행정기구란 말 자체가 독립되지 않음을 내포한다. 미국의 FCC도 대통령이 임명한다. 2명은 야당 측 인사여야 하지만 3인이 정부·여당 측이므로 정부·여당 측이 다수결에서 우위를 차지한다.

방송통신심의위원회도 애초 설립 취지에 '민간 독립기구'라고 명시하였지만, 헌법재판소는 이것이 사실상 '국가행정기구'라고 판시하였다(2011 헌가 13). 그 이유는 심의위원을 대통령이 위촉하는데 이들은 국가공무원법상 결격사유가 없어야 하고, 그 신분이 보장되는 한편, 위원장을 포함해 위원 3인은 상임이기 때문이라는 것이다. 또한, 모든 직원이 형법 등을 적용에 있어 공무원으로 취급되며, 재원을 공익 자금이나 국고에서 조달하고, 규칙의 제정과 폐지가 관보에 게재·공표된다. 법학자이자 언론인인 심석태는 방심위가 포괄적 심의기준으로 매우 세밀하며 자의적 심의를 하고 있다는 사실을 지적하며 "민간기구, 독립기구의 심의라는 형식이 실질적인 업무의 독립성, 신뢰성과 무관하다"고 말한다(심석태, 2012: 163).

그러나 국가 개입을 최소화하기 위해 이런 방안이 현실적 대안으로서 활용된다. 더구나 기술이 급격히 발전하며 새로운 형태가 하루가 멀다 나타나는

〈표 14-5〉 방송영상 규제기구

구분	한국			미국	영국
	방송통신위원회	과학기술정보통신부	방송통신심의위원회	FCC	Ofcom
지위	• 대통령 직속 합의제 행정기구	• 정부기구	• 합의제 공공기관	• 독립 행정위원회	• 독립 행정기구
재원	• 국고	• 국고	• 방송통신발전기금 • 정보통신진흥기금 • 국고	• 국고	• 자체 재원 (면허료 등으로 충당)
구성	• 위원 9인 (위원장, 부위원장 각 1인과 위원 2인은 상임)	• 장차관 대통령 임명	• 심의위원 9인 (위원장, 부위원장, 상임 위원 1인 포함)	• 위원장 포함 위원 5인	• 이사회는 이사장 포함해 구성 • 상임 및 비상임 포함 최대 10명
위원 선임	• 위원 5인 중 위원장을 포함한 2인은 대통령이 지명 • 나머지 3인은 국회의 추천(여 1인, 야 2인)을 받아 대통령이 임명	• 위원회 없음	• 대통령이 위촉 • 국회의장이 국회 각 교섭단체 대표의원과 협의해 추천한 3인 • 국회의 소관 상임위원회에서 추천한 3인 포함	• 대통령이 임명하고 상원이 인준 • 최대 3명만이 같은 정당 출신	• 주무장관이 임명 • 정부의 표준 절차에 의한 외부 평가를 통함
역할	• 지상파방송 및 종편· 보도 PP 규제 • 방송통신사업자의 금지행위 위반 시 조사·제재 • 방송통신 이용자 보호정책 수립·시행 • 개인정보 보호정책 수립·시행 • 불법유해정보 유통 방지 • 방송광고, 편성 및 평가정책 수립·시행 • 미디어다양성 정책	• 유료방송·홈쇼핑 PP ·일반 PP 규제 • 방송산업 진흥 및 디지털 융합 정책 • 주파수 정책	• 방송통신 내용 심의	• 방송 및 통신 규제	• 방송·통신·우편 규제

산업에 대해 입법부가 새로운 법을 만들어내긴 어렵다. 법을 만드는 순간 그 법에 맞지 않는 서비스가 등장하는 현실에서 재량권을 지니고 일차 대응을 하기 위해서는 전문가로 구성한 '독립위원회 모델'이 일종의 '타협책'인 것이다.

3. 새로운 규제논리

1) 방송영상 규제의 실패

방송영상에 대한 규제는 그동안 바람직한 결과를 도출해내지 못했고, 필연적으로 효율적이지 못하다는 것이 자유주의 사상을 배경으로 한 학자들의 주장이다(Krattenmaker et al., 1994).[5] 공중의 이익을 위한다는 목적으로 특정 권력의 이익에 봉사하게 할 뿐인 전통적 규제의 문제점과 함께 디지털기술과 네트워크의 발달로 방송영상의 희소적 가치가 사라진 지금 방송에 대해 규제를 가하는 것은 '시대착오적'이라는 주장이 나온 것이 이미 오래되었다(Mulgan, 1991: 246~247).

규제 반대론자들의 주장으로는 다양한 방송영상미디어 형태가 속속 등장하는데도 과거 지상파방송에 적용했던 원칙, 즉 "모든 수용자를 만족하게 해야 한다"는 보편주의적 접근을 하는 데서 문제가 발생한다. 다양한 플랫폼을 무시하고 모든 방송영상을 표준화하려는 규제로는 천차만별한 이용자의 욕구를 만족시킬 수 없다는 것이다. 이것의 대안은 다양한 공급자들이 다양한 이용자를 대상으로 다양한 서비스 전략을 마련해 경쟁하는 시장밖에 없다고 이들은 주장한다.

---

5 이하 내용은 강형철(2016: 421~423)의 내용을 바탕으로 기술한 것이다.

탈규제론자들이 말하는 규제 실패 이유

1. 구조적 부적절성: 규제는 현재의 상태에 대한 대응이므로 변화하는 현실에 따라갈 수 없는 등 규제자는 규제를 위한 완전한 정보를 가질 수 없다.[6]
2. 피규제자에 대한 봉사: 규제를 시작하면 규제자는 피규제자에게 포박되어 (*capture*) 그들을 규제하는 것이 아니라 그들을 살리기 위해 오히려 도와줌으로써 시장질서를 해칠 수 있다.[7]
3. 고비용: 규제를 위해 인력과 자본이 들어가므로 산업경쟁력이 약화될 수 있다.
4. 과잉규제: 규제자는 '규제의 책임'을 진 사람이므로 모든 위험을 피하려고 하여 산업을 위축시킬 가능성이 크다.
5. 규제회피: 반대로 규제자는 규제확대에 따른 업무의 과부하를 피하려고 하여 규제의 왜곡 현상이 나타나기도 한다.

출처: Francis, 1993: 25~32.

또한, 규제기관은 일반적으로 어떤 활동을 적극적으로 촉진하는 것이 아니라 소극적으로 억제할 수밖에 없는 속성을 가졌다는 지적도 있다. 규제기관이 어떤 활동을 억제하지 않으면 자신의 존재 목적 자체가 사라지기 때문이란 것이다. 실제로 미국의 경우 FCC는 지난 1960~1970년대에 지상파방송을 보호한다는 목적으로 케이블 TV의 출현을 막았던 전력이 있다(Krattenmaker et al., 1994: 278~279). 한국의 경우엔 정부가 케이블 TV를 도입한다는 명목으로 자연발생적으로 소비자들의 욕구를 충족시키고 있던 중계유선방송을 사실상 사장화하는 정책을 시행하다 실패했다(강형철, 1997).

---

6 한국의 방송법은 이러한 환경변화에 늑장 대응하는 규제의 구조적 무능성을 극명하게 보여준 바 있다. 위성방송 등 새로운 매체환경에 대응하기 위해 출발한 방송법 개정은 김영삼 정부 초기부터 논의가 시작돼 김대중 정부가 출범한 뒤 또 다른 논란의 시간을 거쳤다. 결국 무궁화위성을 쏘아올린 뒤에도 위성방송법이 마련되지 않았고, 사업 자체가 무너질 위기에 처해 있는 케이블 TV 방송을 살리기 위한 방편들이 법적 장치의 미비로 사장되다가 1999년 12월에 가서야 새 방송법이 국회를 통과했다.
7 이 같은 현상은 종합편성채널 허가에 나선 한국 정부가 이를 성공시키기 위해 행정지도와 각종 특혜를 제공하는 방식으로 시장에 개입한 사례에서 잘 드러난다.

결국, 방송영상에 대한 것뿐만이 아니라 모든 규제는 위와 같은 이유로 실패할 수밖에 없다고 '탈규제론자'들은 주장한다.

2) 공익에 대한 비판

공익 개념이 방송영상미디어 영역에 규제 근거로 적용될 때 구체적으로 두 부류의 도전을 받는다. 즉, 이들은 경제적(시장주의적) 비판과 사회·정치적 비판의 형태로 나타난다. 이 중 사회·정치적 비판은 공익 개념 자체의 필요성을 부정하는 것이 아니라 그것이 만들어지는 과정을 비판하는 것이고, 경제적 비판은 공익 개념 자체의 필요성을 부정하는 것이다. [8]

(1) 시장주의적 비판

우선, 공익 개념의 필요성조차 없다는 경제적 차원의 비판은 현실적으로 공익 개념에 가장 위협적이고 반대되는 주장이다. 이 입장은 이론적으로나 현실적으로 자유재인 앱 등 융합미디어는 '공익'의 의무를 부과할 필요 없이 시장에 내버려 두었을 때 개인과 전체의 이익이 극대화된다고 말한다. 미디어는 시장에 맡겨 놓으면 수용자의 선호에 의해 좋은 것이 선택될 것이며, 이를 향한 경쟁이 결국 소비자 잉여를 발생시킨다는 것이다.

미국 레이건 행정부 시절 FCC 의장이었던 마크 파울러는 "공중의 관심이 곧 공익"(*Public's interest is pubic interest*)이라는 명제로 이를 요약한바 있다(Fowler, 1982). 이 시각에서 보면 공중의 이익을 위한다는 목적으로 특정 권력의 이익에 봉사하게 할 뿐인 전통적 규제 자체가 문제가 있는 상황에서 심지어 디지털기술과 네트워크의 발달로 방송의 희소적 가치가 사라진 지금 규제를 이야기하는 것은 '시대착오적'이라는 주장을 하는 논자들이 늘어났다.

---

8 이하 '3) 여전한 공익 옹호'까지는 강형철(2006)의 논문 내용을 수정, 요약한 것이다.

(2) 사회·정치적 비판

이와 달리, 공익 개념의 필요성은 인정하지만, 적용상의 또는 개념 설정상의 문제점을 지적하는 사회·정치적 비판이 있다. 이것은 공익이라는 것이 정책 지도자에게 로비할 수 있는 능력을 지닌 특정 이익집단의 이해만을 반영한다고 지적한다. 마르크스적 시각에서는 공익은 일종의 허위의식일 뿐이다. 특히, 융합미디어 관련 용어나 기술들은 공중이 이해하기 어렵고 복잡해서 이에 대한 구체적 이해와 관심, 지식을 가진 집단은 관련 기업이나 정치세력일 뿐이다.

방송영상 규제를 설명하는 데는 추상적인 경제적 원리들보다 정치학이 더 효율적이라는 주장도 있다(Hazlett, 2004). 예를 들어, 많은 나라는 디지털 전환으로 활용성이 더 높아진 주파수를 기존 지상파방송에게 아무런 대가를 받지 않고 주고 있다. 한국에서도 지상파방송사들은 DMB 방송을 위한 주파수를 자동으로 할당받았다. 사회·정치적 차원의 비판과도 맥을 같이하는 기술적 차원의 비판은 기술의 중립성을 비판하면서, 공익이 논의되는 기술은 오로지 산업적·정치적 이해관계를 지닌 집단이 선호하는 것일 뿐이라고 지적한다. 결국, 미디어가 담당해야 할 공익에 대한 논란은 인간과 사회에 대한 철학 또는 이데올로기에 바탕을 둔 것이기 때문에 대립하는 이견의 조율은 쉽지 않다.

3) 여전한 공익 옹호론

공익 비판에 대한 반론으로 새로운 융합미디어 시대에도 공익 가치는 여전히 유효하다는 주장이 있다. 아래와 같이 규범적 근거, 현실적 근거, 논리적 근거 등이 제시된다.

(1) 규범적 근거

방송영상미디어의 공익성은 그의 영향력에 대한 기대와 우려에서 비롯된다. 그간의 많은 연구는 미디어의 영향성, 즉 신문, 방송, 출판, 인터넷 등이 개인과 사회에 미치는 영향력과 이러한 미디어가 제공하는 내용의 현실성, 즉 미디어가 현실을 반영하는지에 대해 관심을 두어왔다. 만약, 미디어가 영향력이 없는 것이라면 구태여 이에 관심을 둘 필요가 없을 터이고, 미디어가 영향력이 있더라도 현실을 사실대로 반영하고 있다면 크게 문제 될 일이 없을 것이다. 물론, 미디어가 영향력을 지니는지에 대한 경험적 근거는 일관되지 않으며, 반대로 그렇지 않다는 근거 또한 일관성을 결여하고 있다.

하지만, 최종적으로 합의할 수 있는 사실은 "미디어가 영향력을 지니고 있다는 사실을 사람들이 믿고 있다"라는 명제다. 미디어의 실제적 영향력은 차치하고라도 "미디어가 영향력을 지니고 있다"라는 일반적 인식 자체가 미디어에 대한 공익성 요구를 만들어낸다. 실제로 영향력이 있는 것과 마찬가지로, 영향력이 있다고 간주하는 것 자체도 그 나름의 영향력을 행사할 수 있다. 또한, 미디어의 영향력이 "있다, 없다"의 문제가 아닌, 정도의 차이라고 할 때, 인간에게 매우 미약한 영향력을 지닌 것일지라도 쉽게 간과할 수는 없다. 약간의 위해도 그 범위가 넓다면 매우 위협적일 수 있으며, 인간의 정신에 관련된 것일 때는 더욱 그러하다. 아울러 인간에게 미디어는 중요한 여가 수단이며 우리가 그에 소비하는 시간과 돈이 많이 든다는 데서 중요성을 지닌다.

영향성의 문제를 넘어서, 이렇게 중요한 삶의 도구가 사적 이익에 더하여, 현 위치뿐만 아니라 다른 곳 사람들에게, 그리고 현재의 사람뿐만 아니라 미래의 후손들에게 더욱 바람직하게 봉사하여야 하는 것은 매우 중요한 일이다.

(2) 현실적 근거

한편으로, 방송영상미디어의 공익적 의무는 미디어가 사회 내 영향력 행사자들에 대해 내세우는 존재 근거가 된다. 실제로 미디어는 사회적 합의로 존재, 발전한다. 미디어학자 데니스 맥퀘일(Denis McQuail)은 "미디어가 신세를 진 많은 청구인이 있다"(McQuail, 2003)라는 명제로 이를 요약한다. 이 청구인들은 다양한 기대를 하고, 미디어가 실천한 바와 소홀히 한 부분에 대해 해명하라고 요구한다. 모든 미디어가 활동하는 환경은 미디어를 제한하거나 그에 대한 영향력을 지닌 일련의 행위자로 채워 있다. 비록 "미디어 권력"에 대한 강조가 자주 이뤄지지만, 미디어 또한 영향력의 대상이 되는 것이다.

맥퀘일은 미디어를 통제하거나 영향력을 행사하려는 시도들의 합법성 수준은 다양한 것이지만, 그러한 시도들은 합법성과는 상관없이도 유효할 수 있다고 주장한다. 일반적으로 미디어는 여러 역할자들에게 법적인 또는 법과는 상관없는 책무성의 빚을 지닐 수 있다는 것이다. 이들은 미디어 소유자, 미디어가 계약상의 혹은 다른 형태의 의무를 갖게 되는 당사자(광고주,

〈그림 14-3〉 미디어 책무성의 대상

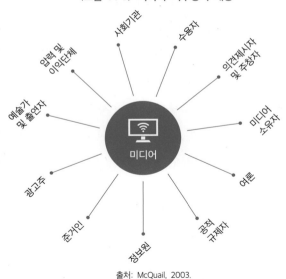

출처: McQuail, 2003.

저자, 출연자 등), 관련 규제자와 법정 기관(결국, 정부를 뜻함), 사회(여론으로 표현된 것과 사회기구들을 통해 구현된 것을 포함), 미디어의 영향을 받는 권리와 이익의 주체들, 서비스의 약속이 이루어지는 대상들(주로 미디어수용자를 포함)을 말한다(〈그림 14-3〉참조).

(3) 시장실패의 근거

공익 개념을 원천적으로 부정하는 이른바 '시장론'이 주장하는 '다원주의적 경쟁'이 콘텐츠의 다양성을 보장한다는 이론적·실증적 증거는 충분치 않다. 오히려 많은 연구는 경쟁이 다양성을 제공하는 것이 아니라 성공이 검증된 유사형식을 반복할 뿐임을 지적한다. 미디어를 자유시장에 내버려 둘 경우 다양성이 보장되는 것이 아니라, 집중화로 인한 독점만 가속화할 뿐이다. 미디어콘텐츠는 '규모의 경제'와 '범위의 경제'로 인해 자연적으로 집중화되는 재화다.

자유경쟁이 공익을 보장하리라는 것은 매우 단순한 논리다. 자유경쟁이 일반적으로 인자할 것이라고 가정하는 것은 순진한 생각이다. 우리는 변호사업 등 다른 전문직에 대해서는 이러한 가정을 하지 않으면서 유독 미디어에 대해서는 자유경쟁을 논한다(Blitz, 2005). 이미 콘텐츠제작자들은 디지털기술의 발전이 자신들의 창의력을 확대하지 못한 사실을 충분히 인식하고 있다(Aufderheide, 1992). 실제 제작자들의 사례를 살펴보면 쉽게 알 수 있다. 디지털화를 통한 전송수단의 증대는 수용자가 특정 콘텐츠를 접할 기회가 더 많아졌다는 것을 의미할 뿐, 예전과 '다른' 콘텐츠의 '선택이 가능해졌다'는 것을 뜻하지는 않는다(Napoli, 2003).

물론 개인미디어의 발전이 시장진입을 자유롭게 하여 미디어 복합체의 집중을 막을 것이라는 기대도 일리가 없는 것은 아니다. 하지만 이러한 성공담은 극히 이례적인 경우이며, 비단 디지털 공간만이 아니라도 신문, 지상파방송 및 케이블TV 등에서의 이례적 '영웅담'은 쉽게 찾아볼 수 있다. 자금

〈그림 14-4〉 융합시대의 공익 목표

정치적 복지	문화적 복지	사회적 복지	경제적 복지
자유 접근권 다양성 정보제공 책임성	창의성 선택 정체성 품질	상호교류 결속	경쟁 발전 고용 소비자주의 혁신

영역 및 가치

출처: 강형철, 2006.

력을 갖춘 거대기업이 집적화와 집중화를 통해 기존의 우월한 지위를 확대 재생산하고 있다는 것만이 일반명제화할 수 있는 사실이다. 미디어는 자금 과 규모가 뒷받침될 때 경쟁시장에서의 성공이 보장된다.

우연한 기회에 성공한 1인 미디어도 그것이 '성공'의 단계로 안착하기 위해 서는 대기업의 자금 투여가 불가피하다. 품질 높은 동영상 프로그램, 수준 높 은 기사 등은 자금력과 조직적 뒷받침이 필수적이다. 맥체스니(McChesney, 2004: 217)는 미디어 시장진입이 자유로워졌다는 주장은 "강력한 미디어기업 들의 뻔뻔한 책략으로서, 이는 새로운 기술들에 의해 나타난 경쟁에서 압도 적 지위를 차지하기 위해 자신들이 더 많은 미디어를 탐식하는 것에 대한 주변 의 주의를 분산시키기 위한 것"이라며 맹렬히 비판한다.

새로운 시대에 공익은 시대에 맞춘 새로운 방향으로 재규정해야 한다는 주장도 대두된다. 퀼렌버그와 맥퀘일은 새로운 공익의무의 프레임을 제시 한다(Cuilenburg & McQuail, 2004). 이들에 따르면 방송·통신 융합시대의 공익은 정치적 복지, 사회·문화적 복지, 경제적 복지의 하부 차원으로 구 성된다. 이에 앞서 융합미디어가 등장하기 전에 미디어 학자 제이 블럼러 (Blumler, 1992)는 방송영상미디어의 사회적 속성으로서 문화적 기능, 정치 적 기능, 사회적 기능을 주장한 바 있는데 이들이 여기에 새로이 '경제적' 차원을 더한 것이다. 이들의 논의를 종합하자면 현시점에서 방송영상미디어의 공익은 '정치적 복지', '문화적 복지', '사회적 복지', '경제적 복지'를 이루기 위한 것이라고 재규정할 수 있다(《그림 14-4》참조).

여기서, 정치적 복지는 민주주의를 가능케 하는 언론자유와 미디어 접근, 정보의 다양성 등을 뜻하며, 문화적 복지는 커뮤니케이션의 질 등을 뜻하게 된다. 사회적 복지는 사회적 정체성과 통합성을 의미한다. 끝으로 경제적 복지는 커뮤니케이션 영역에서 경쟁과 발전을 통한 경제적 잉여의 확대를 의미한다. 정치적 복지를 구성하는 하위개념은 접근권, 다양성, 정보제공, 책임성 등이며, 문화적 복지의 하위개념은 선택, 정체성, 질이다. 사회적 복지의 하위개념은 상호교류와 결속이며, 경제적 복지의 하위개념은 경쟁, 발전, 고용, 소비자주의, 혁신이다. 물론 각 영역은 서로 연관되어 있는 것이 사실이다. 일례로, 독점은 경제적 복지를 해치게 될 것이며, 실제로 미디어의 소유집중은 내용의 동질성을 유발하게 됨으로써 종국에는 정치적, 사회적, 문화적 복지마저도 해치게 된다.

4) 규제정책의 변화방향

위에서 설명했듯이 급격한 환경의 변화로 과거와 같은 방송에 대한 규제가 그 실효성을 유지하기 어렵게 되었다. 이 같은 변화는 이념적·정치적 요인, 기술적 요인, 경제적 요인 등에 의한 것이다(Mulgan, 1991: 138~140). 즉, 과거에는 사회를 지탱하는 이념기반이 국가였으나 이제는 그 기반이 시장으로 넘어가게 되었다. 정치권에서 보수적 자유주의 사조의 확대와 공산권의 몰락 등으로 더 이상 국가가 주도적으로 사회를 이끌어갈 수 없게 되었다. 또한, 디지털기술의 발전과 네트워크의 발전은 과거의 방송에 적용되었던 규제방식을 가진 규제기관을 혼란에 빠뜨리고 있다. 이에 더하여, 방송은 이제 막대한 재력이 필요한 산업이 되었다. 이 산업을 공공산업으로 간주하여 국가 주도로 또는 규제로 통제하는 것은 불가능하다.

이 같은 환경변화 속에서 국가별로 완급의 차이는 있지만, 세계적 방송영상에 대한 규제정책은 다음과 같은 형태로 변화하고 있다(Hoffman-Reim, 1996: 340~352).

(1) 공탁모델에서 시장모델로

앞서 보았듯이 방송영상은 전통적으로 사회의 것으로서 일부 기관이나 사업자에게 공탁(*trustee*)된 것으로 인식되었다. 이 때문에 방송영상에 대하여는 여러 가지 사회적 요구가 자연스러운 것으로 인식되었고 그 반대급부로 독점적 지위에서 비롯되는 '안락함'을 누릴 수 있었다. 그러나 전파의 희소성에서 비롯된 공탁모형은 디지털기술과 신매체의 개발로 그 빛을 잃어가고 있다. 그 대신 방송도 일반재화와 마찬가지로 다수의 공급자가 다수의 수용자를 대상으로 경쟁하는 시장(*market*)의 기능에 의존하게 되었다. 사회적 요구로부터 자유로워진 반면에 경제적으로 효율성을 발휘해 생존해 나가야 하는 처지가 된 것이다. 이에 따라 공익의 개념도 '시장을 통한 사회적 후생의 확대'로 변화하게 되었다(Zaragoza et al., 1988: 25~50).

(2) 문화규제에서 경제규제로

과거에는 방송영상은 문화적 기능을 수행하는 일종의 사회기구였다. 따라서 정치적 요구나 문화전수 매체로서의 요구에 자유로울 수 없었고 대부분 정책은 이에 따라 이루어졌다. 그러나 이제 방송영상이 일반적 재화로 인식되면서 일반시장에 국가가 개입하는, 즉 시장실패 상황에 규제가 가해지는 형태를 띠게 되었다. 이에 따라 방송법 등 구체적 방송관련 법을 통한 규제보다는 반독점 금지법 등 일반적 경제 현상에 관한 법률, 규정들에 따라 규제되고 있다. 정부도 커뮤니케이션 현상의 규제보다는 재정정책의 대상으로서 방송을 취급하게 되었다.

(3) 언론자유의 개념에서 방송기업의 자유로

과거에는 언론의 자유라 하면 밀턴(Milton), 밀(J. S. Mill) 등 자유주의자의 언론관에 의해 천부인권의 자유로 취급되고 옹호되었다. 즉, 권력과 경제력으로부터의 간섭을 방어하는 논리가 언론의 자유 개념이었던 것이다. 그러나 이제는 언론자유의 개념보다는 하나의 기업으로서의 방송영상미디어는 그 누구에게서도 제약을 받지 않아야 한다는 논리로 자유의 폭을 급속히 넓혀가고 있다. 그러나 한편으로는 정치적으로는 자유로워지고 있지만, 경제적으로는 점점 자본에 예속되고 있다는 비판을 받고 있다(McManus, 1994; 1995).

(4) 수용자 위주에서 커뮤니케이터와 이용자 위주로

과거에는 언론의 자유라고 하면 언론인의 자유뿐만이 아니라 수용자의 자유까지 포함되는 것으로 간주하였다. 심지어 언론의 자유는 수용자의 표현 자유가 보장되고 이들에게 이득이 될 때만 보장될 수 있었다. 언론에 대한 대부분의 규제 또는 압력은 '수용자를 위해서'라는 대의명분하에서 이루어졌다. 그러나 시장모델로의 전환과 함께 수용자의 지위는 특정 방송영상을 시청하든지 아니면 다른 것을 이용하든지 결정하는 이용자가 되었다. 이용자는 정부가 자신들을 빌미로 행하는 규제에 맡겨두는 것이 아니라, 이용행동을 통해 사업자를 직접 '규제'할 수 있다.

(5) 포괄적 규제에서 제한적 규제로

과거에 모든 방송영상은 공적 요구에 부응하도록, 편성에서 개별 프로그램의 내용에 이르기까지 포괄적 가치에 대한 규제를 받았다. 그러나 이제는 방송영상에 대한 특별한 요구보다 '청소년 보호'와 같은 구체적 가치들만이 실행되기를 요구받게 되었다. 또한, 다양성의 요구에서도 개별 방송영상미디어나 프로그램을 규제하는 내적 다양성보다 산업 전반의 틀을 규제하는, 즉 외적 다양성을 확보하려는 방향으로 규제가 이루어진다.

(6) 내용규제에서 분배규제로

과거, 방송영상에 대한 규제는 주로 내용을 만드는 제작소를 상정하고 그것을 규제하는 것이 주요 목적이었다. 그러나 케이블TV의 예와 같이 독립프로덕션, 프로그램 공급업자, 전송망 사업자, 케이블TV 방송국 등 복잡한 형태의 사업자가 속속 드러나면서 프로그램 제작에 중점을 두었던 규제는 그 실효성을 상실하게 되었다. 즉, "이런 내용의 프로그램은 제작·방송할 수 없고, 저런 내용의 프로그램은 할 수 있다"라는 식의 규제가 불가능해진 것이다. 그 대신 "어떤 채널이나 플랫폼에는 어떠한 내용을 가진 콘텐츠는 안 된다"라고 하는 규제만이 가능하게 되었다.

과거에는 음란물과 폭력물은 제작 자체가 문제가 되었으나 이제는 그 분배망을 제한함으로써 어린이를 보호하는 형태로 바뀌고 있다. 또한, 분배에 대한 규제는 경제적 논리에 의하여 시장실패 상황만을 상정한 규제가 이루어지고 있다. 독점적 지위를 가지는 케이블TV 방송국에 대한 가격 제한 등이 그 예다. 아울러 분배망이 발전하면서 각국을 넘나들면서 최대한의 자본 효율성을 확보해야 하는 방송영상콘텐츠가 다양한 각 사회의 평균적 가치에 내용을 맞추도록 하기보다는 각 사회가 방송영상 내용에 대한 규제를 없애는 쪽으로 분위기를 조성하고 있다.

(7) 법적 규제에서 윤리적 규제로

방송영상 규제의 변화는 규제목적의 변화만을 의미하지는 않았다. 규제의 방식 또한 변화를 겪고 있다. 앞서 언급하였듯이 규제는 효율성이 없다는 주장이 커지고 있다. 이에 따라, 규제는 세 가지 방향으로 새로운 물꼬를 트려고 하는데, 첫 번째는 미디어 교육(*media literacy*)이고 두 번째는 자율규제, 세 번째는 사회적 규제이다. 미디어의 해악을 막기보다는 어린 시절부터 미디어 내용을 선별해 선택할 수 있도록 하는 능력을 키우겠다는 것이 미디어 교육의 목표다. 또한, 방송영상 종사자 스스로가 자율적으로 전문인으로서 자정기능을 행사하고 이용자들이 적극적 운동을 통하여 규제에 나서는 것이 새로운 규제 방향이다.

4. 새로운 환경에서의 방송영상 (재)규제 이슈

지금까지 살펴보았듯이 규제 자체는 물론 공익을 목적으로 한 규제의 정당성에 대한 도전이 계속되고 있다. 그 가운데 미디어 만개 시대에 규제가 더욱 필요하다는 주장도 만만치 않다. 미디어가 지닌 특성에 따라 그것이 담당해야 할 공익의무는 차별적일 수 있다. 예를 들어, 수신료를 받는 공영방송이라면 다른 것과 다른, 아니 다른 것보다 더한 공익의무를 당연히 져야 한다. 귀한 전파자원을 쓰는 지상파가 그렇지 않은 것들과 달라야 하는 것도 마찬가지다. 그러나 이 의무는 다른 사회적 '혜택' 또는 '지원'에 비례해야 할 것이다. 같은 서비스인데도 사회적 혜택이나 지원에 비례하지 않는 과도하거나 부족한 의무 부여는 정당하지 않다. 현실적으로 한국에서 나타나는 비대칭 규제의 문제점 몇 가지를 살펴보면서 이 장을 끝내고자 한다.

1) 규제 형평성

현재 한국에서 방송영상산업에서 규제 차원에서 가장 두드러진 논쟁점이 차별 규제 또는 규제 형평성 문제이다. 비대칭적 규제라고 표현하기도 한다. 이것은 첫째, 지상파와 유료방송, 둘째, 한국 방송영상 사업자와 초국적 미디어사업자, 셋째, 방송과 유사방송 간의 형평성 문제라고 할 수 있다.

468

(1) 지상파방송 대 유료방송

오랫동안 방송 그 자체였던 지상파방송은 앞서 살펴본 바와 같이 '수탁모델'에 따라 공익의무 실천을 위한 규제를 받아왔다. 그런데 뒤이어 속속 등장한 유료 미디어들은 이런 공익의무에서 제외되거나 약한 수준의 의무를 부과받고 있다. 이제 독과점 지위가 사라진 지상파방송에 여전한 수준의 공익의무를 부과하는 것은 더 이상 형평성에 맞지 않는다는 주장이 대두되었다. 실제로 지상파는 시장점유율이 지속적으로 하락하고 있으며 영업이익률이 약화하거나 때로는 적자이기도 하다. 지상파 전파 이용이라는 혜택의 가치가 현재 부여되는 공익의무에 훨씬 못 미치게 되었기 때문이라고 해당 사업자들은 주장한다.

하지만 여전히 희소한 자원인 전파를 사용하는 지상파가 더 높은 수준의 공익의무를 지는 게 당연하다는 반론이 엄존한다. 특히, 무선통신 사업자는 TV 방송채널 한 개를 유지하는 주파수 대역을 임차하기 위해 경매를 통해 1조 원이 넘는 금액을 내기도 하는데, 같은 주파수를 쓰는 방송은 전파사용료를 내지 않는다는 사실은 지상파 특혜 주장의 근거가 된다.

그러나 지상파를 이용한 전송은 그 자체가 보편적 서비스를 위한 공적 목적일 뿐이고, "시청행태의 변화로 인하여 지상파방송 사업자들에게 '지상파를 이용한 플랫폼'은 더 이상 특권으로서 기능하기 어렵게 되었다"라고 하는 재반론도 만만치 않다(오현경·이혜온, 2019: 73). 예를 들어, 지상파방송과 종합편성채널은 똑같이 종합편성을 한다. 모든 프로그램 장르와 편성 형식으로 경쟁관계를 형성하고 있다. 다만 다른 것이 있다면 지상파는 전파를 사용하고 있다는 사실이다. 그런데 현재 안테나를 통해서만 지상파를 보는 가구는 5%에도 미치지 못하는 것으로 조사되고 있다. 시청가구 대부분이 케이블TV, 위성방송, IPTV 등에 가입하여 시청한다. 유료방송을 통해 보는 것은 종합편성채널과 지상파가 거의 차이가 없다. 광고주도 유료방송에 가입하지 않고 지상파만 직접 수신하는 가구에 관심을 두지 않을 것이다. 그런데 지상파방송과 종합편성채널은 다른 수준의 규제를 받는다.

아래에서는 이 글을 쓰고 있는 2020년 1월 현재 지상파방송이 유료방송과 다르게 받는 규제가 어떤 것인지 점검해 보겠다.

① 편성규제

〈표 14-3〉'편성규제의 종류에 따른 매체별 규제적용 여부'에서 보았듯이 지상파는 유료방송(신규 미디어)과 편성상의 차등규제를 받는다. 그런데 이 표는 해당 항목에 규제가 있는지 여부만을 표시한 것이므로 어떠한 정도의 차등이 있는지를 알려 주지는 않는다. 〈표 14-6〉을 보면 지상파와 유료방송 규제의 차이를 더 자세히 알 수 있다.

〈표 14-6〉 지상파방송과 유료방송의 광고규제 비교

구분	지상파	유료방송
오락 장르 편성 (매월)	• 방송시간의 50/100 이하 (TV와 라디오 동일)	• 종편: 지상파와 동일 • PP: 채널별 전문편성 기준에 따라 방송시간의 70/100 이상
순수외주 편성비율 (반기)	• KBS 1: 방송시간의 19/100 이상 • KBS 2: 방송시간의 35/100 이상 • MBC: 방송시간의 30/100 이상 • SBS: 방송시간의 30/100 이상 • EBS: 방송시간의 16/100 이상 • 그 외: 방송시간의 32/100 이상 (엄격한 순수외주 인정기준 적용)	• 없음 (종편은 적용기준 마련 예정)
시청자 참여 프로그램 (매월)	• 방송시간 매월 100분 이상	• 없음
국내제작 편성비율 (반기)	• 방송시간의 80/100 이상	• SO: 방송시간의 50/100 이상 • PP: 방송시간의 40/100 이상
국내제작 영화비율 (연간)	• 영화 방송시간의 25/100 이상	• 영화 방송시간의 20/100 이상
국내제작 애니메이션 (연간)	• 애니메이션 방송시간의 45/100 이상	• 애니메이션 방송시간의 30/100 이상

출처: 오현경·이혜온, 2019: 57

우선 지상파는 오락 장르의 프로그램 편성비율을 50% 이하로 제한받고 있다. 종합편성채널도 마찬가지나 지상파와 오락프로그램으로 경쟁하는 tvN 등 전문편성 채널들은 70% 이상을 편성할 수 있다. 순수외주 편성과 시청자 참여 프로그램 편성 의무는 지상파에만 적용되는 규제다. 여기서 순수외주란 자회사나 계열회사의 외주 프로그램은 제외하고 완전히 제삼자가 제작한 것을 말한다. 국내제작 프로그램의 편성비율 의무도 지상파는 높게(80%) 책정되어 있다. 국내제작 영화 및 애니메이션의 편성비율 의무도 유료방송보다 높다.

② 광고규제

지상파의 주 수익원인 광고도 비대칭 규제가 이루어진다. 가장 대표적인 것인 것이 2020년 1월 현재 지상파방송만 중간광고가 금지되어 있다는 사실이다. 그러다 보니 지상파방송사는 한 프로그램을 1부와 2부로 잘라 다른 프로그램처럼 만든 뒤 둘 사이에 광고를 끼워 넣는 편법적 형태의 광고를 운영해야만 한다. 2020년 1월 초 SBS 드라마 〈스토브리그〉는 한 편을 3개로 쪼개 방송하며 그 사이에 광고를 끼워 넣기도 했다. 편법이라는 지적이 많지만, 방송사는 경영이 어려운 상황에서 자신들만 불평등하게 사업을 할 수는 없다며 항변한다. 중간광고 허용 여부를 결정하는 방통위는 "차등규제를 해소해야 한다는 것은 방통위의 일관된 방향"이라며 지상파 중간광고 허용을 검토 중이다.

광고의 양도 차별적이다. 현재 한국은 '광고 총량제'를 실시하는데 이는 프로그램광고, 토막광고, 자막광고, 시보광고 등 광고형태와 관계없이 시간당 광고의 총량을 최대 18%(10분 48초)로, 프로그램광고만은 15%(9분)로 자율 편성하도록 한 것이다. 그런데 이는 지상파방송에만 해당하므로, 유료방송은 프로그램광고 제한 없이 총량만 지키면 되고, 그것도 지상파보다 많은 시간당 최대 20%(12분)이다. 가상광고와 간접광고 시간 허용량도 유료방송이 크다.

또 다른 지상파방송만의 큰 제약은 광고판매 방식이다. 지상파방송사는 광고판매를 대행하는 미디어렙을 통해야만 하는데, 공영방송인 KBS와 MBC는 공영 미디어렙인 한국방송광고공사(KOBACO)를 활용해야 한다.

〈표 14-7〉 지상파방송과 유료방송의 광고규제 비교

구분		지상파	유료방송
광고	형식금지	• 중간광고 금지	• 중간광고 허용
	총량차별	• 광고총량 프로그램 시간당 18/100 이내(방송프로그램 광고시간은 최대 15/100) • 가상·간접 프로그래 시간당 5/100	• 광고총량 프로그램 시간당 20/100 이내 • 가상·간접 프로그램 시간당 7/100
	판매방식 차별	• 방송광고 판매대행 의무화 • 결합판매 의무적용 (라디오, 지역방송)	• 방송광고 직접 판매 • 의무 없음
협찬	캠페인, 행사, 제작, 시상·경품	• 프로그램 종료 시 자막·음성 고지 • 1회 고지시간: 30초 이내	• 프로그램 종료 시 자막· 음성 고지 • 1회 고지시간: 45초 이내
	프로그램 예고 시	• 예고 종료 시 자막·음성 고지 • 매 시간당 2회 초과 금지	• 예고 종료 시 자막·음성 고지 • 매 시간당 3회 초과 금지

출처: 오현경·이혜은, 2019: 54.

〈표 14-8〉 방송통신 발전기금 납부의무의 사업자별 비교(2019)

지상파			유료방송		
사업자		부과기준	사업자		부과기준
KBS	2.62%	방송 광고 매출	• 종합편성채널 • 보도채널	1.93%	• 방송광고 • 매출
MBC	3.87%		• 일반 • 케이블채널(PP)	없음	-
SBS	3.96%		• 케이블TV(SO) • 위성, IPTV	1.5%	• 방송서비스 • 매출
			• 홈쇼핑	13%	• 영업이익

더구나 지상파방송사는 자사 프로그램을 지역·중소 방송사업자 및 종교 방송의 광고를 결합해 판매해야 한다. 즉, 지상파에 광고하려는 광고주는 이들 약소 방송사 프로그램의 광고도 함께 사야 한다. 광고주로서는 원치 않을 수도 있는 프로그램 시간을 함께 사야 한다는 것을 꺼릴 가능성이 크고 그만큼 지상파방송사에는 수익창출에 제약이 된다.

③ 방송통신 발전기금 납부의무

방송영상 규제기관인 방통위와 과학기술정보통신부는 방송통신 진흥을 지원하기 위해 방송영상 사업자들에게 기금을 내도록 하고 이를 활용한다. 일단, CJENM 등 일반 채널사용사업자(PP)는 방송통신 발전기금을 내지 않으며 지상파와 종합편성채널, IPTV, 케이블TV(SO) 등은 방송광고 매출에 따른 일정 비율의 기금을 내야 한다.

그런데 이들 납부의무 사업자 중에서도 지상파가 더 높은 비율을 요구받는다. 더구나 종합편성채널은 출범 이후 2011년부터 2015년까지 기금납부를 면제받았다. 그 이후에도 납부율을 조금씩만 올려 2019년이 되어서야 1.93%가 되었다. 2008년에 출범한 IPTV도 2014년까지 방송통신 발전기금을 면제받았고, 이후에도 조금씩만 올려 2019년 현재 영업이익의 1.5%가 되었다.

(2) 방송법상 방송 대 기타 방송영상서비스

비대칭적 규제는 지상파와 유료방송만의 문제가 아니다. 같은 유형의 사업자라도 방송법에 등장하느냐 아니냐에 따라 규제수준이 달라진다. 예를 들어, 케이블TV 및 위성방송과 IPTV는 모두 '다채널방송사업자'(MVPD)로서 유사한 서비스를 하는 유료방송사업자이지만 서로 다른 규제를 받는다. 가입자에게 케이블TV, 위성방송, IPTV는 서로 대체재이지만 케이블TV와 위성방송은 방송법에 있고, IPTV는 인터넷멀티미디어 방송사업법(일명

IPTV 법)에 규정되어 있다. 이 사실로 인해 IPTV는 케이블TV나 위성방송과 달리 재허가 때 방송평가제도에 의한 평가를 받지 않는다. 이것에 대한 평가는 허가 당시의 사업계획과 허가 조건 및 그 밖의 준수사항 이행 여부 등을 확인하는 매우 단순한 구조로 되어 있어 방송평가규칙에 따라 세세히 평가받는 케이블 및 위성방송에 비해 수월하다.

더 큰 문제는 OTT 등 '온라인영상배급업자'(*online video distributor*)를 규제하는 것이다. 한국의 웨이브와 티빙, 서양의 넷플릭스와 유튜브 등 OTT는 방송법에 등장하지 않는다. 방송법이 제정된 2000년에는 이런 개념조차 없었다. 그렇다고 해서 새로 나타나는 미디어나 플랫폼 모두를 다 방송법에 넣는 것은 현실적으로 쉽지 않고 타당하지도 않다. 이에 OTT는 정보통신사업법의 '부가통신사업'이란 기존 항목의 적용을 받고 있다. 웨이브에 가입하면 지상파방송과 종합편성채널의 거의 모든 프로그램을 VOD로 볼 수 있을 뿐 아니라 실시간채널도 시청할 수 있다. 케이블TV 등 다채널방송사업자와 다를 것이 없다. 그러나 이것은 방송법과 IPTV 법에서 벗어나 있으므로 진입, 소유, 내용, 기술규제를 거의 받지 않는다. 형평성을 위해 OTT를 기존 방송처럼 규제해야 한다는 주장이 있는 반면에, 그렇게 하는 것은 시대착오적인 것으로서 차제에 기존 방송영상 규제를 완화 또는 폐지하는 방향으로 가야 한다는 주장도 있다.

현재 방송영상과 관련한 여러 법이 산개해 있다. 새로이 등장하는 융합서비스를 기존 법에 맞추려다 보니 서로 다른 기존의 법들에 신규 서비스를 맞춰서 해석해야 하는 일이 생긴다. 〈표 14-9〉에서 보듯이 방송과, 이것과 유사한 서비스에 대한 기존 법들의 개념은 매우 혼재되어 있다. 규제 측면에서 혼란이 생기는 것은 당연하다.

구분	방송(방송유관) 개념 *각 법의 제2조	(방송의) 내용적 속성
방송법	• **방송** 방송프로그램을 기획, 편성 또는 제작하여 이를 공중(시청자)에게 전기통신설비에 의하여 송신하는 것으로 텔레비전방송, 라디오방송, 데이터방송, 이동멀티미디어방송을 의미(1항)	• **방송프로그램** 방송편성의 단위가 되는 방송내용물(17항)
인터넷 방송법	• **인터넷멀티미디어방송** 광대역통합정보통신망 등을 이용해 양방향성을 가진 인터넷 프로토콜 방식으로 일정한 서비스 품질이 보장되는 가운데 텔레비전 수상기 등을 통해 이용자에게 실시간 방송프로그램을 포함하여 데이터·영상·음향 및 전자상거래 등의 콘텐츠를 복합적으로 제공하는 방송(1항)	• **실시간 방송프로그램** 인터넷 멀티미디어 방송콘텐츠사업자 또는 '방송법' 제2조 제3호에 따른 방송사업자가 편성하여 송신 또는 제공하는 방송프로그램으로서 그 내용과 편성에 변경을 가하지 아니하고 동신에 제공하는 것(3항)
방송통신 발전법	• **방송통신** 유선·무선·광선 또는 그 밖의 전자적 방식에 의하여 방송통신 콘텐츠를 송신하거나 수신하는 것과 이에 수반하는 일련의 활동 등을 말하며, 다음 각 목의 것을 포함(1항) 가. '방송법'의 방송 나. '인터넷방송법'의 IPTV방송 다. '전기통신기본법'의 전기통신	• **방송통신콘텐츠** 유선·무선·광선 또는 그 밖의 전자적 방식에 의하여 송신되거나 수신되는 부호·문자·음성· 음향 및 영상
전기통신 사업법	• **전기통신** 유선·무선·광선 또는 그 밖의 전자적 방식으로 부호·문헌·음향 또는 영상을 송신하거나 수신하는 것(1항)	-
정보 통신망법	• **정보통신서비스** '전기통신사업법' 제2조 제6호에 따른 전기통신 역무와 이를 이용하여 정보를 제공하거나 정보의 제공을 매개하는 것(1항)	• **전자적 전송매체** 정보통신망을 통하여 부호·문자·음성·화상 또는 영상 등을 수신자에게 전자문서 등의 전자적 형태로 전송하는 매체(13항)
콘텐츠 사업법, 문화 산업법	-	• **콘텐츠** 부호·문자·도형·색채·음성·음향·이미지 및 영상 등 (이들의 복합체를 포함)의 자료 또는 정보(콘산법 1항) • **문화상품** 문산법 1항에서는 방송영상물과 관련된 산업을 문화산업으로 정의
저작권법	• **방송** 공중송신 중 공중이 수신하게 할 목적으로 음·영상 또는 음과 영상을 송신하는 것(8항)	• **공중송신** 저작물, 실연·음반·방송 또는 데이터베이스를 공중이 수신하거나 접근하게 할 목적으로 무선 또는 유선통신의 방법에 의하여 송신하거나 이용에 제공(7항)

출처: 이경원 외, 2019: 64.

(3) 한국 방송 대 초국적 사업자

또 다른 문제는 국내 방송영상미디어사업자와 해외 사업자 간의 규제 형평
성 문제이다. 기본적으로 해외에 적을 두고 있는 유튜브와 넷플릭스 등 초국
적 사업자는 한국 사업자들과 한국 이용자들을 놓고 명백한 경쟁관계에 있
다. 하지만 이것들에 대한 규제는 전무한 실정이다. 지금까지 위에서 살펴
본 국내 사업자 간의 규제 형평성 문제는 문제도 아니라고 말할 수 있을 정도
다. 심지어 이들은 한국 이용자에게 가입비 등을 받아 수익을 올리지만, 한
국에서 세금도 내지 않는다. 한국 방송영상 사업자들은 자신들에게는 모래
주머니를 채워 놓고 아무런 제약이 없는 초국적 사업자들과 경쟁하라며 국
제경쟁력 제고 등을 주문하는 것 자체가 말이 되지 않는다며 비판한다.

2) 망중립성 대 망효율성

새로운 환경에서 또 다른 방송영상 관련 규제 이슈는 망중립성 문제다. 과거
에 지상파방송이 활용하는 전파가 전송수단의 전부였다면 지금은 인터넷이
그것의 거의라고 말할 수 있을 것이다. 전파를 어떻게 배분하고 위탁할 것인
가가 과거의 규제 이슈였다면 지금은 인터넷망을 어떻게 규율해야 할지를
논의해야 한다. 인터넷의 출발 원리를 강조하는 사람들은 규제 없는 망중립
성을 이야기하고, 새로운 시대에 인터넷의 발전을 강조하는 사람들은 시장
원리를 반영한 망효율성을 주장한다. [9]

　망중립성 주장의 핵심은 가속하는 네트워크 산업의 집중화 현상 아래 네
트워크 소유자가 그 네트워크를 통해 전달되는 내용에 관여할 수 없도록 하
자는 것이다. 즉, 네트워크 소유와 그 안에서의 정보유통이 철저히 분리돼
야 한다는 것이 망중립성 개념의 핵심정신이다. 망중립성은 인터넷을 통한

---

[9] 아래는 강형철(2016: 438~444)의 내용을 이 책의 목적에 맞게 요약, 재기술한 것이다.

사적 이익보다는 공적 이익을 중요하게 생각하는 개념이다.

기회와 평등의 개념으로서 망중립성의 주창자인 팀 우는 그의 유명한 2005년 망중립성 관련 논문에서 "향후 10년 동안 인터넷 중심의 경쟁적 혁신 환경 아래 커뮤니케이션 규제자들은 브로드밴드 공급자들의 사적 이익과 공익 사이의 갈등 문제에 점점 더 많은 시간을 쓰게 될 것"이라고 이미 전망한 바 있다(Wu, 2005: 141). 그의 예측대로 현재 망중립성에 대한 논의는 불공정 문제와 효율성, 평등의 가치 실현 차원에서 찬반이 극명하게 갈리는 모습을 보인다.

이 균열은 일반적으로 어떠한 연속성 상의 차이라기보다는 물질적 이해관계 또는 이념적 차이에 의한 양극단의 대립으로 파열되고 있다. 이 극단의 한쪽은 통신사(ISP)와 자유주의 시장경제를 믿는 논자들이며 다른 한쪽은 콘텐츠서비스 제공업자(CP)와 공동체적 세계관을 지닌 사람들이 자리 잡고 있다. 망중립성 개념을 반대는 전자는 인터넷에 대한 규제가 "경쟁과 혁신의 방해물"이라고 비판하는 한편 망중립성을 옹호하는 후자는 그것이 "인터넷과 그 핵심가치의 보전을 위해서 필수적"이라고 강변한다. 이들은 구체적으로, 공정경쟁, 전송 차별화 및 품질보장, 망투자유인, 혁신, 평등과 효율성, 공공성과 재산권, 이용자 선택권 등 각각의 차원에서 아래와 같은 주장과 함께 대립하고 있다.[10]

(1) 공정경쟁 이슈

망중립성 찬성론자는 인터넷 서비스 공급자(ISP)가 이해관계에 따라 일부 트래픽을 차단, 지연 등 차별할 우려가 있음을 지적한다. 이를 통해 지배적 통신사업자의 온라인 콘텐츠·서비스 시장의 독점화 현상, 즉 지배력 전이의 가능성이 있다는 것이다. 그러므로 망중립성 개념의 도입을 통해 ISP에

---

10 아래는 김성환·이내찬·김형찬(2008: 98) 논문의 표 내용을 풀어 정리한 것이다.

대한 견제는 불가피하다.

그러나 이에 대해 망중립성 반대론자는 ISP 간 경쟁 때문에 불공정 문제 또는 지배력 전이 문제가 상당 부분 해소 가능하다고 반박한다. 이것은 다양한 대체 망이 등장하는 추세이며, 상업적 포털과 검색엔진 등이 차별적으로 운영되면서 이미 인터넷은 중립적이지 않기 때문이라는 것이다. 아울러 기존의 경쟁법이나 통신법을 보완하여 망을 보유한 사업자가 저지르는 불공정 행위의 규제도 가능하다고 주장한다.

(2) 전송 차별화 및 품질보장 이슈

이 문제에서는 망중립성 반대론자가 먼저 '포문'을 연다. 이들은 스마트미디어 등 수요의 성격 변화로 망혼잡 문제가 대두되어 이를 해소하기 위해 망중립성 원칙을 더는 유지할 수 없다고 주장한다. 신규 서비스의 품질보장을 위해서는 망의 차별화가 필요하다는 것이다. 이것은 서비스 속성에 맞는 전송방식을 제공해야 하며 품질관리가 중요한 서비스에 우선권 부여해야 하기 때문이라는 것이다. 아울러 망 보유 사업자가 신규 서비스를 위해 별도로 구축한 프리미엄 망에 대해서도 중립성을 요구하는 것은 지나치다고 본다.

그러나 이에 대해 망중립성 찬성론자들은 망의 혼잡 문제가 실제로 심각하지 않으며, 전송기술과 소프트웨어가 발전하면서 품질보장은 낙관적이라고 반박한다. 그러나 이들도 공정성을 전제한다면 주요 신규 서비스에 대한 품질보장 필요성은 일부 인정한다. 그러나 전송 차별화가 일부 도입되더라도 기존 인터넷의 품질은 유지되어야 한다는 것이다.

(3) 망투자유인 이슈

중립성 원칙은 망투자에 해가 된다는 것이 반대론자들의 주장이다. 이들은 서비스와 요금을 차별화하고 망이용 대가를 부과함으로써 발생하는 추가수익으로 망고도화 투자가 가능하다고 본다. 망고도화의 국가 경제적 파급효과를 고려할 때 투자유인 확보는 대단히 중요하다는 것이다.

그러나 망중립성 찬성론자들은 반대론자들의 주장은 핑계일 뿐이라며 망중립성을 유지한 상태에서도 통신사업자들은 경쟁력 제고를 위해 망고도화 투자에 나설 것이라며 반박한다. 오히려 전송 차별화를 허용한다면 수익성 측면에서 유리한 프리미엄 설비에만 투자가 집중될 가능성도 우려된다고 보는 것이다.

(4) 혁신 이슈

망중립성 찬성론자들의 중요한 논거 중 하나가 혁신의 문제다. 이들은 인터넷의 개방성이 인터넷 발전 및 혁신의 원동력이었음을 근거로 내세운다. 망중립성 원칙 아래에 잘 발전해온 인터넷 생태계에 지금에 와서 전송 차별화를 도입하는 것은 소자본 온라인기업에 대한 진입장벽을 높여 혁신을 저해하리라는 것이다.

이에 대해 망중립성 반대론자들은 서비스 혁신만이 중요한 것이 아니라 인터넷망의 혁신도 마찬가지로 중요하다고 반박한다. 망의 고도화 및 차별화는 결국 이용자에게 다양한 혜택을 제공하게 될 것이라고 말한다. 아울러 망을 이용해 콘텐츠시장이 성장한 만큼 콘텐츠사업자들은 자신들의 사업기반인 망에 대한 비용분담이 필요하다고 주장한다.

(5) 평등 대 효율성 이슈

망중립론자들은 평등과 개방성이 인터넷의 본질이라고 본다. 이에 따라 지불능력에 따라 우선권을 부여하는 것은 인터넷 생태계의 양극화를 초래하고 인터넷의 본질을 파괴할 것이라고 이들은 경고한다. 아울러 인터넷이 통신사업자 등 대기업의 상업적 도구로 전락할 위험이 있다는 것이다.

그러나 망중립성 반대론자들은 획일적 평등주의는 비효율만을 초래할 뿐이라고 반박한다. 오히려 소수의 다량 이용자가 제값을 치르지 않은 상태에서 망을 점유함으로써 혼잡만이 일어난다는 것이다. 이 문제를 해결하기 위해 P2P 파일 공유보다 VoIP와 같은 서비스에 우선권을 부여하여 망을 효율적으로 이용하는 것이 가능하다고 본다. 결론적으로 이들은 서비스와 요금의 차별화는 이용자 후생에 이바지하며, 소량이용자의 요금부담은 감소시킬 것이라고 예상한다.

(6) 공공성 대 재산권 이슈

재산권 논란은 공익과 관련한 전통적 이슈다. 망중립론자들은 인터넷은 공공성이 강하므로 특정 사업자에 의한 개입 및 통제는 불가하다고 본다. 사적 통제가 강화되면 다양성 및 언론자유를 위협하게 될 것이며 접속요금 이외의 추가적 망이용 대가는 부당하다는 것이다.

그러나 망중립성을 반대하는 논자들은 국영 독점기업의 유산인 유선 시내망과 달리 신규로 구축된 망은 사업자의 사유재산이라고 반박한다. 이에 따라 적정한 이용대가 없는 망사용은 사유재산 침해라는 것이다.

(7) 이용자 선택권 이슈

망중립론자들은 이용자는 자신들이 원하는 콘텐츠와 서비스를 자유롭게 선택할 권리를 보장받아야 한다고 주장한다. 이들은 또 전송 차별화와 수직통합은 인터넷을 '작은 크기들로 분화'(*Balkanization*) 하여 '벽친 정원'(*walled garden*) 의 형태로 이용자의 선택영역을 제한하게 되리라고 예측한다.

그러나 망중립성 반대론자들은 차별화를 통한 추가수익은 오히려 기본 인터넷 이용료를 낮춰 초고속인터넷 보급 확대에 기여할 수 있다고 분석한다. 이들은 기존의 인터넷 서비스에 대해서는 일정 대역폭을 보장함으로써 선택권을 보장하는 것은 가능하다고 본다. 즉, 차별화된 서비스에 대한 선택권도 중요하다는 견해다.

5. 나가며

지금까지 방송영상 규제의 문제에 관해 알아보았다. 방송영상미디어 시장에서는 새로운 미디어와 플랫폼이 하루가 멀다 하고 등장하고 있다. 이에 한편에서는 규제 무용론이 대두되는가 하면, 또 한편에서는 이럴 때일수록 더욱 규제가 필요하다는 옹호론도 만만치 않다. 어떤 사업자들은 필요에 따라 규제 무용론과 옹호론을 오가기도 한다. 사실 자신만 빼놓고 남을 규제하면 가장 좋을 것이다. 그러나 공부하는 우리는 이런 편 가르기에서 벗어나 규제의 원리와 이유를 냉철하게 분석하고 필요성과 시대에 맞는 새로운 규제에 방식과 수준에 관심을 두어야 할 것이다.

참고문헌

강형철(1997). 한국 케이블 TV산업의 규제정책에 관한 연구. 〈방송연구〉,
    통권 44호, 315~346쪽.
김병선(2011). 매체별 차등적 편성규제의 타당성에 관한 탐색적 연구: 지상파와
    종합편성채널의 편성규제를 중심으로. 〈사회과학논총〉, 30집 1호, 23~40.
김성환·이내찬·김형찬(2008). 망중립성의 배경 및 이론의 이해. 〈정보통신정책연구〉,
    15권 1호, 95~133.
심석태(2012). 방송심의 기구의 '민간·독립성 신화'에 대한 고찰. 〈미국헌법연구〉,
    23권 3호, 163~203.
오현경·이혜온(2019). 스마트미디어 시대 지상파방송사에 대한 비대칭 규제의
    타당성 재검토. 〈방송과 커뮤니케이션〉, 20권 2호, 43~82.
이경원·권남훈·곽규태·이상우·이종관(2019). 〈OTT와 규제모델〉.
    서울: 정보통신정책학회.
임의영(2010). 공공성의 유형화. 〈한국행정학보〉, 44권 2호, 1~21.
조대엽(2007). 공공성의 재구성과 기업의 시민성. 〈한국사회학〉, 41권 2호, 1~26.

Aufderheide, P. (1992). Cable television and the public interest. *Journal of
    Communication*, 42(1), 52~65.
Blitz, M. (2005). The media we deserve. *Public Interest*, Spring, 125~175.
Blumler, J. (1992). *Public service broadcasting before the commercial deluge*. In J. G.
    Blumler(Ed.), *Television and the Public Interest*: *Vulnerable Values in West
    European Broadcasting*(pp. 7~21). London, Newbury Park, New Delhi: SAGE.
_____ & W. Hoffmann-Reim(1992). New roles for public television in Western
    Europe: Challenges and prospects. *Journal of Communication*, 42(1), 20~35.
Cuilenburg, Van J. & D. Mcquail(2003). Media policy paradigm shifts: Towards
    a new communication policy paradigm. *European Journal of Communication*,

18(2), 181~207.

Etziony-Halevy, E. (1987). *National Broadcasting under Siege: A Comparative Study of Australia, Britain, Israel, and West-Germany*. New York: Macmillan.

Fontaine, G. & D. Kevinm(2016). Media ownership: Towards Pan-European groups? European Audiovisual Observatory.

Fowler, M. (1982). The public's interest. *Communications and the Law*, 4(1), 51~57.

Francis, J. G. (1993). *The Politics of Regulation: A Comparative Perspective*. Cambridge, MA: Blackwell Publishers.

Hazlett, T. (2004). All broadcast regulation politics are local: A response to Christopher Yoo's model of broadcasting regulation. *Emory Law Journal*, 53, 233~247.

Head, S. W., Steling, C. H., & L. B. Schofield(1994). *Broadcasting in America*, 7th ed. Boston, MA: Houghton Mifflin Company.

Hoffmann-Reim, W. (1996). *Regulating Media: The Licensing and Supervision of Broadcasting in Six Countries*. New York: The Guilford Press.

Krattenmaker, T. G. & L. A. Powe(1994). *Regulating Broadcast Programming*. Cambridge, MA: The Mit Press.

McChesney, R. W. (2004). *The Problem of The Media: U. S. Communication Politics in the 21st Century*. New York: Monthly Review Press.

McQuail, D. (2003). *Auditing Public Broadcasting*. Javnost-the public.
강형철(2006) (역), 《디지털 시대 공영방송의 책무수행 평가》, 서울: 한울.

Mulgan, G. J. (1991). *Communication and Control: Networks and the News Economies of Communication*. New York: The Guilford Press.

Napoli, P. M. (2003). The public interest obligations initiative: Lost in the digital television shuffle. *Journal of Broadcasting & Electronic Media*, 47(1), 153~156.

Severine & Tankard(1997). Communication theories: Origins, methods, and uses in the mass media(4th ed). New York: Longman Publishers.

Wu, T. (2005). Network Neutrality, Broadband Discrimination, Journal of Telecommunications and High Technology Law, Vol. 2(1), 141~176.

Zaragoza, R. Z., Bodorff, R. J., & J. W. Emord(1988). Public interest transformed. In J. T. Powell & G. Wally(Eds.), *Public Interest and the Business of Broadcasting*(pp. 25~50). New York: Quorum Books.

ㄱ

가맹사 109
가상광고 359
가상다채널방송사업자 141
가상현실(VR) 94, 159
간접광고 361
강력효과 이론 50, 440
개인정보 보호 400
개인화 367
객관성 318
게임적 리얼리즘 260
경제규제 465
경향성 331
공공성 438
공공재 439, 441
공동안테나 110
공론장 53
공영방송 109
공익 54, 439
공익성 439
공중 53
공중파 107
공탁 465
광고 345, 351, 357
광고규제 471
광고주 327
광고화 370

교섭적(협상적) 해독 250
교차소유 444
구글 35, 60, 161, 162
구독주문형 비디오사업자 142
구별성 416, 420, 425
구성된 현실 307
구조주의 235
국영방송 109
규모의 경제 462
규제 436
글로벌 콘텐츠 마켓 219
글로벌 콘텐츠 유통 211, 232
기술규제 452

ㄴ~ㄷ

난시청 105
내용규제 446, 467
내적 다양성 466
내포 243
네이버 158, 316
넷플릭스 169, 171, 174
눈만 부릅뜨기 정책 451
뉴스 308, 316, 318, 320, 322, 325
뉴스 도식 322
뉴스 양식 322
뉴프론츠 366
능동적 수용자 53

다중채널네트워크(MCN) 148
다중플랫폼네트워크(MPN) 150
다채널방송사업자(MVPD) 473
대역폭 438
대중 49, 50, 52
데이터리터러시 399
데이터저널리즘 397
독과점 324
독점계약 227
독점금지법 443
동영상생태계 74
디즈니 87, 124, 137
디커플링 287
딜리버리 228
딥러닝 81, 87

ㄹ~ㅁ
라디오 19, 20
라디오방송 21
레거시미디어 150
레버뉴 쉐어 딜 224
롱테일 367
롱테일드 마이크로 367
마니아 263
망중립성 476
모더니즘 254
모더니티 254
모바일 121
모바일TV 121
모바일플랫폼 299
문화 235, 237, 239
문화규제 465
문화산업론 52
문화연구 55, 235
미디어 커머스 370

미디어 효과이론 50
미디어교육(media literacy) 467
민간방송 109

ㅂ
반트러스트법 443
방송규제 433
방송기업의 자유 466
방송문화진흥회 408
방송사업 매출액 190
방송영상 테크놀로지 67, 80
방송영상독립제작사 181
방송의 집중화(독점화) 436
방송채널사용사업자(PP) 113, 181
방송통신심의위원회 434
방영권 226
범위의 경제 426, 462
법적 규제 446, 467
법적 책임 451
보수적 자유주의 464
보편성 424
보편주의적 접근 456
복수방송채널사용사업자(MPP)
        29, 183
복수소유 444
복수종합유선방송사업자(MSO)
        29, 184
부호화-해독 55
분배규제 467
분배망 467
브리콜라주 252
블록체인 98
빅데이터 386~390, 397
빈지뷰잉 144
빈지워칭 144

ㅅ

사물인터넷 97
사회적 규제 452, 467
새 뉴스 309
생산소비자 56, 59
선정성 331
소유규제 443
수동적 수용자 49
수신료 406
수용자상품론 51
슈퍼스테이션 111
스마트TV 161
스키니 번들 153
스트리밍디바이스 142
스트리밍서비스 143
스핀오프 294
시뮬라크르 258
시보광고 358
시장 464, 465
시장실패 437, 462
시즌제 216
시청경험 152, 273, 274
시청점유율 404
신디케이터 126
신유형 광고 368
신화 241, 243
실감미디어 94
실감형 방송 95
실천 240
썸네일 88

ㅇ

아마존 137, 168
안드로이드 162
애플 137, 167

양극화 338
언론자유 466
업프론츠 365
영상구성 319
영속적 접속 287
오리지널콘텐츠 135
오타쿠 263
온라인 314
온라인영상배급업자 474
온라인동영상서비스(OTT) 47
외연 243
외적 다양성 466
위성방송 27, 115
위성방송사업자 186
유튜브 60, 77, 148, 163
윤리적 규제 467
응답 책임 451
의견의 자유공개시장 445
이용자 테크놀로지 77, 80
이용자제작콘텐츠(UGC) 47
이중 상품시장 51
인터넷미디어 38
인터넷방송 264, 266
인터뷰 320

ㅈ~ㅊ

자동연동 159
자막광고 358
자유무료노동 62
자율규제 467
재전유 253
재현 240, 241
저항적 해독 250
전송수단 105
전유 252

정부규제 437
정파성 333
제한적 규제 466
제한효과 이론 440
종합유선방송사업자(SO) 113
종합편성채널 31
주목의 경제 324, 426
중간광고 360
중계기 115
중계유선방송 457
중효과 이론 440
증강현실(AR) 94, 159
지배적 해독 250
지상파 24, 107, 125, 183, 337
지식공중 53
직접위성방송(DBS) 115
진입규제 441
집단 양극화의 법칙 339
책무성 421
초방 편성권 135
추천알고리즘 88, 91, 165, 170, 388
출입처 328
취향공동체 77

ㅋ~ㅌ
컴패니언앱 147
케이블TV 30, 110, 184, 197, 467
케이블방송 25
코드스테이킹 145
코드커팅 123
코드화 249
콘텍스트 239
콘텐츠 IP 294
콘텐츠 큐레이션 72, 156, 286
콘텐츠 프랜차이즈 299

콘텐츠디스트리뷰터(CD) 132
콘텐츠산업의 가치사슬 131
콘텐츠에그리게이터(CA) 132
콘텐츠유통 플랫폼(CDP) 132
콘텐츠제작자(CC) 131
크롬캐스트 162
탄환이론 440
텍스트 239
텔레비전 23, 24
텔레비전 시청률조사 376
토막광고 357
통합시청률 379

ㅍ~ㅎ
파편화 337, 339
판권계약 226
패러디 257
팬 263
팬덤 56
퍼스트 윈도우 214
페이스북 295, 316, 339
편성규제 470
편향 326
포괄적 규제 466
포맷수출 229
포스트모더니즘 254
포스트모더니티 254
표준계약서 228
표현의 자유 446
푸티지 광고 354
프라임타임액세스룰 126
프레이밍 241
프로그래매틱 광고 367
프로그램 품질지수(KI) 383
프로그램광고 357

프리세일 218

플랫 딜 224

플랫폼 네트워크 효과 293

핀신룰 126

해독 249

혼성모방 257

홀드백 133

화제성지수 380

후기구조주의자 235

훌루 137

기타

2차 창작 266

5G 96

8VSB 115

A/B 테스트 89

ADID 158

AI 81, 84, 155, 156, 157

AI 알고리즘 87

ARD 406

BBC 406, 429

C세대 60

DMB 121

FCC 447

HBO 137

ICT 기업 136

IPTV 36, 37, 118, 186

LA 스크리닝 221

MIPCOM 219

MIPTV 219

NHK 406

NPR 409, 429

OTT 122, 124, 187

PBS 409, 429

SVOD 123, 124

ZDF 406

지은이 소개

강형철

현재 숙명여대 미디어학부 교수이자 KBS 이사이다. 영국 뉴캐슬어폰타인대학 정치학과에서 박사학위를 받았다. 한국방송학회 회장, 정보통신정책학회 회장, 청소년보호위원, YTN · 연합뉴스 기자 등을 역임하였다. 연구분야는 공영방송, 저널리즘, 방송영상 정책 등이다. 주요 저서로 《융합미디어와 공익: 방송통신 규제의 역사와 미래》(한국언론학회 저술상 · 대한민국학술원 우수학술도서), 《공영방송론》(대한민국학술원 우수학술도서), 《공영방송 재창조》 등이 있다.

심미선

현재 순천향대 미디어커뮤니케이션학과 교수이다. 고려대에서 언론학 박사학위를 받았다. 문화방송 전문연구위원과 한국방송학회 부회장을 역임하였다. 연구분야는 방송편성, 미디어이용자, 미디어통계, 방송규제 등이다. 주요 저서로 《텔레비전과 시청률》, 《디지털시대의 방송편성론》(공저), 《미디어의 미래》(공저), 《방송영상미디어의 이해》(공저) 등이 있다.

윤석암

현재 SK 스토아 대표이사 사장이자 고려대 미디어학부 겸임교수이다. 호주 찰스다윈대학에서 경영학 석사학위(MBA)를 받았다. 케이블TV 종합오락채널 현대방송, 데이콤 위성방송사업단인 DSM에서 케이블과 위성방송 사업기획을 경험하였다. CJ tvN 대표이사, TV조선 편성 · 제작본부장, SK브로드밴드 미디어부문장, 한국IPTV방송협회 부회장, 한국방송학회 부회장 등을 역임하였다. 연구분야는 미디어 산업, 콘텐츠 제작, 플랫폼 마케팅 등이다.

최선영

현재 연세대 커뮤니케이션대학원 객원교수이다. 이화여대에서 영상미디어학 박사학위를 받았다. 독립프로덕션 나노비전 대표, 한국독립PD협회 부이사장 등을 역임하였다. 연구분야는 영상미디어, 콘텐츠, 플랫폼, 데이터 기반 미디어 이용 등이다. 주요 저서로 《모바일과 여성》(공저), 《한국 언론학 연구 60년: 성과와 전망》(공저) 등이 있다.

김문연

현재 한국방송채널진흥협회 회장이자 부산영화제 아시아필름마켓 운영위원이다. 고려대 언론대학원에서 방송학 석사학위를 받았다. 미국의 타임워너, 디즈니 등과 합작법인을 설립·운영하였고, 디즈니채널 코리아 사장과 숙명여대 미디어학부 겸임교수를 역임하였다. 연구분야는 미디어 산업, 미디어 경영, 글로벌 콘텐츠 유통 등이다.

강신규

현재 한국방송광고진흥공사 미디어광고연구소 연구위원이다. 서강대에서 언론학 박사학위를 받았다. 성균관대 문과대학 글로컬문화콘텐츠전공 겸임교수, 문화이론 전문지 〈문화/과학〉 편집위원, 한국게임정책자율기구 게임광고 자율규제위원으로도 활동 중이다. 연구분야는 방송, 게임, 만화, 팬덤 등 미디어/문화이다. 주요 저서로 《한국 문화현실의 지형들》(공저), 《게임의 이론: 놀이에서 디지털게임까지》(공저), 《81년생 마리오》(공저), 《누가 문화자본을 지배하는가?: 한국 문화산업의 독점구조》(공저), 《게임포비아》(공저) 등이 있다.

홍종윤

현재 서울대 언론정보연구소 연구원이다. 서울대에서 언론정보학 박사학위를 받았다. 연구분야는 미디어 산업, 미디어 정책, 대중문화 등이다. 주요 저서로 《팬덤 문화: 열광하거나 비난하거나》, 《지금 여기 힙합》(공저), 《두꺼운 언어와 얇은 언어: 디지털 시대의 문화 변동과 담론 연구》(공저) 등이 있다.

오하영

현재 한국콘텐츠진흥원 책임연구원이다. 여성커뮤니케이션학회 기획이사, 〈정보통신정책연구〉 편집위원으로도 활동 중이다. 숙명여대에서 언론학 박사학위를 받았다. 연구분야는 방송산업 정책과 뉴미디어·콘텐츠 이용 등이다. 주요 보고서로 〈콘텐츠 이용자조사 체계화 연구〉, 〈방송프로그램 외주제작 거래 실태조사〉, 주요 논문으로 "공적 가치 인식에 따른 시청자 유형과 공영방송 제도 및 수신료에 대한 태도"(공저), "청소년의 스트레스와 스마트폰 이용이 학업에 미치는 영향과 부모 중재 효과에 관한 연구"(공저) 등이 있다.